Soviet and Post-Soviet Politics and Society (SPPS) Vol. 133

ISSN 1614-3515

Soviet and Post-Soviet Politics and Society (SPPS)

ISSN 1614-3515

Founded in 2004 and refereed since 2007, SPPS makes available affordable English-, German-, and Russian-language studies on the history of the countries of the former Soviet bloc from the late Tsarist period to today. It publishes between 5 and 20 volumes per year and focuses on issues in transitions to and from democracy such as economic crisis, identity formation, civil society development, and constitutional reform in CEE and the NIS. SPPS also aims to highlight so far understudied themes in East European studies such as right-wing radicalism, religious life, higher education, or human rights protection. The authors and titles of all previously published volumes are listed at the end of this book. For a full description of the series and reviews of its books, see www.ibidem-verlag.de/red/spps.

Editorial correspondence & manuscripts should be sent to: Dr. Andreas Umland, DAAD, German Embassy, vul. Bohdana Khmelnitskoho 25, UA-01901 Kyiv, Ukraine. e-mail: umland@stanfordalumni.org

Business correspondence & review copy requests should be sent to: ***ibidem*** Press, Leuschnerstr. 40, 30457 Hannover, Germany; tel.: +49 511 2622200; fax: +49 511 2622201; spps@ibidem.eu.

Authors, reviewers, referees, and editors for (as well as all other persons sympathetic to) SPPS are invited to join its networks at www.facebook.com/group.php?gid=52638198614 www.linkedin.com/groups?about=&gid=103012 www.xing.com/net/spps-ibidem-verlag/

Recent Volumes

124 David R. Marples
'Our Glorious Past'
Lukashenka's Belarus and the Great Patriotic War
ISBN 978-3-8382-0574-8 (Paperback edition)
ISBN 978-3-8382-0675-2 (Hardcover edition)

125 Ulf Walther
Russlands "neuer Adel"
Die Macht des Geheimdienstes von Gorbatschow bis Putin
Mit einem Vorwort von Hans-Georg Wieck
ISBN 978-3-8382-0584-7

126 Simon Geissbühler (Hrsg.)
Kiew – Revolution 3.0
Der Euromaidan 2013/14 und die Zukunftsperspektiven der Ukraine
ISBN 978-3-8382-0581-6 (Paperback edition)
ISBN 978-3-8382-0681-3 (Hardcover edition)

127 Andrey Makarychev
Russia and the EU in a Multipolar World
Discourses, Identities, Norms
With a foreword by Klaus Segbers
ISBN 978-3-8382-0629-5

128 Roland Scharff
Kasachstan als postsowjetischer Wohlfahrtsstaat
Die Transformation des sozialen Schutzsystems
Mit einem Vorwort von Joachim Ahrens
ISBN 978-3-8382-0622-6

129 Katja Grupp
Bild Lücke Deutschland
Kaliningrader Studierende sprechen über Deutschland
Mit einem Vorwort von Martin Schulz
ISBN 978-3-8382-0552-6

130 Konstantin Sheiko, Stephen Brown
History as Therapy: Alternative History and Nationalist Imaginings in Russia, 1991-2014
ISBN 978-3-8382-0665-3

131 Elisa Kriza
Alexander Solzhenitsyn: Cold War Icon, Gulag Author, Russian Nationalist?
A Study of his Western Reception
With a foreword by Andrei Rogatchevski
ISBN 978-3-8382-0589-2

132 Sergey Golunov
Elephant in the Room: Corruption and Cheating in Russian Universities
ISBN 978-3-8382-0570-0

Manja Hussner, Rainer Arnold (Hrsg.)

VERFASSUNGSGERICHTSBARKEIT IN ZENTRALASIEN I

Sammlung von Verfassungstexten

ibidem-Verlag
Stuttgart

Bibliografische Information der Deutschen Nationalbibliothek
Die Deutsche Nationalbibliothek verzeichnet diese Publikation in der Deutschen Nationalbibliografie; detaillierte bibliografische Daten sind im Internet über http://dnb.d-nb.de abrufbar.

Bibliographic information published by the Deutsche Nationalbibliothek
Die Deutsche Nationalbibliothek lists this publication in the Deutsche Nationalbibliografie; detailed bibliographic data are available in the Internet at http://dnb.d-nb.de.

Erste Auflage 2012, Universitätsverlag Regensburg

Coverabbildung: Chiwa/Usbekistan. Foto: Manja Hussner.

∞

Gedruckt auf alterungsbeständigem, säurefreien Papier
Printed on acid-free paper

ISSN: 1614-3515

ISBN-13: 978-3-8382-0595-3

Printed in Germany

Einführung

Konstitutionalismus der Gegenwart bedeutet Orientierung der politischen Macht an der rechtlichen Grundordnung des Staates, an der Verfassung. Ihre Überordnung über den Gesetzgeber, der Politik in Recht transformiert, ist der Kern der heutigen Rechtsstaatlichkeit. Das Gesetz für sich genommen ist nicht mehr Ausdruck der volonté générale, des Willens des Volkes, sondern es ist dies nur, wenn es mit der Verfassung im Einklang steht. Der französische Conseil constitutionnel hat Rousseau neu formuliert: La loi n'exprime la volonté générale que dans le respect de la Constitution. Dies ist ein Bekenntnis zu einer neuen Epoche der Verfassungsstaatlichkeit.

Die Verfassung als die vom Volk geschaffene und damit unmittelbar demokratisch legitimierte Grundordnung ist der Rahmen, innerhalb dessen sich die tägliche Demokratie, die politische Entscheidung der freigewählten Mehrheit der Repräsentanten des Volkes, entfalten kann. Verfassung und Gesetzgebung sind komplementäre Bereiche. Gesetzgebung ist Politik, Verfassung ist gesellschaftlicher Konsens. Gesetzgebung muss die Grenzen der Verfassung beachten.

Rechtsstaatlichkeit von heute ist häufig verknüpft mit dem Gedanken einer effektiven Verfassungsgerichtsbarkeit. Dass eigene Verfassungsgerichte – nach dem gemeinhin so genannten österreichischem Modell – entstehen und sich die Gesetzeskontrolle, soweit sie in der geschichtlichen Entwicklung überhaupt akzeptiert wurde, zunehmend aus der ordentlichen Gerichtsbarkeit löst, ist Zeichen der wachsenden Bedeutung der Verfassung und ihres Anspruchs auf Vorrang. Verfassungsgerichte betrachten es als ihre ureigene Aufgabe, den Gesetzgeber auf seine Verfassungskonformität hin zu überprüfen. Es ist nicht erstaunlich, dass Gesellschaftsordnungen, die sich im Übergang zur pluralistischen Demokratie befinden, die rechtliche Transformation über Verfassungsgerichte zu sichern versuchen. Die Kontrolle des Gesetzgebers ist hierbei von entscheidender Bedeutung nicht nur in Europa, sondern auch in Zentralasien.

Die Sorge um die Übereinstimmung von Politik und Verfassung ist in die Hände von Gerichten, heute vornehmlich von Verfassungsgerichten gelegt. Gewiss, Verfassungsgerichtsbarkeit ist reaktiv, kann grundsätzlich nur auf Anrufung, also im Streitfall, auf schon Geschehenes reagieren, aber Recht, insbesondere Verfassungsrecht nicht selbst gestalten. Politik ist aktiv und kann in der Tat unterschiedliche Wege gehen, solche, um zum Einklang mit der Verfassung zu gelangen, und solche, um das „Joch" der Verfassungsbindung abzuschütteln.

Divergenzen zwischen Verfassungsanspruch und Politikrealität sind nicht selten, doch soll man nicht die realitätsprägende Wirkung von Idealen unterschätzen, wie sie sich im Text einer Verfassung ausdrücken. Verfassungen haben für das Bewusstsein der Gesellschaft einen hohen Leitwert, der durch politische Aktionen zeitweise verdeckt werden kann, der sich aber immer wieder durchsetzt. Die Orientierungsfunktion einer Verfassung ist mächtig. Die beiden großen Ideen der Freiheit und der Würde des Individuums, wie sie moderne Verfassungen prägen, sind in der heutigen Zeit auf Dauer nicht zu überdecken. Verfassungsgerichte sind hier die primären Wächter, die es als ihre Aufgabe ansehen, diese Grundideale zu verteidigen, ohne der Politik, namentlich dem Gesetzgeber, die ihm zukommenden Gestaltungsspielräume streitig zu machen. Gewiss kann es differenzierte Meinungen über die Realisierung der Verfassung im normativen Detail geben. Verfassungsgerichte vermögen die Feinstrukturen zu klären, eine differenzierte Verfassungsdogmatik aufzubauen und so die Verfassung mit konkretem Leben zu erfüllen. Verfassungen sind „living instruments", die, auf Dauer angelegt, den sozialen Wandel in ihrem normativen Gehalt aufnehmen müssen, um dem Verfassungsanspruch gerecht zu werden, rechtliche Grundordnung einer sich dynamisch wandelnden Gesellschaft zu sein. Eine Verfassung ist direktiv und rezeptiv zugleich, sie ist ordnungsstiftend über ihre regulierende Macht und sie muss zugleich das sich wandelnde Werteverständnis der Gesellschaft und die sich verändernden sozialen Gegebenheiten auch auf Verfassungsebene gebührend zur Geltung bringen.

Die vorliegende Textsammlung gibt Einblick in die Verfassungsentwicklung in Zentralasien, hier: Kasachstan, Kirgisistan, Tadschikistan, Turkmenistan, Usbekistan sowie der Mongolei. Die genannten zentralasiatischen Staaten sind postsowjetische Staaten und auch die Mongolei stand unter starkem sowjetischen Einfluss. Sie befreit sich jedoch, wie auch in den zentralasiatischen Staaten zu beobachten, immer mehr vom ehemals starken sowjetischen/russischen Einfluss und sie gehört, so wie die vorgenannten Staaten, zur Region Zentralasien. Gleichwohl geriet sie juristisch in den letzten Jahren etwas aus dem europäischen Blick.

Auf die Mongolei und die Staaten Zentralasiens soll durch vorliegende Publikation wieder verstärktes Augenmerk gerichtet werden. Dieser Band enthält die Verfassungen der zentralasiatischen Staaten Kasachstan, Kirgisistan, Tadschikistan, Turkmenistan und Usbekistan jeweils in der Titularsprache sowie der russischen Sprache, da sie in diesen postsowjetischen Staaten noch gleichberechtigten Gebrauch findet und das Russische auch von den jeweiligen staatlichen Behörden für die Veröffentlichung von Verfassungs- und Gesetzestexten als der Titularsprache weitgehend gleichrangig verwendet wird. Die Verfassung der Mongolei erscheint hier lediglich auf Mongolisch. Eine offizielle russische Fassung liegt nicht (mehr) vor. Neben den vollständigen Verfassungstexten werden die Grundrechtskataloge der hier betrachteten Staaten sowie die verfassungsrechtlichen Justizvorschriften am Ende dieses Bandes gesondert dargestellt, insbesondere wird auf die Vorschriften zur Verfassungsgerichtsbarkeit eingegangen. Damit soll die Möglichkeit geschaffen werden, diese Staaten sowohl untereinander zu vergleichen, als auch mit der deutschen Verfassung.

Die Verfassungsgerichtsbarkeit der zentralasiatischen Staaten und der Mongolei ist unterschiedlich stark ausgeprägt. Während es in Kasachstan einen Verfassungsrat gibt, dessen Kompetenzen in Art. 72 der Verfassung Kasachstans niedergelegt sind und unter anderem die präventive abstrakte Normenkontrolle und die präventive völkerrechtliche Normenkontrolle umfassen, hat Kirgisistan keine solche Institution etabliert, sondern vielmehr auf eine im europäischen Raum auch aus z.B. Estland bekannte Konstruktion zurück gegriffen: eine Verfassungskammer als Teil des Obersten Gerichts übt die Kontrolle über die Einhaltung der Verfassung (конституционный контроль) aus, Artt.93 Abs.3, 97 Abs.1 Verfassung Kirgisistans. Die Verfassungskammer des Obersten Gerichts Kirgisistans hat gem. Art. 97 Abs.6 ebenfalls unter anderem die Kompetenz, präventive abstrakte Normenkontrollen sowie präventive völkerrechtliche Normenkontrollen durchzuführen.

Tadschikistan hat ein Verfassungsgericht etabliert, Art. 84 Verfassung Tadschikistans, welches unter anderem befugt ist, abstrakte Normenkontrollen und präventive völkerrechtliche Normenkontrollen durchzuführen sowie Kompetenzstreitigkeiten zwischen Staatsorganen zu entscheiden, Art. 89 Verfassung Tadschikistans.

Die turkmenische Verfassung erwähnt weder ein Verfassungsgericht noch eine Verfassungskammer oder eine andere Institution mit gleichartigen Kompetenzen. Art. 100 der Verfassung Turkmenistans verweist lediglich auf das Oberste Gericht und andere Gerichte, die in Ausführungsgesetzen näher bestimmt werden sollen. In Art. 14 des Gesetzes Turkmenistans über die Gerichtsbarkeit (ЗАКОН ТУРКМЕНИСТАНА О СУДЕ[1]) werden die Gerichtsarten Turkmenistans abschließend aufgezählt. Ein Verfassungsgericht oder eine ähnliche Institution findet sich auch hier nicht. Art. 36 des Gesetzes Turkmenistans über die Gerichtsbarkeit benennt das Oberste Gericht als die oberste gerichtliche Instanz Turkmenistans. Art. 38 des Gesetzes Turkmenistans über die Gerichtsbarkeit enthält eine Aufzählung der Kompetenzen des Obersten Gerichts, darunter jedoch keine, welche üblicherweise von einem Verfassungsgericht ausgeübt werden.

Usbekistan hat sich ein Verfassungsgericht gegeben, Art. 107 Verfassung Usbekistans. Art. 108f. der Verfassung Usbekistans konkretisieren dessen Kompetenzen. So ist auch das usbekische Verfassungsgericht befugt, unter anderem abstrakte Normenkontrollen, völkerrechtliche Normenkontrollen und verbindliche Verfassungsauslegung vorzunehmen. Außerdem, und dies ist eine Besonderheit Usbekistans, prüft es die Vereinbarkeit der Gesetze und der Verfassung der autonomen Teilrepublik Karakalpakstan (karakalpakisch: Qaraqalpaqstan Respublikasi, usbekisch: Qoraqalpog'iston Respublikasi) mit den Gesetzen und der Verfassung Usbekistans.

---

[1] Ведомости Меджлиса Туркменистана, 2009 г., № 3,ст. 50, С изменениям и внесенным Законом Туркменистана, от 07.02.2012 г. № 275-IV; 25.09.2012 г. № 333-IV.

Die Mongolei verfügt über ein Verfassungsgericht, welchem sie in der mongolischen Verfassung ein eigenes Kapitel widmet: Kapitel 5 (Artt. 64-67 Verfassung der Mongolei). Auch das mongolische Verfassungsgericht ist befugt, Normenkontrollen, einschließlich völkerrechtliche Normenkontrollen, durchzuführen sowie Kompetenzstreitigkeiten zwischen Staatsorganen zu entscheiden. Des Weiteren ist es ausdrücklich durch Art. 66 Abs. 2 Nr.4 Verfassung der Mongolei befugt festzustellen, ob die Voraussetzungen für ein impeachment-Verfahren gegen den Präsidenten der Mongolei vorliegen.

Die Grundrechtskataloge der zentralasiatischen Staaten enthalten nahezu vollständig die Rechte, die auch im deutschen Grundrechtskatalog zu finden sind. Darüber hinaus werden weitergehende Rechte garantiert, wie etwa das Recht auf Gesundheitsschutz, siehe z.B. Art. 29 Verfassung Kasachstans, Art. 47 Abs.1 Verfassung Kirgisistans; das Recht auf Urlaub, Art. 44 Abs. 1 Verfassung Kirgisistans, Art. 37 Verfassung Tadschikistans, Art.34 Verfassung Turkmenistans, Art. 38 Verfassung Usbekistans (Usbekistan schreibt überdies das Recht auf bezahlten Urlaub fest); das Recht auf Wohnraum, Art. 46 Abs. 1 Verfassung Kirgisistans, Art. 36 Verfassung Tadschikistans; das Recht auf eine saubere Umwelt, Art.48 Abs. 1 Verfassung Kirgisistans, Art.35f. Verfassung Turkmenistans, Art.16 Abs. 2 Verfassung der Mongolei; das Recht auf Versorgung im Alter, Art. 38 Verfassung Tadschikistans, Art.37 Verfassung Turkmenistans, Art.39 Verfassung Usbekistans, Art.16 Abs.5 Verfassung der Mongolei.

Teilweise gehen die Grundrechtskataloge sehr ins Detail[2], vor allem in Kasachstan, Kirgisistan, Tadschikistan und Usbekistan. Der usbekische Verfassungsgeber hat zudem eine Unterteilung in persönliche Rechte und Freiheiten (Artt. 24ff Verfassung Usbekistans), politische Rechte (Artt. 32 Verfassung Usbekistans), wirtschaftliche und soziale Rechte (Artt.36ff. Verfassung Usbekistans) sowie eine Garantie der Rechte und Freiheiten (Artt. 43ff Verfassung Usbekistans) vorgenommen.

Außerdem enthalten die Grundrechtskataloge teilweise auch Normen, die in Deutschland eher den rechtsstaatlichen Vorschriften zugeordnet werden, wie etwa den Vorbehalt des Gesetzes, Art. 20 Abs.2 Verfassung Kirgisistans, Art. 23 Verfassung Turkmenistans; das Verbot der Rückwirkung von Gesetzen, Art. 28 Abs. 1 Verfassung Kirgisistans, Art. 46 Verfassung Turkmenistans und das Analogieverbot im Strafrecht, Art. 28 Abs. 2 Verfassung Kirgisistans.

Der Schutz der Grundrechte in den zentralasiatischen Staaten und der Mongolei geht darüber hinaus oft eng einher mit der Festschreibung staatsbürgerlicher Pflichten, siehe z.B. den Pflichtenkatalog in Artt. 34ff Verfassung Kasachstans, Art. 37 Abs. 2

[2] Die Verfassung Kirgisistans etwa enthält im Grundrechtskatalog zahlreiche Doppelungen in der Aufzählung der verschiedenen Grundrechte.

Verfassung Kirgisistans (Achtung vor Älteren), Artt. 42ff Verfassung Tadschikistans, Artt. 40ff Verfassung Turkmenistans, Artt. 47ff Verfassung Usbekistans, Art. 17 Verfassung der Mongolei.

Auch Staatsziele sind in den Grundrechtskatalogen zu finden, wie etwa das Staatsziel Umweltschutz, siehe Art. 31 Verfassung Kasachstans; das Staatsziel, die Interessen von Kinder zu schützen, siehe Art.16 Abs. 5 Verfassung Kirgisistans (in Verbindung mit Art.36 Abs. 4 Verfassung Kirgisistans, staatlicher Schutz von Waisenkindern), Art. 34 Verfassung Tadschikistans; der Schutz von Traditionen, Art. 37 Abs.1 Verfassung Kirgisistans.

Dank für den vorliegenden Band geht an das Büro der Hanns-Seidel-Stiftung in Ulan Bator/Mongolei sowie das GIZ-Büro in Ashgabat/Turkmenistan für die Zurverfügungstellung der jeweiligen Verfassungstexte. Der Regensburger Universitätsstiftung Hans Vielberth gebührt herzlicher Dank für die finanzielle Unterstützung der Drucklegung.

In einem weiteren Band werden die jeweiligen nationalen Ausführungsgesetze zur Verfassungsgerichtsbarkeit veröffentlicht werden.

Inhaltsverzeichnis

Verfassung der Republik Kasachstans

Quelle: http://www.constcouncil.kz/kaz/norpb/constrk/ vom 22.12.2013

ҚАЗАҚСТАН РЕСПУБЛИКАСЫНЫҢ КОНСТИТУЦИЯСЫ

1995 жылғы 30 тамызда республикалық референдумда қабылданды.
Республикалық референдум нәтижесі жарияланған күні, яғни 1995 жылғы 5 қыркүйекте күшіне енді.
Қазақстан Республикасының 1998 жылғы 7 қазандағы Заңымен, Қазақстан Республикасының 2007 жылғы 21 мамырдағы Заңымен, Қазақстан Республикасының 2011 жылғы 2 ақпандағы Заңымен өзгерістер мен толықтырулар енгізілген.
Қазақстан Республикасы Президентінің 1995 жылғы № 2454 «Қазақстан Республикасының Конституциясы туралы» Жарлығына сәйкес Конституция мәтінінің түпнұсқасы Президентте сақталады.

Біз, ортақ тарихи тағдыр біріктірген Қазақстан халқы, байырғы қазақ жерінде мемлекеттілік құра отырып, өзімізді еркіндік, теңдік және татулық мұраттарына берілген бейбітшіл азаматтық қоғам деп ұғына отырып, дүниежүзілік қоғамдастықта лайықты орын алуды тілей отырып, қазіргі және болашақ ұрпақтар алдындағы жоғары жауапкершілігімізді сезіне отырып, өзіміздің егемендік құқығымызды негізге ала отырып, осы Конституцияны қабылдаймыз.

I бөлім
ЖАЛПЫ ЕРЕЖЕЛЕР

1-бап

1. Қазақстан Республикасы өзін демократиялық, зайырлы, құқықтық және әлеуметтік мемлекет ретінде орнықтырады, оның ең қымбат қазынасы — адам және адамның өмірі, құқықтары мен бостандықтары.

2. Республика қызметінің түбегейлі принциптері: қоғамдық татулық пен саяси тұрақтылық, бүкіл халықтың игілігін көздейтін экономикалық даму, қазақстандық патриотизм, мемлекет өмірінің аса маңызды мәселелерін демократиялық әдістермен, оның ішінде республикалық референдумда немесе Парламентте дауыс беру арқылы шешу.

2-бап

1. Қазақстан Республикасы — президенттік басқару нысанындағы біртұтас мемлекет.

2. Республиканың егемендігі оның бүкіл аумағын қамтиды. Мемлекет өз аумағының тұтастығын, қол сұғылмауын және бөлінбеуін қамтамасыз етеді.

3. Республиканың әкімшілік-аумақтық құрылысы, оның елордасының мәртебесі заңмен белгіленеді. Қазақстанның елордасы Астана қаласы болып табылады.

4. Қазақстан Республикасы және Қазақстан атауларының мәні барабар[1].

3-бап

1. Мемлекеттік биліктің бірден-бір бастауы — халық.

2. Халық билікті тікелей республикалық референдум және еркін сайлау арқылы жүзеге асырады, сондай-ақ өз билігін жүзеге асыруды мемлекеттік органдарға береді.

3. Қазақстан Республикасында билікті ешкім де иемденіп кете алмайды. Билікті иемденіп кетушілік заң бойынша қудаланады. Халық пен мемлекет атынан билік жүргізуге Республика Президентінің, сондай-ақ өзінің конституциялық өкілеттігі шегінде Парламенттің құқығы бар. Республика Үкіметі мен өзге де мемлекеттік органдар мемлекет< атынан оларға берілген өкілеттіктері шегінде ғана билік жүргізеді.

4. Республикада мемлекеттік билік біртұтас, ол Конституция мен заңдар негізінде заң шығарушы, атқарушы және сот тармақтарына бөліну, олардың тежемелік әрі тепе-теңдік жүйесін пайдалану арқылы, өзара іс-қимыл жасау принципіне сәйкес жүзеге асырылады.

4-бап

1. Қазақстан Республикасында қолданылатын құқық Конституцияның, соған сәйкес заңдардың, өзге де нормативтік құқықтық актілердің, халықаралық шарттары мен Республиканың басқа да міндеттемелерінің, сондай-ақ Республика Конституциялық Кеңесінің және Жоғарғы Соты нормативтік қаулыларының нормалары болып табылады.

2. Конституцияның ең жоғары заңды күші бар және Республиканың бүкіл аумағында ол тікелей қолданылады.

3. Республика бекіткен халықаралық шарттардың республика заңдарынан басымдығы болады және халықаралық шарт бойынша оны қолдану үшін заң шығару талап етілетін жағдайдан басқа реттерде, тікелей қолданылады.

4. Барлық заңдар, Республика қатысушысы болып табылатын халықаралық шарттар жарияланады. Азаматтардың құқықтарына, бостандықтары мен міндеттеріне қатысты нормативтік құқықтық актілерді ресми түрде жариялау оларды қолданудың міндетті шарты болып табылады.

5-бап

1. Қазақстан Республикасында идеологиялық және саяси әралуандылық танылады. Мемлекеттік органдарда партиялардың ұйымдарын құруға жол берілмейді.

2. Қоғамдық бірлестіктер заң алдында бірдей. Қоғамдық бірлестіктер ісіне мемлекеттің және мемлекет ісіне қоғамдық бірлестіктердің заңсыз араласуына, қоғамдық бірлестіктерге мемлекеттік органдардың қызметін жүктеуге жол берілмейді.

3. Мақсаты немесе іс-әрекеті Республиканың конституциялық құрылысын күштеп өзгертуге, оның тұтастығын бұзуға, мемлекет қауіпсіздігіне нұқсан келтіруге, әлеуметтік, нәсілдік, ұлттық, діни, тектік-топтық және рулық араздықты қоздыруға бағытталған қоғамдық бірлестіктер құруға және олардың қызметіне, сондай-ақ заңдарда көзделмеген әскерилендірілген құрамалар құруға тыйым салынады.

4. Республикада басқа мемлекеттердің саяси партиялары мен кәсіптік одақтарының қызметіне, діни негіздегі партияларға, сондай-ақ саяси партиялар мен кәсіптік одақтарды шетелдік заңды тұлғалар мен азаматтардың, шет мемлекеттер мен халықаралық ұйымдардың қаржыландыруына жол берілмейді.

5. Шетелдік діни бірлестіктердің Республика аумағындағы қызметі, сондай-ақ шетелдік діни орталықтардың Республикадағы діни бірлестіктер басшыларын тағайындауы Республиканың тиісті мемлекеттік органдарымен келісу арқылы жүзеге асырылады[2].

6-бап

1. Қазақстан Республикасында мемлекеттік меншік пен жеке меншік танылады және бірдей қорғалады.

2. Меншік міндет жүктейді, оны пайдалану сонымен қатар қоғам игілігіне де қызмет етуге тиіс. Меншік субъектілері мен объектілері, меншік иелерінің өз құқықтарын жүзеге асыру көлемі мен шектері, оларды қорғау кепілдіктері заңмен белгіленеді.

3. Жер және оның қойнауы, су көздері, өсімдіктер мен жануарлар дүниесі, басқа да табиғи ресурстар мемлекет меншігінде болады. Жер, сондай-ақ заңда белгіленген негіздерде, шарттар мен шектерде жеке меншікте де болуы мүмкін.

7-бап

1. Қазақстан Республикасындағы мемлекеттік тіл — қазақ тілі.

2. Мемлекеттік ұйымдарда және жергілікті өзін-өзі басқару органдарында орыс тілі ресми түрде қазақ тілімен тең қолданылады.

3. Мемлекет Қазақстан халқының тілдерін үйрену мен дамыту үшін жағдай туғызуға қамқорлық жасайды.

8-бап

Қазақстан Республикасы халықаралық құқықтың принциптері мен нормаларын құрметтейді, мемлекеттер арасында ынтымақтастық пен тату көршілік қарым-қатынас жасау, олардың теңдігі мен бір-бірінің ішкі істеріне араласпау, халықаралық дауларды бейбіт жолмен шешу саясатын жүргізеді, қарулы күшті бірінші болып қолданудан бас тартады.

9-бап

Қазақстан Республикасының мемлекеттік рәміздері — Туы, Елтаңбасы және Гимні бар. Олардың сипаттамасы және ресми пайдаланылу тәртібі конституциялық заңмен белгіленеді[3].

II бөлім
АДАМ ЖӘНЕ АЗАМАТ

10-бап

1. Қазақстан Республикасының азаматтығы заңға сәйкес алынады және тоқтатылады, ол қандай негізде алынғанына қарамастан, бірыңғай және тең болып табылады.

2. Республиканың азаматын ешқандай жағдайда азаматтығынан, өзінің азаматтығын өзгерту құқығынан айыруға, сондай-ақ оны Қазақстаннан тыс жерлерге аластауға болмайды.

3. Республика азаматының басқа мемлекеттің азаматтығында болуы танылмайды.

11-бап

1. Республиканың халықаралық шарттарында өзгеше белгіленбесе, Қазақстан Республикасының азаматын шет мемлекетке беруге болмайды.

2. Республика өзінің одан тыс жерлерде жүрген азаматтарын қорғауға және оларға қамқорлық жасауға кепілдік береді.

12-бап

1. Қазақстан Республикасында Конституцияға сәйкес адам құқықтары мен бостандықтары танылады және оларға кепілдік беріледі.

2. Адам құқықтары мен бостандықтары әркімге тумысынан жазылған, олар абсолютті деп танылады, олардан ешкім айыра алмайды, заңдар мен өзге де нормативтік құқықтық актілердің мазмұны мен қолданылуы осыған қарай анықталады.

3. Республиканың азаматы өзінің азаматтығына орай құқықтарға ие болып, міндеттер атқарады.

4. Конституцияда, заңдарда және халықаралық шарттарда өзгеше көзделмесе, шетелдіктер мен азаматтығы жоқ адамдар Республикада азаматтар үшін белгіленген құқықтар мен бостандықтарды пайдаланады, сондай-ақ міндеттер атқарады.

5. Адамның және азаматтың өз құқықтары мен бостандықтарын жүзеге асыруы басқа адамдардың құқықтары мен бостандықтарын бұзбауға, конституциялық құрылыс пен қоғамдық имандылыққа нұқсан келтірмеуге тиіс.

13-бап

1. Әркімнің құқық субъектісі ретінде танылуына құқығы бар және өзінің құқықтары мен бостандықтарын, қажетті қорғанысты қоса алғанда, заңға қайшы келмейтін барлық тәсілдермен қорғауға хақылы.

2. Әркімнің өз құқықтары мен бостандықтарының сот арқылы қорғалуына құқығы бар.

3. Әркімнің білікті заң көмегін алуға құқығы бар. Заңда көзделген реттерде заң көмегі тегін көрсетіледі.

14-бап

1. Заң мен сот алдында жұрттың бәрі тең.

2. Тегіне, әлеуметтік, лауазымдық және мүліктік жағдайына, жынысына, нәсіліне, ұлтына, тіліне, дінге көзқарасына, нанымына, тұрғылықты жеріне байланысты немесе кез келген өзге жағдаяттар бойынша ешкімді ешқандай кемсітуге болмайды.

15-бап

1. Әркімнің өмір сүруге құқығы бар.

2. Ешкімнің өз бетінше адам өмірін қиюға хақысы жоқ. Өлім жазасы адамдардың қаза болуымен байланысты террористік қылмыстар жасағаны үшін, сондай-ақ соғыс уақытында ерекше ауыр қылмыстар жасағаны үшін ең ауыр жаза ретінде заңмен белгіленеді, ондай жазаға кесілген адамның кешірім жасау туралы өтініш ету хақы бар[4].

16-бап

1. Әркім өзінің жеке басының бостандығына құқығы бар.

2. Заңда көзделген реттерде ғана және тек қана соттың санкциясымен тұтқындауға және қамауда ұстауға болады, тұтқындалған адамға шағымдану құқығы беріледі. Соттың санкциясынсыз адамды жетпіс екі сағаттан аспайтын мерзімге ұстауға болады.

3. Ұсталған, тұтқындалған, қылмыс жасады деп айып тағылған әрбір адам сол ұсталған, тұтқындалған немесе айып тағылған кезден бастап адвокаттың (қорғаушының) көмегін пайдалануға құқылы[5].

17-бап

1. Адамның қадір-қасиетіне қол сұғылмайды.

2. Ешкімді азаптауға, оған зорлық-зомбылық жасауға, басқадай қатыгездік немесе адамдық қадір-қасиетін қорлайтындай жәбір көрсетуге не жазалауға болмайды.

18-бап

1. Әркімнің жеке өміріне қол сұғылмауына, өзінің және отбасының құпиясы болуына, ар-намысы мен абыройлы атының қорғалуына құқығы бар.

2. Әркім өзінің жеке салымдары мен жинаған қаражатының, жазысқан хаттарының, телефон арқылы сөйлескен сөздерінің, почта, телеграф арқылы және басқа жолдармен алысқан хабарларының құпиялылығы сақталуына құқығы бар. Бұл құқықты шектеуге заңда тікелей белгіленген реттер мен тәртіп бойынша ғана жол беріледі.

3. Мемлекеттік органдар, қоғамдық бірлестіктер, лауазымды адамдар және бұқаралық ақпарат құралдары әрбір азаматқа өзінің құқықтары мен мүдделеріне қатысты құжаттармен, шешімдермен және ақпарат көздерімен танысу мүмкіндігін қамтамасыз етуге міндетті.

19-бап

1. Әркім өзінің қай ұлтқа, қай партияға және қай дінге жататынын өзі анықтауға және оны көрсету-көрсетпеуге хақылы.

2. Әркімнің ана тілі мен төл мәдениетін пайдалануға, қарым-қатынас, тәрбие, оқу және шығармашылық тілін еркін таңдап алуға құқығы бар.

20-бап

1. Сөз бен шығармашылық еркіндігіне кепілдік беріледі. Цензураға тыйым салынады.

2. Әркімнің заң жүзінде тыйым салынбаған кез келген тәсілмен еркін ақпарат алуға және таратуға құқығы бар. Қазақстан Республикасының мемлекеттік құпиясы болып табылатын мәліметтер тізбесі заңмен белгіленеді.

3. Республиканың конституциялық құрылысын күштеп өзгертуді, оның тұтастығын бұзуды, мемлекет қауіпсіздігіне нұқсан келтіруді, соғысты, әлеуметтік, нәсілдік, ұлттық, діни, тектік-топтық және рулық астамшылықты, сондай-ақ қатыгездік пен зорлық-зомбылыққа бас ұруды насихаттауға немесе үгіттеуге жол берілмейді.

21-бап

1. Қазақстан Республикасы аумағында заңды түрде жүрген әрбір адам, заңда көрсетілгеннен басқа реттерде, оның аумағында еркін жүріп-тұруға және тұрғылықты мекенді өз қалауынша таңдап алуға құқығы бар.

2. Әркімнің Республикадан тыс жерлерге кетуіне құқығы бар. Республика азаматтарының Республикаға кедергісіз қайтып оралуына құқығы бар.

22-бап

1. Әркімнің ар-ождан бостандығына құқығы бар.

2. Ар-ождан бостандығы құқығын жүзеге асыру жалпы адамдық және азаматтық құқықтар мен мемлекет алдындағы міндеттерге байланысты болмауға немесе оларды шектемеуге тиіс.

23-бап

1. Қазақстан Республикасы азаматтарының бірлесу бостандығына құқығы бар. Қоғамдық бірлестіктердің қызметі заңмен реттеледі.

2. Әскери қызметшілер, ұлттық қауіпсіздік органдарының, құқық қорғау органдарының қызметкерлері мен судьялар партияларда, кәсіптік одақтарда болмауға, қандай да бір саяси партияны қолдап сөйлемеуге тиіс.

24-бап

1. Әркімнің еңбек ету бостандығына, қызмет пен кәсіп түрін еркін таңдауына құқығы бар. Еріксіз еңбекке соттың үкімі бойынша не төтенше жағдайда немесе соғыс жағдайында ғана жол беріледі.

2. Әркімнің қауіпсіздік пен тазалық талаптарына сай еңбек ету жағдайына, еңбегі үшін нендей бір кемсітусіз сыйақы алуына, сондай-ақ жұмыссыздықтан әлеуметтік қорғалуға құқығы бар.

3. Ереуіл жасау құқығын қоса алғанда, заңмен белгіленген тәсілдерді қолдана отырып, жеке және ұжымдық еңбек дауларын шешу құқығы мойындалады.

4. Әркімнің тынығу құқығы бар. Еңбек шарты бойынша, жұмыс істейтіндерге заңмен белгіленген жұмыс уақытының ұзақтығына, демалыс және мереке күндеріне, жыл сайынғы ақылы демалысқа кепілдік беріледі.

25-бап

1. Тұрғын үйге қол сұғылмайды. Соттың шешімінсіз тұрғын үйден айыруға жол берілмейді. Тұрғын үйге басып кіруге, оны тексеруге және тінтуге заңмен белгіленген реттер мен тәртіп бойынша ғана жол беріледі.

2. Қазақстан Республикасында азаматтарды тұрғын үймен қамтамасыз ету үшін жағдайлар жасалады. Заңда көрсетілген санаттағы мұқтаж азаматтарға тұрғын үй заңмен белгіленген нормаларға сәйкес мемлекеттік тұрғын үй қорларынан олардың шама-шарқы көтеретін ақыға беріледі.

26-бап

1. Қазақстан Республикасының азаматтары заңды түрде алған қандай да болсын мүлкін жеке меншігінде ұстай алады.

2. Меншік, оның ішінде мұрагерлік құқығына заңмен кепілдік беріледі.

3. Соттың шешімінсіз ешкімді де өз мүлкінен айыруға болмайды. Заңмен көзделген ерекше жағдайларда мемлекет мұқтажы үшін мүліктен күштеп айыру оның құны тең бағамен өтелген кезде жүргізілуі мүмкін.

4. Әркімнің кәсіпкерлік қызмет еркіндігіне, өз мүлкін кез келген заңды кәсіпкерлік қызмет үшін еркін пайдалануға құқығы бар. Монополистік қызмет заңмен реттеледі әрі шектеледі. Жосықсыз бәсекеге тыйым салынады.

27-бап

1. Неке мен отбасы, ана мен әке және бала мемлекеттің қорғауында болады.

2. Балаларына қамқорлық жасау және оларды тәрбиелеу — ата-ананың етене құқығы әрі міндеті.

3. Кәмелетке толған еңбекке қабілетті балалар еңбекке жарамсыз ата-анасына қамқорлық жасауға міндетті.

28-бап

1. Қазақстан Республикасының азаматы жасына келген, науқастанған, мүгедек болған, асыраушысынан айырылған жағдайда және өзге де заңды негіздерде оған ең төменгі жалақы мен зейнетақының мөлшерінде әлеуметтік қамсыздандырылуына кепілдік беріледі.

2. Ерікті әлеуметтік сақтандыру, әлеуметтік қамсыздандырудың қосымша нысандарын жасау және қайы-рымдылық көтермеленіп отырады.

29-бап

1. Қазақстан Республикасы азаматтарының денсаулығын сақтауға құқығы бар.

2. Республика азаматтары заңмен белгіленген кепілді медициналық көмектің көлемін тегін алуға хақылы.

3. Мемлекеттік және жеке меншік емдеу мекемелерінде, сондай-ақ, жеке медициналық практикамен айналысушы адамдардан ақылы медициналық жәрдем алу заңда белгіленген негіздер мен тәртіп бойынша жүргізіледі.

30-бап

1. Азаматтардың мемлекеттік оқу орындарында тегін орта білім алуына кепілдік беріледі. Орта білім алу міндетті.

2. Азаматтың мемлекеттік жоғары оқу орнында конкурстық негізде тегін жоғары білім алуға құқығы бар.

3. Жекеменшік оқу орындарында ақылы білім алу заңмен белгіленген негіздер мен тәртіп бойынша жүзеге асырылады.

4. Мемлекет білім берудің жалпыға міндетті стандарттарын белгілейді. Кез келген оқу орнының қызметі осы стандарттарға сай келуі керек.

31-бап

1. Мемлекет адамның өмір сүруі мен денсаулығына қолайлы айналадағы ортаны қорғауды мақсат етіп қояды.

2. Адамдардың өмірі мен денсаулығына қатер төндіретін деректер мен жағдаяттарды лауазымды адамдардың жасыруы заңға сәйкес жауапкершілікке әкеп соғады.

32-бап

Қазақстан Республикасының азаматтары бейбіт әрі қарусыз жиналуға, жиналыстар, митингілер мен демонстрациялар, шерулер өткізуге және тосқауылдарға тұруға хақылы. Бұл құқықты пайдалану мемлекеттік қауіпсіздік, қоғамдық тәртіп, денсаулық сақтау, басқа адамдардың құқықтары мен бостандықтарын қорғау мүдделері үшін заңмен шектелуі мүмкін.

33-бап

1. Қазақстан Республикасы азаматтарының тікелей және өз өкілдері арқылы мемлекет ісін басқаруға қатысуға, мемлекеттік органдар мен жергілікті өзін-өзі басқару

органдарына тікелей өзі жүгінуге, сондай-ақ жеке және ұжымдық өтініштер жолдауға құқығы бар.

2. Республика азаматтарының мемлекеттік органдар мен жергілікті өзін-өзі басқару органдарын сайлауға және оларға сайлануға, сондай-ақ республикалық референдумға қатысуға құқығы бар.

3. Сот іс-әрекетке қабілетсіз деп таныған, сондай-ақ сот үкімі бойынша бас бостандығынан айыру орындарында отырған азаматтардың сайлауға және сайлануға, республикалық референдумға қатысуға құқығы жоқ.

4. Республика азаматтарының мемлекеттік қызметке кіруге тең құқығы бар. Мемлекеттік қызметші лауазымына кандидатқа қойылатын талаптар лауазымдық міндеттердің сипатына ғана байланысты болады және заңмен белгіленеді[6].

34-бап

1. Әркім Қазақстан Республикасының Конституциясын және заңдарын сақтауға, басқа адамдардың құқықтарын, бостандықтарын, абыройы мен қадір-қасиетін құрметтеуге міндетті.

2. Әркім Республиканың мемлекеттік рәміздерін құрметтеуге міндетті[7].

35-бап

Заңды түрде белгіленген салықтарды, алымдарды және өзге де міндетті төлемдерді төлеу әркімнің борышы әрі міндеті болып табылады.

36-бап

1. Қазақстан Республикасын қорғау — оның әрбір азаматының қасиетті парызы және міндеті.

2. Республика азаматтары заңда белгіленген тәртіп пен түрлер бойынша әскери қызмет атқарады.

37-бап

Қазақстан Республикасының азаматтары тарихи және мәдени мұралардың сақталуына қамқорлық жасауға, тарих пен мәдениет ескерткіштерін қорғауға міндетті.

38-бап

Қазақстан Республикасының азаматтары табиғатты сақтауға және табиғат байлықтарына ұқыпты қарауға міндетті.

39-бап

1. Адамның және азаматтың құқықтары мен бостандықтары конституциялық құрылысты қорғау, қоғамдық тәртіпті, адамның құқықтары мен бостандықтарын, халықтың денсаулығы мен имандылығын сақтау мақсатына қажетті шамада ғана және тек заңмен шектелуі мүмкін.

2. Ұлтаралық татулықты бұзатын кез келген әрекет конституциялық емес деп танылады.

3. Саяси себептер бойынша азаматтардың құқықтары мен бостандықтарын қандай да бір түрде шектеуге жол берілмейді. Конституцияның 10; 11; 13-15-баптарында; 16-бабының 1-тармағында; 17-бабында; 19-бабында; 22-бабында; 26-бабының 2-тармағында көзделген құқықтар мен бостандықтар ешбір жағдайда да шектелмеуге тиіс.

III бөлім
ПРЕЗИДЕНТ

40-бап

1. Қазақстан Республикасының Президенті — мемлекеттің басшысы, мемлекеттің ішкі және сыртқы саясатының негізгі бағыттарын айқындайтын, ел ішінде және халықаралық қатынастарда Қазақстанның атынан өкілдік ететін ең жоғары лауазымды тұлға.

2. Республиканың Президенті — халық пен мемлекеттік билік бірлігінің, Конституцияның мызғымастығының, адам және азамат құқықтары мен бостандықтарының нышаны әрі кепілі.

3. Республика Президенті мемлекеттік биліктің барлық тармағының келісіп жұмыс істеуін және өкімет органдарының халық алдындағы жауапкершілігін қамтамасыз етеді.

41-бап

1. Қазақстан Республикасының Президентін конституциялық заңға сәйкес жалпыға бірдей, тең және төте сайлау құқығы негізінде Республиканың кәмелетке толған азаматтары жасырын дауыс беру арқылы бес жыл мерзімге сайлайды.

2. Республика Президенті болып тумысынан Республика азаматы болып табылатын қырық жасқа толған, мемлекеттік тілді еркін меңгерген әрі Қазақстанда соңғы он бес жыл бойы тұратын Республика азаматы сайлана алады.

3. Республика Президентінің кезекті сайлауы желтоқсанның бірінші жексенбісінде өткізіледі және ол мерзімі жағынан Республика Парламентінің жаңа құрамын сайлаумен тұспа-тұс келмеуге тиіс.

3-1. Президенттің кезектен тыс сайлауы Республика Президентінің шешімімен тағайындалады және конституциялық заңда белгіленген тәртіп пен мерзімде өткізіледі[8].

4. Қазақстан Республикасының 1998 жылғы 7 қазандағы № 284-1 Заңымен алынып тасталды.

5. Дауыс беруге қатысқан сайлаушылардың елу процентінен астамының дауысын алған кандидат сайланды деп есептеледі. Егер кандидаттардың бірде-бірі көрсетілген дауыс санын ала алмаса, қайтадан дауысқа салынады, оған көп дауыс алған екі кандидат қатысады. Дауыс беруге қатысқан сайлаушылардың ең көп дауысын алған кандидат сайланды деп есептеледі[9].

42-бап

1. Қазақстан Республикасының Президенті: «Қазақстан халқына адал қызмет етуге, Қазақстан Республикасының Конституциясы мен заңдарын қатаң сақтауға, азаматтардың құқықтары мен бостандықтарына кепілдік беруге, Қазақстан Республикасы Президентінің өзіме жүктелген мәртебелі міндетін адал атқаруға салтанатты түрде ант етемін», — деп халыққа ант берген сәттен бастап қызметіне кіріседі.

2. Ант беру қаңтардың екінші сәрсенбісінде салтанатты жағдайда Парламент депутаттарының, Конституциялық Кеңес мүшелерінің, Жоғарғы Сот судьяларының, сондай-ақ Республиканың бұрынғы Президенттерінің бәрінің қатысуымен өткізіледі. Конституцияның 48-бабында көзделген жағдайда Қазақстан Республикасы Президентінің өкілеттігін өзіне қабылдаған адам Республика Президентінің өкілеттігін қабылдаған күнінен бастап бір ай ішінде ант береді.

3. Республика Президентінің өкілеттігі жаңадан сайланған Республика Президенті қызметіне кіріскен кезден бастап, сондай-ақ Президент қызметінен мерзімінен бұрын босатылған немесе кетірілген не ол қайтыс болған жағдайда тоқтатылады. Республиканың бұрынғы Президенттерінің бәрінің, қызметінен кетірілгендерден басқасының, Қазақстан Республикасының экс-Президенті деген атағы болады.

4. Қазақстан Республикасының 1998 жылғы 7 қазандағы № 284-1 Заңымен алынып тасталды.

5. Бір адам қатарынан екі реттен артық Республика Президенті болып сайлана алмайды. Бұл шектеу Қазақстан Республикасының Тұңғыш Президентіне қолданылмайды[10].

43-бап

1. Қазақстан Республикасы Президентінің өкілді органның депутаты болуға, өзге де ақы төленетін қызметтерді атқаруға және кәсіпкерлік қызметпен айналысуға құқығы жоқ.

2. Қазақстан Республикасының 2007 жылғы 21 мамырдағы № 254-III Заңымен алынып тасталды.

44-бап

Қазақстан Республикасының Президенті:

1) Қазақстан халқына елдегі жағдай мен Республиканың ішкі және сыртқы саясатының негізгі бағыттары туралы жыл сайын жолдау арнайды;
2) Республика Парламентіне және оның Палатасына кезекті және кезектен тыс сайлау тағайындайды; Парламенттің бірінші сессиясын шақырады және оның депутаттарының Қазақстан халқына беретін антын қабылдайды; Парламенттің кезектен тыс сессиясын шақырады; Парламент Сенаты ұсынған заңға бір ай ішінде қол қояды, заңды халыққа жария етеді не заңды немесе оның жекелеген баптарын қайтадан талқылап, дауысқа салу үшін қайтарады;
3) Парламент Мәжілісінде өкілдігі бар саяси партиялар фракцияларымен консультациялардан кейін келісім беру үшін Мәжілістің қарауына Республика Премьер-Министрінің кандидатурасын енгізеді; Парламент Мәжілісінің келісімімен Республиканың Премьер-Министрін қызметке тағайындайды; оны қызметтен босатады; Премьер-Министрдің ұсынуымен Республика Үкіметінің құрылымын айқындайды; Республиканың Үкімет құрамына кірмейтін орталық атқарушы органдарын құрады, таратады және қайта құрады, Республика Үкіметінің мүшелерін қызметке тағайындайды; сыртқы істер, қорғаныс, ішкі істер, әділет министрлерін қызметке тағайындайды; Үкімет мүшелерін қызметтен босатады; Үкімет мүшелерінің антын қабылдайды; ерекше маңызды мәселелер бойынша Үкімет отырыстарына төрағалық етеді; Үкіметке заң жобасын Парламент Мәжілісіне енгізуді тапсырады; Республика Үкіметі мен Премьер-Министрінің, облыстар, республикалық маңызы бар қалалар мен астана әкімдері актілерінің күшін жояды не қолданылуын толық немесе ішінара тоқтата тұрады;
4) Парламент Сенатының келісімімен Қазақстан Республикасы Ұлттық Банкінің Төрағасын, Бас Прокурорын және Ұлттық қауіпсіздік комитетінің Төрағасын қызметке тағайындайды; оларды қызметтен босатады;
5) Республика Президентіне тікелей бағынатын және есеп беретін мемлекеттік органдарды құрады, таратады және қайта құрады, олардың басшыларын қызметке тағайындайды және қызметтен босатады;
6) Республика дипломатиялық өкілдіктерінің басшыларын тағайындайды және кері шақырып алады;
7) Орталық сайлау комиссиясының Төрағасын және екі мүшесін, Республикалық бюджеттің атқарылуын бақылау жөніндегі есеп комитетінің Төрағасын және екі мүшесін бес жыл мерзімге қызметке тағайындайды;
8) Республиканың мемлекеттік бағдарламаларын бекітеді;
9) Республика Премьер-Министрінің ұсынуымен Республиканың мемлекеттік бюджеті есебінен ұсталатын барлық органдардың қызметкерлеріне арналған қаржыландыру мен еңбекақы төлеудің бірыңғай жүйесін бекітеді;
10) республикалық референдум өткізу жөнінде шешім қабылдайды;
11) келіссөздер жүргізеді және Республиканың халықаралық шарттарына қол қояды; бекіту грамоталарына қол қояды; өзінің жанында тіркелген шет мемлекеттердің дипломатиялық және өзге де өкілдерінің сенім грамоталары мен кері шақырып алу грамоталарын қабылдайды;
12) Республика Қарулы Күштерінің Жоғарғы Бас Қолбасшысы болып табылады, Қарулы Күштердің жоғары қолбасшылығын тағайындайды және ауыстырып отырады;
13) Республиканың мемлекеттік наградаларымен марапаттайды, құрметті, жоғары әскери және өзге атақтарды, сыныптық шендерді, дипломатиялық дәрежелерді, біліктілік сыныптарын береді;
14) Республиканың азаматтығы, саяси баспана беру мәселелерін шешеді;
15) азаматтарға кешірім жасауды жүзеге асырады;
16) Республиканың демократиялық институттарына, оның тәуелсіздігі мен аумақтық тұтастығына, саяси тұрақтылығына, азаматтарының қауіпсіздігіне елеулі және тікелей қатер төнген, мемлекеттің конституциялық органдарының қалыпты жұмыс істеуі бұзылған ретте, Премьер-Министрмен және Республика Парламенті Палаталарының

Төрағаларымен ресми консультациялардан кейін Республика Парламентіне дереу хабарлай отырып, Қазақстанның бүкіл аумағында және оның жекелеген жерлерінде төтенше жағдай енгізуді, Республиканың Қарулы Күштерін қолдануды қоса алғанда, аталған жағдаяттар талап ететін шараларды қолданады;
17) Республикаға қарсы агрессия жасалған не оның қауіпсіздігіне сырттан тікелей қатер төнген ретте Республиканың бүкіл аумағында немесе оның жекелеген жерлерінде әскери жағдай енгізеді, ішінара немесе жалпы мобилизация жариялап, бұл туралы Республика Парламентіне дереу хабарлайды;
18) өзіне бағынысты Республика Президентінің Күзет қызметін және Республикалық ұланды жасақтайды;
19) Қазақстан Республикасының Мемлекеттік Хатшысын қызметке тағайындайды және қызметтен босатады, оның мәртебесі мен өкілеттігін анықтайды; Республика Президентінің Әкімшілігін құрады;
20) Қауіпсіздік Кеңесін және өзге де консультативтік-кеңесші органдарды, сондай-ақ Қазақстан халқы Ассамблеясы мен Жоғары Сот Кеңесін құрады;
21) Республиканың Конституциясы мен заңдарына сәйкес басқа да өкілеттіктерді жүзеге асырады[11].

45-бап

1. Қазақстан Республикасының Президенті Конституция мен заңдар негізінде және оларды орындау үшін Республиканың бүкіл аумағында міндетті күші бар жарлықтар мен өкімдер шығарады.

2. Конституцияның 53-бабының 4)-тармақшасында көзделген ретте Республика Президенті заңдар шығарады, ал 61-баптың 2-тармағында көзделген ретте Республиканың заң күші бар жарлықтарын шығарады.

3. Республиканың Президенті қол қоятын Парламент актілері, сондай-ақ Үкімет бастамасымен шығарылатын Президенттің актілері тиісінше осы актілердің заңдылығы үшін заңдық жауапкершілік жүктелетін Парламенттің әр Палатасының Төрағаларының не Премьер-Министрдің алдын-ала қолдары қойылып тиянақталады.

46-бап

1. Қазақстан Республикасының Президентіне, оның абыройы мен қадір-қасиетіне ешкімнің тиісуіне болмайды.

2. Республика Президенті мен оның отбасын қамтамасыз ету, оларға қызмет көрсету және қорғау мемлекет есебінен жүзеге асырылады.

3. Осы баптың ережелері Республиканың экс-Президенттеріне қолданылады.

4. Қазақстанның Тұңғыш Президентінің мәртебесі мен өкілеттігі Республика Конституциясымен және конституциялық заңмен айқындалады[12].

47-бап

1. Қазақстан Республикасының Президенті науқастануына байланысты өзінің міндеттерін жүзеге асыруға қабілетсіздігі дендеген жағдайда қызметінен мерзімінен бұрын босатылуы мүмкін. Бұл ретте Парламент әр Палата депутаттарының тең санынан және медицинаның тиісті салаларының мамандарынан тұратын комиссия құрады. Мерзімінен бұрын босату туралы шешім Парламент Палаталарының бірлескен отырысында комиссияның қорытындысымен белгіленген конституциялық рәсімдердің сақталғаны туралы Конституциялық Кеңес қорытындысы негізінде әр Палата депутаттары жалпы санының кемінде төрттен үшінің көпшілігімен қабылданады.

2. Республиканың Президенті өзінің міндеттерін атқару кезіндегі іс-әрекеті үшін тек қана мемлекетке опасыздық жасаған жағдайда жауап береді және бұл үшін Парламент оны қызметінен кетіруі мүмкін. Айып тағу және оны тексеру туралы шешім Мәжіліс депутаттарының кемінде үштен бірінің бастамасы бойынша депутаттардың жалпы санының көпшілігімен қабылдануы мүмкін. Тағылған айыпты тексеруді Сенат ұйымдастырады және оның нәтижелері Сенат депутаттары жалпы санының көпшілік даусымен Парламент Палаталары бірлескен отырысының қарауына беріледі. Бұл мәселе бойынша түпкілікті шешім айып тағудың негізділігі туралы Жоғарғы Сот қорытындысы және белгіленген конституциялық рәсімдердің сақталғаны туралы Конституциялық Кеңестің қорытындысы болған жағдайда әр Палата депутаттары жалпы санының кемінде төрттен үшінің көпшілік даусымен Парламент Палаталарының бірлескен отырысында қабылданады. Айып тағылған кезден бастап екі ай ішінде түпкілікті шешім қабылдамау Республика Президентіне қарсы тағылған айыптың күші жойылған деп тануға әкеп соғады. Республиканың Президентіне мемлекетке опасыздық жасады деп тағылған айыптың қабылданбауы оның қай кезеңінде де осы мәселенің қаралуына себепші болған Мәжіліс депутаттарының өкілеттігін мерзімінен бұрын тоқтатуға әкеп соғады.

3. Республика Президентін қызметінен кетіру туралы мәселе ол Республика Парламентінің немесе Парламент Мәжілісінің өкілеттігін мерзімінен бұрын тоқтату жөнінде мәселе қарап жатқан кезде қозғалмайды[13].

48-бап

1. Қазақстан Республикасының Президенті қызметінен мерзімінен бұрын босаған немесе кетірілген, сондай-ақ қайтыс болған жағдайда Республика Президентінің өкілеттігі қалған мерзімге Парламент Сенатының Төрағасына көшеді; Сенат Төрағасының өзіне Президент өкілеттігін қабылдауы мүмкін болмаған ретте ол Парламент Мәжілісінің Төрағасына көшеді; Мәжіліс Төрағасының өзіне Президент өкілеттігін қабылдауы мүмкін болмаған ретте ол Республиканың Премьер-Министріне көшеді. Өзіне Республика Президентінің өкілеттігін қабылдаған тұлға тиісінше Сенат Төрағасының, Мәжіліс Төрағасының немесе Премьер-Министрдің өкілет-тігін тапсырады. Бұл жағдайда бос тұрған мемлекеттік лауазымдарды иелену Конституцияда көзделген тәртіппен жүзеге асырылады.

2. Осы баптың 1-тармағында көзделген негіздерде және тәртіппен Қазақстан Республикасы Президентінің өкілеттігін өзіне қабылдаған тұлғаның Қазақстан Республикасының Конституциясына өзгерістер мен толықтырулар туралы бастамашылық жасауға құқығы жоқ[14].

IV бөлім
ПАРЛАМЕНТ

49-бап

1. Парламент — Қазақстан Республикасының заң шығару қызметін жүзеге асыратын Республиканың ең жоғары өкілді органы.

2. Парламенттің өкілеттігі оның бірінші сессиясы ашылған сәттен басталып, жаңадан сайланған Парламенттің бірінші сессиясы жұмысқа кірісксн кезден аяқталады.

3. Парламенттің өкілеттігі Конституцияда көзделген реттер мен тәртіп бойынша мерзімінен бұрын тоқтатылуы мүмкін.

4. Парламенттің ұйымдастырылуы мен қызметі, оның депутаттарының құқықтық жағдайы конституциялық заңмен белгіленеді[15].

50-бап

1. Парламент тұрақты негізде жұмыс істейтін екі Палатадан: Сенаттан және Мәжілістен тұрады.

2. Сенат конституциялық заңда белгіленген тәртіппен әр облыстан, республикалық маңызы бар қаладан және Қазақстан Республикасының астанасынан екі адамнан өкілдік ететін депутаттардан құралады. Сенатта қоғамның ұлттық-мәдени және өзге де елеулі мүдделерінің білдірілуін қамтамасыз ету қажеттілігі ескеріліп, Сенаттың он бес депутатын Республика Президенті тағайындайды.

3. Мәжіліс конституциялық заңда белгіленген тәртіппен сайланатын жүз жеті депутаттан тұрады.

4. Парламент депутаты бір мезгілде екі Палатаға бірдей мүше бола алмайды.

5. Сенат депутаттарының өкілеттік мерзімі — алты жыл, Мәжіліс депутаттарының өкілеттік мерзімі — бес жыл[16].

51-бап

1. Мәжілістің тоқсан сегіз депутатын сайлау жалпыға бірдей, тең және төте сайлау құқығы негізінде жасырын дауыс беру арқылы жүзеге асырылады. Мәжілістің тоғыз депутатын Қазақстан халқы Ассамблеясы сайлайды. Мәжіліс депутаттарының кезекті сайлауы Парламенттің жұмыс істеп тұрған сайланымы өкілеттігінің мерзімі аяқталардан кемінде екі ай бұрын өткізіледі.

2. Сенат депутаттары жанама сайлау құқығы негізінде жасырын дауыс беру жолымен сайланады. Сайланған Сенат депутаттарының жартысы әрбір үш жыл сайын қайта сайланып отырады. Бұл орайда олардың кезекті сайлауы бұлардың өкілеттік мерзімі аяқталғанға дейінгі екі айдан кешіктірілмей өткізіледі.

3. Парламент немесе Парламент Мәжілісі депутаттарының кезектен тыс сайлауы тиісінше Парламент немесе Парламент Мәжілісінің өкілеттігі мерзімінен бұрын тоқтатылған күннен бастап екі ай ішінде өткізіледі.

4. Қазақстан Республикасының азаматтығында тұратын және оның аумағында соңғы он жылда тұрақты тұрып жатқан адам Парламент депутаты бола алады. Жасы отызға толған, жоғары білімі және кемінде бес жыл жұмыс стажы бар, тиісті облыстың, республикалық маңызы бар қаланың не Республика астанасының аумағында кемінде үш жыл тұрақты тұрып жатқан адам Сенат депутаты бола алады. Жасы жиырма бесke толған адам Мәжіліс депутаты бола алады.

5. Республика Парламенті депутаттарын сайлау конституциялық заңмен реттеледі.

6. Парламенттің депутаты Қазақстан халқына ант береді[17].

52-бап

1. Қазақстан Республикасының 2007 жылғы 21 мамырдағы № 254-III Заңымен алынып тасталды.

2. Парламент депутаттары оның жұмысына қатысуға міндетті. Парламентте депутаттың жеке өзі ғана дауыс береді. Депутаттың Палаталар мен олардың органдарының отырыстарына дәлелді себептерсіз үш реттен артық қатыспауы, сол сияқты дауыс беру құқығын басқа біреуге беруі депутатқа заңда белгіленген жазалау шараларын қолдануға әкеп соғады.

3. Парламент депутатының басқа өкілді органның депутаты болуға, оқытушылық, ғылыми және өзге де шығармашылық қызметтен басқа, ақы төленетін өзге де жұмыс атқаруға, кәсіпкерлікпен шұғылдануға, коммерциялық ұйымның басшы органының немесе байқаушы кеңесінің құрамына кіруге құқығы жоқ. Осы ереженің бұзылуы депутаттың өкілеттігін тоқтатуға әкеп соғады.

4. Парламент депутатын оның өкілеттік мерзімі ішінде тұтқынға алуға, күштеп әкелуге, сот тәртібімен белгіленетін әкімшілік жазалау шараларын қолдануға, қылмыс үстінде ұсталған немесе ауыр қылмыс жасаған реттерді қоспағанда, тиісті Палатаның келісімінсіз қылмыстық жауапқа тартуға болмайды.

5. Парламент депутатының өкілеттігі орнынан түскен, ол қайтыс болған, соттың заңды күшіне енген шешімі бойынша депутат іс-әрекетке қабілетсіз, қайтыс болған немесе хабарсыз кеткен деп танылған жағдайларда және Конституция мен конституциялық заңда көзделген өзге де жағдайларда тоқтатылады.
Парламент депутаты:

1) ол Қазақстаннан тысқары жерге тұрақты тұруға кеткен;
2) оған қатысты соттың айыптау үкімі заңды күшіне енген;
3) Қазақстан Республикасының азаматтығын жоғалтқан кезде өз мандатынан айырылады.
Парламент Мәжілісінің депутаты:

1) депутат конституциялық заңға сәйкес өзін сайлаған саяси партиядан шыққан немесе шығарылған;
2) конституциялық заңға сәйкес депутатты сайлаған саяси партия қызметін тоқтатқан кезде өз мандатынан айырылады.

Парламент Сенатының тағайындалған депутаттарының өкілеттігі Республика Президентінің шешімі бойынша мерзімінен бұрын тоқтатылуы мүмкін.
Парламент және Парламент Мәжілісі депутаттарының өкілеттігі тиісінше Парламент немесе Парламент Мәжілісі таратылған жағдайларда тоқтатылады.

6. Депутаттарға жазалау шараларын қолдануға, олардың осы баптың 3-тармағының талаптарын, депутаттық әдеп ережелерін сақтауына, сондай-ақ депутаттардың өкілеттігін тоқтатуға және өкілеттігінен әрі депутатқа ешкімнің тиіспеуі жөніндегі құқығынан айыруға байланысты мәселелерді әзірлеу Қазақстан Республикасының Орталық сайлау комиссиясына жүктеледі[18].

53-бап

Палаталардың бірлескен отырысында Парламент:
1) Қазақстан Республикасы Президентінің ұсынысы бойынша Конституцияға өзгерістер мен толықтырулар енгізеді;
2) Үкімет пен Республикалық бюджеттің атқарылуын бақылау жөніндегі есеп комитетінің республикалық бюджеттің атқарылуы туралы есептерін бекітеді. Үкіметтің республикалық бюджеттің атқарылуы туралы есебін Парламенттің бекітпеуі Парламенттің Үкіметке сенімсіздік білдіргенін көрсетеді;
3) Президентке оның бастамасы бойынша әр Палата депутаттары жалпы санының үштен екісінің даусымен бір жылдан аспайтын мерзімге заң шығару өкілеттігін беруге хақылы;
4) соғыс және бітім мәселелерін шешеді;
5) Республика Президентінің ұсынысы бойынша бейбітшілік пен қауіпсіздікті сақтау жөніндегі халықаралық міндеттемелерді орындау үшін Республиканың Қарулы Күштерін пайдалану туралы шешім қабылдайды;
6) Конституциялық Кеңестің Республикадағы конституциялық заңдылықтың жай-күйі туралы жыл сайынғы жолдауын тыңдайды;
7) палаталардың бірлескен комиссияларын құрады, олардың төрағаларын сайлайды және қызметтен босатады, комиссиялардың қызметі туралы есептерді тыңдайды;
8) Парламентке Конституция жүктеген өзге де өкілеттіктерді жүзеге асырады[19].

54-бап

1. Парламент палаталардың бөлек отырысында мәселелерді әуелі — Мәжілісте, ал содан кейін Сенатта өз кезегімен қарау арқылы конституциялық заңдар мен заңдар қабылдайды, оның ішінде:
1) республикалық бюджетті бекітеді, оған өзгерістер мен толықтырулар енгізеді;
2) мемлекеттік салықтар мен алымдарды белгілейді және оларды алып тастайды;
3) Қазақстанның әкімшілік-аумақтық құрылысы мәселелерін шешу тәртібін белгілейді;
4) мемлекеттік наградаларды тағайындайды, Республиканың құрметті, әскери және өзге де атақтарын, сыныптық шендерін, дипломатиялық дәрежелерін белгілейді, Республиканың мемлекеттік рәміздерін айқындайды;
5) мемлекеттік заемдар мен Республиканың экономикалық және өзге де көмек көрсетуі туралы мәселелерді шешеді;
6) рақымшылық жасау мәселелерін шешеді;
7) Республиканың халықаралық шарттарын ратификациялайды және олардың күшін жояды.

2. Парламент палаталардың бөлек отырысында мәселелерді әуелі — Мәжілісте, ал содан кейін Сенатта өз кезегімен қарау арқылы:
1) республикалық бюджеттің атқарылуы туралы есептерді талқылайды;
2) Республика Президентінің қарсылығын туғызған заңдар немесе заңның баптары бойынша қарсылықтар жіберілген күннен бастап бір ай мерзім ішінде қайталап талқылау мен дауысқа салуды өткізеді. Бұл мерзімнің сақталмауы Президент қарсылықтарының қабылданғанын білдіреді. Егер Мәжіліс пен Сенат әр Палата депутаттарының жалпы санының үштен екі көпшілік даусымен бұрын қабылданған шешімді растайтын болса, Президент бір ай ішінде заңға қол қояды. Егер Президенттің қарсылығын ең болмаса палаталардың бірі еңсермесе, заң қабылданбайды немесе Президент ұсынған редакцияда қабылданды деп есептеледі. Парламент қабылдаған конституциялық заңдарға Мемлекет басшысының қарсылығы осы тармақшада көзделген тәртіппен қаралады. Бұл ретте Парламент Президенттің конституциялық заңдарға қарсылығын әр Палата депутаттарының жалпы санының кемінде төрттен үшінің даусымен еңсереді;
3) республикалық референдум тағайындау туралы бастама көтереді[20].

55-бап

Сенаттың ерекше қарауына мыналар жатады:
1) Қазақстан Республикасы Президентінің ұсынуымен Республиканың Жоғарғы Сотының Төрағасын және Жоғарғы Сотының судьяларын сайлау мен қызметтен босату, олардың анттарын қабылдау;
2) Республика Президентінің Республика Ұлттық Банкінің Төрағасын, Бас прокурорын және Ұлттық қауіпсіздік комитетінің Төрағасын тағайындауына келісім беру;
3) Республиканың Бас Прокурорын, Жоғарғы Сотының Төрағасы мен судьяларын оларға ешкімнің тиіспеуі жөніндегі құқығынан айыру;
4) Қазақстан Республикасының 2007 жылғы 21 мамырдағы № 254-III Заңымен алынып тасталды
5) Мәжілістің өкілеттіктері мерзімінен бұрын тоқтатылуына байланысты, ол уақытша болмаған кезеңде Республика Парламентінің конституциялық заңдар мен заңдар қабылдау жөніндегі функцияларын орындау;
6) Конституциямен Парламент Сенатына жүктелген өзге де өкілеттіктерді жүзеге асыру[21].

56-бап

1. Мәжілістің ерекше қарауына мыналар жатады:
1) Парламентке енгізілген конституциялық заңдар мен заңдардың жобаларын қарауға қабылдау және осы жобаларды қарау;
2) Палата депутаттарының жалпы санының көпшілік даусымен Республика Президентіне Республика Премьер-Министрін тағайындауға келісім беру;
3) Республика Президентінің кезекті сайлауын хабарлау;
4) Конституциямен Парламент Мәжілісіне жүктелген өзге де өкілеттіктерді жүзеге асыру.

2. Мәжіліс депутаттарының жалпы санының көпшілік даусымен, Мәжіліс депутаттарының жалпы санының кемінде бестен бірінің бастамасы бойынша Мәжіліс Үкіметке сенімсіздік білдіруге хақылы[22].

57-бап

Парламенттің әр Палатасы дербес, басқа Палатаның қатысуынсыз:
1) Конституциялық Кеңестің екі мүшесін қызметке тағайындайды; Орталық сайлау комиссиясының екі мүшесін, Республикалық бюджеттің атқарылуын бақылау жөніндегі есеп комитетінің үш мүшесін бес жыл мерзімге қызметке тағайындайды;
2) Конституцияның 47-бабының 1-тармағында көзделген ретте Парламент құратын комиссия мүшелерінің тең жартысына өкілеттік береді;
3) Палаталардың бірлескен комиссиялары мүшелерінің тең жартысын сайлайды;
4) Палаталар депутаттарының өкілеттігін тоқтатады, сондай-ақ Қазақстан Республикасы Бас Прокурорының ұсынуымен оларға ешкімнің тиіспеуі жөніндегі құқығынан Палаталардың депутаттарын айыру мәселелерін шешеді;
5) өз құзыретіндегі мәселелер бойынша парламенттік тыңдаулар өткізеді;
6) Палата депутаттары жалпы санының кемінде үштен бірінің бастамасы бойынша Республика Үкіметі мүшелерінің өз қызметі мәселелері жөніндегі есептерін тыңдауға хақылы. Есепті тыңдау қорытындылары бойынша Үкімет мүшесі Республика заңдарын орындамаған жағдайда Палата депутаттары жалпы санының көпшілік даусымен оны қызметтен босату туралы Республика Президентіне өтініш жасауға хақылы. Егер Республика Президенті мұндай өтінішті қабылдамай тастаса, онда депутаттар Палата депутаттары жалпы санының көпшілік даусымен алғашқы өтініш берілген күннен бастап алты ай өткеннен кейін Республика Президентінің алдына Үкімет мүшесін қызметінен босату туралы мәселені қайталап қоюға хақылы. Мұндай жағдайда Республика Президенті Үкімет мүшесін қызметінен босатады;
7) Палаталардың үйлестіруші және жұмыс органдарын құрады;
8) өз қызметінің регламентін, Палатаның ұйымдастыру және ішкі тәртібіне байланысты мәселелер бойынша өзге де шешімдер қабылдайды[23].

58-бап

1. Палаталарды мемлекеттік тілді еркін меңгерген өз депутаттарының арасынан Палаталар депутаттары жалпы санының көпшілік даусымен жасырын дауыс беру арқылы Сенат пен Мәжіліс сайлаған төрағалар басқарады. Сенат Төрағасының қызметіне кандидатураны Қазақстан Республикасының Президенті ұсынады. Мәжіліс Төрағасының қызметіне кандидатураларды Палатаның депутаттары ұсынады.

2. Палаталардың төрағалары, егер бұл үшін Палаталардың депутаттары жалпы санының көпшілігі дауыс берсе, қызметтен кері шақырылып алынуы мүмкін, сондай-ақ олар өз еркімен орнынан түсуге хақылы.

3. Парламент Палаталарының төрағалары:
1) Палаталардың отырыстарын шақырып, оларға төрағалық етеді;
2) Палаталардың қарауына енгізілетін мәселелерді әзірлеуге жалпы басшылық жасайды;
3) Палаталар төрағаларының орынбасарлары қызметіне сайлау үшін Палаталарға кандидатуралар ұсынады;
4) Палаталар қызметінде регламенттің сақталуын қамтамасыз етеді;
5) Палаталардың үйлестіру органдарының қызметіне басшылық жасайды;
6) Палаталар шығаратын актілерге қол қояды;
7) палаталарға Конституциялық Кеңестің, Орталық сайлау комиссиясының, Республикалық бюджеттің атқарылуын бақылау жөніндегі есеп комитетінің мүшесі қызметіне тағайындау үшін кандидатуралар ұсынады;
8) өздеріне Парламент регламенті жүктейтін басқа да міндеттерді атқарады.

4. Мәжіліс Төрағасы:
1) Парламент сессияларын ашады;
2) Палаталардың кезекті бірлескен отырыстарын шақырады, Палаталардың кезекті және кезектен тыс бірлескен отырыстарына төрағалық етеді.
5. Палаталардың төрағалары өз құзыретіндегі мәселелер бойынша өкімдер шығарады[24].

59-бап

1. Парламент сессиясы оның Палаталарының бірлескен және бөлек отырыстары түрінде өткізіледі.

2. Парламенттің бірінші сессиясын Қазақстан Республикасының Президенті сайлау қорытындылары жарияланған күннен бастап отыз күннен кешіктірмей шақырады.

3. Парламенттің кезекті сессиялары жылына бір рет қыркүйектің бірінші жұмыс күнінен маусымның соңғы жұмыс күніне дейін өткізіледі.

4. Парламент сессиясын, әдетте, Республика Президенті ашады және сессия Сенат пен Мәжілістің бірлескен отырыстарында жабылады. Парламент сессиялары аралығындағы кезеңде Республика Президенті өз бастамасымен, палаталар төрағаларының немесе Парламент депутаттары жалпы санының кемінде үштен бірінің ұсынысымен Парламенттің кезектен тыс сессиясын шақыра алады. Онда сессияны шақыруға негіз болған мәселелер ғана қаралады.

5. Палаталардың бірлескен және бөлек отырыстары оларға әр Палата депутаттарының жалпы санының кемінде үштен екісі қатысқан жағдайда өткізіледі.

6. Палаталардың бірлескен және бөлек отырыстары ашық отырыстар болып табылады. Регламенттерде көзделген реттерде жабық отырыстар өткізілуі мүмкін. Республика Президентінің, Премьер-Министр мен Үкімет мүшелерінің, Ұлттық Банк Төрағасының, Бас Прокурордың, Ұлттық қауіпсіздік комитеті Төрағасының кез келген отырыстарға қатысуға және сөз сөйлеуге құқығы бар[25].

60-бап

1. Палаталар әр Палатада саны жетіден аспайтын тұрақты комитеттер құрады.

2. Палаталардың бірлескен қызметтеріне қатысты мәселелерді шешу үшін Сенат пен Мәжіліс тепе-тең негізде бірлескен комиссиялар құруға хақылы.

3. Комитеттер мен комиссиялар өз құзыретіндегі мәселелер бойынша қаулылар шығарады.

4. Комитеттер мен комиссияларды құру, олардың өкілеттігі және қызметін ұйымдастыру тәртібі заңмен белгіленеді.

61-бап

1. Заң шығару бастамасы құқығы Республика Президентіне, Парламент депутаттарына, Үкіметке тиесілі және тек қана Мәжілісте жүзеге асырылады.

2. Республика Президентінің заңдар жобаларын қараудың басымдылығын белгілеуге, сондай-ақ осы жоба жедел қаралады деп жариялауға құқығы бар, бұл Парламент заң жобасын енгізілген күннен бастап бір ай ішінде қарауға тиісті екенін білдіреді. Парламент осы талапты орындамаса, Республика Президенті заң күші бар Жарлық шығаруға хақылы, ол Парламент Конституция белгілеген тәртіппен жаңа заң қабылдағанға дейін қолданылады.

3. Парламент аса маңызды қоғамдық қатынастарды реттейтін, мыналарға:
1) жеке және заңды тұлғалардың құқық субъектілігіне, азаматтардың құқықтары мен бостандықтарына, жеке және заңды тұлғалардың міндеттері мен жауапкершілігіне;
2) меншік режиміне және өзге де мүліктік құқықтарға;
3) мемлекеттік органдар мен жергілікті өзін-өзі басқару органдарын ұйымдастыру мен олардың қызметінің, мемлекеттік және әскери қызметтің негіздеріне;
4) салық салуға, алымдар мен басқа да міндетті төлемдерді белгілеуге;
5) республикалық бюджетке;
6) сот құрылысы мен сотта іс жүргізу мәселелеріне;
7) білім беруге, денсаулық сақтауға және әлеуметтік қамсыздандыруға;
8) кәсіпорындар мен олардың мүлкін жекешелендіруге;
9) айналадағы ортаны қорғауға;
10) республиканың әкімшілік-аумақтық құрылысына;
11) мемлекет қорғанысы мен қауіпсіздігін қамтамасыз етуге қатысты негізгі принциптер мен нормаларды белгілейтін заңдар шығаруға хақылы.
Өзге қатынастардың барлығы заңға тәуелді актілермен реттеледі.

4. Мәжіліс депутаттары қараған және жалпы санының көпшілік даусымен мақұлданған заң жобасы Сенатқа беріледі, ол онда әрі кеткенде алпыс күннің ішінде қаралады. Сенат депутаттары жалпы санының көпшілік даусымен қабылданған жоба заңға айналады және он күннің ішінде Президенттің қол қоюына беріледі. Тұтас алғанда, Сенат депутаттары жалпы санының көпшілік даусымен қабылданбаған жоба Мәжіліске қайтарылады. Егер Мәжіліс депутаттары жалпы санының үштен екісінің көпшілік даусымен жобаны қайтадан мақұлдаса, ол Сенатқа қайта талқылауға және дауысқа салуға беріледі. Қайта қабылданбаған заң жобасын сол сессия барысында қайтадан енгізуге болмайды.

5. Сенат депутаттары жалпы санының көпшілік даусымен заң жобасына енгізілген өзгертулер мен толықтырулар Мәжіліске жіберіледі. Егер Мәжіліс депутаттардың жалпы санының көпшілік даусымен ұсынылған өзгертулермен және толықтырулармен келіссе, заң қабылданды деп есептеледі. Егер Мәжіліс нақ сондай көпшілік дауыспен Сенат енгізген өзгертулер мен толықтыруларға қарсы болса, Палаталар арасындағы келіспеушілік келісу рәсімі арқылы шешіледі.

5-1. Мәжіліс депутаттары қараған және олардың жалпы санының кемінде үштен екісінің даусымен мақұлданған конституциялық заң жобасы Сенатқа беріледі, онда алпыс күннен асырылмай қаралады. Сенат депутаттарының жалпы санының кемінде үштен екісінің даусымен қабылданған жоба конституциялық заңға айналады және он күн ішінде Республика Президентіне қол қоюға ұсынылады. Конституциялық заң жобасын тұтастай қабылдамауды Мәжіліс немесе Сенат Палата депутаттары жалпы санының көпшілік даусымен жүзеге асырады.
Сенат депутаттары жалпы санының кемінде үштен екісінің даусымен конституциялық заң жобасына енгізілген өзгерістер мен толықтырулар Мәжіліске жіберіледі. Егер Мәжіліс

депутаттардың кемінде үштен екісінің даусымен Сенат енгізген өзгерістермен және толықтыруларымен келіссе, конституциялық заң қабылданды деп есептеледі. Егер Мәжіліс, Сенат енгізген өзгерістер мен толықтырулар бойынша дауыс беру кезінде олармен депутаттардың кемінде үштен екісінің даусымен келіспесе, онда палаталар арасындағы келіспеушіліктер келісу рәсімдері арқылы шешіледі.

6. Мемлекеттік кірісті қысқартуды немесе мемлекеттік шығысты көбейтуді көздейтін заңдардың жобалары Республика Үкіметінің оң қорытындысы болғанда ғана енгізілуі мүмкін. Республика Президентінің заң шығару бастамасы тәртібімен Парламент Мәжілісіне енгізілген заңнамалық актілердің жобалары үшін мұндай қорытындының болуы талап етілмейді.

7. Үкімет енгізген заң жобасының қабылданбауына байланысты Премьер-Министр Парламент палаталарының бірлескен отырысында Үкіметке сенім туралы мәселе қоюға хақылы. Бұл мәселе бойынша дауыс беру сенім туралы мәселе қойылған сәттен бастап қырық сегіз сағаттан ерте өткізілмейді. Егер сенімсіздік білдіру туралы ұсыныс палаталардың әрқайсысының депутаттары жалпы санының көпшілік даусын ала алмаса, заң жобасы дауысқа салынбай қабылданды деп есептеледі. Алайда Үкімет бұл құқықты жылына екі реттен артық пайдалана алмайды[26].

62-бап

1. Парламент Республиканың бүкіл аумағында міндетті күші бар Қазақстан Республикасының заңдары, Парламенттің қаулылары, Сенат пен Мәжілістің қаулылары түрінде заң актілерін қабылдайды.

2. Республиканың заңдары Республика Президенті қол қойғаннан кейін күшіне енеді.

3. Конституцияға өзгертулер мен толықтырулар әр Палата депутаттары жалпы санының кемінде төрттен үшінің көпшілік даусымен енгізіледі.

4. Конституциялық заңдар Конституцияда көзделген мәселелер бойынша әр Палата депутаттарының жалпы санының кемінде үштен екісінің көпшілік даусымен қабылданады.

5. Парламент пен оның Палаталарының заң актілері, егер Конституцияда өзгеше көзделмесе, Палаталар депутаттары жалпы санының көпшілік даусымен қабылданады.

6. Қазақстан Республикасының Конституциясына өзгерістер мен толықтырулар енгізу мәселелері бойынша кемінде екі оқылым өткізу міндетті.

7. Республиканың заңдары, Парламент пен оның Палаталарының қаулылары Конституцияға қайшы келмеуге тиіс. Парламент пен оның Палаталарының қаулылары заңдарға қайшы келмеуге тиіс.

8. Республиканың заң және өзге де нормативтік құқықтық актілерін әзірлеу, ұсыну, талқылау, күшіне енгізу және жариялау тәртібі арнаулы заңмен және Парламент пен оның Палаталарының регламенттерімен реттеледі[27].

63-бап

1. Республика Президенті Парламент палаталары төрағаларымен және Премьер-Министрмен консультациялардан кейін Парламентті немесе Парламент Мәжілісін тарата алады.

2. Парламентті және Парламент Мәжілісін төтенше немесе соғыс жағдайы кезеңінде, Президент өкілеттігінің соңғы алты айында, сондай-ақ осының алдындағы таратудан кейінгі бір жыл ішінде таратуға болмайды[28].

V бөлім
ҮКІМЕТ

64-бап

1. Үкімет Қазақстан Республикасының атқарушы билігін жүзеге асырады, атқарушы органдардың жүйесін басқарады және олардың қызметіне басшылық жасайды.

2. Үкімет алқалы орган болып табылады және өзінің бүкіл қызметінде Республика Президентінің алдында жауапты, ал Конституцияда көзделген жағдайларда Парламент Мәжілісінің және Парламенттің алдында жауапты.

3. Конституцияның 57-бабының 6) тармақшасында көзделген ретте Үкімет мүшелері Парламент палаталарына есеп береді.

4. Үкіметтің құзыреті, ұйымдастырылуы мен қызмет тәртібі конституциялық заңмен белгіленеді[29].

65-бап

1. Қазақстан Республикасының Президенті Үкіметті Конституцияда көзделген тәртіппен құрады.

2. Республика Премьер-Министрі тағайындалғаннан кейінгі он күн мерзім ішінде Премьер-Министр Үкіметтің құрылымы мен құрамы туралы Республика Президентіне ұсыныс енгізеді.

3. Үкімет мүшелері Қазақстан халқы мен Президентіне ант береді.

66-бап

Қазақстан Республикасының Үкіметі:
1) мемлекеттің әлеуметтік-экономикалық саясатының, оның қорғаныс қабілетінің, қауіпсіздігінің, қоғамдық тәртіпті қамтамасыз етудің негізгі бағыттарын әзірлейді және олардың жүзеге асырылуын ұйымдастырады;
2) Парламентке республикалық бюджетті және оның атқарылуы туралы есепті ұсынады, бюджеттің атқарылуын қамтамасыз етеді;
3) Мәжіліске заң жобаларын енгізеді және заңдардың орындалуын қамтамасыз етеді;

4) мемлекеттік меншікті басқаруды ұйымдастырады;
5) Республиканың сыртқы саясатын жүргізу жөнінде шаралар әзірлейді;
6) министрліктердің, мемлекеттік комитеттердің, өзге де орталық және жергілікті атқарушы органдардың қызметіне басшылық жасайды;
7) Республиканың министрліктері, мемлекеттік комитеттері, өзге де орталық және жергілікті атқарушы органдары актілерінің күшін толық немесе қолданылу бөлігінде жояды немесе тоқтата тұрады;
8) Үкімет құрамына кірмейтін орталық атқарушы органдардың басшыларын қызметке тағайындайды және қызметтен босатады;
9) Қазақстан Республикасының 1998 жылғы 7 қазандағы № 284-I Заңымен алынып тасталды.
10) өзіне Конституциямен, заңдармен және Президент актілерімен жүктелген өзге де қызметтерді орындайды[30].

67-бап

Қазақстан Республикасының Премьер-Министрі:
1) Үкімет қызметін ұйымдастырып, оған басшылық жасайды және оның жұмысы үшін дербес жауап береді;
2) Қазақстан Республикасының 2007 жылғы 21 мамырдағы № 254-III Заңымен алынып тасталды.
3) Үкімет қаулыларына қол қояды;
4) Үкімет қызметінің негізгі бағыттары жөнінде және оның аса маңызды барлық шешімдері жөнінде Президентке баяндап отырады;
5) Үкімет қызметін ұйымдастыруға және басшылық жасауға байланысты басқа да қызметтерді атқарады.

68-бап

1. Үкімет мүшелері өз құзыреті шегінде шешімдер қабылдауда дербестікке ие әрі өздеріне бағынысты мемлекеттік органдардың жұмысы үшін Қазақстан Республикасы Премьер-Министрінің алдында жеке-дара жауап береді. Үкіметтің жүргізіп отырған саясатымен келіспейтін немесе оны жүргізбейтін Үкімет мүшесі орнынан түсуге өтініш береді не ол лауазымнан босатылуға тиіс.

2. Үкімет мүшелерінің өкілді органның депутаттары болуға, оқытушылық, ғылыми немесе өзге шығармашылық қызметтерді қоспағанда, өзге де ақы төленетін жұмысты атқаруға, кәсіпкерлік іспен шұғылдануға, заңнамаға сәйкес өздерінің лауазымдық міндеттері болып табылатын жағдайларды қоспағанда, коммерциялық ұйымның басшы органының немесе байқаушы кеңесінің құрамына кіруге құқығы жоқ[31].

69-бап

1. Қазақстан Республикасының Үкіметі өз құзыретінің мәселелері бойынша Республиканың бүкіл аумағында міндетті күші бар қаулылар шығарады.

2. Республиканың Премьер-Министрі Республиканың бүкіл аумағында міндетті күші бар өкімдер шығарады.

3. Үкіметтің қаулылары және Премьер-Министрдің өкімдері Конституцияға, заң актілеріне, Республика Президентінің жарлықтары мен өкімдеріне қайшы келмеуге тиіс.

70-бап

1. Үкімет жаңадан сайланған Қазақстан Республикасы Президентінің алдында өз өкілеттігін доғарады. Республиканың Премьер-Министрі жаңадан сайланған Парламент Мәжілісінің алдында Үкіметке сенім туралы мәселе қояды. Мәжіліс сенім білдірген жағдайда, егер Республика Президенті өзгеше шешім қабылдамаса, Үкімет өз міндеттерін атқаруды жалғастыра береді.

2. Егер Үкімет және оның кез келген мүшесі өздеріне жүктелген міндеттерді одан әрі жүзеге асыру мүмкін емес деп есептесе, олар Республиканың Президентіне өз орнынан түсетіні туралы мәлімдеуге хақылы.

3. Парламент Мәжілісі немесе Парламент Үкіметке сенімсіздік білдірген жағдайда Үкімет орнынан түсетіні туралы Республика Президентіне мәлімдейді.

4. Орнынан түсуді қабылдау немесе қабылдамау туралы мәселені Республиканың Президенті он күн мерзімде қарайды.

5. Орнынан түсуді қабылдау Үкіметтің не оның тиісті мүшесінің өкілеттігі тоқтатылғанын білдіреді. Премьер-Министрдің орнынан түсуін қабылдау бүкіл Үкіметтің өкілеттігі тоқтатылғанын білдіреді.

6. Үкіметтің немесе оның мүшесінің орнынан түсуі қабылданбаған жағдайда Президент оған міндеттерін одан әрі жүзеге асыруды тапсырады.

7. Республиканың Президенті өз бастамасы бойынша Үкіметтің өкілеттігін тоқтату туралы шешім қабылдауға және оның кез келген мүшесін қызметтен босатуға хақылы. Премьер-Министрді қызметінен босату бүкіл Үкіметтің өкілеттігі тоқтатылғанын білдіреді[32].

VI бөлім
КОНСТИТУЦИЯЛЫҚ КЕҢЕС

71-бап

1. Қазақстан Республикасының Конституциялық Кеңесі жеті мүшеден тұрады, олардың өкілеттігі алты жылға созылады. Республиканың экс-Президенттері құқығы бойынша ғұмыр бойы Конституциялық Кеңестің мүшелері болып табылады.

2. Конституциялық Кеңестің Төрағасын Республиканың Президенті тағайындайды және дауыс тең бөлінген жағдайда оның даусы шешуші болып табылады.

3. Конституциялық Кеңестің екі мүшесін — Республика Президенті, екі-екі мүшеден тиісінше Сенат пен Мәжіліс тағайындайды. Конституциялық Кеңес мүшелерінің жартысы әрбір үш жыл сайын жаңартылып отырады.

4. Конституциялық Кеңестің Төрағасы мен мүшесінің қызметі депутаттық мандатпен, оқытушылық, ғылыми немесе өзге шығармашылық қызметтерді қоспағанда, өзге де ақы төленетін жұмысты атқарумен, кәсіпкерлікпен айналысумен, коммерциялық ұйымның басшы органының немесе байқаушы кеңесінің құрамына кірумен сыйыспайды.

5. Конституциялық Кеңестің Төрағасы мен мүшелерін өздерінің өкілеттігі мерзімі ішінде тұтқынға алуға, күштеп әкелуге, оған сот тәртібімен белгіленетін әкімшілік жазалау шараларын қолдануға, қылмыс үстінде ұсталған немесе ауыр қылмыстар жасаған реттерді қоспағанда, Парламенттің келісімінсіз қылмыстық жауапқа тартуға болмайды.

6. Конституциялық Кеңестің ұйымдастырылуы мен қызметі конституциялық заңмен реттеледі[33].

72-бап

1. Конституциялық Кеңес Қазақстан Республикасы Президентінің, Сенат Төрағасының, Мәжіліс Төрағасының, Парламент депутаттары жалпы санының кемінде бестен бір бөлігінің, Премьер-Министрдің өтініші бойынша:
1) дау туған жағдайда Республика Президентінің, Парламент депутаттарының сайлауын өткізудің дұрыстығы және республикалық референдум өткізу туралы мәселені шешеді;
2) Парламент қабылдаған заңдардың Республика Конституциясына сәйкестігін Президент қол қойғанға дейін қарайды;
2-1) Парламент және оның палаталары қабылдаған қаулылардың Республика Конституциясына сәйкестігін қарайды;
3) Республиканың халықаралық шарттарын бекіткенге дейін олардың Конституцияға сәйкестігін қарайды;
4) Конституцияның нормаларына ресми түсіндірме береді;
5) Конституцияның 47-бабының 1 және 2-тармақтарында көзделген реттерде қорытындылар береді.
2. Конституциялық Кеңес соттардың өтініштерін Конституцияның 78-бабында белгіленген реттерде қарайды[34].

73-бап

1. Конституциялық Кеңеске Конституцияның 72-бабының 1-тармағының 1)-тармақшасында көрсетілген мәселелер бойынша өтініш жасалған ретте, Президенттің қызметіне кірісуі, Парламенттің сайланған депутаттарын тіркеу не республикалық референдумның нәтижелерін шығару тоқтатыла тұрады.

2. Конституциялық Кеңеске Конституцияның 72-бабының 1-тармағының 2) және 3)-тармақшаларында көрсетілген мәселелер бойынша өтініш жасалған ретте, тиісті актілерге қол қою не оларды бекіту мерзімінің өтуі тоқтатыла тұрады.

3. Конституциялық Кеңес өтініштер түскен күннен бастап бір ай ішінде өз шешімін шығарады. Егер мәселе кейінге қалдыруға болмайтын болса, Республика Президентінің талабы бойынша бұл мерзім он күнге дейін қысқартылуы мүмкін.

4. Конституциялық Кеңестің шешіміне толығымен немесе бір бөлігіне Республиканың Президенті қарсылық білдіруі мүмкін, бұл қарсылық Конституциялық Кеңес мүшелері жалпы санының үштен екісінің даусымен еңсеріледі. Президент қарсылығы

еңсерілмеген жағдайда, Конституциялық Кеңестің шешімі қабылданбады деп есептеледі.

74-бап

1. Қазақстан Республикасының Конституциясына сәйкес емес деп танылған заңдар мен халықаралық шарттарға қол қойылмайды не, тиісінше, бекітілмейді және күшіне енгізілмейді.

2. Конституциялық емес деп танылған, оның ішінде адамның және азаматтың Конституцияда баянды етілген құқықтары мен бостандықтарына нұқсан келтіреді деп танылған заңдар мен өзге де нормативтік құқықтық актілердің күші жойылады және қолданылуға жатпайды.

3. Конституциялық Кеңестің шешімдері қабылданған күннен бастап күшіне енеді, Республиканың бүкіл аумағында жалпыға бірдей міндетті, түпкілікті болып табылады және шағымдануға жатпайды[35].

VII бөлім
СОТТАР ЖӘНЕ СОТ ТӨРЕЛІГІ

75-бап

1. Қазақстан Республикасында сот төрелігін тек сот қана жүзеге асырады.

2. Сот билігі сотта іс жүргізудің азаматтық, қылмыстық және заңмен белгіленген өзге де нысандары арқылы жүзеге асырылады. Заңда көзделген жағдайларда қылмыстық сот ісін жүргізу алқабилердің қатысуымен жүзеге асырылады.

3. Заңмен құрылған Республиканың Жоғарғы Соты, Республиканың жергілікті және басқа да соттары Республиканың соттары болып табылады.

4. Республиканың сот жүйесі Республика Конституциясымен және конституциялық заңмен белгіленеді. Қандай да бір атаумен арнаулы және төтенше соттарды құруға жол берілмейді[36].

76-бап

1. Сот билігі Қазақстан Республикасының атынан жүзеге асырылады және өзіне азаматтар мен ұйымдардың құқықтарын, бостандықтары мен заңды мүдделерін қорғауды, Республиканың Конституциясының, заңдарының, өзге де нормативтік құқықтық актілерінің, халықаралық шарттарының орындалуын қамтамасыз етуді мақсат етіп қояды.

2. Сот билігі Республика Конституциясының, заңдарының, өзге де нормативтік құқықтық актілерінің, халықаралық шарттарының негізінде туындайтын барлық істер мен дауларға қолданылады.

3. Соттар шешімдерінің, үкімдері мен өзге де қаулыларының Республиканың бүкіл аумағында міндетті күші болады.

77-бап

1. Судья сот төрелігін іске асыру кезінде тәуелсіз және Конституция мен заңға ғана бағынады.

2. Сот төрелігін іске асыру жөніндегі соттың қызметіне қандай да болсын араласуға жол берілмейді, және ол заң бойынша жауапкершілікке әкеп соғады. Нақты істер бойынша судьялар есеп бермейді.

3. Заңды қолданған кезде судья төмендегі принциптерді басшылыққа алуға тиіс:
1) адамның кінәлі екендігі заңды күшіне енген сот үкімімен танылғанша ол жасалған қылмысқа кінәлі емес деп есептеледі;
2) бір құқық бұзушылық үшін ешкімді де қайтадан қылмыстық немесе әкімшілік жауапқа тартуға болмайды;
3) өзіне заңмен көзделген соттылығын оның келісімінсіз ешкімнің өзгертуіне болмайды;
4) сотта әркім өз сөзін тыңдатуға құқылы;
5) жауапкершілікті белгілейтін немесе күшейтетін, азаматтарға жаңа міндеттемелер

жүктейтін немесе олардың жағдайын нашарлататын заңдардың кері күші болмайды. Егер құқық бұзушылық жасалғаннан кейін ол үшін жауапкершілік заңмен алынып тасталса немесе жеңілдетілсе, жаңа заң қолданылады;
6) айыпталушы өзінің кінәсіздігін дәлелдеуге міндетті емес;
7) ешкім өзіне-өзі, жұбайына (зайыбына) және заңмен белгіленген шектегі жақын туыстарына қарсы айғақ беруге міндетті емес. Діни қызметшілер өздеріне сеніп сырын ашқандарға қарсы куәгер болуға міндетті емес;
8) адамның кінәлі екендігі жөніндегі кез келген күдік айыпталушының пайдасына қарастырылады;
9) заңсыз тәсілмен алынған айғақтардың заңды күші болмайды. Ешкім өзінің жеке мойындауы негізінде ғана сотталуға тиіс емес;
10) қылмыстық заңды ұқсастығына қарай қолдануға жол берілмейді.

4. Конституциямен белгіленген сот төрелігінің принциптері Республиканың барлық соттары мен судьяларына ортақ және бірыңғай болып табылады.

78-бап

Соттардың Конституциямен баянды етілген адамның және азаматтың құқықтары мен бостандықтарына нұқсан келтіретін заңдар мен өзге де нормативтік құқықтық актілерді қолдануға хақысы жоқ. Егер сот қолданылуға тиісті заң немесе өзге де нормативтік құқықтық акт Конституциямен баянды етілген адамның және азаматтың құқықтары мен бостандықтарына нұқсан келтіреді деп тапса, іс жүргізуді тоқтата тұруға және осы актіні конституциялық емес деп тану туралы ұсыныспен Конституциялық Кеңеске жүгінуге міндетті.

79-бап

1. Соттар тұрақты судьялардан тұрады, олардың тәуелсіздігі Конституциямен және заңмен қорғалады. Судьяның өкілеттігі тек заңда белгіленген негіздер бойынша ғана тоқтатылуы немесе кідіртілуі мүмкін.

2. Судьяны тұтқынға алуға, күштеп әкелуге, оған сот тәртібімен белгіленетін әкімшілік жазалау шараларын қолдануға, қылмыс үстінде ұсталған немесе ауыр қылмыс жасаған реттерді қоспағанда, Республика Жоғары Сот Кеңесінің қорытындысына негізделген Қазақстан Республикасы Президентінің келісімінсіз не Конституцияның 55-бабының 3)-тармақшасында белгіленген жағдайда, — Сенаттың келісімінсіз қылмыстық жауапқа тартуға болмайды.

3. Республиканың жиырма бес жасқа толған, жоғары заң білімі, заң мамандығы бойынша кемінде екі жыл жұмыс стажы бар және біліктілік емтиханын тапсырған азаматтары судья бола алады. Республика соттарының судьяларына заң бойынша қосымша талаптар белгіленуі мүмкін.

4. Судьяның қызметі депутаттық мандатпен, оқытушылық, ғылыми немесе өзге шығармашылық қызметтерді қоспағанда, өзге де ақы төленетін жұмысты атқарумен, кәсіпкерлікпен айналысумен, коммерциялық ұйымның басшы органының немесе байқаушы кеңесінің құрамына кірумен сыйыспайды.

80-бап

Соттарды қаржыландыру, судьяларды тұрғын үймен қамтамасыз ету республикалық бюджет қаражаты есебінен жүргізіледі және ол сот төрелігін толық әрі тәуелсіз жүзеге асыру мүмкіндігін қамтамасыз етуге тиіс.

81-бап

Қазақстан Республикасының Жоғарғы Соты азаматтық, қылмыстық, жергілікті және басқа да соттарда қаралатын өзге де істер жөніндегі жоғары сот органы болып табылады, заңда көзделген іс жүргізу нысандарында олардың қызметін қадағалауды жүзеге асырады, сот практикасының мәселелері бойынша түсініктемелер беріп отырады[37].

82-бап

1. Қазақстан Республикасы Жоғарғы Сотының Төрағасын және судьяларын Жоғары Сот Кеңесінің кепілдемесіне негізделген Республика Президентінің ұсынуымен Сенат сайлайды.

2. Жергілікті және басқа да соттардың төрағалары мен судьяларын Жоғары Сот Кеңесінің кепілдемесі бойынша Республика Президенті қызметке тағайындайды.

3. Соттарда конституциялық заңға сәйкес сот алқалары құрылуы мүмкін. Сот алқалары төрағаларына өкілеттіктер беру тәртібі конституциялық заңмен белгіленеді.

4. Жоғары Сот Кеңесі Республика Президенті тағайындайтын Төрағадан және басқа да адамдардан құралады.

5. Жоғары Сот Кеңесінің мәртебесі және жұмысын ұйымдастыру заңмен белгіленеді[38].

83-бап

1. Прокуратура мемлекет атынан Республиканың аумағында заңдардың, Қазақстан Республикасының Президенті жарлықтарының және өзге де нормативтік құқықтық актілердің дәлме-дәл әрі біркелкі қолданылуын, жедел-іздестіру қызметінің, анықтау мен тергеудің, әкімшілік және орындаушылық іс жүргізудің заңдылығын жоғары қадағалауды жүзеге асырады, заңдылықтың кез келген бұзылуын анықтау мен жою жөнінде шаралар қолданады, сондай-ақ Республика Конституциясы мен заңдарына қайшы келетін заңдар мен басқа да құқықтық актілерге наразылық білдіреді. Прокуратура сотта мемлекет мүддесін білдіреді, сондай-ақ заңмен белгіленген жағдайда, тәртіпте және шекте қылмыстық қуғындауды жүзеге асырады.

2. Республика Прокуратурасы төменгі прокурорларды жоғары тұрған прокурорларға және Республика Бас Прокурорына бағындыра отырып, бірыңғай орталықтандырылған жүйе құрайды. Ол өз өкілеттігін басқа мемлекеттік органдардан, лауазымды адамдардан тәуелсіз жүзеге асырады және Республика Президентіне ғана есеп береді.

3. Республиканың Бас Прокурорын өз өкілеттігі мерзімі ішінде тұтқынға алуға, күштеп әкелуге, оған сот тәртібімен әкімшілік жазалау шараларын қолдануға, қылмыс үстінде ұсталған немесе ауыр қылмыстар жасаған реттерді қоспағанда, Сенаттың келісімінсіз қылмыстық жауапқа тартуға болмайды. Бас Прокурор өкілеттігінің мерзімі бес жыл.

4. Республика прокуратурасының құзыреті, ұйымдастырылуы мен қызмет тәртібі заңмен белгіленеді.

84-бап

Қазақстан Республикасының 2007 жылғы 21 мамырдағы № 254-III Заңымен алынып тасталды.

VIII бөлім
ЖЕРГІЛІКТІ МЕМЛЕКЕТТІК БАСҚАРУ ЖӘНЕ ӨЗІН-ӨЗІ БАСҚАРУ

85-бап

Жергілікті мемлекеттік басқаруды тиісті аумақтағы істің жай-күйіне жауапты жергілікті өкілді және атқарушы органдар жүзеге асырады.

86-бап

1. Жергілікті өкілді органдар — мәслихаттар тиісті әкімшілік-аумақтық бөліністегі халықтың еркін білдіреді және жалпымемлекеттік мүдделерді ескере отырып, оны іске асыруға қажетті шараларды белгілейді, олардың жүзеге асырылуын бақылайды.

2. Мәслихаттарды жалпыға бірдей, тең, төте сайлау құқығы негізінде жасырын дауыс беру арқылы бес жыл мерзімге халық сайлайды.

3. Қазақстан Республикасының жиырма жасқа толған азаматы мәслихат депутаты болып сайлана алады. Республика азаматы бір мәслихаттың ғана депутаты бола алады.

4. Мәслихаттардың қарауына мыналар жатады:
1) аумақты дамыту жоспарларын, экономикалық және әлеуметтік бағдарламаларын, жергілікті бюджетті және олардың атқарылуы туралы есептерді бекіту;
2) өздерінің қарауына жатқызылған жергілікті әкімшілік-аумақтық құрылыс мәселелерін шешу;
3) заңмен мәслихат құзыретіне жатқызылған мәселелер бойынша жергілікті атқарушы органдар басшыларының есептерін қарау;
4) мәслихаттың тұрақты комиссияларын және өзге де жұмыс органдарын құру, олардың қызметі туралы есептерді тыңдау, мәслихат жұмысын ұйымдастыруға байланысты өзге де мәселелерді шешу;
5) Республика заңдарына сәйкес азаматтардың құқықтары мен заңды мүдделерін қамтамасыз ету жөніндегі өзге де өкілеттіктерді жүзеге асыру.

5. Мәслихаттың өкілеттігін мерзімінен бұрын Республика Президенті тоқтатады, сондай-ақ мәслихат өзін-өзі тарату туралы шешім қабылдаған ретте де оның өкілеттігі мерзімінен бұрын тоқтатылады.

6. Мәслихаттардың құзыреті, ұйымдастырылуы мен қызмет тәртібі, олардың депутаттарының құқықтық жағдайы заңмен белгіленеді[39].

87-бап

1. Жергілікті атқарушы органдар Қазақстан Республикасының атқарушы органдарының бірыңғай жүйесіне кіреді, тиісті аумақтың мүддесі мен даму қажеттілігін ұштастыра отырып, атқарушы биліктің жалпы мемлекеттік саясатын жүргізуді қамтамасыз етеді.

2. Жергілікті атқарушы органдардың қарауына мыналар жатады:
1) аумақты дамыту жоспарларын, экономикалық және әлеуметтік бағдарламаларын, жергілікті бюджетті әзірлеу және олардың атқарылуын қамтамасыз ету;
2) коммуналдық меншікті басқару;
3) жергілікті атқарушы органдардың басшыларын қызметке тағайындау және қызметтен босату, жергілікті атқарушы органдардың жұмысын ұйымдастыруға байланысты өзге де мәселелерді шешу;
4) жергілікті мемлекеттік басқару мүддесіне сай Республика заңдарымен жергілікті атқарушы органдарға жүктелетін өзге де өкілеттіктерді жүзеге асыру.

3. Жергілікті атқарушы органды Республика Президенті мен Үкіметінің өкілі болып табылатын тиісті әкімшілік-аумақтық бөліністің әкімі басқарады.

4. Облыстардың, республикалық маңызы бар қалалардың және астананың әкімдерін қызметке тиісінше облыстардың, республикалық маңызы бар қалалардың және астананың мәслихаттарының келісімімен Республика Президенті тағайындайды. Өзге әкімшілік-аумақтық бөліністердің әкімдері қызметке Қазақстан Республикасының Президенті айқындаған тәртіппен тағайындалады немесе сайланады. Республика Президенті өзінің ұйғаруы бойынша әкімдерді қызметтерінен босатуға хақылы.

5. Мәслихат депутаттарының жалпы санының кемінде бестен бірінің бастамасы бойынша әкімге сенімсіздік білдіру туралы мәселе қойылуы мүмкін. Бұл жағдайда мәслихат өз депутаттарының жалпы санының көпшілік даусымен әкімге сенімсіздік білдіруге және оны қызметінен босату жөнінде тиісінше Республика Президентінің не жоғары тұран әкімнің алдына мәселе қоюға хақылы. Облыстар, республикалық маңызы бар қалалар және астана әкімдерінің өкілеттігі жаңадан сайланған Республика Президенті қызметіне кіріскен кезде тоқтатылады.

6. Жергілікті атқарушы органдардың құзыреті, ұйымдастырылуы және олардың қызмет тәртібі заңмен белгіленеді[40].

88-бап

1. Мәслихаттар өз құзыретіндегі мәселелер бойынша шешімдер, ал әкімдер — тиісті әкімшілік-аумақтық бөліністің аумағында орындалуға міндетті шешімдер мен өкімдер қабылдайды.

2. Мәслихаттардың жергілікті бюджет кірісін қысқартуды немесе жергілікті бюджет шығысын ұлғайтуды көздейтін шешімдерінің жобалары әкімнің оң қорытындысы болған кезде ғана қарауға енгізілуі мүмкін.

3. Қазақстан Республикасының Конституциясы мен заңдарына сәйкес келмейтін мәслихат шешімдерінің күші сот тәртібімен жойылуы мүмкін.

4. Әкімдердің шешімдері мен өкімдерінің күшін тиісінше Қазақстан Республикасының Президенті, Үкіметі не жоғары тұрған әкім жоюы мүмкін, сондай-ақ олардың күші сот тәртібімен жойылуы мүмкін.

89-бап

1. Қазақстан Республикасында жергілікті маңызы бар мәселелерді тұрғын халықтың өзі шешуін қамтамасыз ететін жергілікті өзін-өзі басқару танылады.

2. Жергілікті өзін-өзі басқаруды тұрғын халық тікелей жүзеге асырады, сондай-ақ ол мәслихаттар және халық топтары жинақы тұратын аумақтарды қамтитын жергілікті қоғамдастықтардағы басқа да жергілікті өзін-өзі басқару органдары арқылы жүзеге асырылады.
Жергілікті өзін-өзі басқару органдарына мемлекеттік функцияларды жүзеге асыру заңға сәйкес берілуі мүмкін.

3. Қазақстанда жергілікті өзін-өзі басқаруды ұйымдастыру мен олардың қызметі заңмен реттеледі.

4. Жергілікті өзін-өзі басқару органдарының дербестігіне олардың заңмен белгіленген өкілеттігі шегінде кепілдік беріледі[41].

IX бөлім
ҚОРЫТЫНДЫ ЖӘНЕ ӨТПЕЛІ ЕРЕЖЕЛЕР

90-бап

1. Республикалық референдумда қабылданған Қазақстан Республикасының Конституциясы референдум нәтижелері ресми түрде жарияланған күннен бастап күшіне енеді, сол мезгілден бастап бұрынғы қабылданған Қазақстан Республикасы Конституциясының күші жойылады.

2. Республикалық референдумда Конституция қабылданған күн мемлекеттік мереке — Қазақстан Республикасының Конституциясы Күні деп жарияланады.

91-бап

1. Қазақстан Республикасының Конституциясына Республика Президентінің өз бастамасымен, Парламенттің немесе Үкіметтің ұсынысымен қабылданған шешімі бойынша өткізілетін республикалық референдум өзгертулер мен толықтырулар енгізуі мүмкін. Егер Президент оны Парламенттің қарауына беру қажет деп ұйғарса, Конституцияға енгізілетін өзгертулер мен толықтырулар жобасы республикалық референдумға шығарылмайды. Мұндай жағдайда Парламенттің шешімі Конституцияда белгіленген тәртіппен қабылданады. Егер Республика Президенті Конституцияға өзгерістер мен толықтыруларды республикалық референдумға шығару туралы Парламенттің ұсынысын қабылдамай тастаса, онда Парламент Палаталарының әрқайсысының депутаттары жалпы санының кемінде бестен төртінің көпшілік даусымен Парламент осы өзгерістер мен толықтыруларды Конституцияға енгізу туралы заң қабылдауға хақылы. Мұндай жағдайда Республика Президенті осы заңға қол қояды немесе оны республикалық референдумға шығарады, егер республикалық референдумға қатысуға құқығы бар Республика азаматтарының жартысынан астамы дауыс беруге қатысса, ол өткізілді деп есептеледі. Республикалық референдумға шығарылған Конституцияға өзгерістер мен толықтырулар, егер олар үшін облыстардың, республикалық маңызы бар қалалардың және астананың кемінде үштен екісінде дауыс беруге қатысқан азаматтардың жартысынан астамы жақтап дауыс берсе, қабылданды деп есептеледі.

2. Конституцияда белгіленген мемлекеттің біртұтастығын және аумақтық тұтастығын, Республиканы басқару нысанын өзгертуге болмайды[42].

92-бап

1. Конституциялық заңдар Конституция күшіне енген күннен бастап бір жыл ішінде қабылдануға тиіс. Егер Конституцияда конституциялық деп аталған заңдар немесе заң күші бар актілер ол күшіне енген кезде қабылданып қойған болса, онда олар Конституцияға сәйкес келтіріледі де, Қазақстан Республикасының конституциялық заңдары деп есептеледі.

2. Конституцияда аталған өзге заңдар Парламент белгілейтін тәртіп пен мерзімде, бірақ Конституция күшіне енген күннен бастап екі жылдан кешіктірілмей қабылдануға тиіс.

3. Республика Президентінің өзіне берілген қосымша өкілеттікті жүзеге асыру мерзімі ішінде «Қазақстан Республикасының Президенті мен жергілікті әкімдерге уақытша қосымша өкілеттік беру туралы» 1993 жылғы 10 желтоқсандағы Қазақстан Республикасының Заңына сәйкес шыққан және заң күші бар Жарлықтары Республика заңдарын өзгерту, толықтыру немесе күшін жою үшін көзделген тәртіппен ғана өзгертілуі, толықтырылуы немесе күшін жоюы мүмкін. 1993 жылғы 28 қаңтарда қабылданған Қазақстан Республикасы Конституциясының 64-бабының 12-15, 18 және 20-тармақтарымен көзделген мәселелер бойынша өзіне берілген қосымша өкілеттікті жүзеге асыру мерзімі ішінде шыққан Республика Президентінің Жарлықтары Республика Парламентінің бекітуіне жатпайды.

4. Конституция күшіне енген кезде қолданылып жүрген Қазақстан Республикасының заңдары оған қайшы келмейтін бөлігінде қолданылады және Конституция қабылданған күннен бастап екі жыл ішінде оған сәйкес келтірілуге тиіс.

93-бап

Конституцияның 7-бабын жүзеге асыру мақсатында Үкімет, жергілікті өкілді және атқарушы органдар, арнаулы заңға сәйкес, Қазақстан Республикасының барлық азаматтары мемлекеттік тілді еркін әрі тегін меңгеруі үшін қажетті ұйымдастырушылық, материалдық және техникалық жағдайдың бәрін жасауға міндетті.

94-бап

1. Конституция күшіне енген кезде қолданылып жүрген Қазақстан Республикасының заңдарына сәйкес сайланған Қазақстан Республикасының Президенті Конституция белгілеген Қазақстан Республикасы Президентінің өкілеттіктеріне ие болады және оларды 1995 жылғы 29 сәуірде республикалық референдумда қабылданған шешім бойынша белгіленген мерзім ішінде жүзеге асырады. Қазақстан Республикасы Президентінің келісімімен Республика Президенті өкілеттігінің қазіргі мерзімі Республика Парламенті Палаталарының бірлескен отырысында Палаталардың әрқайсысының депутаттары жалпы санының көпшілік даусымен қабылданған Республика Парламентінің қаулысымен қысқартылуы мүмкін. Мұндай жағдайда Парламент Мәжілісі бір ай ішінде Қазақстан Республикасы Президентінің сайлауын тағайындайды. Осы сайлаудың қорытындылары бойынша сайланған Республика Президенті сайлау қорытындылары жарияланған күннен бастап бір ай ішінде ант береді және жеті жылдан кейін желтоқсанның бірінші жексенбісінде өткізілуге тиіс кезекті Президент сайлауында сайланған Республика Президенті қызметіне кіріскенге дейін өз өкілеттігін жүзеге асырады.

2. Конституция күшіне енген кезде қолданылып жүрген Қазақстан Республикасының заңдарына сәйкес сайланған Қазақстан Республикасының Вице-Президенті өзі сайланған мерзім аяқталғанға дейін өкілеттігін сақтайды[43].

94-1-бап

Конституцияның 41-бабы 1-тармағының Республика Президентінің өкілеттік мерзімін белгілейтін ережесі 2005 жылғы 4 желтоқсандағы сайлауда сайланған Республика Президентінің жеті жылдық өкілеттік мерзімінің аяқталуына байланысты өткізілетін президенттік сайлау қорытындысы бойынша Республика Президенті болып сайланған адамға қолданылатын болады[44].

95-бап

1. Бірінші сайланған Сенат депутаттарының жартысы төрт жыл мерзімге, депутаттардың екінші жартысы екі жыл мерзімге конституциялық заңмен белгіленген тәртіппен сайланады.

2. Қазақстан Республикасы Конституциясының Парламент Мәжілісі депутаттарын партиялық тізімдер негізінде сайлау туралы ережелері екінші шақырылатын Парламент Мәжілісі депутаттарын сайлаудан бастап қолданылады[45].

96-бап

Конституция күшіне енген күннен бастап Қазақстан Республикасының Министрлер Кабинеті онда белгіленген Қазақстан Республикасы Үкіметінің құқықтарына, міндеттері мен жауапкершілігіне ие болады.

97-бап

Қазақстан Республикасының Конституциялық Кеңесінің бірінші құрамы былайша құрылады: Республика Президенті, Парламент Сенатының Төрағасы мен Парламент Мәжілісінің Төрағасы Конституциялық Кеңестің мүшелерінен бір бірден үш жыл мерзімге, ал Конституциялық Кеңестің мүшелерінен бір бірден алты жыл мерзімге тағайындайды, Конституциялық Кеңестің Төрағасын Республика Президенті алты жыл мерзімге тағайындайды.

98-бап

1. Конституцияда көзделген сот төрелігі мен тергеу органдары тиісті заңдарда көзделген тәртіп пен мерзімде құрылады. Олар құрылғанға дейін жұмыс істеп тұрған сот төрелігі мен тергеу органдары өз өкілеттіктерін сақтайды.

2. Қазақстан Республикасының Жоғарғы Сотының және Жоғары Төрелік Сотының, жергілікті соттардың судьялары Конституцияда көзделген соттар құрылғанға дейін өз өкілеттіктерін сақтайды. Судьялардың бос орындары Конституцияда белгіленген тәртіппен толықтырылады.

1 2—баптың 3-тармағы Қазақстан Республикасының 2007 жылғы 21 мамырдағы № 254-111 Заңының редакциясында.

2 Қазақстан Республикасының 2007 жылғы 21 мамырдағы № 254-111 Заңымен 5-баптың 1 және 2-тармағына өзгертулер енгізілді.

3 Қазақстан Республикасының 2007 жылғы 21 мамырдағы № 254-111 Заңымен 9-бапқа өзгерту енгізілді.

4 15-баптың 2-тармағы Қазақстан Республикасының 2007 жылғы 21 мамырдағы № 254-111 Заңының редакциясында.

5 16-баптың 2-тармағы Қазақстан Республикасының 2007 жылғы 21 мамырдағы № 254-111 Заңының редакциясында.

6 Қазақстан Республикасының 1998 жылғы 7 қазандағы № 284-1 Заңымен 33-баптың 4-тармағына өзгерту енгізілді.

7 Қазақстан Республикасының 2007 жылғы 21 мамырдағы № 254-111 Заңымен 34-баптың 2-тармағына өзгерту енгізілді.

8 Қазақстан Республикасының 2011 жылғы 2 ақпандағы № 403-IV Заңымен 41-бап 3-1-тармақпен толықтырылды.

9 Қазақстан Республикасының 1998 жылғы 7 қазандағы № 284-1 Заңымен 41-баптың 5-тармағына, Қазақстан Республикасының 2007 жылғы 21 мамырдағы № 254-111 Заңымен 41-баптың 1,2-тармақтарына өзгертулер енгізілді.

10 Қазақстан Республикасының 2007 жылғы 21 мамырдағы № 254-111 Заңымен 42-баптың 5-тармағы 2-бөлікпен толықтырылды.

11 44 — баптың 1), 2), 3), 4), 5), 7), 20) тармақшалары Қазақстан Республикасынның 2007 жылғы 21 мамырдағы № 254-111 Заңының редакциясында беріліп, 13), 16) тармақшаларына өзгертулер енгізілді.

12 Қазақстан Республикасының 2007 жылғы 21 мамырдағы № 254-111 Заңымен 46-бап 4-тармақпен толықтырылды.

13 Қазақстан Республикасының 2007 жылғы 21 мамырдағы № 254-111 Заңымен 47-баптың 3-тармағы толықтырылды.

14 48- бап Қазақстан Республикасының 1998 жылғы 7 қазандағы № 284-1 Заңының редакциясында.

15 49-баптың 2-тармағы Қазақстан Республикасының 1998 жылғы 7 қазандағы № 284-1 Заңының редакциясында.

16 Қазақстан Республикасының 1998 жылғы 7 қазандағы № 284-1 Заңымен 50-бап 5-тармақпен толықтырылды; 50-баптың 2 және 3-тармақтары Қазақстан Республикасының 2007 жылғы 21 мамырдағы № 254-111 Заңының редакциясында.

17 51-баптың 1, 3, 4, 5-тармақтары Қазақстан Республикасының 2007 жылғы 21 мамырдағы № 254-111 Заңының редакциясында.

18 Қазақстан Республикасының 1998 жылғы 7 қазандағы № 284-1 Заңымен 52-баптың 3-тармағына өзгерту енгізілді;52-баптың 5-тармағы Қазақстан Республикасының 2007 жылғы 21 мамырдағы № 254-111 Заңының редакциясында.

19 53-бап Қазақстан Республикасының 2007 жылғы 21 мамырдағы № 254-111 Заңының редакциясында.

20 54-бап Қазақстан Республикасының 2007 жылғы 21 мамырдағы № 254-111 Заңының редакциясында.

21 Қазақстан Республикасының 2007 жылғы 21 мамырдағы № 254-111 Заңымен 55-баптың 1) тармақшасына өзгерту енгізілді, 5,6) тармақшалары Қазақстан Республикасының 2007 жылғы 21 мамырдағы № 254-111 Заңының редакциясында.

22 56-бап Қазақстан Республикасының 2007 жылғы 21 мамырдағы № 254-111 Заңының редакциясында.

23 Қазақстан Республикасының 1998 жылғы 7 қазандағы № 284-1 Заңымен 57-баптың 7) тармақшасына толықтыру енгізілді; 57-баптың 1) және 6) тармақшалары Қазақстан Республикасының 2007 жылғы 21 мамырдағы № 254-111 Заңының редакциясында.

24 58-баптың 3-тармағының 7) тармақшасы Қазақстан Республикасының 2007 жылғы 21 мамырдағы № 254-111 Заңының редакциясында.

25 59-баптың 4-тармағы Қазақстан Республикасының 2007 жылғы 21 мамырдағы № 254-111 Заңының редакциясында.

26 61-баптың 1,7 — тармақтары Қазақстан Республикасының 2007 жылғы 21 мамырдағы № 254-111 Заңының редакциясында; Қазақстан Республикасының 2007 жылғы 21 мамырдағы № 254-111 Заңымен 5-1-тармақпен толықтырылды, 6-тармаққа толықтыру енгізілді.

27 62-баптың 6-тармағы Қазақстан Республикасының 2007 жылғы 21 мамырдағы № 254-111 Заңының редакциясында.

28 63- бап Қазақстан Республикасының 2007 жылғы 21 мамырдағы № 254-111 Заңының редакциясында.

29 64-баптың 2- тармағы Қазақстан Республикасының 2007 жылғы 21 мамырдағы № 254-111 Заңының редакциясында.

30 Қазақстан Республикасының 1998 жылғы 7 қазандағы № 284-1 Заңымен 66-баптың 2) тармақшасына өзгерту енгізілді.

31 68-баптың 1-тармағы Қазақстан Республикасының 1998 жылғы 7 қазандағы № 284-1 Заңының редакциясында; 2-тармағы Қазақстан Республикасының 2007 жылғы 21 мамырдағы № 254-111 Заңының редакциясында.

32 70-баптың 1 және 3-тармақтары Қазақстан Республикасының 2007 жылғы 21 мамырдағы № 254-111 Заңының редакциясында; Қазақстан Республикасының 2007 жылғы 21 мамырдағы № 254-111 Заңымен 6-тармақтың екінші сөйлемі алынып тасталды.

33 71-баптың 3-тармағы Қазақстан Республикасының 2007 жылғы 21 мамырдағы № 254-111 Заңының редакциясында.

34 Қазақстан Республикасының 2007 жылғы 21 мамырдағы № 254-111 Заңымен 72-баптың 1-тармағы 2-1) тармақшамен толықтырылды.

35 74-баптың 2- тармағы Қазақстан Республикасының 2007 жылғы 21 мамырдағы № 254-111 Заңының редакциясында.

36 Қазақстан Республикасының 1998 жылғы 7 қазандағы № 284-1 Заңымен 75-баптың 2-тармағы толықтырылды; Қазақстан Республикасының 2007 жылғы 21 мамырдағы № 254-111 Заңымен 75-баптың 2 және 3-тармақтарына өзгертулер енгізілді.

37 Қазақстан Республикасының 2007 жылғы 21 мамырдағы № 254-111 Заңымен 81-бапқа өзгерту енгізілді.

38 82- бап Қазақстан Республикасының 2007 жылғы 21 мамырдағы № 254-111 Заңының редакциясында.

39 Қазақстан Республикасының 2007 жылғы 21 мамырдағы № 254-111 Заңымен 86-баптың 2-тармағына өзгерту енгізілді, 5-тармақ Қазақстан Республикасының 2007 жылғы 21 мамырдағы № 254-111 Заңының редакциясында.

40 87-баптың 4 және 5-тармақтары Қазақстан Республикасының 2007 жылғы 21 мамырдағы № 254-111 Заңының редакциясында.

41 89-баптың 2 және 3- тармақтары Қазақстан Республикасының 2007 жылғы 21 мамырдағы № 254-111 Заңының редакциясында.

42 Қазақстан Республикасының 1998 жылғы 7 қазандағы № 284-1 Заңымен 91-баптың 1-тармағы толықтырылды; 91-баптың соңғы сөйлемі Қазақстан Республикасының 2007 жылғы 21 мамырдағы № 254-111 Заңының редакциясында.

43 Қазақстан Республикасының 1998 жылғы 7 қазандағы № 284-1 Заңымен 94-баптың 1-тармағына толықтыру енгізілді.

44 азақстан Республикасының 2007 жылғы 21 мамырдағы № 254-111 Заңымен 94-1-баппен толықтырылды.

45 Қазақстан Республикасының 1998 жылғы 7 қазандағы № 284-1 Заңымен 95-баптың 2-тармағына толықтыру енгізілді.

Verfassung der Republik Kasachstan

Quelle: http://www.constcouncil.kz/rus/norpb/constrk/ vom 22.12.2013

КОНСТИТУЦИЯ РЕСПУБЛИКИ КАЗАХСТАН

Принята на республиканском референдуме 30 августа 1995 года.
Вступила в силу 5 сентября 1995 года в день опубликования результатов республиканского референдума.
Внесены изменения и дополнения Законом Республики Казахстан от 7 октября1998 года, Законом Республики Казахстан от 21 мая 2007года, Законом Республики Казахстан от 2 февраля 2011 года.
В соответствии с Указом Президента Республики Казахстан от 6 сентября 1995 года № 2454 «О Конституции Республики Казахстан» оригинал текста Конституции хранится у Президента Республики Казахстан.

«Мы, народ Казахстана, объединенный общей исторической судьбой, созидая государственность на исконной казахской земле, сознавая себя миролюбивым гражданским обществом, приверженным идеалам свободы, равенства и согласия, желая занять достойное место в мировом сообществе, осознавая свою высокую ответственность перед нынешним и будущими поколениями, исходя из своего суверенного права, принимаем настоящую Конституцию».

Раздел I.
ОБЩИЕ ПОЛОЖЕНИЯ

Статья 1

1. Республика Казахстан утверждает себя демократическим, светским, правовым и социальным государством, высшими ценностями которого являются человек, его жизнь, права и свободы.

2. Основополагающими принципами деятельности Республики являются: общественное согласие и политическая стабильность, экономическое развитие на благо всего народа, казахстанский патриотизм, решение наиболее важных вопросов государственной жизни демократическими методами, включая голосование на республиканском референдуме или в Парламенте.

Статья 2

1. Республика Казахстан является унитарным государством с президентской формой правления.

2. Суверенитет Республики распространяется на всю ее территорию. Государство обеспечивает целостность, неприкосновенность и неотчуждаемость своей территории.

3. Административно-территориальное устройство Республики, статус ее столицы определяются законом. Столицей Казахстана является город Астана.

4. Наименования Республика Казахстан и Казахстан равнозначны.

Статья 3

1. Единственным источником государственной власти является народ.

2. Народ осуществляет власть непосредственно через республиканский референдум и свободные выборы, а также делегирует осуществление своей власти государственным органам.

3. Никто не может присваивать власть в Республике Казахстан. Присвоение власти преследуется по закону. Право выступать от имени народа и государства принадлежит Президенту, а также Парламенту Республики в пределах его конституционных полномочий. Правительство Республики и иные государственные органы выступают от имени государства в пределах делегированных им полномочий.

4. Государственная власть в Республике едина, осуществляется на основе Конституции и законов в соответствии с принципом ее разделения на законодательную, исполнительную и судебную ветви и взаимодействия между собой с использованием системы сдержек и противовесов.

Статья 4

1. Действующим правом в Республике Казахстан являются нормы Конституции, соответствующих ей законов, иных нормативных правовых актов, международных договорных и иных обязательств Республики, а также нормативных постановлений Конституционного Совета и Верховного Суда Республики.

2. Конституция имеет высшую юридическую силу и прямое действие на всей территории Республики.

3. Международные договоры, ратифицированные Республикой, имеют приоритет перед ее законами и применяются непосредственно, кроме случаев, когда из международного договора следует, что для его применения требуется издание закона.

4. Все законы, международные договоры, участником которых является Республика, публикуются. Официальное опубликование нормативных правовых актов, касающихся прав, свобод и обязанностей граждан, является обязательным условием их применения.

Статья 5

1. В Республике Казахстан признаются идеологическое и политическое многообразие. Не допускается создание в государственных органах организаций политических партий.

2. Общественные объединения равны перед законом. Не допускается незаконное вмешательство государства в дела общественных объединений и общественных объединений в дела государства, возложение на общественные объединения функций государственных органов.

3. Запрещаются создание и деятельность общественных объединений, цели или действия которых направлены на насильственное изменение конституционного строя, нарушение целостности Республики, подрыв безопасности государства, разжигание социальной, расовой, национальной, религиозной, сословной и родовой розни, а также создание не предусмотренных законодательством военизированных формирований.

4. В Республике не допускается деятельность политических партий и профессиональных союзов других государств, партий на религиозной основе, а также финансирование политических партий и профессиональных союзов иностранными юридическими лицами и гражданами, иностранными государствами и международными организациями.

5. Деятельность иностранных религиозных объединений на территории Республики, а также назначение иностранными религиозными центрами руководителей религиозных объединений в Республике осуществляются по согласованию с соответствующими государственными органами Республики.

Статья 6

1. В Республике Казахстан признаются и равным образом защищаются государственная и частная собственность.

2. Собственность обязывает, пользование ею должно одновременно служить общественному благу. Субъекты и объекты собственности, объем и пределы осуществления собственниками своих прав, гарантии их защиты определяются законом.

3. Земля и ее недра, воды, растительный и животный мир, другие природные ресурсы находятся в государственной собственности. Земля может находиться также в частной собственности на основаниях, условиях и в пределах, установленных законом.

Статья 7

1. В Республике Казахстан государственным является казахский язык.

2. В государственных организациях и органах местного самоуправления наравне с казахским официально употребляется русский язык.

3. Государство заботится о создании условий для изучения и развития языков народа Казахстана.

Статья 8

Республика Казахстан уважает принципы и нормы международного права, проводит политику сотрудничества и добрососедских отношений между государствами, их равенства и невмешательства во внутренние дела друг друга, мирного разрешения международных споров, отказывается от применения первой вооруженной силы.

Статья 9

Республика Казахстан имеет государственные символы - Флаг, Герб и Гимн. Их описание и порядок официального использования устанавливаются конституционным законом.

Раздел II.
ЧЕЛОВЕК И ГРАЖДАНИН

Статья 10

1. Гражданство Республики Казахстан приобретается и прекращается в соответствии с законом, является единым и равным независимо от оснований его приобретения.

2. Гражданин Республики ни при каких условиях не может быть лишен гражданства, права изменить свое гражданство, а также не может быть изгнан за пределы Казахстана.

3. За гражданином Республики не признается гражданство другого государства.

Статья 11

1. Гражданин Республики Казахстан не может быть выдан иностранному государству, если иное не установлено международными договорами Республики.

2. Республика гарантирует своим гражданам защиту и покровительство за ее пределами.

Статья 12

1. В Республике Казахстан признаются и гарантируются права и свободы человека в соответствии с Конституцией.

2. Права и свободы человека принадлежат каждому от рождения, признаются абсолютными и неотчуждаемыми, определяют содержание и применение законов и иных нормативных правовых актов.

3. Гражданин Республики в силу самого своего гражданства имеет права и несет обязанности.

4. Иностранцы и лица без гражданства пользуются в Республике правами и свободами, а также несут обязанности, установленные для граждан, если иное не предусмотрено Конституцией, законами и международными договорами.

5. Осуществление прав и свобод человека и гражданина не должно нарушать прав и свобод других лиц, посягать на конституционный строй и общественную нравственность.

Статья 13

1. Каждый имеет право на признание его правосубъектности и вправе защищать свои права и свободы всеми не противоречащими закону способами, включая необходимую оборону.

2. Каждый имеет право на судебную защиту своих прав и свобод.

3. Каждый имеет право на получение квалифицированной юридической помощи. В случаях, предусмотренных законом, юридическая помощь оказывается бесплатно.

Статья 14

1. Все равны перед законом и судом.

2. Никто не может подвергаться какой-либо дискриминации по мотивам происхождения, социального, должностного и имущественного положения, пола, расы, национальности, языка, отношения к религии, убеждений, места жительства или по любым иным обстоятельствам.

Статья 15

1. Каждый имеет право на жизнь.

2. Никто не вправе произвольно лишать человека жизни. Смертная казнь устанавливается законом как исключительная мера наказания за террористические преступления, сопряженные с гибелью людей, а также за особо тяжкие преступления, совершенные в военное время, с предоставлением приговоренному права ходатайствовать о помиловании.

Статья 16

1. Каждый имеет право на личную свободу.

2. Арест и содержание под стражей допускаются только в предусмотренных законом случаях и лишь с санкции суда с предоставлением арестованному права обжалования. Без санкции суда лицо может быть подвергнуто задержанию на срок не более семидесяти двух часов.

3. Каждый задержанный, арестованный, обвиняемый в совершении преступления имеет право пользоваться помощью адвоката (защитника) с момента, соответственно, задержания, ареста или предъявления обвинения.

Статья 17

1. Достоинство человека неприкосновенно.

2. Никто не должен подвергаться пыткам, насилию, другому жестокому или унижающему человеческое достоинство обращению или наказанию.

Статья 18

1. Каждый имеет право на неприкосновенность частной жизни, личную и семейную тайну, защиту своей чести и достоинства.

2. Каждый имеет право на тайну личных вкладов и сбережений, переписки, телефонных переговоров, почтовых, телеграфных и иных сообщений. Ограничения этого права допускаются только в случаях и в порядке, прямо установленных законом.

3. Государственные органы, общественные объединения, должностные лица и средства массовой информации обязаны обеспечить каждому гражданину возможность ознакомиться с затрагивающими его права и интересы документами, решениями и источниками информации.

Статья 19

1. Каждый вправе определять и указывать или не указывать свою национальную, партийную и религиозную принадлежность.

2. Каждый имеет право на пользование родным языком и культурой, на свободный выбор языка общения, воспитания, обучения и творчества.

Статья 20

1. Свобода слова и творчества гарантируется. Цензура запрещается.

2. Каждый имеет право свободно получать и распространять информацию любым, не запрещенным законом способом. Перечень сведений, составляющих государственные секреты Республики Казахстан, определяется законом.

3. Не допускаются пропаганда или агитация насильственного изменения конституционного строя, нарушения целостности Республики, подрыва безопасности государства, войны, социального, расового, национального, религиозного, сословного и родового превосходства, а также культа жестокости и насилия.

Статья 21

1. Каждому, кто законно находится на территории Республики Казахстан, принадлежит право свободного передвижения по ее территории и свободного выбора местожительства, кроме случаев, оговоренных законом.

2. Каждый имеет право выезжать за пределы Республики. Граждане Республики имеют право беспрепятственного возвращения в Республику.

Статья 22

1. Каждый имеет право на свободу совести.

2. Осуществление права на свободу совести не должно обуславливать или ограничивать общечеловеческие и гражданские права и обязанности перед государством.

Статья 23

1. Граждане Республики Казахстан имеют право на свободу объединений. Деятельность общественных объединений регулируется законом.

2. Военнослужащие, работники органов национальной безопасности, правоохранительных органов и судьи не должны состоять в партиях, профессиональных союзах, выступать в поддержку какой-либо политической партии.

Статья 24

1. Каждый имеет право на свободу труда, свободный выбор рода деятельности и профессии. Принудительный труд допускается только по приговору суда либо в условиях чрезвычайного или военного положения.

2. Каждый имеет право на условия труда, отвечающие требованиям безопасности и гигиены, на вознаграждение за труд без какой-либо дискриминации, а также на социальную защиту от безработицы.

3. Признается право на индивидуальные и коллективные трудовые споры с использованием установленных законом способов их разрешения, включая право на забастовку.

4. Каждый имеет право на отдых. Работающим по трудовому договору гарантируются установленные законом продолжительность рабочего времени, выходные и праздничные дни, оплачиваемый ежегодный отпуск.

Статья 25

1. Жилище неприкосновенно. Не допускается лишение жилища, иначе как по решению суда. Проникновение в жилище, производство его осмотра и обыска допускаются лишь в случаях и в порядке, установленных законом.

2. В Республике Казахстан создаются условия для обеспечения граждан жильем. Указанным в законе категориям граждан, нуждающимся в жилье, оно предоставляется за доступную плату из государственных жилищных фондов в соответствии с установленными законом нормами.

Статья 26

1. Граждане Республики Казахстан могут иметь в частной собственности любое законно приобретенное имущество.

2. Собственность, в том числе право наследования, гарантируется законом.

3. Никто не может быть лишен своего имущества, иначе как по решению суда. Принудительное отчуждение имущества для государственных нужд в исключительных случаях, предусмотренных законом, может быть произведено при условии равноценного его возмещения.

4. Каждый имеет право на свободу предпринимательской деятельности, свободное использование своего имущества для любой законной предпринимательской деятельности. Монополистическая деятельность регулируется и ограничивается законом. Недобросовестная конкуренция запрещается.

Статья 27

1. Брак и семья, материнство, отцовство и детство находятся под защитой государства.

2. Забота о детях и их воспитание являются естественным правом и обязанностью родителей.

3. Совершеннолетние трудоспособные дети обязаны заботиться о нетрудоспособных родителях.

Статья 28

1. Гражданину Республики Казахстан гарантируется минимальный размер заработной платы и пенсии, социальное обеспечение по возрасту, в случае болезни, инвалидности, потери кормильца и по иным законным основаниям.

2. Поощряются добровольное социальное страхование, создание дополнительных форм социального обеспечения и благотворительность.

Статья 29

1. Граждане Республики Казахстан имеют право на охрану здоровья.

2. Граждане Республики вправе получать бесплатно гарантированный объем медицинской помощи, установленный законом.

3. Получение платной медицинской помощи в государственных и частных лечебных учреждениях, а также у лиц, занимающихся частной медицинской практикой, производится на основаниях и в порядке, установленных законом.

Статья 30

1. Гражданам гарантируется бесплатное среднее образование в государственных учебных заведениях. Среднее образование обязательно.

2. Гражданин имеет право на получение на конкурсной основе бесплатного высшего образования в государственном высшем учебном заведении.

3. Получение платного образования в частных учебных заведениях осуществляется на основаниях и в порядке, установленных законом.

4. Государство устанавливает общеобязательные стандарты образования. Деятельность любых учебных заведений должна соответствовать этим стандартам.

Статья 31

1. Государство ставит целью охрану окружающей среды, благоприятной для жизни и здоровья человека.

2. Сокрытие должностными лицами фактов и обстоятельств, угрожающих жизни и здоровью людей, влечет ответственность в соответствии с законом.

Статья 32

Граждане Республики Казахстан вправе мирно и без оружия собираться, проводить собрания, митинги и демонстрации, шествия и пикетирование. Пользование этим правом может ограничиваться законом в интересах государственной безопасности, общественного порядка, охраны здоровья, защиты прав и свобод других лиц.

Статья 33

1. Граждане Республики Казахстан имеют право участвовать в управлении делами государства непосредственно и через своих представителей, обращаться лично, а также направлять индивидуальные и коллективные обращения в государственные органы и органы местного самоуправления.

2. Граждане Республики имеют право избирать и быть избранными в государственные органы и органы местного самоуправления, а также участвовать в республиканском референдуме.

3. Не имеют право избирать и быть избранными, участвовать в республиканском референдуме граждане, признанные судом недееспособными, а также содержащиеся в местах лишения свободы по приговору суда.

4. Граждане Республики имеют равное право на доступ к государственной службе. Требования, предъявляемые к кандидату на должность государственного служащего, обусловливаются только характером должностных обязанностей и устанавливаются законом.

Статья 34

1. Каждый обязан соблюдать Конституцию и законодательство Республики Казахстан, уважать права, свободы, честь и достоинство других лиц.

2. Каждый обязан уважать государственные символы Республики.

Статья 35

Уплата законно установленных налогов, сборов и иных обязательных платежей является долгом и обязанностью каждого.

Статья 36

1. Защита Республики Казахстан является священным долгом и обязанностью каждого ее гражданина.

2. Граждане Республики несут воинскую службу в порядке и видах, установленных законом.

Статья 37

Граждане Республики Казахстан обязаны заботиться о сохранении исторического и культурного наследия, беречь памятники истории и культуры.

Статья 38

Граждане Республики Казахстан обязаны сохранять природу и бережно относиться к природным богатствам.

Статья 39

1. Права и свободы человека и гражданина могут быть ограничены только законами и лишь в той мере, в какой это необходимо в целях защиты конституционного строя, охраны общественного порядка, прав и свобод человека, здоровья и нравственности населения.

2. Признаются неконституционными любые действия, способные нарушить межнациональное согласие.

3. Не допускается ни в какой форме ограничение прав и свобод граждан по политическим мотивам. Ни в каких случаях не подлежат ограничению права и свободы, предусмотренные статьями 10, 11, 13-15, пунктом 1 статьи 16, статьей 17, статьей 19, статьей 22, пунктом 2 статьи 26 Конституции.

Раздел III.
ПРЕЗИДЕНТ

Статья 40

1. Президент Республики Казахстан является главой государства, его высшим должностным лицом, определяющим основные направления внутренней и внешней политики государства и представляющим Казахстан внутри страны и в международных отношениях.

2. Президент Республики - символ и гарант единства народа и государственной власти, незыблемости Конституции, прав и свобод человека и гражданина.

3. Президент Республики обеспечивает согласованное функционирование всех ветвей государственной власти и ответственность органов власти перед народом.

Статья 41

1. Президент Республики Казахстан избирается в соответствии с конституционным законом совершеннолетними гражданами Республики на основе всеобщего, равного и прямого избирательного права при тайном голосовании сроком на пять лет.

2. Президентом Республики может быть избран гражданин Республики по рождению, не моложе сорока лет, свободно владеющий государственным языком и проживающий в Казахстане последние пятнадцать лет.

3. Очередные выборы Президента Республики проводятся в первое воскресенье декабря и не могут совпадать по срокам с выборами нового состава Парламента Республики.

3-1. Внеочередные президентские выборы назначаются решением Президента Республики и проводятся в порядке и сроки, установленные конституционным законом.

4. Исключен - Законом Республики Казахстан от 7 октября 1998 года № 284-I ЗРК

5. Кандидат, набравший более пятидесяти процентов голосов избирателей, принявших участие в голосовании, считается избранным. В случае, если ни один из кандидатов не набрал указанного числа голосов, проводится повторное голосование, в котором участвуют два кандидата, набравшие большее число голосов. Избранным считается кандидат, набравший большее число голосов избирателей, принявших участие в голосовании.

Статья 42

1. Президент Республики Казахстан вступает в должность с момента принесения народу следующей присяги: "Торжественно клянусь верно служить народу Казахстана, строго следовать Конституции и законам Республики Казахстан, гарантировать права и свободы граждан, добросовестно выполнять возложенные на меня высокие обязанности Президента Республики Казахстан".

2. Присяга приносится во вторую среду января в торжественной обстановке в присутствии депутатов Парламента, членов Конституционного Совета, судей Верховного Суда, а также всех бывших Президентов Республики. В случае, предусмотренном статьей 48 Конституции, лицом, принявшим на себя полномочия Президента Республики Казахстан, присяга приносится в течение одного месяца со дня принятия полномочий Президента Республики.

3. Полномочия Президента Республики прекращаются с момента вступления в должность вновь избранного Президента Республики, а также в случае досрочного освобождения или отрешения Президента от должности либо его кончины. Все бывшие Президенты Республики, кроме отрешенных от должности, имеют звание экс-Президента Республики Казахстан.

4. Исключен Законом Республики Казахстан от 7 октября 1998 года № 284-1 ЗРК.

5. Одно и то же лицо не может быть избрано Президентом Республики более двух раз подряд.

Настоящее ограничение не распространяется на Первого Президента Республики Казахстан.

Статья 43

1. Президент Республики Казахстан не вправе быть депутатом представительного органа, занимать иные оплачиваемые должности и осуществлять предпринимательскую деятельность.

2. Исключен Законом Республики казахстан от 21 мая 2007 г. № 254-III ЗРК.

Статья 44

Президент Республики Казахстан:

1) обращается с ежегодным посланием к народу Казахстана о положении в стране и основных направлениях внутренней и внешней политики Республики;

2) назначает очередные и внеочередные выборы в Парламент Республики и его Палаты; созывает первую сессию Парламента и принимает присягу его депутатов народу Казахстана; созывает внеочередную сессию Парламента; подписывает представленный Сенатом Парламента закон в течение одного месяца, обнародует закон либо возвращает закон или отдельные его статьи для повторного обсуждения и голосования;

3) после консультаций с фракциями политических партий, представленных в Мажилисе Парламента, вносит на рассмотрение Мажилиса для дачи согласия кандидатуру Премьер-Министра Республики; с согласия Мажилиса Парламента назначает на должность Премьер-Министра Республики; освобождает его от должности; по представлению Премьер-Министра определяет структуру Правительства Республики, образует, упраздняет и реорганизует центральные исполнительные органы Республики, не входящие в состав Правительства, назначает на должности членов Правительства Республики; назначает на должности министров иностранных дел, обороны, внутренних дел, юстиции; освобождает от должностей членов Правительства; принимает присягу членов Правительства; председательствует на заседаниях Правительства по особо важным вопросам; поручает Правительству внесение законопроекта в Мажилис Парламента; отменяет либо приостанавливает полностью или частично действие актов Правительства и Премьер-Министра Республики, акимов областей, городов республиканского значения и столицы;

4) с согласия Сената Парламента назначает на должности Председателя Национального Банка, Генерального Прокурора и Председателя Комитета национальной безопасности Республики Казахстан; освобождает их от должностей;

5) образует, упраздняет и реорганизует государственные органы, непосредственно подчиненные и подотчетные Президенту Республики, назначает на должности и освобождает от должностей их руководителей;

6) назначает и отзывает глав дипломатических представительств Республики;

7) назначает на должности сроком на пять лет Председателя и двух членов Центральной избирательной комиссии, Председателя и двух членов Счетного комитета по контролю за исполнением республиканского бюджета;

8) утверждает государственные программы Республики;

9) по представлению Премьер-Министра Республики утверждает единую систему финансирования и оплаты труда работников для всех органов, содержащихся за счет государственного бюджета Республики;

10) принимает решение о проведении республиканского референдума;

11) ведет переговоры и подписывает международные договоры Республики; подписывает ратификационные грамоты; принимает верительные и отзывные грамоты аккредитованных при нем дипломатических и иных представителей иностранных государств;

12) является Верховным Главнокомандующим Вооруженными Силами Республики, назначает на должность и освобождает от должности высшее командование Вооруженных Сил;

13) награждает государственными наградами Республики, присваивает почетные, высшие воинские и иные звания, классные чины, дипломатические ранги, квалификационные классы;

14) решает вопросы гражданства Республики, предоставления политического убежища;

15) осуществляет помилование граждан;

16) в случае, когда демократические институты, независимость и территориальная целостность, политическая стабильность Республики, безопасность ее граждан находятся под серьезной и непосредственной угрозой и нарушено нормальное функционирование конституционных органов государства, после официальных

консультаций с Премьер-Министром и председателями Палат Парламента Республики принимает меры, диктуемые названными обстоятельствами, включая введение на всей территории Казахстана и в отдельных ее местностях чрезвычайного положения, применение Вооруженных Сил Республики, с незамедлительным информированием об этом Парламента Республики;
17) в случае агрессии против Республики либо непосредственной внешней угрозы ее безопасности вводит на всей территории Республики или в отдельных ее местностях военное положение, объявляет частичную или общую мобилизацию и незамедлительно информирует об этом Парламент Республики;
18) формирует подчиненные ему Службу охраны Президента Республики и Республиканскую гвардию;
19) назначает на должность и освобождает от должности Государственного секретаря Республики Казахстан, определяет его статус и полномочия; формирует Администрацию Президента Республики;
20) образует Совет Безопасности и иные консультативно-совещательные органы, а также Ассамблею народа Казахстана и Высший Судебный Совет;
21) осуществляет другие полномочия в соответствии с Конституцией и законами Республики.

Статья 45

1. Президент Республики Казахстан на основе и во исполнение Конституции и законов издает указы и распоряжения, имеющие обязательную силу на всей территории Республики.

2. В случае, предусмотренном подпунктом 4) статьи 53 Конституции, Президент Республики издает законы, а в случае, предусмотренном пунктом 2 статьи 61 Конституции, - указы, имеющие силу законов Республики.

3. Акты Парламента, подписываемые Президентом Республики, а также акты Президента, издаваемые по инициативе Правительства, предварительно скрепляются соответственно подписью Председателя каждой из Палат Парламента либо Премьер-Министра, на которых возлагается юридическая ответственность за законность данных актов.

Статья 46

1. Президент Республики Казахстан, его честь и достоинство неприкосновенны.

2. Обеспечение, обслуживание и охрана Президента Республики и его семьи осуществляются за счет государства.

3. Положения настоящей статьи распространяются на экс-Президентов Республики.

4. Статус и полномочия Первого Президента Казахстана определяются Конституцией Республики и конституционным законом.

Статья 47

1. Президент Республики Казахстан может быть досрочно освобожден от должности при устойчивой неспособности осуществлять свои обязанности по болезни. В этом случае Парламент образует комиссию, состоящую из равного от каждой Палаты числа депутатов и специалистов в соответствующих областях медицины. Решение о досрочном освобождении принимается на совместном заседании Палат Парламента большинством не менее трех четвертей от общего числа депутатов каждой из Палат на основании заключения комиссии и заключения Конституционного Совета о соблюдении установленных конституционных процедур.

2. Президент Республики несет ответственность за действия, совершенные при исполнении своих обязанностей, только в случае государственной измены и может быть за это отрешен от должности Парламентом. Решение о выдвижении обвинения и его расследовании может быть принято большинством от общего числа депутатов Мажилиса по инициативе не менее чем одной трети его депутатов. Расследование обвинения организуется Сенатом, и его результаты большинством голосов от общего числа депутатов Сената передаются на рассмотрение совместного заседания Палат Парламента. Окончательное решение по данному вопросу принимается на совместном заседании Палат Парламента большинством не менее трех четвертей от общего числа голосов депутатов каждой из Палат при наличии заключения Верховного Суда об обоснованности обвинения и заключения Конституционного Совета о соблюдении установленных конституционных процедур. Непринятие окончательного решения в течение двух месяцев с момента предъявления обвинения влечет за собой признание обвинения против Президента Республики отклоненным. Отклонение обвинения Президента Республики в совершении государственной измены на любой его стадии влечет за собой досрочное прекращение полномочий депутатов Мажилиса, инициировавших рассмотрение данного вопроса.

3. Вопрос об отрешении Президента Республики от должности не может быть возбужден в период рассмотрения им вопроса о досрочном прекращении полномочий Парламента Республики или Мажилиса Парламента.

Статья 48

1. В случае досрочного освобождения или отрешения от должности Президента Республики Казахстан, а также его смерти полномочия Президента Республики на оставшийся срок переходят к Председателю Сената Парламента; при невозможности Председателя Сената принять на себя полномочия Президента они переходят к Председателю Мажилиса Парламента; при невозможности Председателя Мажилиса принять на себя полномочия Президента они переходят к Премьер-Министру Республики. Лицо, принявшее на себя полномочия Президента Республики, складывает с себя соответственно полномочия Председателя Сената, Председателя Мажилиса, Премьер-Министра. В этом случае замещение вакантных государственных должностей осуществляется в порядке, предусмотренном Конституцией.

2. Лицо, принявшее на себя полномочия Президента Республики Казахстан, по основаниям и в порядке, предусмотренными пунктом 1 настоящей статьи, не вправе инициировать изменения и дополнения в Конституцию Республики Казахстан.

Раздел IV.
ПАРЛАМЕНТ

Статья 49

1. Парламент Республики Казахстан является высшим представительным органом Республики, осуществляющим законодательные функции.

2. Полномочия Парламента начинаются с момента открытия его первой сессии и заканчиваются с началом работы первой сессии Парламента нового созыва.

3. Полномочия Парламента могут быть прекращены досрочно в случаях и порядке, предусмотренных Конституцией.

4. Организация и деятельность Парламента, правовое положение его депутатов определяются конституционным законом.

Статья 50

1. Парламент состоит из двух Палат: Сената и Мажилиса, действующих на постоянной основе.

2. Сенат образуют депутаты, представляющие в порядке, установленном конституционным законом, по два человека от каждой области, города республиканского значения и столицы Республики Казахстан. Пятнадцать депутатов Сената назначаются Президентом Республики с учетом необходимости обеспечения представительства в Сенате национально-культурных и иных значимых интересов общества.

3. Мажилис состоит из ста семи депутатов, избираемых в порядке, установленном конституционным законом.

4. Депутат Парламента не может быть одновременно членом обеих Палат.

5. Срок полномочий депутатов Сената - шесть лет, срок полномочий депутатов Мажилиса - пять лет.

Статья 51

1. Избрание девяноста восьми депутатов Мажилиса осуществляется на основе всеобщего, равного и прямого избирательного права при тайном голосовании. Девять депутатов Мажилиса избираются Ассамблеей народа Казахстана. Очередные выборы депутатов Мажилиса проводятся не позднее чем за два месяца до окончания срока полномочий действующего созыва Парламента.

2. Избрание депутатов Сената осуществляется на основе косвенного избирательного права при тайном голосовании. Половина избираемых депутатов Сената переизбирается каждые три года. При этом их очередные выборы проводятся не позднее чем за два месяца до окончания срока их полномочий.

3. Внеочередные выборы депутатов Парламента или Мажилиса Парламента проводятся в течение двух месяцев со дня досрочного прекращения полномочий соответственно Парламента или Мажилиса Парламента.

4. Депутатом Парламента может быть лицо, состоящее в гражданстве Республики Казахстан и постоянно проживающее на ее территории последние десять лет. Депутатом Сената может быть лицо, достигшее тридцати лет, имеющее высшее образование и стаж работы не менее пяти лет, постоянно проживающее на территории соответствующей области, города республиканского значения либо столицы Республики не менее трех лет. Депутатом Мажилиса может быть лицо, достигшее двадцати пяти лет.

5. Выборы депутатов Парламента Республики регулируются конституционным законом.

6. Депутат Парламента приносит присягу народу Казахстана.

Статья 52

1. Исключен Законом Республики Казахстан от 21 мая 2007 г. № 254-III ЗРК.

2. Депутаты Парламента обязаны принимать участие в его работе. Голосование в Парламенте осуществляется депутатом только лично. Отсутствие депутата без уважительных причин на заседаниях Палат и их органов более трех раз как и передача права голоса, влечет за собой применение к депутату установленных законом мер взыскания.

3. Депутат Парламента не вправе быть депутатом другого представительного органа, занимать иные оплачиваемые должности, кроме преподавательской, научной или иной творческой деятельности, осуществлять предпринимательскую деятельность, входить в состав руководящего органа или наблюдательного совета коммерческой организации. Нарушение настоящего правила влечет за собой прекращение полномочий депутата.

4. Депутат Парламента в течение срока своих полномочий не может быть арестован, подвергнут приводу, мерам административного взыскания, налагаемым в судебном порядке, привлечен к уголовной ответственности без согласия соответствующей Палаты, кроме случаев задержания на месте преступления или совершения тяжких преступлений.

5. Полномочия депутата Парламента прекращаются в случаях подачи в отставку, его смерти, признания депутата по вступившему в законную силу решению суда недееспособным, умершим или безвестно отсутствующим и иных предусмотренных Конституцией и конституционным законом случаях.
Депутат Парламента лишается своего мандата при:
1) его выезде на постоянное место жительства за пределы Казахстана;
2) вступлении в законную силу в отношении его обвинительного приговора суда;
3) утрате гражданства Республики Казахстан.
Депутат Мажилиса Парламента лишается своего мандата при:
1) выходе или исключении депутата из политической партии, от которой в соответствии с конституционным законом он избран;
2) прекращении деятельности политической партии, от которой в соответствии с конституционным законом депутат избран.
Полномочия назначенных депутатов Сената Парламента могут быть досрочно прекращены по решению Президента Республики.
Полномочия депутатов Парламента и Мажилиса Парламента прекращаются в случаях роспуска соответственно Парламента или Мажилиса Парламента.

6. Подготовка вопросов, связанных с применением к депутатам мер взыскания, соблюдением ими требований пункта 3 настоящей статьи, правил депутатской этики, а также прекращением полномочий депутатов и лишением их полномочий и депутатской неприкосновенности, возлагается на Центральную избирательную комиссию Республики Казахстан.

Статья 53

Парламент на совместном заседании Палат:

1) по предложению Президента Республики Казахстан вносит изменения и дополнения в Конституцию;

2) утверждает отчеты Правительства и Счетного комитета по контролю за исполнением республиканского бюджета об исполнении республиканского бюджета. Неутверждение Парламентом отчета Правительства об исполнении республиканского бюджета означает выражение Парламентом вотума недоверия Правительству;

3) двумя третями голосов от общего числа депутатов каждой из Палат по инициативе Президента вправе делегировать ему законодательные полномочия на срок, не превышающий одного года;

4) решает вопросы войны и мира;

5) принимает по предложению Президента Республики решение об использовании Вооруженных Сил Республики для выполнения международных обязательств по поддержанию мира и безопасности;

6) заслушивает ежегодные послания Конституционного Совета о состоянии конституционной законности в Республике;

7) образует совместные комиссии Палат, избирает и освобождает от должности их председателей, заслушивает отчеты о деятельности комиссий;

8) осуществляет иные полномочия, возложенные на Парламент Конституцией.

Статья 54

1. Парламент в раздельном заседании Палат путем последовательного рассмотрения вопросов вначале в Мажилисе, а затем в Сенате принимает конституционные законы и законы, в том числе:
1) утверждает республиканский бюджет, вносит в него изменения и дополнения;
2) устанавливает и отменяет государственные налоги и сборы;
3) устанавливает порядок решения вопросов административно-территориального устройства Казахстана;
4) учреждает государственные награды, устанавливает почетные, воинские и иные звания, классные чины, дипломатические ранги Республики, определяет государственные символы Республики;
5) решает вопросы о государственных займах и оказании Республикой экономической и иной помощи;
6) решает вопросы амнистии;
7) ратифицирует и денонсирует международные договоры Республики.

2. Парламент в раздельном заседании Палат путем последовательного рассмотрения вопросов вначале в Мажилисе, а затем в Сенате:
1) обсуждает отчеты об исполнении республиканского бюджета;
2) проводит повторное обсуждение и голосование по законам или статьям закона, вызвавшим возражения Президента Республики, в месячный срок со дня направления возражений. Несоблюдение этого срока означает принятие возражений Президента. Если Мажилис и Сенат большинством в две трети голосов от общего числа депутатов каждой из Палат подтвердят ранее принятое решение, Президент в течение одного месяца подписывает закон. Если возражения Президента не преодолены хотя бы одной из Палат, закон считается непринятым или принятым в редакции, предложенной Президентом. Возражения Главы государства на принятые Парламентом конституционные законы рассматриваются в предусмотренном настоящим подпунктом порядке. При этом возражения Президента на конституционные законы преодолеваются Парламентом не менее чем тремя четвертями голосов от общего числа депутатов каждой из Палат;
3) проявляет инициативу о назначении республиканского референдума.

Статья 55

К исключительному ведению Сената относится:
1) избрание и освобождение от должности по представлению Президента Республики Казахстан Председателя Верховного Суда и судей Верховного Суда Республики, принятие их присяги;
2) дача согласия на назначение Президентом Республики Председателя Национального Банка, Генерального Прокурора, Председателя Комитета национальной безопасности Республики;
3) лишение неприкосновенности Генерального Прокурора, Председателя и судей Верховного Суда Республики;
4) Исключен Законом Республики Казахстан от 21 мая 2007 года № 254-III ЗРК
5) выполнение функций Парламента Республики по принятию конституционных законов и законов в период временного отсутствия Мажилиса, вызванного досрочным прекращением его полномочий;
6) осуществление иных полномочий, возложенных Конституцией на Сенат Парламента.

Статья 56

1. К исключительному ведению Мажилиса относится:
1) принятие к рассмотрению внесенных в Парламент проектов конституционных законов и законов и рассмотрение этих проектов;
2) большинством голосов от общего числа депутатов Палаты дача согласия Президенту Республики на назначение Премьер-Министра Республики;
3) объявление очередных выборов Президента Республики;
4) осуществление иных полномочий, возложенных Конституцией на Мажилис Парламента.

2. Мажилис большинством голосов от общего числа депутатов Мажилиса по инициативе не менее одной пятой от общего числа депутатов Мажилиса вправе выразить вотум недоверия Правительству.

Статья 57

Каждая из Палат Парламента самостоятельно, без участия другой Палаты:
1) назначает на должности двух членов Конституционного Совета; назначает на пятилетний срок на должности двух членов Центральной избирательной комиссии, трех членов Счетного комитета по контролю за исполнением республиканского бюджета;
2) делегирует половину членов комиссии, образуемой Парламентом в случае, предусмотренном пунктом 1 статьи 47 Конституции;
3) избирает половину членов совместных комиссий Палат;
4) прекращает полномочия депутатов Палат, а также по представлению Генерального Прокурора Республики Казахстан решает вопросы лишения депутатов Палат их неприкосновенности;
5) проводит по вопросам своей компетенции Парламентские слушания;
6) вправе по инициативе не менее одной трети от общего числа депутатов Палаты заслушивать отчеты членов Правительства Республики по вопросам их деятельности. По итогам заслушивания отчета большинством голосов от общего числа депутатов Палаты вправе принимать обращение к Президенту Республики об освобождении от должности члена Правительства в случае неисполнения им законов Республики. Если Президент Республики отклоняет такое обращение, то депутаты большинством голосов от общего числа депутатов Палаты вправе по истечении шести месяцев со дня первого обращения повторно поставить перед Президентом Республики вопрос об освобождении от должности члена Правительства. В этом случае Президент Республики освобождает от должности члена Правительства;
7) формирует координационные и рабочие органы Палат;
8) принимает регламент своей деятельности и иные решения по вопросам, связанным с организацией и внутренним распорядком Палаты.

Статья 58

1. Палаты возглавляют председатели, избираемые Сенатом и Мажилисом из числа их депутатов, свободно владеющих государственным языком, тайным голосованием большинством голосов от общего числа депутатов Палат. Кандидатура на должность Председателя Сената выдвигается Президентом Республики Казахстан. Кандидатуры на должность Председателя Мажилиса выдвигаются депутатами Палаты.

2. Председатели Палат могут быть отозваны от должности, а также вправе подать в отставку, если за это проголосовало большинство от общего числа депутатов Палат.

3. Председатели Палат Парламента:
1) созывают заседания Палат и председательствуют на них;
2) осуществляют общее руководство подготовкой вопросов, вносимых на рассмотрение Палат;
3) представляют Палатам кандидатуры к избранию на должности заместителей председателей Палат;
4) обеспечивают соблюдение регламента в деятельности Палат;
5) руководят деятельностью координационных органов Палат;
6) подписывают акты, издаваемые Палатами;
7) представляют Палатам кандидатуры для назначения на должности членов Конституционного Совета, Центральной избирательной комиссии, Счетного комитета по контролю за исполнением республиканского бюджета;
8) выполняют другие обязанности, возлагаемые на них Регламентом Парламента.

4. Председатель Мажилиса:
1) открывает сессии Парламента;
2) созывает очередные совместные заседания Палат, председательствует на очередных и внеочередных совместных заседаниях Палат.

5. По вопросам своей компетенции председатели Палат издают распоряжения.

Статья 59

1. Сессия Парламента проходит в форме совместных и раздельных заседаний его Палат.

2. Первая сессия Парламента созывается Президентом Республики Казахстан не позднее тридцати дней со дня опубликования итогов выборов.

3. Очередные сессии Парламента проводятся раз в год, начиная с первого рабочего дня сентября и по последний рабочий день июня.

4. Сессия Парламента, как правило, открывается Президентом Республики и закрывается на совместных заседаниях Сената и Мажилиса. В период между сессиями Парламента Президент Республики по собственной инициативе, по предложению председателей Палат или не менее одной трети от общего числа депутатов Парламента может созвать внеочередную сессию Парламента. На ней могут рассматриваться лишь вопросы, послужившие основанием для ее созыва.

5. Совместные и раздельные заседания Палат проводятся при условии присутствия на них не менее двух третей от общего числа депутатов каждой из Палат.

6. Совместные и раздельные заседания Палат являются открытыми. В случаях, предусмотренных регламентами, могут проводиться закрытые заседания. Президент Республики, Премьер-Министр и члены Правительства, Председатель Национального Банка, Генеральный Прокурор, Председатель Комитета национальной безопасности имеют право присутствовать на любых заседаниях и быть выслушанными.

Статья 60

1. Палаты образуют постоянные комитеты, число которых не превышает семи в каждой Палате.

2. Для решения вопросов, касающихся совместной деятельности Палат, Сенат и Мажилис вправе на паритетных началах образовывать совместные комиссии.

3. Комитеты и комиссии по вопросам своей компетенции издают постановления.

4. Порядок образования, полномочия и организация деятельности комитетов и комиссий определяются законом.

Статья 61

1. Право законодательной инициативы принадлежит Президенту Республики, депутатам Парламента, Правительству и реализуется исключительно в Мажилисе.

2. Президент Республики имеет право определять приоритетность рассмотрения проектов законов, а также объявлять рассмотрение проекта закона срочным, означающее, что Парламент должен рассмотреть данный проект в течение месяца со дня его внесения. При неисполнении Парламентом настоящего требования Президент Республики вправе издать указ, имеющий силу закона, который действует до принятия Парламентом нового закона в установленном Конституцией порядке.

3. Парламент вправе издавать законы, которые регулируют важнейшие общественные отношения, устанавливают основополагающие принципы и нормы, касающиеся:
1) правосубъектности физических и юридических лиц, гражданских прав и свобод, обязательств и ответственности физических и юридических лиц;
2) режима собственности и иных вещных прав;
3) основ организации и деятельности государственных органов и органов местного самоуправления, государственной и воинской службы;
4) налогообложения, установления сборов и других обязательных платежей;
5) республиканского бюджета;
6) вопросов судоустройства и судопроизводства;
7) образования, здравоохранения и социального обеспечения;
8) приватизации предприятий и их имущества;
9) охраны окружающей среды;
10) административно-территориального устройства Республики;
11) обеспечения обороны и безопасности государства.
Все иные отношения регулируются подзаконными актами.

4. Законопроект, рассмотренный и одобренный большинством голосов от общего числа депутатов Мажилиса, передается в Сенат, где рассматривается не более шестидесяти дней. Принятый большинством голосов от общего числа депутатов Сената проект

становится законом и в течение десяти дней представляется Президенту на подпись. Отклоненный в целом большинством голосов от общего числа депутатов Сената проект возвращается в Мажилис. Если Мажилис большинством в две трети голосов от общего числа депутатов вновь одобрит проект, он передается в Сенат для повторного обсуждения и голосования. Повторно отклоненный проект закона не может быть вновь внесен в течение той же сессии.

5. Внесенные большинством голосов от общего числа депутатов Сената изменения и дополнения в законопроект направляются в Мажилис. Если Мажилис большинством голосов от общего числа депутатов согласится с предложенными изменениями и дополнениями, закон считается принятым. Если Мажилис тем же большинством голосов возражает против внесенных Сенатом изменений и дополнений, разногласия между Палатами разрешаются путем согласительных процедур.

5-1. Проект конституционного закона, рассмотренный и одобренный не менее чем двумя третями голосов от общего числа депутатов Мажилиса, передается в Сенат, где рассматривается не более шестидесяти дней. Принятый не менее чем двумя третями голосов от общего числа депутатов Сената проект становится конституционным законом и в течение десяти дней представляется Президенту Республики на подпись. Отклонение в целом проекта конституционного закона осуществляется Мажилисом или Сенатом большинством голосов от общего числа депутатов Палаты.
Внесенные Сенатом не менее чем двумя третями голосов его депутатов изменения и дополнения в проект конституционного закона направляются в Мажилис. Если Мажилис не менее чем двумя третями голосов его депутатов согласится с внесенными Сенатом изменениями и дополнениями, конституционный закон считается принятым.
Если Мажилис при голосовании по внесенным Сенатом изменениям и дополнениям не согласился с ними не менее чем двумя третями голосов депутатов, то разногласия между Палатами разрешаются путем согласительных процедур.

6. Проекты законов, предусматривающие сокращение государственных доходов или увеличение государственных расходов, могут быть внесены лишь при наличии положительного заключения Правительства Республики. Для проектов законодательных актов, вносимых в Мажилис Парламента в порядке законодательной инициативы Президента Республики, наличие такого заключения не требуется.

7. В связи с непринятием внесенного Правительством проекта закона Премьер-Министр вправе поставить на совместном заседании Палат Парламента вопрос о доверии Правительству. Голосование по этому вопросу проводится не ранее чем через сорок восемь часов с момента постановки вопроса о доверии. Если предложение о вотуме недоверия не наберет большинства голосов от общего числа депутатов каждой из Палат, проект закона считается принятым без голосования. Однако Правительство не может пользоваться этим правом более двух раз в год.

Статья 62

1. Парламент принимает законодательные акты в форме законов Республики Казахстан, постановлений Парламента, постановлений Сената и Мажилиса, имеющих обязательную силу на всей территории Республики.

2. Законы Республики вступают в силу после их подписания Президентом Республики.

3. Изменения и дополнения в Конституцию вносятся большинством не менее трех четвертей голосов от общего числа депутатов каждой из Палат.

4. Конституционные законы принимаются по вопросам, предусмотренным Конституцией, большинством не менее двух третей голосов от общего числа депутатов каждой из Палат.

5. Законодательные акты Парламента и его Палат принимаются большинством голосов от общего числа депутатов Палат, если иное не предусмотрено Конституцией.

6. Проведение не менее двух чтений по вопросам внесения изменений и дополнений в Конституцию Республики Казахстан обязательно.

7. Законы Республики, постановления Парламента и его Палат не должны противоречить Конституции. Постановления Парламента и его Палат не должны противоречить законам.

8. Порядок разработки, представления, обсуждения, введения в действие и опубликования законодательных и иных нормативных правовых актов Республики регламентируется специальным законом и регламентами Парламента и его Палат.

Статья 63

1. Президент Республики после консультаций с председателями Палат Парламента и Премьер-Министром может распустить Парламент или Мажилис Парламента.

2. Парламент и Мажилис Парламента не могут быть распущены в период чрезвычайного или военного положения, в последние шесть месяцев полномочий Президента, а также в течение одного года после предыдущего роспуска.

Раздел V.
ПРАВИТЕЛЬСТВО

Статья 64

1. Правительство осуществляет исполнительную власть Республики Казахстан, возглавляет систему исполнительных органов и осуществляет руководство их деятельностью.

2. Правительство является коллегиальным органом и во всей своей деятельности ответственно перед Президентом Республики, а в случаях, предусмотренных Конституцией, - перед Мажилисом Парламента и Парламентом.

3. Члены Правительства подотчетны Палатам Парламента в случае, предусмотренном подпунктом 6) статьи 57 Конституции.

4. Компетенция, порядок организации и деятельности Правительства определяются конституционным законом.

Статья 65

1. Правительство образуется Президентом Республики Казахстан в порядке, предусмотренном Конституцией.

2. Предложения о структуре и составе Правительства вносятся Президенту Республики Премьер-Министром Республики в десятидневный срок после назначения Премьер-Министра.

3. Члены Правительства приносят присягу народу и Президенту Казахстана.

Статья 66

Правительство Республики Казахстан:
1) разрабатывает основные направления социально-экономической политики государства, его обороноспособности, безопасности, обеспечения общественного порядка и организует их осуществление;
2) представляет Парламенту республиканский бюджет и отчет о его исполнении, обеспечивает исполнение бюджета;
3) вносит в Мажилис проекты законов и обеспечивает исполнение законов;
4) организует управление государственной собственностью;
5) вырабатывает меры по проведению внешней политики Республики;
6) руководит деятельностью министерств, государственных комитетов, иных центральных и местных исполнительных органов;
7) отменяет или приостанавливает полностью или в части действие актов министерств, государственных комитетов, иных центральных и местных исполнительных органов Республики;
8) назначает на должность и освобождает от должности руководителей центральных исполнительных органов, не входящих в состав Правительства;
9) Исключен Законом Республики Казахстан от 7 октября 1998 года № 284-I ЗРК.
10) выполняет иные функции, возложенные на него Конституцией, законами и актами Президента.

Статья 67

Премьер-Министр Республики Казахстан:
1) организует и руководит деятельностью Правительства, персонально отвечает за его работу;
2) Исключен Законом Республики Казахстан от 21 мая 2007 года № 254-III ЗРК.
3) подписывает постановления Правительства;
4) докладывает Президенту об основных направлениях деятельности Правительства и о всех его важнейших решениях;
5) выполняет другие функции, связанные с организацией и руководством деятельностью Правительства.

Статья 68

1. Члены Правительства самостоятельны в принятии решений в пределах своей компетенции и несут персональную ответственность перед Премьер-Министром Республики за работу подчиненных им государственных органов. Член Правительства, не согласный с проводимой Правительством политикой или не проводящий ее, подает в отставку либо подлежит освобождению от занимаемой должности.

2. Члены Правительства не вправе быть депутатами представительного органа, занимать иные оплачиваемые должности, кроме преподавательской, научной или иной творческой деятельности, осуществлять предпринимательскую деятельность, входить в состав руководящего органа или наблюдательного совета коммерческой организации, за исключением случаев, когда это является их должностными обязанностями в соответствии с законодательством.

Статья 69

1. Правительство Республики Казахстан по вопросам своей компетенции издает постановления, имеющие обязательную силу на всей территории Республики.

2. Премьер-Министр Республики издает распоряжения, имеющие обязательную силу на всей территории Республики.

3. Постановления Правительства и распоряжения Премьер-Министра не должны противоречить Конституции, законодательным актам, указам и распоряжениям Президента Республики.

Статья 70

1. Правительство слагает свои полномочия перед вновь избранным Президентом Республики Казахстан.
Перед вновь избранным Мажилисом Парламента Премьер-Министр Республики ставит вопрос о доверии Правительству. В случае выражения Мажилисом доверия Правительство продолжает исполнять свои обязанности, если иное не будет решено Президентом Республики.

2. Правительство и любой его член вправе заявить Президенту Республики о своей отставке, если считают невозможным дальнейшее осуществление возложенных на них функций.

3. Правительство заявляет Президенту Республики об отставке в случае выражения Мажилисом Парламента или Парламентом вотума недоверия Правительству.

4. Президент Республики в десятидневный срок рассматривает вопрос о принятии или отклонении отставки.

5. Принятие отставки означает прекращение полномочий Правительства либо соответствующего его члена. Принятие отставки Премьер-Министра означает прекращение полномочий всего Правительства.

6. При отклонении отставки Правительства или его члена Президент поручает ему дальнейшее осуществление его обязанностей.

7. Президент Республики вправе по собственной инициативе принять решение о прекращении полномочий Правительства и освободить от должности любого его члена. Освобождение от должности Премьер-Министра означает прекращение полномочий всего Правительства.

Раздел VI.
КОНСТИТУЦИОННЫЙ СОВЕТ

Статья 71

1. Конституционный Совет Республики Казахстан состоит из семи членов, полномочия которых длятся шесть лет. Пожизненными членами Конституционного Совета являются по праву экс-Президенты Республики.

2. Председатель Конституционного Совета назначается Президентом Республики, и в случае разделения голосов поровну его голос является решающим.

3. Два члена Конституционного Совета назначаются Президентом Республики, по два члена Конституционного Совета назначаются соответственно Сенатом и Мажилисом. Половина членов Конституционного Совета обновляется каждые три года.

4. Должность Председателя и члена Конституционного Совета несовместимы с депутатским мандатом, занятием иных оплачиваемых должностей, кроме преподавательской, научной или иной творческой деятельности, осуществлением предпринимательской деятельности, вхождение в состав руководящего органа или наблюдательного совета коммерческой организации.

5. Председатель и члены Конституционного Совета в течение срока своих полномочий не могут быть арестованы, подвергнуты приводу, мерам административного взыскания, налагаемым в судебном порядке, привлечены к уголовной ответственности без согласия Парламента, кроме случаев задержания на месте преступления или совершения тяжких преступлений.

6. Организация и деятельность Конституционного Совета регулируются конституционным законом.

Статья 72

1. Конституционный Совет по обращению Президента Республики Казахстан, Председателя Сената, Председателя Мажилиса, не менее одной пятой части от общего числа депутатов Парламента, Премьер-Министра:
1) решает в случае спора вопрос о правильности проведения выборов Президента Республики, депутатов Парламента и проведения республиканского референдума;
2) рассматривает до подписания Президентом принятые Парламентом законы на их соответствие Конституции Республики;
2-1) рассматривает на соответствие Конституции Республики принятые Парламентом и его Палатами постановления;
3) рассматривает до ратификации международные договоры Республики на

соответствие их Конституции;
4) дает официальное толкование норм Конституции;
5) дает заключения в случаях, предусмотренных пунктами 1 и 2 статьи 47 Конституции.
2. Конституционный Совет рассматривает обращения судов в случаях, установленных статьей 78 Конституции.

Статья 73

1. В случае обращения в Конституционный Совет по вопросам, указанным в подпункте 1) пункта 1 статьи 72 Конституции, вступление в должность Президента, регистрация избранных депутатов Парламента либо подведение итогов республиканского референдума приостанавливаются.

2. В случае обращения в Конституционный Совет по вопросам, указанным в подпунктах 2) и 3) пункта 1 статьи 72 Конституции, течение сроков подписания либо ратификации соответствующих актов приостанавливается.

3. Конституционный Совет выносит свое решение в течение месяца со дня поступления обращения. Этот срок по требованию Президента Республики может быть сокращен до десяти дней, если вопрос не терпит отлагательства.

4. На решение Конституционного Совета в целом или в его части могут быть внесены возражения Президента Республики, которые преодолеваются двумя третями голосов от общего числа членов Конституционного Совета. При непреодолении возражений Президента решение Конституционного Совета считается непринятым.

Статья 74

1. Законы и международные договоры, признанные несоответствующими Конституции Республики Казахстан, не могут быть подписаны либо, соответственно, ратифицированы и введены в действие.

2. Законы и иные нормативные правовые акты, признанные неконституционными, в том числе ущемляющими закрепленные Конституцией права и свободы человека и гражданина, отменяются и не подлежат применению.

3. Решения Конституционного Совета вступают в силу со дня их принятия, являются общеобязательными на всей территории Республики, окончательными и обжалованию не подлежат.

Раздел VII.
СУДЫ И ПРАВОСУДИЕ

Статья 75

1. Правосудие в Республике Казахстан осуществляется только судом.

2. Судебная власть осуществляется посредством гражданского, уголовного и иных установленных законом форм судопроизводства. В случаях, предусмотренных законом, уголовное судопроизводство осуществляется с участием присяжных заседателей.

3. Судами Республики являются Верховный Суд Республики, местные и другие суды Республики, учреждаемые законом.

4. Судебная система Республики устанавливается Конституцией Республики и конституционным законом. Учреждение специальных и чрезвычайных судов под каким-либо названием не допускается.

Статья 76

1. Судебная власть осуществляется от имени Республики Казахстан и имеет своим назначением защиту прав, свобод и законных интересов граждан и организаций, обеспечение исполнения Конституции, законов, иных нормативных правовых актов, международных договоров Республики.

2. Судебная власть распространяется на все дела и споры, возникающие на основе Конституции, законов, иных нормативных правовых актов, международных договоров Республики.

3. Решения, приговоры и иные постановления судов имеют обязательную силу на всей территории Республики.

Статья 77

1. Судья при отправлении правосудия независим и подчиняется только Конституции и закону.

2. Какое-либо вмешательство в деятельность суда по отправлению правосудия недопустимо и влечет ответственность по закону. По конкретным делам судьи не подотчетны.

3. При применении закона судья должен руководствоваться следующими принципами:
1) лицо считается невиновным в совершении преступления, пока его виновность не будет признана вступившим в законную силу приговором суда;
2) никто не может быть подвергнут повторно уголовной или административной ответственности за одно и то же правонарушение;
3) никому не может быть без его согласия изменена подсудность, предусмотренная для него законом;
4) в суде каждый имеет право быть выслушанным;
5) законы, устанавливающие или усиливающие ответственность, возлагающие новые

обязанности на граждан или ухудшающие их положение, обратной силы не имеют. Если после совершения правонарушения ответственность за него законом отменена или смягчена, применяется новый закон; 6) обвиняемый не обязан доказывать свою невиновность;
7) никто не обязан давать показания против самого себя, супруга (супруги) и близких родственников, круг которых определяется законом. Священнослужители не обязаны свидетельствовать против доверившихся им на исповеди;
8) любые сомнения в виновности лица толкуются в пользу обвиняемого;
9) не имеют юридической силы доказательства, полученные незаконным способом. Никто не может быть осужден лишь на основе его собственного признания; 10) применение уголовного закона по аналогии не допускается.

4. Принципы правосудия, установленные Конституцией, являются общими и едиными для всех судов и судей Республики.

Статья 78

Суды не вправе применять законы и иные нормативные правовые акты, ущемляющие закрепленные Конституцией права и свободы человека и гражданина. Если суд усмотрит, что закон или иной нормативный правовой акт, подлежащий применению, ущемляет закрепленные Конституцией права и свободы человека и гражданина, он обязан приостановить производство по делу и обратиться в Конституционный Совет с представлением о признании этого акта неконституционным.

Статья 79

1. Суды состоят из постоянных судей, независимость которых защищается Конституцией и законом. Полномочия судьи могут быть прекращены или приостановлены исключительно по основаниям, установленным законом.

2. Судья не может быть арестован, подвергнут приводу, мерам административного взыскания, налагаемым в судебном порядке, привлечен к уголовной ответственности без согласия Президента Республики Казахстан, основанного на заключении Высшего Судебного Совета Республики, либо в случае, установленном подпунктом 3) статьи 55 Конституции, - без согласия Сената, кроме случаев задержания на месте преступления или совершения тяжких преступлений.

3. Судьями могут быть граждане Республики, достигшие двадцати пяти лет, имеющие высшее юридическое образование, стаж работы по юридической профессии не менее двух лет и сдавшие квалификационный экзамен. Законом могут быть установлены дополнительные требования к судьям судов Республики.

4. Должность судьи несовместима с депутатским мандатом, с занятием иной оплачиваемой должности, кроме преподавательской, научной или иной творческой деятельности, осуществлением предпринимательской деятельности, вхождением в состав руководящего органа или наблюдательного совета коммерческой организации.

Статья 80

Финансирование судов, обеспечение судей жильем производится за счет средств республиканского бюджета и должно обеспечивать возможность полного и независимого осуществления правосудия.

Статья 81

Верховный Суд Республики Казахстан является высшим судебным органом по гражданским, уголовным и иным делам, подсудным местным и другим судам, осуществляет в предусмотренных законом процессуальных формах надзор за их деятельностью и дает разъяснения по вопросам судебной практики.

Статья 82

1. Председатель и судьи Верховного Суда Республики Казахстан избираются Сенатом по представлению Президента Республики, основанному на рекомендации Высшего Судебного Совета.

2. Председатели и судьи местных и других судов назначаются на должности Президентом Республики по рекомендации Высшего Судебного Совета.

3. В судах в соответствии с конституционным законом могут создаваться судебные коллегии. Порядок наделения полномочиями председателей судебных коллегий определяется конституционным законом.

4. Высший Судебный Совет состоит из Председателя и других лиц, назначаемых Президентом Республики.

5. Статус и организация работы Высшего Судебного Совета определяются законом.

Статья 83

1. Прокуратура от имени государства осуществляет высший надзор за точным и единообразным применением законов, указов Президента Республики Казахстан и иных нормативных правовых актов на территории Республики, за законностью оперативно-розыскной деятельности, дознания и следствия, административного и исполнительного производства, принимает меры по выявлению и устранению любых нарушений законности, а также опротестовывает законы и другие правовые акты, противоречащие Конституции и законам Республики. Прокуратура представляет интересы государства в суде, а также в случаях, порядке и в пределах, установленных законом, осуществляет уголовное преследование.

2. Прокуратура Республики составляет единую централизованную систему с подчинением нижестоящих прокуроров вышестоящим и Генеральному Прокурору Республики. Она осуществляет свои полномочия независимо от других государственных органов, должностных лиц и подотчетна лишь Президенту Республики.

3. Генеральный Прокурор Республики в течение срока своих полномочий не может быть арестован, подвергнут приводу, мерам административного взыскания, налагаемым в судебном порядке, привлечен к уголовной ответственности без согласия Сената, кроме случаев задержания на месте преступления или совершения тяжких преступлений. Срок полномочий Генерального Прокурора пять лет.

4. Компетенция, организация и порядок деятельности прокуратуры Республики определяются законом.

Статья 84

Исключена Законом Республики Казахстан от 21 мая 2007 года № 254-111.

Раздел VIII.
МЕСТНОЕ ГОСУДАРСТВЕННОЕ УПРАВЛЕНИЕ И САМОУПРАВЛЕНИЕ

Статья 85

Местное государственное управление осуществляется местными представительными и исполнительными органами, которые ответственны за состояние дел на соответствующей территории.

Статья 86

1. Местные представительные органы - маслихаты выражают волю населения соответствующих административно-территориальных единиц и с учетом общегосударственных интересов определяют меры, необходимые для ее реализации, контролируют их осуществление.

2. Маслихаты избираются населением на основе всеобщего, равного, прямого избирательного права при тайном голосовании сроком на пять лет.

3. Депутатом маслихата может быть избран гражданин Республики Казахстан, достигший двадцати лет. Гражданин Республики может быть депутатом только одного маслихата.

4. К ведению маслихатов относится:
1) утверждение планов, экономических и социальных программ развития территории, местного бюджета и отчетов об их исполнении;
2) решение отнесенных к их ведению вопросов местного административно-территориального устройства;
3) рассмотрение отчетов руководителей местных исполнительных органов по вопросам, отнесенным законом к компетенции маслихата;
4) образование постоянных комиссий и иных рабочих органов маслихата, заслушивание отчетов об их деятельности, решение иных вопросов, связанных с организацией работы маслихата;

5) осуществление в соответствии с законодательством Республики иных полномочий по обеспечению прав и законных интересов граждан.

5. Полномочия маслихата прекращаются досрочно Президентом Республики, а также в случае принятия маслихатом решения о самороспуске.

6. Компетенция маслихатов, порядок их организации и деятельности, правовое положение их депутатов устанавливаются законом.

Статья 87

1. Местные исполнительные органы входят в единую систему исполнительных органов Республики Казахстан, обеспечивают проведение общегосударственной политики исполнительной власти в сочетании с интересами и потребностями развития соответствующей территории.

2. К ведению местных исполнительных органов относится:
1) разработка планов, экономических и социальных программ развития территории, местного бюджета и обеспечение их исполнения;
2) управление коммунальной собственностью;
3) назначение на должность и освобождение от должности руководителей местных исполнительных органов, решение иных вопросов, связанных с организацией работы местных исполнительных органов;
4) осуществление в интересах местного государственного управления иных полномочий, возлагаемых на местные исполнительные органы законодательством Республики.

3. Местный исполнительный орган возглавляет аким соответствующей административно-территориальной единицы, являющийся представителем Президента и Правительства Республики.

4. Акимы областей, городов республиканского значения и столицы назначаются на должность Президентом Республики с согласия маслихатов соответственно областей, городов республиканского значения и столицы. Акимы иных административно-территориальных единиц назначаются или избираются на должность в порядке, определяемом Президентом Республики Казахстан. Президент Республики вправе по своему усмотрению освобождать акимов от должностей.

5. По инициативе не менее одной пятой от общего числа депутатов маслихата может быть поставлен вопрос о выражении вотума недоверия акиму. В этом случае маслихат большинством голосов от общего числа его депутатов вправе выразить недоверие акиму и поставить вопрос о его освобождении от должности соответственно перед Президентом Республики либо вышестоящим акимом. Полномочия акимов областей, городов республиканского значения и столицы прекращаются при вступлении в должность вновь избранного Президента Республики.

6. Компетенция местных исполнительных органов, организация и порядок их деятельности устанавливаются законом.

Статья 88

1. Маслихаты принимают по вопросам своей компетенции решения, а акимы - решения и распоряжения, обязательные для исполнения на территории соответствующей административно-территориальной единицы.

2. Проекты решений маслихатов, предусматривающие сокращение местных бюджетных доходов или увеличение местных бюджетных расходов, могут быть внесены на рассмотрение лишь при наличии положительного заключения акима.

3. Решения маслихатов, не соответствующие Конституции и законодательству Республики Казахстан, могут быть отменены в судебном порядке.

4. Решения и распоряжения акимов могут быть отменены, соответственно, Президентом, Правительством Республики Казахстан либо вышестоящим акимом, а также в судебном порядке.

Статья 89

1. В Республике Казахстан признается местное самоуправление, обеспечивающее самостоятельное решение населением вопросов местного значения.

2. Местное самоуправление осуществляется населением непосредственно, а также через маслихаты и другие органы местного самоуправления в местных сообществах, охватывающих территории, на которых компактно проживают группы населения.
Органам местного самоуправления в соответствии с законом может делегироваться осуществление государственных функций.

3. Организация и деятельность местного самоуправления в Казахстане регулируются законом.

4. Гарантируется самостоятельность органов местного самоуправления в пределах их полномочий, установленных законом.

Раздел IX.
ЗАКЛЮЧИТЕЛЬНЫЕ И ПЕРЕХОДНЫЕ ПОЛОЖЕНИЯ

Статья 90

1. Конституция Республики Казахстан, принятая на республиканском референдуме, вступает в силу со дня официального опубликования результатов референдума с одновременным прекращением действия ранее принятой Конституции Республики Казахстан.

2. День принятия Конституции на республиканском референдуме объявляется государственным праздником - Днем Конституции Республики Казахстан.

Статья 91

1. Изменения и дополнения в Конституцию Республики Казахстан могут быть внесены республиканским референдумом, проводимым по решению Президента Республики, принятым им по собственной инициативе, предложению Парламента или Правительства. Проект изменений и дополнений в Конституцию не вносится на республиканский референдум, если Президент решит передать его на рассмотрение Парламента. Решение Парламента принимается в этом случае в порядке, установленном Конституцией. Если Президент Республики отклоняет предложение Парламента о вынесении на республиканский референдум изменений и дополнений в Конституцию, то Парламент вправе большинством не менее четырех пятых голосов от общего числа депутатов каждой из Палат Парламента принять закон о внесении этих изменений и дополнений в Конституцию. В таком случае Президент Республики подписывает этот закон или выносит его на республиканский референдум, который считается состоявшимся, если в голосовании приняло участие более половины граждан Республики, имеющих право участвовать в республиканском референдуме. Изменения и дополнения в Конституцию, вынесенные на республиканский референдум, считаются принятыми, если за них проголосовало более половины граждан, принявших участие в голосовании, не менее чем в двух третях областей, городов республиканского значения и столицы.

2. Установленные Конституцией унитарность и территориальная целостность государства, форма правления Республики не могут быть изменены.

Статья 92

1. Конституционные законы должны быть приняты в течение года со дня вступления Конституции в силу. Если законы, названные в Конституции конституционными, или акты, имеющие силу таковых, были приняты к моменту вступления ее в силу, то они приводятся в соответствие с Конституцией и считаются конституционными законами Республики Казахстан.

2. Иные названные в Конституции законы должны быть приняты в порядке и сроки, определяемые Парламентом, но не позднее двух лет со дня вступления Конституции в силу.

3. Указы Президента Республики, изданные в течение срока осуществления им дополнительных полномочий в соответствии с Законом Республики Казахстан от 10 декабря 1993 года “О временном делегировании Президенту Республики Казахстан и главам местных администраций дополнительных полномочий” и имеющие силу закона, могут быть изменены, дополнены или отменены лишь в порядке, предусмотренном для изменения, дополнения или отмены законов Республики. Указы Президента Республики, изданные в течение срока осуществления им дополнительных полномочий, по вопросам, предусмотренным пунктами 12-15, 18 и 20 статьи 64 Конституции Республики Казахстан, принятой 28 января 1993 года, не подлежат утверждению Парламентом Республики.

4. Действующее на момент вступления в силу Конституции законодательство Республики Казахстан применяется в части, не противоречащей ей, и в течение двух лет со дня принятия Конституции должно быть приведено в соответствие с нею.

Статья 93

В целях реализации статьи 7 Конституции Правительство, местные представительные и исполнительные органы обязаны создать все необходимые организационные, материальные и технические условия для свободного и бесплатного овладения государственным языком всеми гражданами Республики Казахстан в соответствии со специальным законом.

Статья 94

1. Президент Республики Казахстан, избранный в соответствии с законодательством Республики Казахстан, действующим на момент вступления Конституции в силу, приобретает установленные ею полномочия Президента Республики Казахстан и осуществляет их в течение срока, установленного решением, принятым на республиканском референдуме 29 апреля 1995 года. С согласия Президента Республики Казахстан настоящий срок полномочий Президента Республики может быть сокращен постановлением Парламента Республики, принятом на совместном заседании его Палат большинством голосов от общего числа депутатов каждой из Палат. В таком случае Мажилис Парламента в течение одного месяца назначает выборы Президента Республики Казахстан. Президент Республики, избранный по итогам этих выборов, приносит присягу в течение одного месяца со дня опубликования итогов выборов и осуществляет свои полномочия до вступления в должность Президента Республики, избранного на очередных президентских выборах, которые должны быть проведены после семи лет в первое воскресенье декабря.

2. Вице-Президент Республики Казахстан, избранный в соответствии с законодательством Республики Казахстан, действующим на момент вступления Конституции в силу, сохраняет свои полномочия до истечения срока, на который он был избран.

Статья 94-1

Положение пункта 1 статьи 41 Конституции, определяющее срок полномочий Президента Республики, применяется к лицу, которое будет избрано Президентом Республики по итогам президентских выборов, проведенных в связи с истечением семилетнего срока полномочий Президента Республики, избранного на выборах 4 декабря 2005 года.

Статья 95

1. Одна половина депутатов Сената первого созыва избирается сроком на четыре года, другая половина депутатов - сроком на два года в порядке, установленном конституционным законом.

2. Положения Конституции Республики Казахстан о выборах депутатов Мажилиса Парламента на основе партийных списков применяются начиная с выборов депутатов Мажилиса Парламента второго созыва.

Статья 96

Кабинет Министров Республики Казахстан со дня вступления в силу Конституции приобретает установленные ею права, обязанности и ответственность Правительства Республики Казахстан.

Статья 97

Первый состав Конституционного Совета Республики Казахстан формируется следующим образом: Президент Республики, Председатель Сената Парламента и Председатель Мажилиса Парламента назначают по одному из членов Конституционного Совета сроком на три года, а по одному из членов Конституционного Совета - сроком на шесть лет, Председатель Конституционного Совета назначается Президентом Республики сроком на шесть лет.

Статья 98

1. Предусмотренные Конституцией органы правосудия и следствия образуются в порядке и в сроки, предусмотренные соответствующими законами. До их образования действующие органы правосудия и следствия сохраняют свои полномочия.

2. Суды Верховного Суда и Высшего Арбитражного Суда, местных судов Республики Казахстан сохраняют свои полномочия до формирования судов, предусмотренных Конституцией. Вакантные должности судей замещаются в порядке, установленном Конституцией.

Verfassung der Kirgisischen Republik

Quelle: httphttp://www.gov.kg/?page_id=263&lang=kg vom 22.12.2013

КЫРГЫЗ РЕСПУБЛИКАСЫНЫН КОНСТИТУЦИЯСЫ

(КР 2010-жылдын 27-июнундагы Мыйзамы менен колдонууга киргизилди)

Биз, куттуу Кыргызстандын эли,
элибиздин эркиндиги үчүн канын төгүп, жанын берген баатырларды эске сактап;
адам укугун урматтоону жана коргоону туу туткан эркин, демократиялык мамлекет кура тургандыгыбызды тастыктап;
кыргыз мамлекеттүүлүгүн өнүктүрүп-өстүрүүгө, бекемдөөгө, анын эгемендүүлүгүн, элинин биримдигин сактоого бекем ишенгендигибизди жана майтарылбас эркибизди билдирип;
укуктун үстөмдүгүн камсыздоо менен социалдык адилеттикти, теңдикти, элдин экономикалык бакубатчылыгы менен жыргалчылыгын жана руханий өнүгүшүн өргө сүрөөгө умтулуп;
ата-бабаларыбыздын тынчтыкта жана ынтымакта жашоо, табият менен таттуу болуу жөнүндө айткан ыйык осуятын туу тутуп, ушул Конституцияны кабыл алабыз.

БИРИНЧИ БӨЛҮМ
КОНСТИТУЦИЯЛЫК ТҮЗҮЛҮШТҮН НЕГИЗДЕРИ

1-берене.

1. Кыргыз Республикасы (Кыргызстан) – эгемендүү, демократиялык, укуктук, мамлекеттик башкарууга дин аралашпаган, унитардык, социалдык мамлекет.
2. Кыргыз Республикасы өзүнүн аймагында толук мамлекеттик бийликке ээ, ички жана тышкы саясатты өз алдынча жүргүзөт.

2-берене.

1. Кыргызстандын эли эгемендиктин ээси жана Кыргыз Республикасындагы мамлекеттик бийликтин бирден-бир булагы болуп саналат.
2. Кыргызстандын эли өз бийлигин ушул Конституциянын жана мыйзамдардын негизинде түздөн-түз шайлоолордо жана референдумдарда, ошондой эле мамлекеттик органдардын жана жергиликтүү өз алдынча башкаруу органдарынын системасы аркылуу жүзөгө ашырат.
3. Мыйзамдар жана мамлекеттик маанидеги башка олуттуу маселелер референдумга (бүткүл элдик добуш берүүгө) коюлушу мүмкүн. Референдумду өткөрүүнүн тартиби, референдумга коюлуучу маселелердин тизмеги конституциялык мыйзам менен белгиленет.
4. Шайлоо эркин болуп саналат.
Жогорку Кеңештин депутаттарын, Президентти, жергиликтүү өз алдынча башкаруунун өкүлчүлүктүү органдарынын депутаттарын шайлоо жашыруун жалпы добуш берүү менен тең жана тикелей шайлоо укугунун негизинде өткөрүлөт.

Кыргыз Республикасынын 18 жашка толгон жарандары шайлоого укуктуу.
5. Мамлекет мыйзамда белгиленген ар кайсы социалдык топтордун мамлекеттик органдардагы жана жергиликтүү өз алдынча башкаруу органдарындагы, анын ичинде чечим чыгаруу деңгээлинде өкүлчүлүгү үчүн шарттарды түзөт.

3-берене.

Кыргыз Республикасында мамлекеттик бийлик:
1) бүткүл эл тарабынан шайланган Жогорку Кеңеш жана Президент өкүл болгон жана камсыз кылган элдик бийликтин үстөмдүгүнүн;
2) мамлекеттик бийликти бөлүштүрүүнүн;
3) мамлекеттик органдардын жана жергиликтүү өз алдынча башкаруу органдарынын эл алдындагы жоопкерчилигинин жана ачыктыгынын, өз ыйгарым укуктарын элдин кызыкчылыгында жүзөгө ашыруусунун;
4) мамлекеттик бийлик органдарынын жана жергиликтүү өз алдынча башкаруу органдарынын иш милдеттери менен ыйгарым укуктарын так ажыратуунун принциптерине негизденет.

4-берене.

1. Кыргыз Республикасында саясий көп түрдүүлүк жана көп партиялуулук таанылат.
2. Саясий партиялар, кесиптик бирликтер, дагы башка коомдук бирикмелер өздөрүнүн укуктарын жана эркиндиктерин жүзөгө ашыруу жана жарандардын өз эркин коргоо, саясий, экономикалык, социалдык, эмгектик, маданий жана башка кызыкчылыктарын канааттандыруу үчүн эркин билдирүү жана кызыкчылыктарынын жалпылыгынын негизинде түзүлүшү мүмкүн.
3. Саясий партиялар жарандардын саясий эркин билдирүүгө көмөк көрсөтөт, Жогорку Кеңештин депутаттарын, Президентти, жергиликтүү өз алдынча башкаруу органдарын шайлоого катышат.
4. Кыргыз Республикасында төмөнкүлөргө тыюу салынат:
1) мамлекеттик, муниципалдык жана партиялык институттардын кошулушуна; мамлекеттик жана муниципалдык мекемелерде жана уюмдарда партиялык уюмдардын түзүлүшүнө жана иштешине; мамлекеттик жана муниципалдык кызматкерлер кызматтык иштен тышкары жүзөгө ашырган учурларды кошпогондо, партиялык ишти аткарышына;
2) аскер кызматчыларынын, укук коргоо органдарынын кызматкерлеринин жана судьялардын саясий партияларга мүчө болушуна, алардын кайсы бир саясий партияларды колдоп чыгышына;
3) диний, этностук негизде саясий партияларды түзүүгө, диний бирикмелердин саясий максаттарды көздөшүнө;
4) жарандардын бирикмелери тарабынан аскерлешкен курумдардын түзүлүшүнө;
5) иш-аракети конституциялык түзүлүштү күч менен өзгөртүүгө, улуттук коопсуздукту бүлдүрүүгө, социалдык, расалык, улут аралык, этностор аралык жана диний касташууну тутандырууга багытталган максаттарды көздөгөн саясий партиялардын, коомдук жана диний бирикмелердин, алардын өкүлчүлүктөрүнүн жана филиалдарынын иштешине.

5-берене.

1. Мамлекет жана анын органдары коомдун кайсы бир бөлүгүнө эмес, бүткүл коомго кызмат кылат.
2. Элдин эч бир бөлүгү, бир да бирикме, бир да адам мамлекетте бийликти өзүнө ыйгарып алууга укуксуз. Мамлекеттик бийликти узурпациялоо өзгөчө оор кылмыш болуп эсептелет.
3. Мамлекет, анын органдары, жергиликтүү өз алдынча башкаруу органдары жана алардын кызмат адамдары ушул Конституцияда жана мыйзамдарда аныкталган ыйгарым укуктардын алкагынан чыга алышпайт.
4. Мамлекеттик органдар, жергиликтүү өз алдынча башкаруу органдары жана алардын кызмат адамдары укукка каршы иш-аракети үчүн мыйзамда каралган тартипте жоопкерчилик тартышат.

6-берене.

1. Конституция эң жогорку юридикалык күчкө ээ жана ал Кыргыз Республикасында түздөн-түз колдонулат.
2. Конституциянын негизинде конституциялык мыйзамдар, мыйзамдар жана башка ченемдик укуктук актылар кабыл алынат.
3. Кыргыз Республикасы катышуучусу болуп эсептелген, мыйзамда белгиленген тартипте күчүнө кирген эл аралык келишимдер, ошондой эле эл аралык укуктун жалпы кабыл алынган принциптери менен ченемдери Кыргыз Республикасынын укук системасынын ажыралгыс бөлүгү болуп саналат.
Адам укуктары боюнча эл аралык келишимдердин ченемдери түздөн-түз колдонулат жана башка эл аралык келишимдин ченемдерине караганда артыкчылыкка ээ.
4. Мыйзамдарды жана башка ченемдик укуктук актыларды расмий жарыялоо алардын күчүнө кириши үчүн милдеттүү шарт болуп эсептелет.
5. Жаңы милдеттерди же оордотуучу жоопкерчиликти белгилөөчү мыйзам же башка ченемдик укуктук акты өткөн мезгилге карата колдонулбайт.

7-берене.

1. Кыргыз Республикасында эч бир дин мамлекеттик же милдеттүү дин катары кабыл алынышы мүмкүн эмес.
2. Дин жана бардык ырасымдар мамлекеттен ажыратылган.
3. Диний бирикмелердин жана дин кызматчыларынын мамлекеттик органдардын ишине кийлигишүүсүнө тыюу салынат.

8-берене.

1. Кыргыз Республикасынын азыркы чек арасындагы аймагы бүтүн жана кол тийгис.
2. Мамлекеттик башкарууну жана жергиликтүү өз алдынча башкарууну уюштуруу максатында Кыргыз Республикасынын аймагы мыйзамда аныкталган администрациялык-аймактык бирдиктерге бөлүнөт.
3. Бишкек жана Ош шаарлары республикалык маанидеги шаарлар деп эсептелет, алардын статусу мыйзам менен аныкталат.

9-берене.

1. Кыргыз Республикасы татыктуу жашоо-турмуш шартын түзүүгө жана инсанды эркин өстүрүүгө, жумушка орноштурууга көмөк көрсөтүүгө багытталган социалдык программаларды иштеп чыгат.
2. Кыргыз Республикасы социалдык жактан корголбогон жарандардын категорияларына колдоо көрсөтүүнү, эмгек акынын кепилдик берилген минималдуу өлчөмүн, эмгекти жана саламаттыкты коргоону камсыз кылат.
3. Кыргыз Республикасы социалдык кызматтардын, медициналык тейлөөнүн системасын өнүктүрөт, мамлекеттик пенсияларды, жөлөкпулдарды, социалдык коргоонун дагы башка кепилдиктерин белгилейт.

10-берене.

1. Кыргыз тили Кыргыз Республикасында мамлекеттик тил болуп саналат.
2. Кыргыз Республикасында расмий тил катары орус тили колдонулат.
3. Кыргыз Республикасы Кыргызстан элин түзгөн бардык этностордун өкүлдөрүнө эне тилин сактоо, аны окуп-үйрөнүү жана өнүктүрүү үчүн шарттарды түзүү укугуна кепилдик берет.

11-берене.

1. Кыргыз Республикасы мамлекеттик символдорго – Тууга, Гербге, Гимнге ээ. Алардын сыпаттамасы жана расмий пайдалануу тартиби мыйзам менен белгиленет.
2. Бишкек шаары Кыргыз Республикасынын борбору болуп саналат.
3. Кыргыз Республикасынын акча бирдиги сом болуп эсептелет.

12-берене.

1. Кыргыз Республикасында менчиктин ар кандай түрлөрү таанылат жана жеке, мамлекеттик, муниципалдык жана башка менчик түрлөрүн тең укуктуу корголушуна кепилдик берилет.
2. Менчик кол тийгис. Эч ким өзүм билемдик менен мүлкүнөн ажыратылышы мүмкүн эмес.
Менчик ээсинин эркинен тышкары мүлктү алып коюуга соттун чечими менен гана жол берилет.
Улуттук коопсуздукту, коомдук тартипти, калктын ден соолугун жана адеп-ахлагын сактоо, башка адамдардын укуктары менен эркиндиктерин коргоо максатында соттун чечимисиз мүлктү алып коюуга мыйзамда каралган учурларда гана жол берилет. Мындай алып коюунун мыйзамдуулугу сот тарабынан милдеттүү түрдө каралууга тийиш. Мыйзамда каралган коомдук муктаждыктар үчүн мүлктү алып коюу, ал мүлктүн наркынын жана башка чыгымдардын ордун толтуруп берүүнү адилеттүү жана алдын-ала камсыз кылуу менен соттун чечими боюнча жүргүзүлүшү мүмкүн.
3. Жарандардын жана юридикалык жактардын менчигинде турган мүлктү мамлекеттин менчигине өткөрүү (улутташтыруу) ал мүлктүн жана башка чыгымдардын наркынын ордун толтуруу менен мыйзамдын негизинде жүргүзүлөт.
4. Кыргыз Республикасы өз жарандары менен юридикалык жактарынын менчигин, ошондой эле башка мамлекеттердин аймагында жайгашкан өзүнүн менчигин коргойт.
5. Жер, анын кен байлыктары, аба мейкиндиги, суулары, токойлору, өсүмдүктөр жана

жаныбарлар дүйнөсү, башка жаратылыш ресурстары Кыргыз Республикасынын гана менчиги болуп эсептелет, бирдиктүү экологиялык системаны сактоо максатында Кыргызстан элинин жашоосу менен иш-аракетинин негизи катары пайдаланылат жана мамлекеттин өзгөчө коргоосунда турат.
Жеке менчикте болушу мүмкүн эмес жайыттарды кошпогондо, жер ошондой эле менчиктин жеке, муниципалдык жана башка формаларында болушу мүмкүн.
6. Менчик ээлеринин өз укуктарын ишке ашыруунун чектери жана тартиби, аларды коргоонун кепилдиктери мыйзам менен аныкталат.

13-берене.

1. Кыргыз Республикасынын мамлекеттик бюджети республикалык жана жергиликтүү бюджеттерден турат, мамлекеттин кирешелерин жана чыгашаларын өзүнө камтыйт.
2. Республикалык жана жергиликтүү бюджеттерди түзүүнүн, кабыл алуунун, пайдалануунун тартиби, ошондой эле аларды аткаруунун аудити мыйзам менен аныкталат. Республикалык бюджет – мыйзам менен, жергиликтүү бюджеттер тиешелүү өкүлчүлүктүү органдардын чечими менен кабыл алынат.
3. Кыргыз Республикасынын аймагында бирдиктүү салык системасы иштейт. Салыктарды белгилөө укугу Жогорку Кеңешке таандык. Жаңы салыктарды белгилөөчү жана салык төлөөчүлөрдүн абалын начарлатуучу мыйзамдар өткөн мезгилге карата колдонулбайт.

14-берене.

1. Кыргыз Республикасы экспансиялык, агрессиялык максаттарды жана аскердик күч менен чечилүүчү аймактык дооматтарды көздөбөйт, мамлекеттик турмушту милитаризациялоону, мамлекетти, анын ишин согуш жүргүзүү милдеттерине баш ийдирүүнү четке кагат. Кыргыз Республикасынын Куралдуу Күчтөрү өзүн-өзү коргоо жана жетиштүү коргоно алуу принциптерине ылайык куралат.
2. Кыргызстанга жана биргелешип коргонуу милдеттенмелери менен байланышкан башка мамлекеттерге каршы жасалган агрессия учурларын кошпогондо, согуш жүргүзүү укугу таанылбайт. Кыргыз Республикасынын Куралдуу Күчтөрүнүн бөлүктөрүн Кыргызстандын аймагынан тышкары жактарга жиберүүнүн ар бир учуру боюнча уруксат депутаттардын жалпы санынын үчтөн экисинен кем эмес көпчүлүк добушу менен Жогорку Кеңеш тарабынан кабыл алынат.
3. Кыргыз Республикасынын Куралдуу Күчтөрүн мамлекеттин ички саясий маселелерин чечүү үчүн пайдаланууга тыюу салынат.
4. Кыргыз Республикасы жалпыга бирдей жана адилеттүү жашоого, өз ара пайдалуу кызматташууга, дүйнөлүк жана регионалдык маселелерди тынчтык жол менен чечүүгө умтулат.

15-берене.

Кыргыз Республикасында өзгөчө абал менен согуш абалы ушул Конституцияда жана конституциялык мыйзамдарда каралган учурларда жана тартипте киргизилиши мүмкүн.

ЭКИНЧИ БӨЛҮМ
АДАМДЫН ЖАНА ЖАРАНДЫН УКУКТАРЫ МЕНЕН ЭРКИНДИКТЕРИ

Биринчи глава
Негизги укуктар жана эркиндиктер

16-берене.

1. Адам укуктары жана эркиндиктери ажырагыс, ал ар бир адамга төрөлгөндөн эле таандык.
Адам укуктары менен эркиндиктери эң жогорку баалуулук болуп эсептелет. Алар тикелей колдонулат, мыйзам чыгаруу, аткаруу бийлигинин жана жергиликтүү өз алдынча башкаруу органдарынын ишинин маани-мазмунун аныктап турат.
2. Кыргыз Республикасы өз аймагынын чегинде, өзүнүн юрисдикциясында турган бардык адамдардын укуктары менен эркиндиктерин урматтайт жана камсыз кылат.
Эч ким жынысы, расасы, тили, майыптуулугу, этноско таандыктыгы, туткан дини, курагы, саясий же башка ынанымдары, билими, теги, мүлктүк же башка абалы, ошондой эле башка жагдайлары боюнча кодулоого алынышы мүмкүн эмес.
Эл аралык милдеттенмелерге ылайык ар кайсы социалдык топтор үчүн бирдей мүмкүнчүлүктөрдү камсыз кылууга багытталып, мыйзамда белгиленген атайын чаралар кодулоо деп эсептелбейт.
3. Кыргыз Республикасында мыйзам жана сот алдында бардыгы бирдей.
4. Кыргыз Республикасында эркектер менен аялдар бирдей укуктарга жана эркиндиктерге, аларды ишке ашыруу үчүн бирдей мүмкүнчүлүктөргө ээ.
5. Кыргыз Республикасында баланын эң жакшы жашоо кызыкчылыктарын камсыз кылуу принциби колдонулат.

17-берене.

Ушул Конституцияда белгиленген укуктар менен эркиндиктер бардык жактан толук жетишерлик деп эсептелбейт жана адамдын, жарандын башка жалпы таанылган укуктары менен эркиндиктерин тануу же басмырлоо катары чечмеленбеши керек.

18-берене.

Ар бир адам ушул Конституцияда жана мыйзамдарда тыюу салынбаган башка дагы ар кандай иш-аракеттер менен иштерди жүзөгө ашырууга укуктуу.

19-берене.

1. Кыргыз Республикасында чет өлкөлүк жарандар жана жарандыгы жок адамдар, мыйзамда же Кыргыз Республикасы катышуучусу болуп эсептелген эл аралык келишимде белгиленгенден башка учурларда Кыргыз Республикасынын жарандары менен бирдей укуктардан пайдаланат жана милдеттерди аткарат.
2. Кыргыз Республикасы эл аралык милдеттенмелерге ылайык чет өлкө жарандарына жана жарандыгы жок адамдарга саясий жүйөлөр боюнча куугунтукталганда, ошондой эле адам укуктары менен эркиндиктери бузулган учурларда башкалка берет.

20-берене.

1. Кыргыз Республикасында адамдын жана жарандын укуктары менен эркиндиктерин жокко чыгаруучу же кемсинтүүчү мыйзамдар кабыл алынбашы керек.
2. Адамдын, жарандын укуктары менен эркиндиктери улуттук коопсуздукту, коомдук тартипти, калктын саламаттыгын, адеп-ахлагын сактоо, башка адамдардын укуктары менен эркиндиктерин коргоо максатында Конституция жана мыйзамдар менен чектелиши мүмкүн. Киргизилип жаткан чектөөлөр көрсөтүлгөн максаттарга өлчөмдөш болушу керек.
Адамдын, жарандын укуктарын, эркиндиктерин чектеген мыйзамдык актыларды кабыл алууга тыюу салынат.
3. Конституцияда каралгандан башка максаттарда жана андан ашкан даражада укуктарга жана эркиндиктерге мыйзам менен чектөө коюлушу мүмкүн эмес.
4. Төмөнкүдөй тыюу салуулар боюнча ушул Конституцияда белгиленген кепилдиктерге эч кандай чектөө коюлууга тийиш эмес:
1) өлүм жазасын, кыйноону, дагы башка адамкерчиликсиз, мыкаачылык мамилени же болбосо жазалоонун кадыр-баркты басмырлаган түрлөрүн колдонууга карата салынган тыюуларга чектөө;
2) алардын ыктыярдуу макулдугу талаптагыдай билдирилмейинче жана ырасталмайынча адамдарга медициналык, биологиялык, психологиялык тажрыйбаларды жүргүзүүгө;
3) кулчулукка, адамдарды соодалоого коюлган;
4) бала эмгегин эксплуатациялоого;
5) жарандык-укуктук милдеттенмени аткарбоонун негизинде эркиндигинен ажыратууга карата салынган;
6) инсандын ар-намысына шек келтирген маалыматты жайылткандыгы үчүн кылмыштык куугунтуктоого;
7) ой-пикирин, диний жана башка ынанымдарын билдирүүгө жана алардан баш тартууга мажбурлоого;
8) тынч чогулууга катышууга мажбурлоого;
9) өзүнүн кайсы этноско таандык экенин аныктап көрсөтүүгө мажбурлоого;
10) турак-жайынан өзүм билемдик менен ажыратууга.
5. Ушул Конституцияда белгиленген төмөндөгүдөй укуктар эч чектелүүгө тийиш эмес:
1) ар бир эркиндигинен ажыратылган адамдын өзүнө адамкерчиликтүү мамиле кылууну жана адамдык кадыр-баркын сыйлоону талап кылуу;
2) ырайым кылууну же жазасын жеңилдетүүнү сурануу;
3) жогору турган сот тарабынан ишти кайра каратуу;
4) ой-пикир эркиндиги тууралуу;
5) диний же башка ынанымдарды эркин тандап алуу жана ээ болуу;
6) өзүнүн кайсы этноско таандык экенин эркин аныктоо жана көрсөтүү;
7) кызматтык милдеттерди аткаруу учурунда мамлекеттик бийликтин, жергиликтүү өз алдынча башкаруу органдарынын жана алардын кызмат адамдарынын мыйзамсыз иш-аракеттери менен келтирилген зыяндын ордун мамлекеттен толтуртуп алуу;
8) соттук коргонуу;
9) мамлекеттик билим берүү уюмдарында негизги жалпы жана орто жалпы билимди акысыз алуу;
10) жарандын Кыргыз Республикасына тоскоолдуксуз кайтып келүү укугу.

Экинчи глава
Адам укуктары жана эркиндиктери

21-берене.

Ар бир адам ажыратылгыс жашоо укугуна ээ. Эч кимдин өмүрү өзүм билемдик менен кыйылышы мүмкүн эмес. Өлүм жазасына тыюу салынат.

22-берене.

1. Эч ким кыйноолорго, башка адамкерчиликсиз, мыкаачылык же кадыр-баркты басмырлаган мамилеге же жазалоого туш болушу мүмкүн эмес.
2. Эркиндигинен ажыратылган ар бир адам өзүнө гумандуу мамиле жасалышына жана адамдык кадыр-баркынын сакталышына укуктуу.
3. Тиешелүү түрдө билдирилип, күбөлөндүрүлгөн ыктыярдуу макулдугусуз адамдарга медициналык, биологиялык, психологиялык тажрыйбаларды жүргүзүүгө тыюу салынат.

23-берене.

1. Кыргыз Республикасында кулчулукка, адамдарды соодалоого жол берилбейт.
2. Бала эмгегин эксплуатациялоого тыюу салынат.
3. Согушка, жаратылыш кырсыктарынын кесепеттерин жоюуга, башка өзгөчө кырдаалдар менен соттун чечимин аткарууга байланышкан учурлардан тышкары мажбурлап иштетүүгө тыюу салынат.
Аскердик, альтернативалуу (аскердиктен тышкары) кызмат өтөөгө тартуу мажбурлоо эмгеги деп эсептелбейт.

24-берене.

1. Ар бир адам эркиндикке жана жеке кол тийбестикке укуктуу.
2. Жарандык-укуктук милдеттенмелерди аткарбай коюшунун негизинде эч ким эркиндигинен ажыратылышы мүмкүн эмес.
3. Соттун чечимисиз жана мыйзамда белгиленген негиздер менен тартиптен тышкары эч ким камакка алынышы, кайтарууда кармалышы же эркиндигинен ажыратылышы мүмкүн эмес.
4. Эч ким соттун чечимисиз 48 сааттан ашык мөөнөткө кармалышы мүмкүн эмес.
Ар бир кармалган адам кармалган учурунан тартып 48 саат өткөнгө чейин тез арада жана кандай учурда болбосун кармалышынын мыйзамдуулугу жөнүндө маселени чечүү үчүн сотко жеткирилиши керек.
Айрым учурларда кармап туруунун бир кыйла кыска мөөнөттөрү мыйзам менен белгилениши мүмкүн.
Кармалган ар кандай адам мыйзамда белгиленген тартипте жана мезгилдүүлүгүнө жараша кармап туруунун мыйзамдуулугун текшерүүгө укуктуу. Эгерде адамды кармоого негиздер жок болуп чыкса, ал адам дароо бошотулушу керек.
5. Кармалган ар бир адамга, токтоосуз түрдө, кармоонун жүйөлөрү менен анын укуктары түшүндүрүлүп, медициналык жактан кароо жана врачтын жардамынан пайдалануу укугу менен кошо, анын укугу камсыз кылынышы керек.
Эркиндигинен ажыратылган учурдан тартып адамдын коопсуздугу камсыз кылынып, ага

өзүн-өзү коргоого жана адвокаттын квалификациялуу юридикалык жардамынан пайдаланууга, ошондой эле коргоочу күтүүгө мүмкүндүк берилет.

25-берене.

1. Кыргыз Республикасында ар бир адам ары-бери эркин жүрүүгө, барчу жана жашоочу жерин тандап алууга укуктуу.
2. Ар бир адам Кыргыз Республикасынын чегинен тышкары эркин чыгууга укуктуу.

26-берене.

1. Ар бир адам мыйзамда каралган тартипте күнөөлүү экени далилденмейинче жана соттун чечими мыйзамдуу күчүнө киргени аныкталмайынча кылмыш жасаганга күнөөлүү деп эсептелбейт. Бул принциптин бузулушу материалдык жана моралдык зыяндын орду сот аркылуу толтуруп берилүү үчүн негиз болуп эсептелет.
2. Эч ким өзүнүн күнөөсүздүгүн далилдөөгө милдеттүү эмес. Күнөөлүү экенине карата ар кандай шектенүү айыпталуучунун пайдасына чечмеленет.
3. Эч ким кылмыш жасаганын өзү мойнуна алганынын негизинде гана соттолушу мүмкүн эмес.
4. Жазык иши боюнча күнөөнү далилдөө түйшүгү айыптоочуга жүктөлөт. Мыйзамды бузуу менен алынган далилдер күнөөнү негиздөө жана сот актысын чыгаруу үчүн пайдаланылышы мүмкүн эмес.
5. Эч ким жеке өзүнө, жубайына жана мыйзам менен аныкталуучу жакын туугандарынын чөйрөсүнө каршы күбө катары өтүүгө милдеттүү эмес. Көрсөтмө берүү милдетинен бошотуунун башка учурлары мыйзам менен белгилениши мүмкүн.
6. Ар бир адам мыйзамда каралган учурларга ылайык сот арачыларынын катышуусу менен ишти сотто каратууга укуктуу.

27-берене.

1. Соттолгон ар бир адам ишин мыйзамга ылайык жогору турган сотто кайра каратууга укуктуу.
2. Соттолгон ар бир адам ырайым кылууну же жазасын жеңилдетүүнү сурануyга укуктуу.
3. Бир эле укук бузгандык үчүн эч ким кайра юридикалык жоопкерчилик тартпоого тийиш.

28-берене.

1. Адамдын жоопкерчилигин белгилөөчү же оорлотуучу мыйзам өткөн мезгилге карата колдонулбайт. Жасалган учурга карата укук бузуу деп таанылбаган иш-аракети үчүн эч ким жоопкерчилик тартпашы керек. Эгерде укук бузуу жасалгандан кийин ал үчүн жоопкерчилик жокко чыгарылса же жеңилдетилсе, анда жаңы мыйзам колдонулат.
2. Жоопкерчиликти белгилөөчү жазык мыйзамы окшоштук боюнча колдонулбайт.

29-берене.

1. Ар бир адам жеке турмушунун кол тийбестигине, ар-намысынын корголушуна укуктуу.
2. Ар бир адам кат-кабар алышууга, телефондук жана башка сүйлөшүүлөргө, почта, телеграфтык, электрондук дагы бөлөкчө жол менен кабарлашуулардын купуялуулугуна укуктуу. Бул укуктарды чектөөгө мыйзамга ылайык жана сот актысынын негизинде гана жол берилет.
3. Мыйзамда белгиленген учурлардан тышкары адамдын макулдугусуз анын жеке турмушу тууралуу маалыматты, жашыруун маалыматты жыйноого, сактоого, пайдаланууга жана жайылтууга жол берилбейт.
4. Ар бир адамга купуя маалыматты, адамдын жеке турмушу жөнүндө маалыматты укук ченемсиз жыйноодон, сактоодон, жайылтуудан коргоо, анын ичинде соттук коргоо кепилденет, ошондой эле укук ченемсиз иш-аракеттер менен келтирилген материалдык жана моралдык зыяндын ордун толтуртуп алуу укугуна кепилдик берилет.

30-берене.

1. Ар ким өзүнүн менчигинде же башка укуктук ээлигинде турган турак-жай менен башка объектилердин кол тийбестик укугуна ээ. Эч ким ээсинин эркинен тышкары алар пайдаланып турган турак-жайга жана башка объектилерине кире албайт.
2. Жеке менчикте жана башка укукта болгон турак-жайда жана бөлөк объектилерде тинтүү, алып коюу, кароо жана башка аракеттерди жүргүзүү, аларга бийлик өкүлдөрүнүн кирүүсү соттун актысынын негизинде гана жол берилет.
3. Мыйзамда каралган учурларда жеке менчик жана башка укукта болгон турак-жайга жана башка объектилерди тинтүү, алып коюу, кароо жана башка аракеттерди жүзөгө ашыруу жана аларга бийлик өкүлдөрүнүн кирүүсүнө сот актысысыз жол берилет. Мындай аракеттердин мыйзамдуулугу жана негиздүүлүгү сот тарабынан каралууга тийиш.
4. Ушул беренеде белгиленген кепилдиктер жана чектөөлөр юридикалык жактарга да тиешелүү.

31-берене.

1. Ар ким эркин ой жүгүртүүгө жана өзүнчө пикирге ээ болууга укуктуу.
2. Ар ким өз пикирин билдирүүгө, сөз жана басма сөз эркиндигине укуктуу.
3. Эч ким өз пикирин билдирүүгө же андан баш тартууга мажбурланууга тийиш эмес.
4. Улуттук, этностук, расалык, диний жек көрүүчүлүктү, гендердик жана башка социалдык үстөмдүктү үгүттөп, кодулоого, касташууга же күч колдонууга чакырган үндөөлөргө тыюу салынат.

32-берене.

1. Ар кимге абийир жана дин тутуу эркиндиги кепилденет.
2. Ар ким өз алдынча же башкалар менен бирдикте ар кандай динди тутуу же эч бирин тутпоо укугуна ээ.
3. Ар ким диндик жана башка ишенимдерди эркин тандоого жана тутууга укуктуу.
4. Эч ким өзүнүн диндик жана башка ишенимдерин билдирүүгө же алардан баш тартууга мажбурланууга тийиш эмес.

33-берене.

1. Ар ким маалыматты эркин издөө, алуу, сактоо, пайдалануу жана аны оозеки, жазуу жүзүндө же башка ыкма менен жайылтуу укугуна ээ.
2. Ар ким мамлекеттик бийлик органдарындагы, жергиликтүү өз алдынча башкаруу органдарындагы, мекемелелердеги же уюмдардагы өзү жөнүндөгү маалыматтар менен таанышууга укуктуу.
3. Ар ким мамлекеттик бийлик органдарынын, жергиликтүү өз алдынча башкаруу органдарынын жана алардын кызмат адамдарынын, мамлекеттик бийлик органдары жана жергиликтүү өз алдынча башкаруу органдары катышкан юридикалык жактардын, ошондой эле республикалык жана жергиликтүү бюджеттерден каржыланган уюмдардын иштери тууралу маалыматтарды алууга укуктуу.
4. Ар кимге мамлекеттик органдардын, жергиликтүү өз алдынча башкаруу органдарынын жана алардын кызмат адамдарынын карамагында болгон маалыматтарды алууга кепилдик берилет. Маалымат берүүнүн тартиби мыйзам менен аныкталат.
5. Эч ким адамдын ар-намысын жана беделин жаманатты кылган же кемсинткен маалыматтарды тараткандыгы үчүн кылмыштык жазага тартылышы мүмкүн эмес.

34-берене.

1. Ар ким тынч чогулуш өткөрүү эркиндигине укуктуу. Эч ким чогулушка катышууга мажбурланууга тийиш эмес.
2. Тынч чогулуш өткөрүүнү камсыздоо максатында ар ким бийлик органдарына билдирме берүүгө укуктуу.
Тынч чогулуш өткөрүү жөнүндө билдирүүнүн жоктугуна, билдирүүнүн түрү, мазмуну менен берүү убактысынын сакталбагандыгына байланыштуу тынч чогулуш өткөрүүгө тыюу салууга жана чектөөгө, ошондой эле аны тийиштүү түрдө камсыздоодон баш тартууга жол берилбейт.
3. Тынч чогулуштарды уюштуруучулар жана катышуучулар тынч чогулуш өткөрүү жөнүндө билдирүүнүн жоктугу, билдирүүнүн түрү, мазмуну жана берилген мөөнөтү сакталбагандыгы үчүн жоопкерчилик тартышпайт.

35-берене.

Ар ким биригүү эркиндигине укуктуу.

36-берене.

1. Үй-бүлө – коомдун негизи. Үй-бүлө, ата болуу, эне болуу, балалык – бүткүл коомдун камкордугуна алынат жана мыйзам менен артыкчылыктуу корголот.
2. Ар бир бала анын дене-боюнун, акыл эсинин, ички руханий, ыймандык жана социалдык өнүгүүсү үчүн зарыл болгон жашоо деңгээлине укуктуу.
3. Баланын өнүгүшү үчүн зарыл болгон жашоо шарттарын камсыздоо жоопкерчилиги өздөрүнүн жөндөмдөрү менен финансылык мүмкүнчүлүктөрүнө жараша баланы тарбиялап жатышкан ата-эне менен тарбиячы адамдардын ар бирине жүктөлөт.
4. Мамлекет жетим балдарды жана ата-энесинин камкордугунан ажыраган балдарды багууну, тарбиялоону, окутууну камсыз кылат.
5. Нике курагына жеткен адамдар никеге турууга жана үй-бүлө күтүүгө укуктуу. Бир дагы

нике никеге туруучу адамдардын ыктыярдуу, эки тараптуу макулдугусуз түзүлбөөгө тийиш. Нике мамлекет тарабынан каттоого алынат.

37-берене.

1. Кыргыз Республикасында адамдын укугу менен эркиндигин кемсинтпеген элдик үрп-адаттар, каада-салттар мамлекет тарабынан колдоого алынат.
2. Улууларды урматтоо, туугандарына жана жакындарына камкордук көрүү – ар бир адамдын милдети.

38-берене.

Ар ким өзүнүн этностук тийиштүүлүгүн эркин аныктоого жана көрсөтүүгө укуктуу. Эч ким өзүнүн этностук тийиштүүлүгүн аныктоого жана көрсөтүүгө мажбурланбашы керек.

39-берене.

Ар ким мамлекеттик бийликтин, жергиликтүү өз алдынча башкаруу органдарынын жана алардын кызмат адамдарынын кызматтык милдеттерин аткаруудагы мыйзамсыз аракеттери аркылуу келтирген зыяндын ордун толтуруп алууга укуктуу.

40-берене.

1. Ар кимге ушул Конституцияда, мыйзамдарда, Кыргыз Республикасы катышуучу болуп саналган эл аралык келишимдерде, эл аралык укуктун жалпыга таанылган принциптеринде жана ченемдеринде каралган анын укуктары менен эркиндигин соттук коргоого кепилдиктер берилет.
Мамлекет адамдын жана жарандын укуктары менен эркиндигин коргоонун соттон тышкары жана сотко чейинки усулдарын, түрлөрүн, ыкмаларын өнүктүрүүнү камсыздайт.
2. Ар ким өз укугун жана эркиндигин мыйзам менен тыюу салынбаган бардык ыкмалар менен коргоого укуктуу.
3. Ар ким юридикалык квалификациялуу жардам алууга укуктуу. Мыйзамда көрсөтүлгөн учурларда юридикалык жардам мамлекеттин эсебинен жүргүзүлөт.

41-берене.

1. Ар ким мамлекеттик бийлик органдарына, жергиликтүү өз алдынча башкаруу органдарына жана алардын кызмат адамдарына кайрылууга укуктуу, алар ага мыйзам менен белгиленген мөөнөттөрдө негиздүү жооп берүүгө милдеттүү.
2. Ар ким бузулган укуктары менен эркиндиктерин коргоо үчүн эл аралык келишимдерге ылайык адам укуктары боюнча эл аралык органдарга кайрылууга укуктуу. Көрсөтүлгөн органдар тарабынан адамдын укуктары менен эркиндиги бузулгандыгы таанылган учурда Кыргыз Республикасы аларды калыбына келтирүү жана/же зыяндын ордун толтуруу чараларын көрөт.

42-берене.

1. Ар ким өз мүлкүнө, өз ишмердигинин натыйжаларына ээ болуу, колдонуу жана тескөө укугуна ээ.

2. Ар ким экономикалык эркиндикке ээ, өз жөндөмдүүлүгү менен мүлкүн мыйзамда тыюу салынбаган ар кандай экономикалык ишмердүүлүк үчүн эркин колдонууга укуктуу.
3. Ар ким эркин эмгектенүүгө, эмгекке жөндөмдүүлүгүн пайдаланууга, кесибин жана иштин түрүн тандоого, коопсуздуктун жана гигиенанын талаптарына жооп берген эмгектик коргоого жана эмгек шарттарына укуктуу, ошондой эле мыйзам менен белгиленген жашоо минимумунан төмөн болбогон эмгек акы алуу укугуна ээ.

43-берене.

1. Ар ким иш таштоого укуктуу.

44-берене.

1. Ар ким эс алууга укуктуу.

2. Эң узак иш убактысы, жумалык эс алуунун эң кыска мөөнөтү жана жыл сайын акы төлөнүүчү өргүү, ошондой эле эс алуу укугун ишке ашыруунун башка негизги шарттары мыйзам менен аныкталат.

45-берене.

1. Ар ким билим алууга укуктуу.

2. Негизги жалпы билим алуу милдеттүү.
Ар ким мамлекеттик билим берүү уюмдарында негизги жалпы жана орто жалпы билимди акысыз алууга укуктуу.
3. Мамлекет мектепке чейинки билим берүүдөн баштап негизги жалпы билим берүү мекемелерине чейин ар бир жарандын мамлекеттик, расмий жана бир эл аралык тилди окутуп-үйрөнүүсү үчүн шарт түзөт.
4. Мамлекет мамлекеттик, муниципалдык жана менчик окуу жайларын өнүктүрүү үчүн

шарт түзөт.
5. Мамлекет дене-тарбия жана спортту өнүктүрүү үчүн шарт түзөт.

46-берене.

1. Ар ким турак-жайлуу болууга укуктуу.
2. Эч ким турак-жайынан өзүм билемдик менен ажыратылбоого тийиш.
3. Мамлекеттик бийлик жана жергиликтүү өз алдынча башкаруу органдары турак-жай курулушун колдоого алышат, турак-жайына карата укуктарды ишке ашыруу үчүн шарт түзүшөт.
4. Аз камсыз болгон жана башка муктаж адамдарга турак-жай мамлекеттик, муниципалдык жана башка турак-жай фонддорунан же болбосо мыйзамда каралган негиздерде жана тартипте социалдык мекемелерден бекер же мүмкүнчүлүккө жараша акы үчүн берилет.

47-берене.

1. Ар ким ден соолугун коргоого укуктуу.
2. Мамлекет ар бир адамды медициналык жактан тейлөө үчүн шарт түзөт жана саламаттыкты сактоонун мамлекеттик, муниципалдык жана жеке секторлорун өнүктүрүү боюнча чараларды көрөт.
3. Акысыз медициналык тейлөө, ошондой эле жеңилдик шарттарындагы медициналык тейлөө мыйзамда каралган мамлекеттик кепилдиктердин чегинде жүзөгө ашырылат.
4. Кызмат адамдары кишилердин өмүрү жана ден соолугу үчүн коркунуч туудурган фактыларды жана жагдайларды жашырып койсо, мыйзамда көрсөтүлгөн жоопкерчиликке кириптер болот.

48-берене.

1. Ар ким өмүрү жана ден соолугу үчүн ыңгайлуу болгон экологиялык чөйрөгө укуктуу.
2. Ар ким жаратылышты пайдалануудагы аракеттердин натыйжасында ден-соолугуна же мүлкүнө келтирилген зыяндын ордун толтуруп алууга укуктуу.
3. Ар ким табигый жаратылыш чөйрөсүнө, өсүмдүктөр жана жаныбарлар дүйнөсүнө этият мамиле жасоого милдеттүү.

49-берене.

1. Ар кимге адабий, көркөм, илимий, техникалык жана башка чыгармачылыктын түрлөрүнө, окутуучулук эркиндигине кепилдик берилет.
2. Ар ким маданий турмушка катышууга жана маданият баалуулуктарынан пайдаланууга укуктуу.
Мамлекет тарыхый эстеликтерди жана маданий мурастардын башка объектилерин сактоону камсыз кылат.

3. Интеллектуалдык менчик мыйзам менен корголот.

Үчүнчү глава
Жарандык. Жарандын укугу жана милдеттери

50-берене.

1. Жаран өзүнүн жарандыгына жараша укуктарга ээ жана милдеттерди аткарат.
2. Бир дагы жаран өзүнүн жарандыгынан жана өзүнүн жарандыгын өзгөртүү укугунан ажыратылышы мүмкүн эмес. Кыргыз Республикасынын жарандары болуп эсептелген адамдардын мыйзамдарга жана Кыргыз Республикасы катышуучу болуп саналган эл аралык келишимдерге ылайык башка мамлекеттин жарандыгына тийиштүүлүгү да таанылат.
3. Кыргыз Республикасынын чегинен тышкары жашаган кыргыздар башка мамлекеттин жараны болгондугуна карабастан жөнөкөйлөштүрүлгөн тартипте Кыргыз Республикасынын жарандыгын алууга укуктуу.
Кыргыз Республикасынын жарандыгын берүүнүн тартиби жана шарты мыйзам менен аныкталат.
4. Жаран республиканын чегинен сыртка чыгарып салынбайт же башка мамлекетке берилбейт.
5. Кыргыз Республикасы өз чегинен тышкы жерлерде жарандарын коргоого жана калкалоого кепилдик берет.

51-берене.

Жарандар Кыргыз Республикасына тоскоолдуксуз кайтып келүүгө укуктуу.

52-берене.

1. Жарандар төмөндөгүлөргө укуктуу:
1) республикалык жана жергиликтүү маанидеги мыйзамдарды, чечимдерди талкуулоого жана аларды кабыл алууга катышууга;
2) ушул Конституцияда жана мыйзамдарда каралган тартипте мамлекеттик бийлик органдарын жана жергиликтүү өз алдынча башкаруу органдарын шайлоого жана аларга шайланууга;
3) конституциялык мыйзамда каралган тартипте референдумга катышууга.
2. Жарандар мамлекеттик жана коомдук мааниси бар маселелер боюнча элдик курултайларды өткөрүүгө укуктуу.
Элдик курултайдын чечими сунуш катары тиешелүү органдарга жиберилет.
Элдик курултайларды өткөрүүнүн тартиби мыйзам менен аныкталат.
3. Жарандар республикалык жана жергиликтүү бюджеттерди түзүүгө, ошондой эле бюджеттен иш жүзүндө чыгымдалган каражаттар жөнүндө маалымат алууга укуктуу.
4. Жарандар мамлекеттик жана муниципалдык кызматка кирүүдө, мыйзамда каралган тартипте кызматка көтөрүлүүдө бирдей укуктарга, бирдей мүмкүнчүлүктөргө ээ.
5. Башка жарандыгы бар Кыргыз Республикасынын жарандары саясий мамлекеттик кызматты жана соттордун кызмат ордун ээлөөгө укуксуз. Мындай чектөө башка мамлекеттик кызматтар үчүн да мыйзам менен белгилениши мүмкүн.

53-берене.

1. Жарандарга улгайганда, ооруп, же эмгектенүүгө жараксыз болуп калганда, багып-көрөөрүнөн ажыраганда мыйзамда каралган тартипте жана жагдайларда социалдык жактан камсыз кылуу кепилдиги берилет.
2. Мамлекеттин экономикалык мүмкүнчүлүгүнө жараша пенсия, социалдык жардам мыйзамда каралган жашоо минимумунан кем эмес өлчөмдө жашоо деңгээлин камсыздайт.
3. Ыктыярдуу социалдык камсыздандыруу, социалдык камсыздоонун кошумча түрлөрүн түзүү жана кайрымдуулук колдоого алынат.
4. Мамлекеттин социалдык ишмердиги жарандын өзү жана өз үй-бүлөсү үчүн экономикалык жыргалчылыкка өзү жетишүүгө болгон экономикалык эркиндигин, жигердүүлүгүн жана мүмкүнчүлүгүн чектеген мамлекеттик камкордукка айланып кетпеши керек.

54-берене.

1. Мамлекет жарандардын кесиптик квалификациясын жогорулатууга мыйзамда каралган тартипте көмөк көрсөтөт.

55-берене.

Жарандар мыйзамда каралган учурларда жана тартипте салыктарды, жыйымдарды төлөөгө милдеттүү.

56-берене.

1. Ата-Мекенди коргоо – жарандардын ыйык парзы жана милдети.
2. Жарандарды аскер кызматын өтөөдөн бошотуунун же аны альтернативдүү (аскерден тышкары) кызмат менен алмаштыруунун негиздери жана тартиби мыйзам менен белгиленет.

57-берене.

Адвокаттардын өзүн-өзү башкаруучу кесиптик жамааты катары адвокатураны уюштуруу жана анын ишмердиги, ошондой эле адвокаттардын укуктары, милдеттери жана жоопкерчилиги мыйзам менен аныкталат.

58-берене.

Жарандык укук мамилелеринен келип чыгуучу талаш-тартыштарды соттон тышкары чечүү үчүн бейтарап соттор уюштурулушу мүмкүн. Бейтарап сотторду түзүү тартиби, алардын ыйгарым укуктары жана иштеши мыйзам менен аныкталат.

59-берене.

Кыргыз Республикасында жарандар аксакалдар сотторун уюштурууга укуктуу. Аксакалдар сотторун уюштуруу тартиби, алардын ыйгарым укуктары жана иштеши мыйзам менен аныкталат.

ҮЧҮНЧҮ БӨЛҮМ
КЫРГЫЗ РЕСПУБЛИКАСЫНЫН ПРЕЗИДЕНТИ

60-берене.

1. Президент мамлекет башчысы болуп саналат.
2. Президент элдин жана мамлекеттик бийликтин биримдигин көрсөтүп турат.

61-берене.

1. Президент Кыргыз Республикасынын жарандары тарабынан 6 жылга шайланат.
2. Бир эле адам эки жолу Президент болуп шайлана албайт.

62-берене.

1. Президент болуп 35 жаштан төмөн эмес жана 70 жаштан жогору эмес, мамлекеттик тилди билген жана республикада жалпысынан 15 жылдан кем эмес жашаган Кыргыз Республикасынын жараны шайлана алат.
2. Президенттин кызмат ордуна талапкерлердин саны чектелбейт. 30 миңден кем эмес шайлоочунун колтамгасын топтогон адам Президенттикке талапкер болуп каттала алат. Президентти шайлоо тартиби конституциялык мыйзам менен аныкталат.

63-берене.

1. Президент кызматына киришерде Кыргызстандын элине ант берет.
2. Президенттин ыйгарым укуктары жаңы шайланган Президент кызматка киришкен учурдан тартып токтотулат.
3. Президент өз ыйгарым укуктарын жүзөгө ашырган мезгилде өзүнүн саясий партияга мүчөлүгүн токтото турат жана саясий партиялардын иштерине байланыштуу кандай гана болбосун аракеттерин токтотот.

64-берене.

1. Президент:
1) ушул Конституцияда каралган учурларда Жогорку Кеңешке шайлоолорду дайындайт; ушул Конституцияда каралган тартипте жана учурларда Жогорку Кеңешке мөөнөтүнөн мурда шайлоолорду дайындоо жөнүндө чечим кабыл алат;
2) жергиликтүү кеңештерге шайлоолорду дайындайт; мыйзамда каралган учурларда жана тартипте жергиликтүү кеңештерди таркатууну жүзөгө ашырат.
2. Президент:
1) мыйзамдарга кол коет жана элге жарыялайт; мыйзамдарды каршы пикири менен Жогорку Кеңешке кайтарат;
2) зарыл учурларда Жогорку Кеңештин кезексиз жыйналыштарын чакырууга жана каралууга жаткан маселелерди аныктоого укуктуу;
3) Жогорку Кеңештин жыйналыштарында чыгып сүйлөөгө укуктуу.
3. Президент:
1) Жогорку соттун судьяларынын кызматына шайлоо үчүн талапкерлерди Судьяларды тандоо боюнча кеңештин сунушу боюнча Жогорку Кеңешке сунуштайт;
2) Судьялар кеңешинин сунушу боюнча Жогорку соттун судьяларын кызматынан бошотуу үчүн Жогорку Кеңешке сунуштайт;
3) Судьяларды тандоо боюнча кеңештин сунушу боюнча жергиликтүү соттордун судьяларын дайындайт;
4) Судьялар кеңешинин сунушу боюнча конституциялык мыйзамда каралган учурларда жергиликтүү соттордун судьяларын бошотот.
4. Президент:
1) Жогорку Кеңештин макулдугу менен Башкы прокурорду дайындайт; мыйзамда каралган учурларда Жогорку Кеңештин депутаттарынын жалпы санынын үчтөн биринен кем эмесинин макулдугу же болбосо Жогорку Кеңештин депутаттарынын үчтөн экиси жактырган Жогорку Кеңештин депутаттарынын жалпы санынын үчтөн биринин демилгеси боюнча Башкы прокурорду кызматтан бошотот; Башкы прокурордун сунушу боюнча анын орун басарларын дайындайт жана кызматтан бошотот;
2) Өкмөт мүчөлөрүн – коргоо, улуттук коопсуздук маселелерин тескеген мамлекеттик органдардын жетекчилерин, ошондой эле алардын орун басарларын дайындайт жана кызматтан бошотот.
5. Президент:
1) Улуттук банктын төрагасынын кызмат ордуна шайлоо үчүн талапкерди Жогорку Кеңешке киргизет; Улуттук банктын төрагасынын сунушу боюнча Улуттук банктын төрагасынын орун басарларын жана башкарма мүчөлөрүн дайындайт, мыйзамда каралган учурларда аларды кызматтан бошотот;
2) Шайлоо жана референдум өткөрүү боюнча борбордук комиссиясынын мүчөлөрүнүн үчтөн бирин шайлоо жана кызматтан бошотуу үчүн талапкерлерди Жогорку Кеңешке киргизет;
3) Эсептөө палатасынын мүчөлөрүнүн үчтөн бирин кызмат ордуна шайлоо жана кызматтан бошотуу үчүн талапкерлерди Жогорку Кеңешке киргизет;
4) Эсептөө палатасынын Жогорку Кеңеш тарабынан шайланган мүчөлөрүнүн ичинен Эсептөө палатасынын төрагасын дайындайт жана аны мыйзамда каралган учурларда бошотот.
6. Президент:
1) өлкөнүн ичинде жана анын чегинен сырткары жерлерде Кыргыз Республикасынын атынан чыгат;
2) сүйлөшүүлөрдү жүргүзөт жана Премьер-министр менен макулдашуу боюнча эл аралык келишимдерге кол коет; көрсөтүлгөн ыйгарым укуктарды Премьер-министрге, Өкмөт мүчөлөрүнө жана башка кызмат адамдарына өткөрүп берүүгө укуктуу;
3) ратификациялоо грамоталарына жана кошулуу жөнүндө грамоталарга кол коет;
4) Премьер-министр менен макулдашуу боюнча Кыргыз Республикасынын чет мамлекеттердеги дипломатиялык өкүлчүлүктөрүнүн башчыларын жана эл аралык уюмдардагы туруктуу өкүлдөрүн дайындайт; аларды кайра чакыртып алат; чет

мамлекеттердин дипломатиялык өкүлчүлүктөрүнүн башчыларынын ишеним жана кайра чакыртып алуу грамоталарын кабыл алат;
7. Президент Кыргыз Республикасынын жарандыгына кабыл алуу жана жарандыгынан чыгаруу маселелерин чечет.
8. Президент Кыргыз Республикасынын Куралдуу Күчтөрүнүн Башкы колбашчысы болуп саналат, Кыргыз Республикасынын Куралдуу Күчтөрүнүн жогорку командалык курамын аныктайт, дайындайт жана кызматтан бошотот.
9. Президент:
1) мыйзамга ылайык уюштурулган Коргоо кеңешин жетектейт;
2) конституциялык мыйзамда каралган негиздер болгон учурда өзгөчө абалды киргизүү мүмкүнчүлүгү жөнүндө эскертет, ал эми зарыл болгондо аны айрым жерлерде алдын-ала жарыялабай туруп киргизет, ал жөнүндө Жогорку Кеңешке токтоосуз билдирет;
3) жалпы же жарым-жартылай мобилизациялоону жарыялайт; Кыргыз Республикасына баскынчылык жасалганда же түздөн-түз баскынчылык коркунучу туулганда согуш абалын жарыялайт жана бул маселени токтоосуз Жогорку Кеңештин кароосуна киргизет;
4) өлкөнү коргоонун жана анын жарандарынын коопсуздугунун кызыкчылыктарында согуш абалын жарыялайт жана бул маселени токтоосуз Жогорку Кеңештин кароосуна киргизет.
10. Президент:
1) Кыргыз Республикасынын мамлекеттик сыйлыктары менен сыйлайт;
2) Кыргыз Республикасынын ардак наамдарын ыйгарат;
3) жогорку аскердик наамдарды, дипломатиялык рангдарды жана башка атайын наамдарды ыйгарат;
4) ырайым кылууну жүзөгө ашырат;
5) өзүнүн аппаратынын түзүмүн аныктайт, анын жобосун бекитет жана жетекчисин дайындайт.
11. Президент ушул Конституцияда каралган дагы башка ыйгарым укуктарды жүзөгө ашырат.

65-берене.

Президент Кыргыз Республикасынын бардык аймактарында аткарылышы милдеттүү болгон жарлыктарды жана буйруктарды кабыл алуу аркылуу өз ыйгарым укуктарын ишке ашырат.

66-берене.

1. Президент арызы менен кызматынан кеткен учурда, ушул Конституцияда каралган тартипте кызматтан четтетилгенде, ошондой эле оорусу боюнча ыйгарым укуктарын аткара албай калганда же ал каза болгон учурда Президенттин ыйгарым укуктары мөөнөтүнөн мурда токтотулушу мүмкүн.
2. Президент оорусуна байланыштуу өз милдеттерин аткара албай калганда Жогорку Кеңеш өзү түзгөн мамлекеттик медициналык комиссиянын корутундусунун негизинде Жогорку Кеңештин депутаттарынын жалпы санынын кеминде үчтөн экисинин добушу менен Президентти мөөнөтүнөн мурда кызматынан бошотуу жөнүндө чечим кабыл алат.

67-берене.

1. Президент кызматтан четтетилгенден кийин жазык жоопкерчилигине тартылышы мүмкүн.
2. Президенттин аракеттеринде кылмыш белгилери болгону жөнүндө Башкы прокурордун корутундусу менен бышыкталган Жогорку Кеңеш тарабынан кылмыш жасагандыгы жөнүндө коюлган айыптын негизинде гана Президент кызматынан четтетилиши мүмкүн.
3. Президентти кызматтан четтетүү үчүн ага каршы күнөө коюу жөнүндө Жогорку Кеңештин чечими депутаттардын жалпы санынын үчтөн биринен кем эмесинин демилгеси боюнча жана Жогорку Кеңеш тарабынан түзүлгөн атайын комиссиянын корутундусу болгондо гана Жогорку Кеңештин депутаттарынын жалпы санынын көпчүлүгү менен кабыл алынышы керек.
4. Президентти кызматтан четтетүү жөнүндө Жогорку Кеңештин чечими Президентке каршы күнөө коюлгандан кийин үч айлык мөөнөттөн кечиктирилбестен, Жогорку Кеңештин депутаттарынын жалпы санынын үчтөн экисинен кем эмес көпчүлүгүнүн добушу менен кабыл алынышы керек. Эгерде бул мөөнөттө Жогорку Кеңештин чечими кабыл алынбаса, коюлган күнөө четке кагылды деп эсептелинет.

68-берене.

1. Ушул Конституцияда көрсөтүлгөн себептер боюнча Президент өз ыйгарым укуктарын мөөнөтүнөн мурда токтоткон учурда жаңы Президент шайланганга чейин анын ыйгарым укуктарын Жогорку Кеңештин Төрагасы аткарат. Президенттин ыйгарым укуктарын Жогорку Кеңештин Төрагасы аткарууга мүмкүн болбогон учурда Президенттин ыйгарым укуктарын Премьер-министр аткарат.
Мөөнөтүнөн мурда Президентти шайлоо Президенттин ыйгарым укуктары токтотулган күндөн тартып үч айлык мөөнөттө өткөрүлөт.
2. Президенттин ыйгарым укуктарын аткарып жаткан кызмат адамдары Жогорку Кеңешке мөөнөтүнөн мурда шайлоо дайындоого, Өкмөттү кызматтан кетирүүгө укуксуз.

69-берене.

1. Ушул Конституциянын 67-беренесинде белгиленген тартипте кызматынан четтетилгенден башка бардык мурдагы президенттер Кыргыз Республикасынын экс-президенти деген наамга ээ болушат.
2. Экс-президенттин статусу мыйзам менен белгиленет.

ТӨРТҮНЧҮ БӨЛҮМ
КЫРГЫЗ РЕСПУБЛИКАСЫНЫН МЫЙЗАМ ЧЫГАРУУ БИЙЛИГИ

Биринчи глава
Жогорку Кеңеш

70-берене.

1. Жогорку Кеңеш – Кыргыз Республикасынын парламенти – мыйзам чыгаруу бийлигин жана өз ыйгарым укуктарынын чегинде контролдук кылуу милдеттерин жүзөгө ашыруучу өкүлчүлүктүү жогорку орган болуп саналат.
2. Жогорку Кеңеш пропорциялуу система боюнча 5 жылдык мөөнөткө шайлануучу 120 депутаттан турат.
Шайлоонун жыйынтыктары боюнча саясий партияга парламентте 65тен көп эмес депутаттык мандат берилиши мүмкүн.
Шайлоо күнүнө карата 21 жашка чыккан, шайлоого укугу бар Кыргыз Республикасынын жараны Жогорку Кеңештин депутаты болуп шайлана алат.
Парламентке өтүү үчүн шайлоо босогосун кошуп алганда Жогорку Кеңештин депутаттарын шайлоонун тартиби конституциялык мыйзам менен аныкталат.
3. Жогорку Кеңештин депутаттары фракцияларга биригишет.
Жогорку Кеңеште фракциялардын коалициясын түзгөндүгү жөнүндө расмий жарыялаган, депутаттык мандаттардын жарымынан көбүнө ээ болгон фракция, же фракциялардын коалициясы парламенттик көпчүлүк болуп саналат.
Парламенттик көпчүлүктүн курамына кирбеген жана ага карата өзүн оппозиция катары жарыялаган фракция, же фракциялар парламенттик оппозиция болуп саналат.

71-берене.

1. Жогорку Кеңеш өзүнүн биринчи сессиясына шайлоолордун жыйынтыктары аныкталгандан кийин 15 күндөн кечикпестен чогулат.
2. Жогорку Кеңештин биринчи жыйналышын Жогорку Кеңештин жашы боюнча улуу депутаты ачат.
3. Жогорку Кеңештин биринчи жыйналышы болгон күндөн тартып мурдагы чакырылыштагы Жогорку Кеңештин ыйгарым укуктары токтотулат.
4. Жогорку Кеңештин депутаттарынын ыйгарым укуктары алар ант берген күндөн тартып башталат.

72-берене.

1. Жогорку Кеңештин депутаты депутаттык ишмердигине байланыштуу айткан ой-пикирлери же Жогорку Кеңештеги добуш берүүнүн жыйынтыктары үчүн куугунтукка алынышы мүмкүн эмес. Өзгөчө оор кылмыштарды кошпогондо, депутатты жазык жоопкерчилигине тартууга Жогорку Кеңештин депутаттарынын жалпы санынын көпчүлүгүнүн макулдугу менен жол берилет.
2. Жогорку Кеңештин депутаты депутаттык ишин башка мамлекеттик же муниципалдык кызмат менен айкалыштыра албайт, жеке ишкердик менен алектениши, коммерциялык уюмдун жетекчи органынын же байкоочулар кеңешинин курамына кириши мүмкүн эмес.
Жогорку Кеңештин депутаты илимий, педагогикалык жана башка чыгармачылык иштерди аткара алат.

73-берене.

1. Жогорку Кеңештин депутаты императивдик мандатка байланышпайт. Депутатты кайра чакырып алууга жол берилбейт.
2. Жогорку Кеңештин депутатынын ыйгарым укуктары тийиштүү чакырылыштагы Жогорку Кеңештин ишинин токтотулушу менен бир учурда токтотулат.
3. Жогорку Кеңештин депутатынын ыйгарым укуктары ушул берененин 2-бөлүгүндө каралган негиздерден тышкары төмөнкү учурларда мөөнөтүнөн мурда токтотулат:
1) ал депутаттык ыйгарым укуктарын токтоткондугу же фракциядан чыккандыгы жөнүндө жазуу жүзүндө арыз бергенде;
2) жарандыктан чыкканда же болбосо башка жарандыкты алганда;
3) башка ишке которулганда же депутаттык ыйгарым укуктарды аткаруу менен айкалышпаган ишин таштабаганда;
4) шайлоолор жараксыз деп табылганда;
5) туруктуу жашоо үчүн Кыргыз Республикасынын чегинен чыгып кеткенде; депутат сот тарабынан иштөөгө жөндөмсүз деп таанылганда;
6) ага карата соттун күнөө коюу өкүмү мыйзамдуу күчүнө киргенде;
7) бир сессиянын ичинде Жогорку Кеңештин жыйналыштарында жүйөөсүз 30 же андан көп жумушчу күнү жок болгондо;
8) анын дайынсыз жок болгондугун же өлгөндүгүн жарыялоо жөнүндө соттун чечими мыйзамдуу күчүнө киргенде;
9) депутат каза болгондо.
Көрсөтүлгөн негиздер боюнча Жогорку Кеңештин депутатынын ыйгарым укуктарын мөөнөтүнөн мурда токтотуу буга негиздер пайда болгон күндөн тартып 30 календардык күндөн кечиктирилбестен Шайлоо жана референдум өткөрүү боюнча борбордук комиссиянын чечими менен жүзөгө ашырылат.
4. Депутаттын ыйгарым укуктарынын мөөнөтүнөн мурда токтотулушунун натыйжасында пайда болгон бош мандатты ээлөөнүн тартиби конституциялык мыйзам менен аныкталат.

Экинчи глава
Жогорку Кеңештин ыйгарым укуктары

74-берене.

1. Жогорку Кеңеш:
1) референдумду дайындоо жөнүндө мыйзам кабыл алат;
2) Президентти шайлоону дайындайт.
2. Жогорку Кеңеш:
1) ушул Конституцияга өзгөртүүлөрдү киргизет;
2) мыйзамдарды кабыл алат;
3) мыйзамда аныкталган тартипте эл аралык келишимдерди ратификациялайт жана денонсациялайт;
4) Кыргыз Республикасынын чек араларын өзгөртүү тууралуу маселелерди чечет;
5) республикалык бюджетти жана анын аткарылышы жөнүндө отчетту бекитет;
6) Кыргыз Республикасынын административдик-аймактык түзүлүшүнүн маселелерин чечет;
7) мунапыс жөнүндө актыларды чыгарат.
3. Жогорку Кеңеш:
1) Өкмөттүн ишинин программасын бекитет, Өкмөт мүчөлөрүн – коргоо жана улуттук коопсуздук маселелерин тескеген мамлекеттик органдардын жетекчилерин кошпогондо Өкмөттүн түзүмүн жана курамын аныктайт;
2) Өкмөт тарабынан киргизилген Кыргыз Республикасынын өнүгүүсүнүн жалпы

мамлекеттик программаларын бекитет;
3) Өкмөткө ишеним көрсөтүү жөнүндө чечим кабыл алат;
4) Өкмөткө ишеним көрсөтпөө жөнүндө чечим кабыл алат.
4. Жогорку Кеңеш:
1) Президенттин сунуштамасы боюнча Жогорку соттун судьяларын шайлайт; конституциялык мыйзамда көрсөтүлгөн учурларда Президенттин сунуштамасы боюнча аларды кызматтан бошотот;
2) мыйзамда белгиленген тартипте Судьяларды тандоо боюнча кеңештин курамын бекитет;
3) Президенттин сунуштамасы боюнча Улуттук банктын төрагасын шайлайт; мыйзамда каралган учурларда аны кызматтан бошотот;
4) Шайлоо жана референдум өткөрүү боюнча борбордук комиссиянын мүчөлөрүнүн курамынын үчтөн бирин – Президенттин, үчтөн бирин – парламенттик көпчүлүктүн жана үчтөн бирин – парламенттик оппозициянын сунуштамасы боюнча шайлайт; мыйзамда каралган учурларда аларды кызматтарынан бошотот;
5) Эсептөө палатасынын мүчөлөрүнүн курамынын үчтөн бирин – Президенттин, үчтөн бирин – парламенттик көпчүлүктүн жана үчтөн бирин – парламенттик оппозициянын сунуштамасы боюнча шайлайт; мыйзамда каралган учурларда аларды кызматтарынан бошотот;
6) Акыйкатчыны (Омбудсменди) шайлайт жана мыйзамда каралган учурларда кызматтан бошотот; аны жазык жоопкерчилигине тартууга макулдук берет;
7) Акыйкатчынын (Омбудсмендин) сунуштамасы боюнча Акыйкатчынын (Омбудсмендин) орун басарларын шайлайт; аларды жазык жоопкерчилигине тартууга макулдук берет;
8) Башкы прокурорду дайындоого макулдук берет; аны жазык жоопкерчилигине тартууга макулдук берет; Жогорку Кеңештин депутаттарынын жалпы санынын үчтөн биринен кем эмес добушу менен Башкы прокурорду кызматтан бошотууга макулдук берет;
9) Мыйзамда каралган учурларда Башкы прокурорду кызматтан бошотуу тууралуу Жогорку Кеңештин депутаттарынын жалпы санынын үчтөн биринин демилгесин Жогорку Кеңештин депутаттарынын жалпы санынын үчтөн экисинин көпчүлүк добушу менен жактырат.
5. Жогорку Кеңеш:
1) конституциялык мыйзамда каралган учурларда жана тартипте өзгөчө абалды киргизет; бул маселе боюнча Президенттин жарлыктарын бекитет же жокко чыгарат;
2) согуш жана тынчтык маселелерин чечет; согуш абалын киргизет, согуш абалын жарыялайт, бул маселелер боюнча Президенттин жарлыктарын бекитет же жокко чыгарат;
3) тынчтыкты жана коопсуздукту сактоону колдоо боюнча мамлекеттер аралык келишимдик милдеттенмелерди аткаруу зарыл болгондо, Кыргыз Республикасынын Куралдуу Күчтөрүн анын чектеринен тышкары жерлерде пайдалануунун мүмкүнчүлүгү жөнүндө маселени чечет;
4) Кыргыз Республикасынын аскердик наамдарын, дипломатиялык рангдарын жана башка атайын наамдарын белгилейт;
5) Кыргыз Республикасынын мамлекеттик сыйлыктарын жана ардактуу наамдарын уюштурат.
6. Жогорку Кеңеш:
1) Президенттин, чет мамлекеттердин, эл аралык уюмдардын өкүлдөрүнүн сүйлөгөн сөздөрүн угат;
2) Акыйкатчынын (Омбудсмендин) ар жылдык баяндамасын угат;
3) Премьер-министрдин, Башкы прокурордун, Улуттук банктын төрагасынын, Эсептөө палатасынын төрагасынын ар жылдык отчетторун угат.
7. Жогорку Кеңеш ушул Конституцияда каралган тартипте Президентке каршы айып коет; Президентти кызматынан четтетүү жөнүндө чечим кабыл алат.
8. Ушул беренеде көрсөтүлгөн кызмат адамдарынын ар жылдык отчетторун жана баяндамаларын угуу ушул Конституциянын жана мыйзамдардын мамлекеттик органдардын жана алардын кызмат адамдарынын өз алдынчалыгы жана көз

карандысыздыгы жөнүндө жоболорун эске алуу менен жүзөгө ашырылат.
9. Жогорку Кеңеш ушул Конституцияда каралган дагы башка ыйгарым укуктарды жүзөгө ашырат.

75-берене.

1. Жогорку Кеңеш өз курамынан Жогорку Кеңештин Төрагасын жана анын орун басарларын шайлайт.
Жогорку Кеңештин Төрагасынын орун басарлары парламенттик оппозициянын курамына кирген депутаттардын ичинен алардын шайланышын камсыз кылган санда жана тартипте шайланат.
2. Жогорку Кеңештин Төрагасы:
1) Жогорку Кеңештин жыйналыштарын алып барат;
2) Жогорку Кеңештин жыйналыштарында каралуучу маселелерди даярдоого жалпы жетекчиликти жүзөгө ашырат;
3) Жогорку Кеңеш тарабынан кабыл алынган актыларга кол коет;
4) Кыргыз Республикасында жана андан тышкары жерлерде Жогорку Кеңештин атынан чыгат, Жогорку Кеңештин Президент, Өкмөт, сот бийлиги жана жергиликтүү өз алдынча башкаруу органдары менен өз ара иш аракеттерин камсыз кылат;
5) Жогорку Кеңештин аппаратынын ишине жалпы жетекчиликти жана контролдукту жүзөгө ашырат;
6) Жогорку Кеңештин ишин уюштуруу боюнча ага Жогорку Кеңештин Регламентинде каралган дагы башка ыйгарым укуктарды жүзөгө ашырат.
3. Жогорку Кеңештин Төрагасы жашыруун добуш берүү аркылуу Жогорку Кеңештин депутаттарынын жалпы санынын көпчүлүгүнүн добушу менен шайланат.
Жогорку Кеңештин Төрагасы Жогорку Кеңешке отчет берет жана Жогорку Кеңештин депутаттарынын жалпы санынын үчтөн экисинен кем эмес көпчүлүгү кабыл алган Жогорку Кеңештин чечими боюнча кайра чакыртып алынышы мүмкүн.

76-берене.

1. Жогорку Кеңеш өз депутаттарынын ичинен комитеттерди, ошондой эле убактылуу комиссияларды уюштурат; алардын курамын түзөт; мында парламенттик оппозициянын өкүлдөрү бюджет жана укук тартиби маселелери боюнча комитеттердин төрагалары болуп саналат.
2. Жогорку Кеңештин комитеттери Жогорку Кеңештин ыйгарым укуктарына кирген маселелерди даярдоону жана алдын ала кароону жүзөгө ашырат, Жогорку Кеңеш тарабынан кабыл алынган мыйзамдарды жана чечимдерди турмушка ашырууга контролдук кылат.
3. Мыйзамдар, Жогорку Кеңештин ченемдик укуктук актылары Жогорку Кеңештин тийиштүү комитеттери тарабынан алардын долбоорлору алдын ала каралгандан кийин кабыл алынат.
4. Мамлекеттик кызмат орундарына шайлоого, дайындоого жана бошотууга Жогорку Кеңештин макулдук берүүсү Жогорку Кеңештин тийиштүү комитеттеринин корутундусу болгон учурда жүргүзүлөт.

77-берене.

1. Жогорку Кеңештин сессиялары жыйналыш түрүндө өтөт жана сентябрдын биринчи жумушчу күнүнөн тартып келерки жылдын июнунун акыркы жумушчу күнүнө чейин жүргүзүлөт.
2. Эгерде каралып жаткан маселелердин мазмуну жабык жыйналыш өткөрүүнү талап кылбаса, Жогорку Кеңештин жыйналышы ачык жүргүзүлөт.
3. Жогорку Кеңештин кезексиз сессиялары Президенттин, Өкмөттүн же Жогорку Кеңештин депутаттарынын кеминде үчтөн биринин сунушу боюнча Жогорку Кеңештин Төрагасы тарабынан чакырылат.
4. Жогорку Кеңештин жыйналыштары ага Жогорку Кеңештин депутаттарынын жалпы санынын көпчүлүгү катышса укуктуу болот.
5. Жогорку Кеңештин чечимдери жыйналыштарда депутаттардын добуш берүүсү менен кабыл алынат жана токтомдор менен жол-жоболоштурулат.

78-берене.

1. Жогорку Кеңеш өзүн өзү таркатуу жөнүндө чечим кабыл ала алат.
2. Өзүн өзү таркатуу жөнүндө чечим Жогорку Кеңештин депутаттарынын жалпы санынын үчтөн экисинен кем эмес көпчүлүгүнүн добушу менен кабыл алынышы мүмкүн.
3. Президент Жогорку Кеңеш өзүн өзү таркаткан күндөн тартып беш күндүк мөөнөттө мөөнөтүнөн мурда шайлоолорду дайындайт. Мөөнөтүнөн мурда шайлоолор дайындалгандан тартып 45 күндөн кечиктирилбестен шайлоолор өткөрүлүшү керек.

Үчүнчү глава
Мыйзам чыгаруу иши

79-берене.

Мыйзам чыгаруу демилге укугу төмөнкүлөргө таандык:
1) 10 миң шайлоочуга (элдик демилге);
2) Жогорку Кеңештин депутатына;
3) Өкмөткө.

80-берене.

1. Мыйзам долбоорлору Жогорку Кеңешке киргизилет.
2. Өкмөт тарабынан кечиктирилгис катары аныкталган мыйзам долбоорлору Жогорку Кеңеш тарабынан кезексиз тартипте каралат.
3. Мамлекеттик бюджеттин эсебинен жабылуучу чыгымдарды көбөйтүүнү караган мыйзам долбоорлору Өкмөт тарабынан каржылоо булагы аныкталгандан кийин Жогорку Кеңеш тарабынан кабыл алынышы мүмкүн.
4. Мыйзамдар Жогорку Кеңеш тарабынан үч окууда кабыл алынат.
Мыйзамдар, Жогорку Кеңештин чечимдери эгерде ушул Конституцияда башкача каралбаса, катышып отурган депутаттардын көпчүлүгүнүн, бирок Жогорку Кеңештин депутаттарынын 50дөн кем эмесинин добушу менен кабыл алынат.
5. Конституциялык мыйзамдар, мамлекеттик чек араны өзгөртүү жөнүндө мыйзамдар Жогорку Кеңеш тарабынан үчтөн кем эмес окууда, Жогорку Кеңештин депутаттарынын жалпы санынын үчтөн экиден кем эмес көпчүлүгүнүн добушу менен кабыл алынат.

6. Өзгөчө жана согуш абалы учурунда конституциялык мыйзамды, мамлекеттик чек араларды өзгөртүү тууралуу мыйзамды кабыл алууга тыюу салынат.

81-берене.

1. Жогорку Кеңеш тарабынан кабыл алынган мыйзам 14 күндүн ичинде Президентке кол коюу үчүн жиберилет.
2. Президент мыйзамды алган күндөн тартып бир айдан кечиктирбестен ага кол коет же өзүнүн каршы пикирлери менен Жогорку Кеңешке кайрадан кароого кайтарат. Республикалык бюджет, салыктар жөнүндө мыйзамдар милдеттүү түрдө кол коюлууга жатат.
3. Эгерде конституциялык мыйзам же мыйзам кайрадан каралганда Жогорку Кеңештин депутаттарынын жалпы санынын үчтөн экисинен кем эмес көпчүлүгүнүн добушу менен мурда кабыл алынган редакциясында жактырылса, мындай мыйзам келип түшкөн күндөн тартып 14 күндүн ичинде Президент тарабынан кол коюлууга тийиш. Мурда кабыл алынган редакциясында жактырылган конституциялык мыйзамга же мыйзамга белгиленген мөөнөттө кол коюлбаса, мындай мыйзамга 10 күндөн кечиктирбестен Жогорку Кеңештин Төрагасы кол коет жана ал жарыялanууга тийиш.

82-берене.

Эгерде мыйзамдын өзүндө же аны колдонууга киргизүүнүн тартиби жөнүндө мыйзамда башка мөөнөт каралбаса, мыйзам расмий басма сөз органында расмий жарыяланган күндөн тартып 10 күн өткөндөн кийин күчүнө кирет.

БЕШИНЧИ БӨЛҮМ
КЫРГЫЗ РЕСПУБЛИКАСЫНЫН АТКАРУУ БИЙЛИГИ

83-берене.

1. Кыргыз Республикасында аткаруу бийлигин Өкмөт, ага баш ийген министрликтер, мамлекеттик комитеттер, административдик ведомстволор жана жергиликтүү мамлекеттик администрациялар ишке ашырат.
2. Өкмөт Кыргыз Республикасынын аткаруу бийлигинин жогорку органы болуп саналат.
3. Өкмөттү Премьер-министр башкарат. Өкмөт Премьер-министрден, вице-премьер-министрлерден, министрлерден жана мамлекеттик комитеттердин төрагаларынан турат.
Өкмөттүн түзүмү өзүнө министрликтерди жана мамлекеттик комитеттерди камтыйт.

84-берене.

1. Депутаттык мандаттардын теңинен көбүнө ээ болгон фракция же анын катышуусу менен фракциялардын коалициясы жаңы чакырылыштагы Жогорку Кеңештин биринчи жыйналышы өткөн күндөн тартып 15 жумушчу күндүн ичинде Премьер-министрдин кызматына талапкерди көрсөтөт.
Премьер-министрдин кызмат ордуна талапкер Өкмөттүн программасын, түзүмүн жана курамын Жогорку Кеңешке киргизет.
2. Эгерде жогоруда көрсөтүлгөн мөөнөт бүткөнгө чейин Жогорку Кеңеш программаны бекитпесе, Өкмөттүн түзүмүн жана курамын аныктабаса, же болбосо шайлоонун жыйынтыктары боюнча саясий партиялардын бири дагы депутаттык мандаттардын жарымынан көбүн албаса, Президент фракциялардын бирине 15 жумушчу күндүн ичинде парламенттик көпчүлүктү түзүүнү жана Премьер-министрдин кызмат ордуна талапкерди көрсөтүүнү сунуш кылат.
Премьер-министрдин кызмат ордуна талапкер жогоруда көрсөтүлгөн мөөнөт аяктаганга чейин Өкмөттүн программасын, түзүмүн жана курамын Жогорку Кеңешке киргизет.
3. Эгерде жогоруда көрсөтүлгөн мөөнөт бүткөнгө чейин Жогорку Кеңеш программаны бекитпесе, Өкмөттүн түзүмүн жана курамын аныктабаса Президент экинчи фракцияга 15 жумушчу күндүн ичинде парламенттик көпчүлүктү түзүүнү жана Премьер-министрдин кызмат ордуна талапкерди көрсөтүүнү сунуш кылат.
Премьер-министрдин кызмат ордуна талапкер жогоруда көрсөтүлгөн мөөнөт аяктаганга чейин Өкмөттүн программасын, түзүмүн жана курамын Жогорку Кеңешке киргизет.
4. Эгерде жогоруда көрсөтүлгөн мөөнөт аяктаганга чейин Жогорку Кеңеш Өкмөттүн программасын бекитпесе, түзүмүн жана курамын аныктабаса фракциялар өз демилгеси менен 15 жумушчу күндүн ичинде парламенттик көпчүлүктү түзүүгө жана Премьер-министрдин кызмат ордуна талапкерди көрсөтүүгө тийиш.
Премьер-министрдин кызмат ордуна талапкер жогоруда көрсөтүлгөн мөөнөт аяктаганга чейин Өкмөттүн программасын, түзүмүн жана курамын Жогорку Кеңешке киргизет.
5. Президент үч күндүк мөөнөттө Жогорку Кеңеш тарабынан жактырылган Премьер-министрди жана Өкмөттүн башка мүчөлөрүн дайындоо тууралуу жарлык чыгарат.
Эгерде Президент жогоруда көрсөтүлгөн мөөнөттө Премьер-министрди жана Өкмөттүн мүчөлөрүн дайындоо жөнүндө жарлык чыгарбаса, алар дайындалды деп эсептелет.
6. Эгерде ушул Конституцияда белгиленген тартипте Өкмөттүн программасы бекитилбесе, курамы жана түзүмү аныкталбаса Президент Жогорку Кеңешке мөөнөтүнөн мурда шайлоону дайындайт. Мындай учурда Өкмөт жаңы чакырылыштагы Жогорку Кеңеш тарабынан Өкмөт түзүлгөнгө чейин ушул Конституцияда каралган тартипте өз милдетин аткара берет.
7. Фракциялардын коалициясы парламенттик көпчүлүктүн статусун жоготкон учурда Өкмөт ушул беренеде каралган тартипте жана мөөнөттө түзүлөт. Өкмөттүн жаңы курамы түзүлгөнгө чейин Премьер-министр жана Өкмөт мүчөлөрү өз милдеттерин аткарууну улантышат.

85-берене.

1. Өкмөт өзүнүн ишинде ушул Конституцияда каралган чектерде Жогорку Кеңешке отчет берет жана анын алдында жоопту болот.
2. Премьер-министр Өкмөттүн иши жөнүндө жыл сайын Жогорку Кеңешке отчет берип турат.
3. Жогорку Кеңештин депутаттарынын жалпы санынын үчтөн биринин демилгеси боюнча Жогорку Кеңеш Өкмөткө ишеним көрсөтпөө жөнүндө маселени карай алат.
4. Өкмөткө ишеним көрсөтпөө жөнүндө токтом Жогорку Кеңештин депутаттарынын жалпы санынын көпчүлүк добушу менен кабыл алынат.
5. Жогорку Кеңеш тарабынан Өкмөткө ишеним көрсөтпөө жөнүндө маселе Президентти кезектеги шайлоого чейин алты ай калганда каралышы мүмкүн эмес.

6. Өкмөткө ишеним көрсөтүлбөгөндөн кийин Президент Өкмөттүн кызматтан кетиши жөнүндө чечим кабыл алууга же болбосо Жогорку Кеңештин чечими менен макул болбоого укуктуу.
7. Эгерде Жогорку Кеңеш 3 айдын ичинде Өкмөткө ишеним көрсөтпөө жөнүндө кайталап чечим кабыл алса Президент Өкмөттү кызматынан кетирет.

86-берене.

1. Премьер-министр жылына бир жолудан көп эмес Жогорку Кеңештин алдына Өкмөткө ишеним көрсөтүү жөнүндө маселе кое алат. Жогорку Кеңеш тарабынан Өкмөткө ишеним көрсөтүүдөн баш тартылган учурда Президент 5 жумушчу күндүн ичинде Өкмөттүн кызматтан кетиши жөнүндө чечим кабыл алат же болбосо Жогорку Кеңешке шайлоону мөөнөтүнөн мурда дайындайт.
2. Өкмөт кызматтан кеткен учурда ушул Конституцияда каралган тартипте жана мөөнөттө Өкмөттүн жаңы курамы түзүлгөнгө чейин ыйгарым укуктарын жүзөгө ашырууну уланта берет.

87-берене.

1. Премьер-министр, Өкмөт же Өкмөттүн айрым мүчөсү кызматынан кетүү жөнүндө өтүнүч кылууга акылуу. Ал Президент тарабынан кабыл алынат же четке кагылат.
2. Премьер-министрдин кызматтан кетишин кабыл алуу Өкмөттүн кызматтан кетишине алып келет.
3. Өкмөт түзүлгөнгө чейин Премьер-министр жана Өкмөт мүчөлөрү өз милдеттерин аткарууну улантат.
4. Өкмөт кызматтан кеткен учурда Өкмөттүн жаңы курамы ушул Конституцияда каралган тартипте жана мөөнөттө түзүлүүгө тийиш. Премьер-министрдин кызмат ордуна дайындоо үчүн талапкерди Президентке киргизүү мөөнөтүн эсептөө Президент тарабынан Премьер-министрдин же Өкмөттүн кызматтан кетиши кабыл алынган күндөн башталат.
5. Өкмөт мүчөсү кызматтан кеткен же болбосо кызмат ордунан бошотулган учурда Премьер-министр 5 жумушчу күндүн ичинде Өкмөт мүчөсүнүн бош кызмат ордуна дайындоо үчүн Жогорку Кеңеш тарабынан жактырылган талапкерди Президентке киргизет.

88-берене.

1. Өкмөт:
1) Конституциянын жана мыйзамдардын аткарылышын камсыз кылат;
2) мамлекеттин ички жана тышкы саясатын ишке ашырат;
3) мыйзамдуулукту, жарандардын эркиндиктерин жана укуктарын камсыз кылуу, коомдук тартипти сактоо, кылмыштуулукка каршы күрөшүү боюнча чараларды жүзөгө ашырат;
4) мамлекеттин эгемендигин, аймактык бүтүндүгүн коргоо, конституциялык түзүлүштү сактоо боюнча, ошондой эле коргонуу жөндөмдүүлүгүн чыңдоо, улуттук коопсуздукту жана укук тартибин бекемдөө боюнча чараларды ишке ашырууну камсыз кылат;
5) финансы, баа, тариф, инвестиция жана салык саясатын жүргүзүүнү камсыз кылат;
6) республикалык бюджетти иштеп чыгат жана Жогорку Кеңешке сунуш кылат жана анын аткарылышын камсыз кылат; республикалык бюджеттин аткарылышы жөнүндө Жогорку Кеңешке отчет берет;

7) менчиктин бардык түрлөрүн өнүктүрүүнүн жана аларды коргоонун бирдей шарттарын камсыз кылуу боюнча, мамлекеттик менчик объекттерин башкаруу боюнча чараларды ишке ашырат;
8) социалдык-экономикалык жана маданий чөйрөдө бирдиктүү мамлекеттик саясатты жүргүзүүнү камсыз кылат;
9) экономикалык, социалдык, илимий-техникалык жана маданий өнүктүрүүнүн жалпы мамлекеттик программаларын иштеп чыгат жана жүзөгө ашырат;
10) тышкы экономикалык иштерди жүргүзүүнү камсыз кылат;
11) жарандык коом менен эриш-аркак иштешүүнү камсыз кылат;
12) Конституция жана мыйзамдар менен өзүнө берилген башка ыйгарым укуктарды ишке ашырат.
2. Өкмөттүн ишин уюштуруу жана анын тартиби конституциялык мыйзам менен аныкталат.

89-берене.

Премьер-министр:
1) Өкмөттү башкарат, анын иши үчүн Жогорку Кеңештин алдында жеке жоопкерчилик тартат;
2) бардык аткаруу бийлигинин органдары тарабынан Конституциянын жана мыйзамдардын аткарылышын камсыз кылат;
3) сүйлөшүүлөрдү жүргүзөт жана эл аралык келишимдерге кол коет;
4) Өкмөттүн жыйналышын өткөрөт;
5) Өкмөттүн токтомдоруна жана буйруктарына кол коет, алардын аткарылышын камсыз кылат;
6) административдик ведомстволордун жетекчилерин дайындайт жана бошотот;
7) мыйзамда белгиленген тартипте жергиликтүү мамлекеттик администрациялардын башчыларын жергиликтүү кеңештердин сунушу боюнча дайындайт жана бошотот;
8) ушул Конституцияда жана мыйзамдарда каралган башка ыйгарым укуктарды жүзөгө ашырат.

90-берене.

1. Конституциянын жана мыйзамдардын негизинде жана аларды аткаруу үчүн Өкмөт токтомдорду жана буйруктарды чыгарат, ошондой эле алардын аткарылышын камсыз кылат.
2. Өкмөттүн токтомдору жана буйруктары Кыргыз Республикасынын бүткүл аймагында милдеттүү түрдө аткарылат.
3. Өкмөт министрликтердин, мамлекеттик комитеттердин, административдик ведомстволордун, жергиликтүү мамлекеттик администрациялардын органдарынын ишине жетекчилик кылат.
4. Өкмөт министрликтердин, мамлекеттик комитеттердин, административдик ведомстволордун актыларын жокко чыгарууга укуктуу.

91-берене.

1. Тиешелүү администрациялык-аймактык бирдиктин аймагында аткаруу бийлигин жергиликтүү мамлекеттик администрация ишке ашырат.
Жергиликтүү мамлекеттик администрациялардын башчыларын дайындоо жана бошотуу тартиби мыйзам менен аныкталат.
2. Жергиликтүү мамлекеттик администрацияларды уюштуруу жана алардын иштеши мыйзам менен аныкталат.

92-берене.

1. Жергиликтүү мамлекеттик администрациялар Конституциянын, мыйзамдардын, Өкмөттүн ченемдик укуктук актыларынын негизинде иштейт.
2. Өз компетенциясынын чегинде кабыл алынган жергиликтүү мамлекеттик администрациялардын чечимдери тийиштүү аймакта милдеттүү түрдө аткарылат.

АЛТЫНЧЫ БӨЛҮМ
КЫРГЫЗ РЕСПУБЛИКАСЫНЫН СОТ БИЙЛИГИ

93-берене.

1. Кыргыз Республикасында сот адилеттигин сот гана ишке ашырат.
Мыйзамда каралган учурларда жана тартипте Кыргыз Республикасынын жарандары сот адилеттигин ишке ашырууга катышууга укуктуу.
2. Сот бийлиги конституциялык, жарандык, жазыктык, административдик жана башка сот өндүрүшү аркылуу жүзөгө ашырылат.
3. Кыргыз Республикасынын сот системасы Конституция жана мыйзамдар менен белгиленет, ал Жогорку соттон жана жергиликтүү соттордон турат.
Жогорку соттун курамында Конституциялык палата иштейт.
Мыйзам менен адистештирилген соттор түзүлүшү мүмкүн.
Атайы бөтөнчө сотторду түзүүгө жол берилбейт.
4. Соттордун ишин уюштуруу жана алардын тартиби мыйзам менен аныкталат.

94-берене.

1. Судьялар көз карандысыз жана Конституцияга жана мыйзамдарга гана баш ийет.
2. Судья кол тийбестик укугуна ээ жана кылмыш үстүндө тутулгандан тышкары учурларда кармалууга же камакка алынууга, тинтүүгө же жеке текшерилүүгө тийиш эмес.
3. Конкреттүү бир сот иши боюнча судьядан отчет талап кылууга эч кимдин укугу жок.
Сот адилеттигин жүзөгө ашыруу боюнча ар кандай кийлигишүүлөргө тыюу салынат. Судьяга таасир көрсөтүүгө күнөөлүү адамдар мыйзамда каралгандай жоопкерчилик тартышат.
4. Судья өзүнүн статусуна ылайык көз карандысыздыгынын социалдык, материалдык жана башка кепилдиктери менен камсыз кылынат.
5. Курагы 40 жаштан кем эмес жана 70 жаштан жогору эмес, юридикалык жогорку билими жана юридикалык кесиби боюнча кеминде 10 жыл иш стажысы бар Кыргыз Республикасынын жараны Жогорку соттун судьясы боло алат.

6. Жогорку соттун судьялары курактык чегине жеткенге чейин шайланат.
7. Жогорку соттун судьялары өздөрүнүн курамынан Жогорку соттун төрагасын, төраганын орун басарларын 3 жылдык мөөнөткө шайлайт.
Бир эле адам катары менен эки мөөнөткө Жогорку соттун төрагасы, төраганын орун басары болуп шайлана албайт.
Жогорку соттун төрагаларын, алардын орун басарларын шайлоо жана бошотуу тартиби мыйзам менен аныкталат.
8. Курагы 30 жаштан кем эмес жана 65 жаштан жогору эмес, юридикалык жогорку билими жана юридикалык кесиби боюнча кеминде 5 жылдан кем эмес иш стажысы бар Кыргыз Республикасынын жараны жергиликтүү соттун судьясы боло алат.
Жергиликтүү соттордун судьялары Судьяларды тандоо боюнча кеңештин сунушу боюнча Президент тарабынан биринчи ирет 5 жылдык мөөнөткө, кийин курактык чегине жеткенге чейин дайындалат. Жергиликтүү соттордун судьяларын көрсөтүүнүн жана дайындоонун тартиби конституциялык мыйзам менен аныкталат.
Жергиликтүү соттордун судьяларынын чогулушу өз курамынан соттун төрагасын, төраганын орун басарын 3 жылдык мөөнөткө шайлайт.
Бир эле адам катары менен эки мөөнөткө ошол эле соттун төрагасы, төрагасынын орун басары болуп шайлана албайт.
9. Кыргыз Республикасынын судьяларынын статусу конституциялык мыйзам менен аныкталат, анда Жогорку соттун жана жергиликтүү соттордун судьяларынын кызмат ордуна талапкерлерге кошумча талаптар белгилениши мүмкүн.

95-берене.

1. Кыргыз Республикасынын бардык сотторунун судьялары жүрүм-туруму кынтыксыз болуп турганда кызмат орундарын ээлеп турат жана өз ыйгарым укуктарын сактап калат. Судьялардын жүрүм-турумунун кынтыксыздыгынын талаптарын бузуу конституциялык мыйзам менен аныкталган тартипте судьяларды жоопкерчиликке тартуу үчүн негиз болуп эсептелет.
2. Жогорку соттун судьясы Судьялар кеңешинин сунушунун негизинде Президенттин сунуштамасы боюнча Жогорку Кеңештин депутаттарынын жалпы санынын кеминде үчтөн экисинин көпчүлүк добушу менен Жогорку Кеңеш тарабынан кызмат орундарынан мөөнөтүнөн мурда бошотулат.
3. Судья каза болгондо, өлдү же дайынсыз жок болду деп жарыяланганда, аракетке жөндөмсүз деп таанылганда, жарандыгын жоготкондо, жарандыктан чыкканда же башка мамлекеттин жарандыгын алганда судьянын ыйгарым укуктары конституциялык мыйзамга ылайык негиздер келип чыккан күндөн тартып аны шайлаган же дайындаган орган тарабынан токтотулат.
4. Жергиликтүү соттордун судьяларынын кызмат орундарына талапкерлерди тандап алуу, аларды дайындоого жана которууга (ротациялоого) сунуштоо Судьяларды тандоо боюнча кеңеш тарабынан конституциялык мыйзамда аныкталган тартипте жүзөгө ашырылат.
5. Жергиликтүү соттордун судьяларын кызмат ордунан четтетүү жана бошотуу Судьялар кеңешинин сунушу боюнча Президент тарабынан конституциялык мыйзам менен аныкталган учурларда жана тартипте жүзөгө ашырылат.
6. Кыргыз Республикасынын бардык сотторунун судьяларын жазык жана сот тартибинде салынган административдик жоопкерчиликке тартууга Судьялар кеңешинин макулдугу менен конституциялык мыйзамда аныкталган тартипте жол берилет.
7. Судьяларды тандоо боюнча кеңеш судьялардын жана жарандык коомдун өкүлдөрүнөн түзүлөт.
Судьялар кеңеши, парламенттик көпчүлүк жана парламенттик оппозиция тиешелүүлүгүнө жараша Судьяларды тандоо боюнча кеңештин курамынын үчтөн бирин шайлайт.

8. Судьяларды тандоо боюнча кеңешти уюштуруу, анын иши, ыйгарым укуктары жана аны түзүүнүн тартиби мыйзам менен аныкталат.

96-берене.

1. Жогорку сот жарандык, жазык, экономикалык, административдик жана башка иштер боюнча жогорку сот органы болуп саналат жана мыйзамда белгиленген тартипте сот процессине катышуучулардын кайрылуулары боюнча жергиликтүү соттордун соттук актыларын кайра кароону жүзөгө ашырат.
2. Жогорку соттун пленуму Жогорку соттун төрагасынын жана Жогорку соттун коллегиясынын курамында сот практикасынын маселелери боюнча түшүндүрмөлөрдү берет.
3. Жогорку соттун актылары акыркы болуп эсептелет жана даттанууга жатпайт.

97-берене.

1. Жогорку соттун Конституциялык палатасы конституциялык контролдоону жүзөгө ашыруучу орган болуп саналат.
2. Курагы 40 жаштан кем эмес жана 70 жаштан ашпаган, юридикалык жогорку билими бар жана юридикалык кесиби боюнча кеминде 15 жыл стажы бар Кыргыз Республикасынын жараны Жогорку соттун Конституциялык палатасынын судьясы боло алат.
3. Жогорку соттун Конституциялык палатасы өз курамынан төраганы, төраганын орун басарын 3 жылдык мөөнөткө шайлайт.
4. Бир эле адам эки мөөнөт катары менен Жогорку соттун Конституциялык палатасынын төрагасы, төраганын орун басары болуп шайлана албайт.
5. Жогорку соттун Конституциялык палатасынын судьялары судьялар кеңешинин сунушунун негизинде Президенттин сунуштамасы боюнча Жогорку Кеңештин депутаттарынын жалпы санынын үчтөн экисинен кем эмесинин көпчүлүк добушу менен Жогорку Кеңеш тарабынан ээлеген кызматынан мөөнөтүнөн мурда бошотулушу мүмкүн.
6. Жогорку соттун Конституциялык палатасы:
1) мыйзамдар жана башка ченемдик укуктук актылар Конституцияга карама-каршы келген учурда аларды Конституцияга ылайык эмес деп табат;
2) Кыргыз Республикасы катышуучу болуп саналган күчүнө кирбеген эл аралык келишимдердин конституциялуулугу тууралуу корутунду берет;
3) ушул Конституцияга өзгөртүүлөр тууралуу мыйзамдын долбооруна корутунду берет.
7. Конституция тарабынан таанылган укуктар жана эркиндиктер алар тарабынан бузулуп жатат деп эсептелсе ар бир адам мыйзамдын жана башка ченемдик укук актыларынын конституциялуулугун талашууга укуктуу.
8. Жогорку соттун Конституциялык палатасынын чечими акыркы болуп эсептелет жана даттанууга жатпайт.
9. Жогорку соттун Конституциялык палатасы тарабынан мыйзамдардын же алардын жоболорунун конституциялык эмес деп белгилениши алардын Кыргыз Республикасынын аймагында колдонулушун жокко чыгарат, ошондой эле сот актыларын кошпогондо конституциялык эмес деп таанылган мыйзамдарга же алардын жоболоруна негизделген башка ченемдик укуктук актылардын колдонулушу да жокко чыгарылат.
10. Мыйзамдардын ченемдерине негизделген конституциялык эмес деп таанылган сот актылары укуктары жана эркиндиктери козголгон жарандардын даттануулары боюнча ар бир так учурда сот тарабынан кайра каралат.
11. Жогорку соттун Конституциялык палатасынын курамын жана түзүү тартибин, Конституциялык палатанын төрагасын, төраганын орун басарын шайлоо жана бошотуу,

ошондой эле конституциялык сот өндүрүшүн жүзөгө ашыруу тартиби конституциялык мыйзам менен аныкталат.

98-берене.

1. Мамлекет соттордун иштеп турушу жана судьялардын иши үчүн каржылоону жана тиешелүү шарттарды камсыз кылат.
Сотторду каржылоо республикалык бюджеттин эсебинен жүргүзүлөт жана сот адилеттигин толук жана көз карандысыз жүзөгө ашыруу мүмкүнчүлүгүн камсыз кылууга тийиш.
2. Сот системасынын бюджети сот бийлиги тарабынан өз алдынча түзүлөт жана аткаруу жана мыйзам чыгаруу бийлик бутактары менен макулдашуу боюнча республикалык бюджетке киргизилет.

99-берене.

1. Териштирүү бардык соттордо ачык жүргүзүлөт. Ишти жабык жыйналышта жүргүзүүгө мыйзамда каралган учурларда гана жол берилет. Соттун чечими ачык жарыяланат.
2. Мыйзамда каралган учурдан тышкары, жазык же башка иштерди соттордо сырттан териштирүүгө жол берилбейт.
3. Сот өндүрүшү тараптардын атаандаштыгынын жана тең укуктуулугунун негизинде жүзөгө ашырылат.
4. Сот актысын жокко чыгаруу, өзгөртүү же токтото туруу сот тарабынан мыйзамда белгиленген тартипте жүзөгө ашырылышы мүмкүн.
5. Сот процессинин катышуучуларынын процесстик укуктары, анын ичинде чечимдерге, өкүмдөргө жана башка соттук актыларга даттануу укугу, ошондой эле аларды жүзөгө ашыруунун тартиби мыйзам менен аныкталат.

100-берене.

1. Кыргыз Республикасынын сотторунун мыйзамдуу күчүнө кирген актылары бардык мамлекеттик органдар, жергиликтүү өз алдынча башкаруу органдары, юридикалык жактар, коомдук бирикмелер, кызмат адамдары жана жеке адамдар үчүн милдеттүү болот жана республиканын бүткүл аймагында аткарылууга тийиш.
2. Сот актыларын аткарбоо, талаптагыдай эмес аткаруу же болбосо аларды аткарууга тоскоолдук кылуу, ошондой эле соттордун ишине кийлигишүү мыйзам менен белгиленген жоопкерчиликке алып келет.

101-берене.

1. Сот ушул Конституцияга каршы келген ченемдик укуктук актыны колдонууга укуксуз.
2. Эгерде ар кандай сот инстанциясында ишти кароодо иштин чечилиши көз каранды болгон мыйзамдын же башка ченемдик укуктук актынын конституциялуулугу жөнүндө маселе келип чыкса, анда сот Жогорку соттун Конституциялык палатасына суроо-талапты жиберет.

102-берене.

1. Соттордун ички иштеринин маселелерин чечүү үчүн соттук өз алдынча башкаруу иштейт.
2. Кыргыз Республикасында судьялардын курултайы, Судьялардын кеңеши жана судьялардын чогулушу соттук өз алдынча башкаруу органдары болуп саналат.
Судьялардын курултайы соттук өз алдынча башкаруунун жогорку органы болуп эсептелет.
Судьялар кеңеши судьялардын курултайларынын ортосунда иштеген жана судьялардын укуктарын жана мыйзамдуу кызыкчылыктарын коргоону ишке ашырган, соттордун бюджетинин түзүлүшүн жана аткарылышын контролдогон, судьяларды окутууну жана квалификациясын жогорулатууну уюштурган, судьяларды тартип жоопкерчилигине тартуу жөнүндө маселелерди караган соттук өз алдынча башкаруунун шайлануучу органы болуп саналат.
Судьялардын чогулушу соттук өз алдынча башкаруунун баштапкы органы болот.
3. Соттук өз алдынча башкаруу органдарын уюштуруу жана алардын иштөө тартиби мыйзам менен аныкталат.

103-берене.

Мыйзамда каралган учурларда, ошондой эле соттук териштирүүгө катышкан жактар аны жүргүзүү үчүн жетиштүү каражатынын жок экендигин далилдеген ар кандай гана учурда сот адилеттиги акысыз жүргүзүлөт.

ЖЕТИНЧИ БӨЛҮМ
МАМЛЕКЕТТИК БАШКА ОРГАНДАР

104-берене.

Прокуратура төмөнкүлөр өзүнө жүктөлгөн бирдиктүү системаны түзөт:
1) аткаруу бийлигинин органдары, жергиликтүү өз алдынча башкаруу органдары, алардын кызмат адамдары тарабынан мыйзамдардын так жана бирдей аткарылышын көзөмөлдөө;
2) изин суутпай издөөнү тергөөнү жүзөгө ашыруучу органдар тарабынан мыйзамдардын сакталышын көзөмөлдөө;
3) жазык иштери боюнча соттун чечимдерин аткарууда, ошондой эле жарандардын жеке эркиндигин чектөөгө байланышкан мажбурлоо мүнөзүндөгү чараларды колдонууда мыйзамдардын сакталышын көзөмөлдөө;
4) мыйзамда белгиленген учурларда сотто жарандын же мамлекеттин кызыкчылыктарына өкүлчүлүк кылуу;
5) сотто мамлекеттик айыптоону ишке ашыруу;
6) мамлекеттик органдардын кызмат адамдарына карата жазык куугунтуктоо.

105-берене.

Улуттук банк Кыргыз Республикасынын банк системасын көзөмөлдөйт, Кыргыз Республикасындагы акча-насыя саясатын аныктайт жана жүргүзөт, бирдиктүү валюта саясатын иштеп чыгат жана жүзөгө ашырат, акча белгилеринин эмиссиясын жүргүзүүгө өзгөчө укукка ээ, банктык каржылоонун ар түрдүү түрлөрүн жана принциптерин ишке ашырат.

106-берене.

Шайлоо жана референдумдарды өткөрүү боюнча борбордук комиссия Кыргыз Республикасында шайлоолорду жана референдумдарды даярдоону жана өткөрүүнү камсыз кылат.

107-берене.

Эсептөө палатасы республикалык жана жергиликтүү бюджеттердин аткарылышына, бюджеттен тышкаркы каражаттарга, мамлекеттик жана муниципалдык менчиктин пайдаланылышына аудит жүргүзөт.

108-берене.

Кыргыз Республикасында адамдын жана жарандын эркиндиктеринин сакталышына парламенттик контролду Акыйкатчы (Омбудсмен) жүргүзөт.

109-берене.

Ушул бөлүмдө көрсөтүлгөн мамлекеттик органдардын уюштурулушу жана иштөө тартиби, ошондой эле алардын көз карандысыздыгынын кепилдиктери мыйзамдар менен аныкталат.

СЕГИЗИНЧИ БӨЛҮМ
ЖЕРГИЛИКТҮҮ ӨЗ АЛДЫНЧА БАШКАРУУ

110-берене.

1. Жергиликтүү өз алдынча башкаруу – жергиликтүү жамааттардын жергиликтүү маанидеги маселелерди өз кызыкчылыктарында жана өз жоопкерчилиги менен өз алдынча чечүүсүнүн ушул Конституция менен кепилденген укугу жана чыныгы мүмкүнчүлүгү.
2. Кыргыз Республикасында жергиликтүү өз алдынча башкаруу тиешелүү административдик-аймактык бирдиктин аймагында жергиликтүү жамааттар тарабынан жүзөгө ашырылат.
3. Жергиликтүү өз алдынча башкаруу жарандардын жергиликтүү жамааттары тарабынан түздөн-түз же жергиликтүү өз алдынча башкаруунун органдары аркылуу жүзөгө ашырылат.
4. Жергиликтүү өз алдынча башкарууну каржылоо тийиштүү жергиликтүү бюджеттен, ошондой эле республикалык бюджеттен камсыз кылынат.
5. Жергиликтүү бюджетти түзүү жана аткаруу ачык-айкындыктын, коомчулуктун катышуусунун, жергиликтүү өз алдынча башкаруу органдарынын жергиликтүү жамааттын алдындагы отчеттуулугунун принцибин сактоо менен жүзөгө ашырылат.

111-берене.

1. Жергиликтүү өз алдынча башкаруу органдарынын системасын төмөнкүлөр түзөт:
1) жергиликтүү кеңештер – жергиликтүү өз алдынча башкаруунун өкүлчүлүктүү органдары;
2) айыл өкмөтү, шаарлардын мэриялары – жергиликтүү өз алдынча башкаруунун аткаруучу органдары.
2. Жергиликтүү өз алдынча башкаруунун аткаруучу органдары жана алардын кызмат адамдары өз иштеринде жергиликтүү кеңешке отчет беришет.

112-берене.

1. Жергиликтүү кеңештердин депутаттары тийиштүү административдик-аймактык бирдиктин аймагында жашаган жарандар тарабынан мыйзамда белгиленген бирдей мүмкүнчүлүктөрдү сактоо менен шайланат.
2. Жергиликтүү өз алдынча башкаруунун аткаруу органдарынын башчылары мыйзамда белгиленген тартипте шайланат.
3. Жергиликтүү кеңештер мыйзамга ылайык:
1) жергиликтүү бюджеттерди бекитет, алардын аткарылышын контролдойт;
2) жергиликтүү жамааттын социалдык-экономикалык өнүгүшүнүн жана калкты социалдык коргоонун программаларын бекитет;
3) жергиликтүү салыктарды жана жыйымдарды киргизет, ошондой эле алар боюнча жеңилдиктерди белгилейт;
4) жергиликтүү маанидеги башка маселелерди чечет.

113-берене.

1. Мамлекеттик органдар жергиликтүү өз алдынча башкаруу органдарынын мыйзамда каралган ыйгарым укуктарына кийлигишүүгө укуксуз.
2. Жергиликтүү өз алдынча башкаруу органдарына мамлекеттик ыйгарым укуктар, аларды жүзөгө ашыруу үчүн зарыл болгон материалдык, финансылык жана башка каражаттарды өткөрүп берүү менен ыйгарылышы мүмкүн. Мамлекеттик ыйгарым укуктар жергиликтүү өз алдынча башкаруу органдарына мыйзамдын же келишимдин негизинде берилиши мүмкүн. Өткөрүлүп берилген ыйгарым укуктар боюнча жергиликтүү өз алдынча башкаруу органдары мамлекеттик органдарга отчет беришет.
3. Жергиликтүү өз алдынча башкаруу органдары мамлекет жана анын органдарынын алдында мыйзамдардын аткарылышы үчүн, жергиликтүү жамааттын алдында – өз ишинин натыйжасы үчүн жоопкерчиликтүү болушат.
4. Жергиликтүү өз алдынча башкаруу органдары өздөрүнүн укуктарынын бузулушуна байланыштуу соттук коргоо үчүн кайрылууга укуктуу.

ТОГУЗУНЧУ БӨЛҮМ
УШУЛ КОНСТИТУЦИЯГА ӨЗГӨРТҮҮЛӨРДӨ КИРГИЗҮҮНҮН ТАРТИБИ

114-берене.

1. Ушул Конституцияга өзгөртүүлөрдү киргизүү жөнүндө мыйзам Жогорку Кеңеш тарабынан дайындалган референдум менен кабыл алынышы мүмкүн.
2. Ушул Конституциянын үчүнчү, төртүнчү, бешинчи, алтынчы, жетинчи жана сегизинчи бөлүмдөрүндөгү жоболорго өзгөртүүлөр Жогорку Кеңештин депутаттарынын жалпы санынын көпчүлүгүнүн сунушу боюнча же болбосо 300 миңден кем эмес шайлоочулардын демилгеси боюнча Жогорку Кеңеш тарабынан кабыл алынышы мүмкүн.

Көңүл буруңуздар!
КР 2010-жылдын 27-июнундагы Кыргыз Республикасынын Конституциясын колдонууга киргизүү жөнүндө" Мыйзамына ылайык 114-берененин 2-бөлүгүнүн жоболору 2020-жылдын 1-сентябрынан тартып күчүнө кирет.

3. Жогорку Кеңеш ушул Конституцияга өзгөртүүлөрдү киргизүү жөнүндө мыйзамды ал Жогорку Кеңештин кароосуна киргизилген күндөн тартып 6 айдан кечиктирбестен кабыл алат.
Ушул Конституцияга өзгөртүүлөрдү киргизүү жөнүндө мыйзам Жогорку Кеңеш тарабынан окуулардын ортосунда 2 ай аралык менен кеминде үч окуу өткөрүлгөндөн кийин Жогорку Кеңештин депутаттарынын жалпы санынын үчтөн экисинен кем эмес көпчүлүк добушу менен кабыл алынат.
Жогорку Кеңештин депутаттарынын жалпы санынын үчтөн экисинен кем эмесинин демилгеси боюнча ушул Конституцияга өзгөртүүлөрдү жана толуктоолорду киргизүү жөнүндө мыйзам референдумга чыгарылышы мүмкүн.
4. Өзгөчө жана согуш абалынын учурунда ушул Конституцияга өзгөртүүлөрдү жана толуктоолорду киргизүүгө тыюу салынат.
5. Ушул Конституцияга өзгөртүүлөрдү киргизүү жөнүндө кабыл алынган мыйзамга Кыргыз Республикасынын Президенти кол коюуга тийиш.

Verfassung der Kirgisischen Republik

Quelle: http://www.gov.kg/?page_id=263&lang=ru vom 22.12.2013

КОНСТИТУЦИЯ КЫРГЫЗСКОЙ РЕСПУБЛИКИ

Мы, народ Кыргызстана,

чтя память героев, отдавших жизнь за свободу народа;

подтверждая приверженность цели построения свободного и демократического государства, основанного на уважении и защите прав человека;

выражая непоколебимую веру и твердую волю развивать и укреплять кыргызскую государственность, оберегать государственный суверенитет и единство народа;

стремясь утвердить верховенство права, а также обеспечить социальную справедливость, экономическое благосостояние и духовное развитие народа;

исходя из заветов наших предков жить в мире и согласии, в гармонии с природой, принимаем настоящую Конституцию.

РАЗДЕЛ ПЕРВЫЙ

ОСНОВЫ КОНСТИТУЦИОННОГО СТРОЯ

Статья 1.

1. Кыргызская Республика (Кыргызстан) является суверенным, демократическим, правовым, светским, унитарным, социальным государством.

2. Кыргызская Республика обладает полнотой государственной власти на своей территории, самостоятельно осуществляет внутреннюю и внешнюю политику.

Статья 2.

1. Народ Кыргызстана является носителем суверенитета и единственным источником государственной власти в Кыргызской Республике.

2. Народ Кыргызстана осуществляет свою власть непосредственно на выборах и референдумах, а также через систему государственных органов и органов местного самоуправления на основе настоящей Конституции и законов.

3. Законы и иные важные вопросы государственного значения могут выноситься на референдум (всенародное голосование). Порядок проведения референдума и перечень вопросов, выносимых на референдум, устанавливаются конституционным законом.

4. Выборы являются свободными.

Выборы депутатов Жогорку Кенеша, Президента, депутатов представительных органов местного самоуправления проводятся на основе всеобщего равного и прямого избирательного права при тайном голосовании.

Право избирать имеют граждане Кыргызской Республики, достигшие 18 лет.

5. Государство создает условия для представительства различных социальных групп, определенных законом, в государственных органах и органах местного самоуправления, в том числе на уровне принятия решений.

Статья 3.

Государственная власть в Кыргызской Республике основывается на принципах:

1) верховенства власти народа, представляемой и обеспечиваемой всенародно избираемыми Жогорку Кенешем и Президентом;

2) разделения государственной власти;

3) открытости и ответственности государственных органов, органов местного самоуправления перед народом и осуществления ими своих полномочий в интересах народа;

4) разграничения функций и полномочий государственных органов и органов местного самоуправления.

Статья 4.

1. В Кыргызской Республике признается политическое многообразие и многопартийность.

2. Политические партии, профессиональные союзы и другие общественные объединения могут создаваться гражданами на основе свободного волеизъявления и общности интересов для реализации и защиты своих прав и свобод, удовлетворения политических, экономических, социальных, трудовых, культурных и иных интересов.

3. Политические партии содействуют выражению политического волеизъявления граждан, принимают участие в выборах депутатов Жогорку Кенеша, Президента и органов местного самоуправления.

4. В Кыргызской Республике запрещается:

1) слияние государственных, муниципальных и партийных институтов; образование и деятельность партийных организаций в государственных и муниципальных

учреждениях и организациях; осуществление государственными и муниципальными служащими партийной работы, за исключением случаев, когда такая работа осуществляется вне служебной деятельности;

2) членство военнослужащих, сотрудников правоохранительных органов и судей в политических партиях, их выступления в поддержку какой-либо политической партии;

3) создание политических партий на религиозной, этнической основе, преследование религиозными объединениями политических целей;

4) создание объединениями граждан военизированных формирований;

5) деятельность политических партий, общественных и религиозных объединений, их представительств и филиалов, преследующих политические цели, действия которых направлены на насильственное изменение конституционного строя, подрыв национальной безопасности, разжигание социальной, расовой, межнациональной, межэтнической и религиозной вражды.

Статья 5.

1. Государство и его органы служат всему обществу, а не какой-то его части.

2. Никакая часть народа, никакое объединение, никакое отдельное лицо не вправе присваивать власть в государстве. Узурпация государственной власти является особо тяжким преступлением.

3. Государство, его органы, органы местного самоуправления и их должностные лица не могут выходить за рамки полномочий, определенных настоящей Конституцией и законами.

4. Государственные органы, органы местного самоуправления и их должностные лица несут ответственность за противоправные действия в порядке, предусмотренном законом.

Статья 6.

1. Конституция имеет высшую юридическую силу и прямое действие в Кыргызской Республике.

2. На основе Конституции принимаются конституционные законы, законы и другие нормативные правовые акты.

3. Вступившие в установленном законом порядке в силу международные договоры, участницей которых является Кыргызская Республика, а также общепризнанные принципы и нормы международного права являются составной частью правовой системы Кыргызской Республики.

Нормы международных договоров по правам человека имеют прямое действие и приоритет над нормами других международных договоров.

4. Официальное опубликование законов и иных нормативных правовых актов является обязательным условием вступления их в силу.

5. Закон или иной нормативный правовой акт, устанавливающий новые обязанности либо отягчающий ответственность, обратной силы не имеет.

Статья 7.

1. В Кыргызской Республике никакая религия не может устанавливаться в качестве государственной или обязательной.

2. Религия и все культы отделены от государства.

3. Запрещается вмешательство религиозных объединений и служителей культов в деятельность государственных органов.

Статья 8.

1. Территория Кыргызской Республики в пределах существующей границы целостна и неприкосновенна.

2. В целях организации государственного управления и местного самоуправления территория Кыргызской Республики делится на определяемые законом административно-территориальные единицы.

3. Города Бишкек и Ош являются городами республиканского значения, их статус определяется законом.

Статья 9.

1. Кыргызская Республика разрабатывает социальные программы, направленные на создание достойных условий жизни и свободное развитие личности, содействие занятости.

2. Кыргызская Республика обеспечивает поддержку социально незащищенных категорий граждан, гарантированный минимальный размер оплаты труда, охрану труда и здоровья.

3. Кыргызская Республика развивает систему социальных служб, медицинского обслуживания, устанавливает государственные пенсии, пособия и иные гарантии социальной защиты.

Статья 10.

1. Государственным языком Кыргызской Республики является кыргызский язык.

2. В Кыргызской Республике в качестве официального употребляется русский язык.

3. Кыргызская Республика гарантирует представителям всех этносов, образующих народ Кыргызстана, право на сохранение родного языка, создание условий для его изучения и развития.

Статья 11.

1. Кыргызская Республика имеет государственные символы — Флаг, Герб, Гимн. Их описание и порядок официального использования устанавливаются законом.

2. Столицей Кыргызской Республики является город Бишкек.

3. Денежной единицей Кыргызской Республики является сом.

Статья 12.

1. В Кыргызской Республике признается разнообразие форм собственности и гарантируется равная правовая защита частной, государственной, муниципальной и иных форм собственности.

2. Собственность неприкосновенна. Никто не может быть произвольно лишен своего имущества.

Изъятие имущества помимо воли собственника допускается только по решению суда.

Принудительное изъятие имущества без решения суда допускается в случаях, предусмотренных законом, в целях защиты национальной безопасности, общественного порядка, охраны здоровья и нравственности населения, защиты прав и свобод других лиц. Законность такого изъятия подлежит обязательному рассмотрению судом.

Изъятие имущества для общественных нужд, определенных в законе, может быть произведено по решению суда со справедливым и предварительным обеспечением возмещения стоимости этого имущества и других убытков, причиняемых в результате отчуждения.

3. Обращение в государственную собственность имущества, находящегося в собственности граждан и юридических лиц (национализация), производится на основании закона с возмещением стоимости этого имущества и других убытков.

4. Кыргызская Республика защищает собственность своих граждан и юридических лиц, а также свою собственность, находящуюся на территории других государств.

5. Земля, ее недра, воздушное пространство, воды, леса, растительный и животный мир, другие природные ресурсы являются исключительной собственностью Кыргызской Республики, используются в целях сохранения единой экологической системы как основы жизни и деятельности народа Кыргызстана и находятся под особой охраной государства.

Земля также может находиться в частной, муниципальной и иных формах собственности, за исключением пастбищ, которые не могут находиться в частной собственности.

6. Пределы и порядок осуществления собственниками своих прав и гарантии их защиты определяются законом.

Статья 13.

1. Государственный бюджет Кыргызской Республики состоит из республиканского и местных бюджетов, включает доходы и расходы.

2. Порядок формирования, принятия, исполнения республиканского и местных бюджетов, а также аудит их исполнения определяются законом. Республиканский бюджет принимается законом, местные бюджеты — решением соответствующих представительных органов.

3. На территории Кыргызской Республики действует единая налоговая система. Право установления налогов принадлежит Жогорку Кенешу. Законы, устанавливающие новые налоги и ухудшающие положение налогоплательщиков, обратной силы не имеют.

Статья 14.

1. Кыргызская Республика не имеет целей экспансии, агрессии и территориальных притязаний, решаемых военной силой, отвергает милитаризацию государственной жизни, подчинение государства, его деятельности задачам ведения войны. Вооруженные Силы Кыргызской Республики строятся в соответствии с принципом самообороны и оборонительной достаточности.

2. Право ведения войны, за исключением случаев агрессии против Кыргызстана и других государств, связанных обязательствами коллективной обороны, не признается. Разрешение по каждому случаю перемещения частей Вооруженных Сил Кыргызской Республики за пределы территории Кыргызстана принимается Жогорку Кенешем большинством не менее двух третей голосов от общего числа депутатов.

3. Использование Вооруженных Сил Кыргызской Республики для достижения внутригосударственных политических целей запрещается.

4. Кыргызская Республика стремится к всеобщему и справедливому миру, взаимовыгодному сотрудничеству, разрешению глобальных и региональных проблем мирным путем.

Статья 15.

Чрезвычайное положение и военное положение в Кыргызской Республике могут быть введены в случаях и порядке, предусмотренных настоящей Конституцией и конституционными законами.

РАЗДЕЛ ВТОРОЙ

ПРАВА И СВОБОДЫ ЧЕЛОВЕКА И ГРАЖДАНИНА

Глава первая

Основные права и свободы

Статья 16.

1. Права и свободы человека неотчуждаемы и принадлежат каждому от рождения.

Права и свободы человека являются высшей ценностью. Они действуют непосредственно, определяют смысл и содержание деятельности законодательной, исполнительной власти и органов местного самоуправления.

2. Кыргызская Республика уважает и обеспечивает всем лицам, находящимся в пределах ее территории и под ее юрисдикцией, права и свободы человека.

Никто не может подвергаться дискриминации по признаку пола, расы, языка, инвалидности, этнической принадлежности, вероисповедания, возраста, политических или иных убеждений, образования, происхождения, имущественного или иного положения, а также других обстоятельств.

Не являются дискриминацией специальные меры, установленные законом и направленные на обеспечение равных возможностей для различных социальных групп в соответствии с международными обязательствами.

3. В Кыргызской Республике все равны перед законом и судом.

4. В Кыргызской Республике мужчины и женщины имеют равные права и свободы, равные возможности для их реализации.

5. В Кыргызской Республике действует принцип обеспечения наилучших интересов ребенка.

Статья 17.

Права и свободы, установленные настоящей Конституцией, не являются исчерпывающими и не должны толковаться как отрицание или умаление других общепризнанных прав и свобод человека и гражданина.

Статья 18.

Каждый вправе осуществлять любые действия и деятельность, кроме запрещенных настоящей Конституцией и законами.

Статья 19.

1. В Кыргызской Республике иностранные граждане и лица без гражданства пользуются правами и исполняют обязанности наравне с гражданами Кыргызской Республики, кроме случаев, установленных законом или международным договором, участницей которого является Кыргызская Республика.

2. Кыргызская Республика в соответствии с международными обязательствами предоставляет убежище иностранным гражданам и лицам без гражданства, преследуемым по политическим мотивам, а также по мотивам нарушения прав и свобод человека.

Статья 20.

1. В Кыргызской Республике не должны приниматься законы, отменяющие или умаляющие права и свободы человека и гражданина.

2. Права и свободы человека и гражданина могут быть ограничены Конституцией и законами в целях защиты национальной безопасности, общественного порядка, охраны здоровья и нравственности населения, защиты прав и свобод других лиц. Вводимые ограничения должны быть соразмерными указанным целям.

Запрещается принятие подзаконных нормативных правовых актов, ограничивающих права и свободы человека и гражданина.

3. Законом не могут устанавливаться ограничения прав и свобод в иных целях и в большей степени, чем это предусмотрено Конституцией.

4. Не подлежат никаким ограничениям установленные настоящей Конституцией гарантии запрета:

1) на применение смертной казни, пыток и других бесчеловечных, жестоких или унижающих достоинство видов обращения или наказания;

2) на проведение медицинских, биологических, психологических опытов над людьми без их добровольного согласия, выраженного и удостоверенного надлежащим образом;

3) на рабство, торговлю людьми;

4) на эксплуатацию детского труда;

5) на лишение свободы на основании неисполнения гражданско-правового обязательства;

6) на уголовное преследование за распространение информации, порочащей честь и достоинство личности;

7) на принуждение к выражению мнения, религиозных и иных убеждений или отказу от них;

8) на принуждение к участию в мирном собрании;

9) на принуждение к определению и указанию своей этнической принадлежности;

10) на произвольное лишение жилища.

5. Не подлежит никакому ограничению установленное настоящей Конституцией право:

1) каждого лишенного свободы на гуманное обращение и уважение человеческого достоинства;

2) просить о помиловании или смягчении наказания;

3) на повторное рассмотрение дела вышестоящим судом;

4) на свободу мысли и мнения;

5) свободно выбирать и иметь религиозные и иные убеждения;

6) свободно определять и указывать свою этническую принадлежность;

7) на возмещение государством вреда, причиненного незаконными действиями органов государственной власти, местного самоуправления и их должностными лицами при исполнении служебных обязанностей;

8) на судебную защиту;

9) на бесплатное получение основного общего и среднего общего образования в государственных образовательных организациях;

10) гражданина беспрепятственно возвращаться в Кыргызскую Республику.

Глава вторая

Права и свободы человека

Статья 21.

Каждый имеет неотъемлемое право на жизнь. Никто не может быть произвольно лишен жизни. Смертная казнь запрещается.

Статья 22.

1. Никто не может подвергаться пыткам и другим бесчеловечным, жестоким или унижающим достоинство видам обращения или наказания.

2. Каждый лишенный свободы имеет право на гуманное обращение и соблюдение человеческого достоинства.

3. Запрещается проводить медицинские, биологические, психологические опыты над людьми без их добровольного согласия, выраженного и удостоверенного надлежащим образом.

Статья 23.

1. В Кыргызской Республике не допускается рабство, торговля людьми.

2. Запрещается эксплуатация детского труда.

3. Запрещается принудительный труд, кроме случаев войны, ликвидации последствий стихийных бедствий и других чрезвычайных обстоятельств, а также в порядке исполнения решения суда.

Не считается принудительным трудом привлечение к военной, альтернативной (вневойсковой) службе.

Статья 24.

1. Каждый имеет право на свободу и личную неприкосновенность.

2. Никто не может быть лишен свободы только на основании неисполнения гражданско-правового обязательства.

3. Никто не может быть арестован, содержаться под стражей или оказаться лишенным свободы иначе как по решению суда и только на основаниях и в порядке, установленных законом.

4. Никто не может быть подвергнут задержанию на срок более 48 часов без судебного решения.

Каждое задержанное лицо в срочном порядке и в любом случае до истечения 48 часов с момента задержания должно быть доставлено в суд для решения вопроса о законности его задержания.

Законом в отдельных случаях могут быть установлены более короткие сроки задержания.

Всякое задержанное лицо имеет право на проверку законности задержания в порядке и с периодичностью, установленными законом. Если отпадает основание, по которому лицо было задержано, оно должно быть немедленно освобождено.

5. Каждому задержанному лицу должно быть безотлагательно сообщено о мотивах задержания, разъяснены и обеспечены его права, включая право на медицинский осмотр и помощь врача.

С момента фактического лишения свободы лицу обеспечивается безопасность, предоставляется возможность защищать себя лично, пользоваться квалифицированной юридической помощью адвоката, а также иметь защитника.

Статья 25.

1. Каждый имеет право на свободу передвижения, выбор места пребывания и жительства в Кыргызской Республике.

2. Каждый имеет право свободно выезжать за пределы Кыргызской Республики.

Статья 26.

1. Каждый считается невиновным в совершении преступления, пока его виновность не будет доказана в предусмотренном законом порядке и установлена вступившим в законную силу судебным решением. Нарушение этого принципа является основанием для возмещения через суд материального и морального вреда.

2. Никто не обязан доказывать свою невиновность. Любые сомнения в виновности толкуются в пользу обвиняемого.

3. Никто не может быть осужден лишь на основе его собственного признания в совершении преступления.

4. Бремя доказывания вины по уголовному делу возлагается на обвинителя. Доказательства, добытые с нарушением закона, не могут использоваться для обоснования обвинения и вынесения судебного акта.

5. Никто не обязан свидетельствовать против самого себя, супруга(и) и близких родственников, круг которых определяется законом. Законом могут устанавливаться и иные случаи освобождения от обязанности давать показания.

6. Каждый имеет право на рассмотрение дела судом с участием присяжных заседателей в случаях, предусмотренных законом.

Статья 27.

1. Каждый осужденный имеет право на повторное рассмотрение его дела вышестоящим судом в соответствии с законом.

2. Каждый осужденный имеет право просить о помиловании или смягчении наказания.

3. Никто не должен повторно нести юридическую ответственность за одно и то же правонарушение.

Статья 28.

1. Закон, устанавливающий или отягчающий ответственность лица, обратной силы не имеет. Никто не может нести ответственность за действия, которые на момент их совершения не признавались правонарушением. Если после совершения правонарушения ответственность за него устранена или смягчена, применяется новый закон.

2. Уголовный закон, устанавливающий ответственность, по аналогии не применяется.

Статья 29.

1. Каждый имеет право на неприкосновенность частной жизни, на защиту чести и достоинства.

2. Каждый имеет право на тайну переписки, телефонных и иных переговоров, почтовых, телеграфных, электронных и иных сообщений. Ограничение этих прав допускается только в соответствии с законом и исключительно на основании судебного акта.

3. Не допускается сбор, хранение, использование и распространение конфиденциальной информации, информации о частной жизни человека без его согласия, кроме случаев, установленных законом.

4. Каждому гарантируется защита, в том числе судебная, от неправомерного сбора, хранения, распространения конфиденциальной информации и информации о частной жизни человека, а также гарантируется право на возмещение материального и морального вреда, причиненного неправомерными действиями.

Статья 30.

1. Каждый имеет право на неприкосновенность жилища и иных объектов, находящихся у него в собственности или ином праве. Никто не может проникать в жилище и иные объекты против воли человека, в пользовании которого они находятся.

2. Производство обыска, выемки, осмотра и осуществление иных действий, а также проникновение представителей власти в жилище и иные объекты, находящиеся в собственности или ином праве, допускаются лишь на основании судебного акта.

Внимание! В соответствии с Законом КР от 27 июня 2010 года положения части второй статьи 30 вступают в силу с 1 января 2011 года

3. В случаях, предусмотренных законом, обыск, выемка, осмотр и осуществление иных действий, проникновение представителей власти в жилище и иные объекты, находящиеся в собственности или ином праве, допускаются без судебного акта. Законность и обоснованность таких действий подлежат рассмотрению судом.

4. Гарантии и ограничения, установленные настоящей статьей, распространяются также на юридические лица.

Статья 31.

1. Каждый имеет право на свободу мысли и мнения.

2. Каждый имеет право на свободу выражения своего мнения, свободу слова и печати.

3. Никто не может быть принужден к выражению своего мнения или отказу от него.

4. Запрещается пропаганда национальной, этнической, расовой, религиозной ненависти, гендерного и иного социального превосходства, призывающая к дискриминации, вражде или насилию.

Статья 32.

1. Каждому гарантируется свобода совести и вероисповедания.

2. Каждый имеет право исповедовать индивидуально или совместно с другими любую религию или не исповедовать никакой.

3. Каждый вправе свободно выбирать и иметь религиозные и иные убеждения.

4. Никто не может быть принужден к выражению своих религиозных и иных убеждений или отказу от них.

Статья 33.

1. Каждый имеет право свободно искать, получать, хранить, использовать информацию и распространять ее устно, письменно или иным способом.

2. Каждый имеет право на ознакомление в органах государственной власти, органах местного самоуправления, учреждениях и организациях со сведениями о себе.

3. Каждый имеет право на получение информации о деятельности органов государственной власти, органов местного самоуправления и их должностных лиц, юридических лиц с участием государственных органов и органов местного самоуправления, а также организаций, финансируемых из республиканского и местных бюджетов.

4. Каждому гарантируется доступ к информации, находящейся в ведении государственных органов, органов местного самоуправления и их должностных лиц. Порядок предоставления информации определяется законом.

5. Никто не может быть подвергнут уголовному преследованию за распространение информации, порочащей или унижающей честь и достоинство личности.

Статья 34.

1. Каждый имеет право на свободу мирных собраний. Никто не может быть принужден к участию в собрании.

2. В целях обеспечения проведения мирного собрания каждый вправе подать уведомление в органы власти.

Не допускаются запрет и ограничение проведения мирного собрания, а также отказ в его надлежащем обеспечении ввиду отсутствия уведомления о проведении мирного собрания, несоблюдения формы уведомления, его содержания и сроков подачи.

3. Организаторы и участники мирных собраний не несут ответственности за отсутствие уведомления о проведении мирного собрания, несоблюдение формы уведомления, его содержания и сроков подачи.

Статья 35.

Каждый имеет право на свободу объединения.

Статья 36.

1. Семья — основа общества. Семья, отцовство, материнство, детство — предмет заботы всего общества и преимущественной охраны законом.

2. Каждый ребенок имеет право на уровень жизни, необходимый для его физического, умственного, духовного, нравственного и социального развития.

3. Ответственность за обеспечение условий жизни, необходимых для развития ребенка, несут каждый из родителей или другие лица, воспитывающие ребенка, в пределах своих способностей и финансовых возможностей.

4. Государство обеспечивает содержание, воспитание, обучение детей-сирот и детей, лишенных родительского попечения.

5. Лица, достигшие брачного возраста, имеют право вступать в брак и создавать семью. Ни один брак не может быть заключен без добровольного и обоюдного согласия лиц, вступающих в брак. Брак регистрируется государством.

Статья 37.

1. В Кыргызской Республике народные обычаи и традиции, не ущемляющие права и свободы человека, поддерживаются государством.

2. Уважение к старшим, забота о родных и близких — обязанность каждого.

Статья 38.

Каждый имеет право свободно определять и указывать свою этническую принадлежность. Никто не должен быть принужден к определению и указанию своей этнической принадлежности.

Статья 39.

Каждый имеет право на возмещение вреда, причиненного незаконными действиями органов государственной власти, местного самоуправления и их должностными лицами при исполнении служебных обязанностей.

Статья 40.

1. Каждому гарантируется судебная защита его прав и свобод, предусмотренных настоящей Конституцией, законами, международными договорами, участницей которых является Кыргызская Республика, общепризнанными принципами и нормами международного права.

Государство обеспечивает развитие внесудебных и досудебных методов, форм и способов защиты прав и свобод человека и гражданина.

2. Каждый вправе защищать свои права и свободы всеми способами, не запрещенными законом.

3. Каждый имеет право на получение квалифицированной юридической помощи. В случаях, предусмотренных законом, юридическая помощь оказывается за счет государства.

Статья 41.

1. Каждый имеет право на обращение в органы государственной власти, органы местного самоуправления и к их должностным лицам, которые обязаны предоставить обоснованный ответ в установленный законом срок.

2. Каждый имеет право в соответствии с международными договорами обращаться в международные органы по правам человека за защитой нарушенных прав и свобод. В случае признания указанными органами нарушения прав и свобод человека Кыргызская Республика принимает меры по их восстановлению и/или возмещению вреда.

Статья 42.

1. Каждый имеет право на владение, пользование и распоряжение своим имуществом, результатами своей деятельности.

2. Каждый имеет право на экономическую свободу, свободное использование своих способностей и своего имущества для любой экономической деятельности, не запрещенной законом.

3. Каждый имеет право на свободу труда, распоряжаться своими способностями к труду, на выбор профессии и рода занятий, охрану и условия труда, отвечающие требованиям безопасности и гигиены, а также право на вознаграждение за труд не ниже установленного законом прожиточного минимума.

Статья 43.

Каждый имеет право на забастовку.

Статья 44.

1. Каждый имеет право на отдых.

2. Максимальная продолжительность рабочего времени, минимальный еженедельный отдых и оплачиваемый ежегодный отпуск, а также иные основные условия осуществления права на отдых определяются законом.

Статья 45.

1. Каждый имеет право на образование.

2. Основное общее образование обязательно.

Каждый имеет право бесплатно получить основное общее и среднее общее образование в государственных образовательных организациях.

3. Государство создает условия для обучения каждого государственному, официальному и одному международному языкам, начиная с учреждений дошкольного образования до основного общего образования.

4. Государство создает условия для развития государственных, муниципальных и частных учебных заведений.

5. Государство создает условия для развития физической культуры и спорта.

Статья 46.

1. Каждый имеет право на жилище.

2. Никто не может быть произвольно лишен жилища.

3. Органы государственной власти и местного самоуправления поощряют жилищное строительство, создают условия для реализации права на жилище.

4. Жилище малоимущим и иным нуждающимся лицам предоставляется бесплатно или за доступную плату из государственных, муниципальных и других жилищных фондов либо в социальных учреждениях на основаниях и в порядке, предусмотренных законом.

Статья 47.

1. Каждый имеет право на охрану здоровья.

2. Государство создает условия для медицинского обслуживания каждого и принимает меры по развитию государственного, муниципального и частного секторов здравоохранения.

3. Бесплатное медицинское обслуживание, а также медицинское обслуживание на льготных условиях осуществляется в объеме государственных гарантий, предусмотренных законом.

4. Сокрытие должностными лицами фактов и обстоятельств, создающих угрозу для жизни и здоровья людей, влечет установленную законом ответственность.

Статья 48.

1. Каждый имеет право на благоприятную для жизни и здоровья экологическую среду.

2. Каждый имеет право на возмещение вреда, причиненного здоровью или имуществу действиями в области природопользования.

3. Каждый обязан бережно относиться к окружающей природной среде, растительному и животному миру.

Статья 49.

1. Каждому гарантируется свобода литературного, художественного, научного, технического и других видов творчества, преподавания.

2. Каждый имеет право на участие в культурной жизни и доступ к ценностям культуры.

Государство обеспечивает сохранность исторических памятников и иных объектов культурного наследия.

3. Интеллектуальная собственность охраняется законом.

Глава третья

Гражданство. Права и обязанности гражданина

Статья 50.

1. Гражданин в силу своего гражданства имеет права и несет обязанности.

2. Ни один гражданин не может быть лишен своего гражданства и права изменить свое гражданство. За лицами, являющимися гражданами Кыргызской Республики, признается принадлежность к гражданству другого государства в соответствии с законами и международными договорами, участницей которых является Кыргызская Республика.

3. Кыргызы, проживающие за пределами Кыргызской Республики, вне зависимости от наличия гражданства другого государства, вправе получить гражданство Кыргызской Республики в упрощенном порядке.

Порядок и условия предоставления гражданства Кыргызской Республики определяются законом.

4. Гражданин не может быть выдворен за пределы республики или выдан другому государству.

5. Кыргызская Республика гарантирует своим гражданам защиту и покровительство за ее пределами.

Статья 51.

Граждане имеют право беспрепятственно возвращаться в Кыргызскую Республику.

Статья 52.

1. Граждане имеют право:

1) участвовать в обсуждении и принятии законов и решений республиканского и местного значения;

2) избирать и быть избранными в органы государственной власти и органы местного самоуправления в порядке, предусмотренном настоящей Конституцией и законами;

3) участвовать в референдуме в порядке, предусмотренном конституционным законом.

2. Граждане вправе проводить народные курултаи по вопросам, имеющим государственное и общественное значение.

Решение народного курултая направляется в соответствующие органы в качестве рекомендаций.

Порядок проведения народных курултаев определяется законом.

3. Граждане имеют право участвовать в формировании республиканского и местных бюджетов, а также получать информацию о фактически расходуемых средствах из бюджета.

4. Граждане имеют равные права, равные возможности при поступлении на государственную и муниципальную службу, продвижении в должности в порядке, предусмотренном законом.

5. Граждане Кыргызской Республики, имеющие иное гражданство, не вправе занимать политические государственные должности и должности судей. Данное ограничение может быть установлено законом и для других государственных должностей.

Статья 53.

1. Гражданам гарантируется социальное обеспечение в старости, в случае болезни и утраты трудоспособности, потери кормильца в случаях и порядке, предусмотренных законом.

2. Пенсии, социальная помощь в соответствии с экономическими возможностями государства обеспечивают уровень жизни не ниже установленного законом прожиточного минимума.

3. Поощряются добровольное социальное страхование, создание дополнительных форм социального обеспечения и благотворительность.

4. Социальная деятельность государства не должна принимать форму государственного попечительства, ограничивающего экономическую свободу, активность и возможности гражданина самому достигать экономического благополучия для себя и своей семьи.

Статья 54.

Государство содействует повышению профессиональной квалификации граждан в порядке, предусмотренном законом.

Статья 55.

Граждане обязаны платить налоги и сборы в случаях и порядке, предусмотренных законом.

Статья 56.

1. Защита Отечества — священный долг и обязанность граждан.

2. Основания и порядок освобождения граждан от несения воинской службы или замены ее альтернативной (вневойсковой) службой устанавливаются законом.

Статья 57.

Организация и деятельность адвокатуры как самоуправляемого профессионального сообщества адвокатов, а также права, обязанности и ответственность адвокатов определяются законом.

Статья 58.

Для внесудебного разрешения споров, возникающих из гражданских правоотношений, могут учреждаться третейские суды. Полномочия, порядок образования и деятельность третейских судов определяются законом.

Статья 59.

В Кыргызской Республике граждане вправе учреждать суды аксакалов. Порядок учреждения судов аксакалов, их полномочия и деятельность определяются законом.

РАЗДЕЛ ТРЕТИЙ

ПРЕЗИДЕНТ КЫРГЫЗСКОЙ РЕСПУБЛИКИ

Статья 60.

1. Президент является главой государства.

2. Президент олицетворяет единство народа и государственной власти.

Статья 61.

1. Президент избирается на 6 лет гражданами Кыргызской Республики.

2. Одно и то же лицо не может быть избрано Президентом дважды.

Статья 62.

1. Президентом может быть избран гражданин Кыргызской Республики не моложе 35 лет и не старше 70 лет, владеющий государственным языком и проживающий в республике в совокупности не менее 15 лет.

2. Число кандидатов на пост Президента не ограничивается. Кандидатом в Президенты может быть зарегистрировано лицо, собравшее не менее 30 тысяч подписей избирателей.

Порядок выборов Президента определяется конституционным законом.

Статья 63.

1. При вступлении в должность Президент приносит присягу народу Кыргызстана.

2. Полномочия Президента прекращаются с момента вступления в должность вновь избранного Президента.

3. Президент на период осуществления своих полномочий приостанавливает свое членство в политической партии и прекращает любые действия, связанные с деятельностью политических партий.

Статья 64.

1. Президент:

1) назначает выборы в Жогорку Кенеш в предусмотренных настоящей Конституцией случаях; принимает решение о назначении досрочных выборов в Жогорку Кенеш в порядке и случаях, предусмотренных настоящей Конституцией;

2) назначает выборы в местные кенеши; в предусмотренных законом случаях и порядке осуществляет роспуск местных кенешей.

2. Президент:

1) подписывает и обнародует законы; возвращает законы с возражениями в Жогорку Кенеш;

2) вправе созвать в необходимых случаях внеочередное заседание Жогорку Кенеша и определить вопросы, подлежащие рассмотрению;

3) вправе выступать на заседаниях Жогорку Кенеша.

3. Президент:

1) представляет Жогорку Кенешу кандидатуры для избрания на должности судей Верховного суда по предложению Совета по отбору судей;

2) представляет Жогорку Кенешу для освобождения от должности судей Верховного суда по предложению Совета судей;

3) назначает судей местных судов по предложению Совета по отбору судей;

4) освобождает судей местных судов по предложению Совета судей в случаях, предусмотренных конституционным законом.

4. Президент:

1) назначает с согласия Жогорку Кенеша Генерального прокурора; в случаях, предусмотренных законом, освобождает от должности Генерального прокурора с согласия не менее одной трети от общего числа депутатов Жогорку Кенеша либо по инициативе одной трети от общего числа депутатов Жогорку Кенеша, одобренной двумя третями депутатов Жогорку Кенеша; по предложению Генерального прокурора назначает и освобождает от должности его заместителей;

2) назначает и освобождает от должности членов Правительства — руководителей государственных органов, ведающих вопросами обороны, национальной безопасности, а также их заместителей.

5. Президент:

1) вносит в Жогорку Кенеш кандидатуру для избрания на должность председателя Национального банка; по предложению председателя Национального банка назначает заместителей председателя и членов правления Национального банка, в случаях, предусмотренных законом, освобождает их от должности;

2) вносит в Жогорку Кенеш для избрания и освобождения от должности кандидатуры одной трети членов Центральной комиссии по выборам и проведению референдумов;

3) вносит в Жогорку Кенеш для избрания и освобождения от должности кандидатуры одной трети членов Счетной палаты;

4) назначает председателя Счетной палаты из числа избранных Жогорку Кенешем членов Счетной палаты и освобождает его в случаях, предусмотренных законом.

6. Президент:

1) представляет Кыргызскую Республику внутри страны и за ее пределами;

2) ведет переговоры и подписывает по согласованию с Премьер-министром международные договоры; вправе передавать указанные полномочия Премьер-министру, членам Правительства и другим должностным лицам;

3) подписывает ратификационные грамоты и грамоты о присоединении;

4) назначает по согласованию с Премьер-министром глав дипломатических представительств Кыргызской Республики в иностранных государствах и постоянных представителей в международных организациях; отзывает их; принимает верительные и отзывные грамоты глав дипломатических представительств иностранных государств.

7. Президент решает вопросы принятия в гражданство и выхода из гражданства Кыргызской Республики.

8. Президент является Главнокомандующим Вооруженными Силами Кыргызской Республики, определяет, назначает и освобождает высший командный состав Вооруженных Сил Кыргызской Республики.

9. Президент:

1) возглавляет Совет обороны, образуемый в соответствии с законом;

2) при наличии основания, предусмотренного конституционным законом, предупреждает о возможности введения чрезвычайного положения, а при необходимости вводит его в отдельных местностях без предварительного объявления, о чем незамедлительно сообщает Жогорку Кенешу;

3) объявляет общую или частичную мобилизацию; объявляет состояние войны в случае агрессии или непосредственной угрозы агрессии Кыргызской Республике и незамедлительно вносит этот вопрос на рассмотрение Жогорку Кенеша;

4) объявляет в интересах защиты страны и безопасности ее граждан военное положение и незамедлительно вносит этот вопрос на рассмотрение Жогорку Кенеша.

10. Президент:

1) награждает государственными наградами Кыргызской Республики;

2) присваивает почетные звания Кыргызской Республики;

3) присваивает высшие воинские звания, дипломатические ранги и иные специальные звания;

4) осуществляет помилование;

5) определяет структуру своего аппарата, утверждает его положение и назначает руководителя.

11. Президент осуществляет иные полномочия, предусмотренные настоящей Конституцией.

Статья 65.

Президент реализует свои полномочия посредством принятия указов и распоряжений, которые обязательны для исполнения на всей территории Кыргызской Республики.

Статья 66.

1. Полномочия Президента могут быть прекращены досрочно в случае отставки по его заявлению, отрешения его от должности в предусмотренном настоящей Конституцией порядке, а также при невозможности осуществления полномочий по болезни или в случае его смерти.

2. При невозможности осуществления Президентом своих обязанностей по болезни Жогорку Кенеш на основании заключения создаваемой им государственной медицинской комиссии принимает решение о досрочном освобождении Президента от должности не менее чем двумя третями голосов от общего числа депутатов Жогорку Кенеша.

Статья 67.

1. Президент может быть привлечен к уголовной ответственности после отрешения его от должности.

2. Президент может быть отрешен от должности только на основании выдвинутого Жогорку Кенешем обвинения в совершении преступления, подтвержденного заключением Генерального прокурора о наличии в действиях Президента признаков преступления.

3. Решение Жогорку Кенеша о выдвижении обвинения против Президента для отрешения его от должности должно быть принято большинством от общего числа депутатов Жогорку Кенеша по инициативе не менее одной трети от общего числа депутатов и при наличии заключения специальной комиссии, образованной Жогорку Кенешем.

4. Решение Жогорку Кенеша об отрешении Президента от должности должно быть принято большинством не менее двух третей голосов от общего числа депутатов Жогорку Кенеша не позднее чем в трехмесячный срок после выдвижения обвинения против Президента. Если в этот срок решение Жогорку Кенеша не будет принято, обвинение считается отклоненным.

Статья 68.

1. В случае досрочного прекращения Президентом своих полномочий по указанным в настоящей Конституции причинам его полномочия до избрания нового Президента исполняет Торага Жогорку Кенеша. В случае невозможности исполнения полномочий Президента Торага Жогорку Кенеша полномочия Президента исполняет Премьер-министр.

Досрочные выборы Президента проводятся в трехмесячный срок со дня прекращения полномочий Президента.

2. Должностные лица, исполняющие полномочия Президента, не вправе назначать досрочные выборы в Жогорку Кенеш, отправлять Правительство в отставку.

Статья 69.

1. Все бывшие президенты, кроме отрешенных от должности в установленном статьей 67 настоящей Конституции порядке, имеют звание экс-президента Кыргызской Республики.

2. Статус экс-президента устанавливается законом.

РАЗДЕЛ ЧЕТВЕРТЫЙ

ЗАКОНОДАТЕЛЬНАЯ ВЛАСТЬ КЫРГЫЗСКОЙ РЕСПУБЛИКИ

Глава первая

Жогорку Кенеш

Статья 70.

1. Жогорку Кенеш — парламент Кыргызской Республики — является высшим представительным органом, осуществляющим законодательную власть и контрольные функции в пределах своих полномочий.

2. Жогорку Кенеш состоит из 120 депутатов, избираемых сроком на 5 лет по пропорциональной системе.

По результатам выборов политической партии может быть предоставлено не более 65 депутатских мандатов в парламенте.

Депутатом Жогорку Кенеша может быть избран гражданин Кыргызской Республики, достигший на день выборов 21 года, обладающий избирательным правом.

Порядок избрания депутатов Жогорку Кенеша, включая установление избирательного порога для прохождения в парламент, определяется конституционным законом.

3. Депутаты Жогорку Кенеша объединяются во фракции.

Парламентским большинством считается фракция или коалиция фракций, официально объявившая о создании коалиции фракций в Жогорку Кенеше, имеющая более половины депутатских мандатов.

Парламентской оппозицией считаются фракция или фракции, не входящие в состав парламентского большинства и объявившие о своей оппозиции по отношению к нему.

Статья 71.

1. Жогорку Кенеш собирается на свою первую сессию не позднее 15 дней после определения результатов выборов.

2. Первое заседание Жогорку Кенеша открывает старейший по возрасту депутат Жогорку Кенеша.

3. Со дня первого заседания Жогорку Кенеша полномочия Жогорку Кенеша прежнего созыва прекращаются.

4. Полномочия депутатов Жогорку Кенеша начинаются со дня принятия ими присяги.

Статья 72.

1. Депутат Жогорку Кенеша не может подвергаться преследованиям за высказываемые им в связи с депутатской деятельностью суждения или за результаты голосования в Жогорку Кенеше. Привлечение депутата к уголовной ответственности допускается с согласия большинства от общего числа депутатов Жогорку Кенеша, за исключением случаев совершения особо тяжких преступлений.

2. Депутат Жогорку Кенеша не может совмещать депутатскую деятельность с иной государственной или муниципальной службой, не может осуществлять предпринимательскую деятельность, входить в состав руководящего органа или наблюдательного совета коммерческой организации.

Депутат Жогорку Кенеша может заниматься научной, педагогической и иной творческой деятельностью.

Статья 73.

1. Депутат Жогорку Кенеша не связан императивным мандатом. Отзыв депутата не допускается.

2. Полномочия депутата Жогорку Кенеша прекращаются одновременно с прекращением деятельности соответствующего созыва Жогорку Кенеша.

3. Полномочия депутата Жогорку Кенеша помимо основания, предусмотренного в части 2 настоящей статьи, прекращаются досрочно в случаях:

1) подачи им письменного заявления о сложении депутатских полномочий или выходе из фракции;

2) выхода из гражданства либо приобретения иного гражданства;

3) перехода на работу или неоставления им работы, не совместимой с выполнением депутатских полномочий;

4) признания выборов недействительными;

5) выезда на постоянное жительство за пределы Кыргызской Республики; признания депутата судом недееспособным;

6) вступления в законную силу обвинительного приговора суда в отношении него;

7) отсутствия на заседаниях Жогорку Кенеша без уважительных причин 30 и более рабочих дней в течение одной сессии;

8) вступления в законную силу решения суда об объявлении его безвестно отсутствующим или умершим;

9) смерти депутата.

Досрочное прекращение полномочий депутата Жогорку Кенеша по указанным основаниям осуществляется решением Центральной комиссии по выборам и проведению референдумов, принимаемым не позднее 30 календарных дней со дня возникновения основания.

4. Порядок замещения вакантного мандата, образовавшегося вследствие досрочного прекращения полномочий депутата, определяется конституционным законом.

Глава вторая

Полномочия Жогорку Кенеша

Статья 74.

1. Жогорку Кенеш:

1) принимает закон о назначении референдума;

2) назначает выборы Президента.

2. Жогорку Кенеш:

1) вносит изменения в настоящую Конституцию;

2) принимает законы;

3) ратифицирует и денонсирует международные договоры в порядке, определяемом законом;

4) решает вопросы об изменении государственных границ Кыргызской Республики;

5) утверждает республиканский бюджет и отчет о его исполнении;

6) решает вопросы административно-территориального устройства Кыргызской Республики;

7) издает акты об амнистии.

3. Жогорку Кенеш:

1) утверждает программу деятельности Правительства, определяет структуру и состав Правительства, за исключением членов Правительства руководителей государственных органов, ведающих вопросами обороны и национальной безопасности;

2) утверждает общегосударственные программы развития Кыргызской Республики, внесенные Правительством;

3) принимает решение о доверии Правительству;

4) принимает решение о выражении недоверия Правительству.

4. Жогорку Кенеш:

1) по представлению Президента избирает судей Верховного суда; в случаях, предусмотренных конституционным законом, освобождает их от должности по представлению Президента;

2) утверждает состав Совета по отбору судей в порядке, предусмотренном законом;

3) избирает по представлению Президента председателя Национального банка; освобождает его от должности в случаях, предусмотренных законом;

4) избирает членов Центральной комиссии по выборам и проведению референдумов: одну треть состава — по представлению Президента, одну треть — парламентского большинства и одну треть — парламентской оппозиции; освобождает их от должности в случаях, предусмотренных законом;

5) избирает членов Счетной палаты: одну треть состава — по представлению Президента, одну треть — парламентского большинства и одну треть — парламентской оппозиции; освобождает их от должности в случаях, предусмотренных законом;

6) избирает и в случаях, предусмотренных законом, освобождает от должности Акыйкатчы (Омбудсмена); дает согласие на привлечение его к уголовной ответственности;

7) избирает и в случаях, предусмотренных законом, освобождает от должности по представлению Акыйкатчы (Омбудсмена) заместителей Акыйкатчы (Омбудсмена); дает согласие на привлечение их к уголовной ответственности;

8) дает согласие на назначение Генерального прокурора; дает согласие на привлечение его к уголовной ответственности; дает согласие на освобождение от должности Генерального прокурора не менее чем одной третью от общего числа депутатов Жогорку Кенеша;

9) одобряет большинством не менее двух третей голосов от общего числа депутатов Жогорку Кенеша инициативу одной трети от общего числа депутатов Жогорку Кенеша об освобождении от должности Генерального прокурора в случаях, предусмотренных законом.

5. Жогорку Кенеш:

1) вводит чрезвычайное положение в случаях и порядке, предусмотренных конституционным законом; утверждает или отменяет указы Президента по этому вопросу;

2) решает вопросы войны и мира; введения военного положения; объявления состояния войны; утверждения или отмены указов Президента по этим вопросам;

3) решает вопрос о возможности использования Вооруженных Сил Кыргызской Республики за ее пределами при необходимости выполнения межгосударственных договорных обязательств по поддержанию мира и безопасности;

4) устанавливает воинские звания, дипломатические ранги и иные специальные звания Кыргызской Республики;

5) учреждает государственные награды и почетные звания Кыргызской Республики.

6. Жогорку Кенеш:

1) заслушивает выступления Президента, представителей иностранных государств, международных организаций;

2) заслушивает ежегодный доклад Акыйкатчы (Омбудсмена);

3) заслушивает ежегодные отчеты Премьер-министра, Генерального прокурора, председателя Национального банка, председателя Счетной палаты.

7. Жогорку Кенеш в порядке, предусмотренном настоящей Конституцией, выдвигает обвинение против Президента; принимает решение об отрешении Президента от должности.

8. Заслушивание ежегодных отчетов и докладов должностных лиц, указанных в настоящей статье, осуществляется с учетом положений настоящей Конституции и законов о самостоятельности и независимости государственных органов и их должностных лиц.

9. Жогорку Кенеш осуществляет иные полномочия, предусмотренные настоящей Конституцией.

Статья 75.

1. Жогорку Кенеш избирает из своего состава Торага Жогорку Кенеша и его заместителей.

Заместители Торага Жогорку Кенеша избираются в количестве и порядке, обеспечивающих их избрание из числа депутатов Жогорку Кенеша, входящих в состав парламентской оппозиции.

2. Торага Жогорку Кенеша:

1) ведет заседания Жогорку Кенеша;

2) осуществляет общее руководство подготовкой вопросов к рассмотрению на заседаниях Жогорку Кенеша;

3) подписывает акты, принятые Жогорку Кенешем;

4) представляет Жогорку Кенеш в Кыргызской Республике и за ее пределами, обеспечивает взаимодействие Жогорку Кенеша с Президентом, Правительством, органами судебной власти и местного самоуправления;

5) осуществляет общее руководство и контроль за деятельностью аппарата Жогорку Кенеша;

6) осуществляет иные полномочия по организации деятельности Жогорку Кенеша, возложенные на него Регламентом Жогорку Кенеша.

3. Торага Жогорку Кенеша избирается тайным голосованием большинством голосов от общего числа депутатов Жогорку Кенеша.

Торага Жогорку Кенеша подотчетен Жогорку Кенешу и может быть отозван по решению Жогорку Кенеша, принятому большинством не менее двух третей голосов от общего числа депутатов Жогорку Кенеша.

Статья 76.

1. Жогорку Кенеш из числа депутатов образует комитеты, а также временные комиссии; формирует их составы; при этом председателями комитетов по вопросам бюджета и правопорядка являются представители парламентской оппозиции.

2. Комитеты Жогорку Кенеша осуществляют подготовку и предварительное рассмотрение вопросов, отнесенных к полномочиям Жогорку Кенеша, контролируют проведение в жизнь законов и решений, принятых Жогорку Кенешем.

3. Законы, нормативные правовые акты Жогорку Кенеша принимаются после предварительного рассмотрения их проектов соответствующими комитетами Жогорку Кенеша.

4. Избрание, дача согласия Жогорку Кенеша на назначение и освобождение от государственной должности производятся при наличии заключения соответствующих комитетов Жогорку Кенеша.

Статья 77.

1. Сессии Жогорку Кенеша осуществляются в форме заседаний и проводятся с первого рабочего дня сентября по последний рабочий день июня следующего года.

2. Заседания Жогорку Кенеша проводятся открыто, если характер рассматриваемых вопросов не требует проведения закрытых заседаний.

3. Внеочередные сессии Жогорку Кенеша созываются Торага Жогорку Кенеша по предложению Президента, Правительства или не менее одной трети депутатов Жогорку Кенеша.

4. Заседание Жогорку Кенеша правомочно при условии присутствия на нем большинства от общего числа депутатов Жогорку Кенеша.

5. Решения Жогорку Кенеша принимаются на заседаниях путем голосования депутатов и оформляются постановлениями.

Статья 78.

1. Жогорку Кенеш может принять решение о самороспуске.

2. Решение о самороспуске может быть принято большинством не менее двух третей голосов от общего числа депутатов Жогорку Кенеша.

3. Президент в пятидневный срок со дня самороспуска Жогорку Кенеша назначает досрочные выборы. При этом выборы должны быть проведены не позднее 45 дней со дня назначения досрочных выборов.

Глава третья

Законодательная деятельность

Статья 79.

Право законодательной инициативы принадлежит:

1) 10 тысячам избирателей (народная инициатива);

2) депутату Жогорку Кенеша;

3) Правительству.

Статья 80.

1. Законопроекты вносятся в Жогорку Кенеш.

2. Законопроекты, определенные Правительством как неотложные, рассматриваются Жогорку Кенешем во внеочередном порядке.

3. Проекты законов, предусматривающие увеличение расходов, покрываемых за счет государственного бюджета, могут быть приняты Жогорку Кенешем после определения Правительством источника финансирования.

4. Законы принимаются Жогорку Кенешем в трех чтениях.

Законы, решения Жогорку Кенеша принимаются большинством от числа присутствующих депутатов, но не менее чем 50 голосами депутатов Жогорку Кенеша, если иное не предусмотрено в настоящей Конституции.

5. Конституционные законы, законы об изменении государственной границы принимаются Жогорку Кенешем не менее чем в трех чтениях большинством не менее двух третей голосов от общего числа депутатов Жогорку Кенеша.

6. Запрещается принятие конституционного закона, закона об изменении государственной границы во время чрезвычайного и военного положения.

Статья 81.

1. Принятый Жогорку Кенешем закон в течение 14 дней направляется Президенту для подписания.

2. Президент не позднее одного месяца со дня получения закона подписывает или возвращает его со своими возражениями в Жогорку Кенеш для повторного рассмотрения. Законы о республиканском бюджете, налогах подлежат обязательному подписанию.

3. Если при повторном рассмотрении конституционный закон или закон будет одобрен в ранее принятой редакции большинством не менее двух третей голосов от общего числа депутатов Жогорку Кенеша, такой закон подлежит подписанию Президентом в течение 14 дней со дня поступления. В случае неподписания в установленный срок конституционного закона или закона, одобренного в ранее принятой редакции, такой закон подписывается Торага Жогорку Кенеша не позднее 10 дней и подлежит опубликованию.

Статья 82.

Закон вступает в силу по истечении 10 дней со дня официального опубликования в официальном печатном органе, если иной срок не предусмотрен в самом законе или в законе о порядке введения его в действие.

РАЗДЕЛ ПЯТЫЙ

ИСПОЛНИТЕЛЬНАЯ ВЛАСТЬ КЫРГЫЗСКОЙ РЕСПУБЛИКИ

Статья 83.

1. Исполнительную власть в Кыргызской Республике осуществляют Правительство, подчиненные ему министерства, государственные комитеты, административные ведомства и местные государственные администрации.

2. Правительство является высшим органом исполнительной власти Кыргызской Республики.

3. Правительство возглавляется Премьер-министром. Правительство состоит из Премьер-министра, вице-премьер-министров, министров и председателей государственных комитетов.

Структура Правительства включает в себя министерства и государственные комитеты.

Статья 84.

1. Фракция, имеющая более половины депутатских мандатов, или коалиция фракций с ее участием в течение 15 рабочих дней со дня первого заседания Жогорку Кенеша нового созыва выдвигает кандидата на должность Премьер-министра.

Кандидат на должность Премьер-министра вносит в Жогорку Кенеш программу, структуру и состав Правительства.

2. В случае если до истечения вышеуказанного срока Жогорку Кенеш не утвердит программу, не определит структуру и состав Правительства либо если по результатам выборов ни одна из политических партий не получит более половины депутатских мандатов, Президент предлагает одной из фракций в течение 15 рабочих дней сформировать парламентское большинство и выдвинуть кандидатуру на должность Премьер-министра.

Кандидат на должность Премьер-министра до истечения вышеуказанного срока вносит в Жогорку Кенеш программу, структуру и состав Правительства.

3. Если до истечения вышеуказанного срока Жогорку Кенеш не утвердит программу, не определит структуру и состав Правительства, Президент предлагает второй фракции в течение 15 рабочих дней сформировать парламентское большинство и выдвинуть кандидатуру на должность Премьер-министра.

Кандидат на должность Премьер-министра до истечения вышеуказанного срока вносит в Жогорку Кенеш программу, структуру и состав Правительства.

4. Если до истечения вышеуказанного срока Жогорку Кенеш не утвердит программу, не определит структуру и состав Правительства, фракции по своей инициативе в течение 15 рабочих дней должны сформировать парламентское большинство и выдвинуть кандидатуру на должность Премьер-министра.

Кандидат на должность Премьер-министра до истечения вышеуказанного срока вносит в Жогорку Кенеш программу, структуру и состав Правительства.

5. Президент в трехдневный срок издает указ о назначении Премьер-министра и остальных членов Правительства.

В случае если Президент в вышеуказанный срок не издает указ о назначении Премьер-министра и членов Правительства, они считаются назначенными.

6. В случае если в установленном настоящей Конституцией порядке не будет утверждена программа, определены структура и состав Правительства, Президент назначает досрочные выборы в Жогорку Кенеш. В этом случае Правительство исполняет свои обязанности до формирования Правительства новым созывом Жогорку Кенеша в порядке, предусмотренном настоящей Конституцией.

7. В случае утраты коалицией фракций статуса парламентского большинства Правительство формируется в порядке и сроки, предусмотренные настоящей статьей. До формирования нового состава Правительства Премьер-министр и члены Правительства продолжают исполнять свои обязанности.

Статья 85.

1. Правительство подотчетно Жогорку Кенешу и ответственно перед ним в пределах, предусмотренных настоящей Конституцией.

2. Премьер-министр ежегодно представляет в Жогорку Кенеш отчет о работе Правительства.

3. Жогорку Кенеш по инициативе одной трети от общего числа депутатов Жогорку Кенеша может рассмотреть вопрос о выражении недоверия Правительству.

4. Постановление о выражении недоверия Правительству принимается большинством голосов от общего числа депутатов Жогорку Кенеша.

5. Вопрос о недоверии Правительству не может рассматриваться Жогорку Кенешем за 6 месяцев до очередных выборов Президента.

6. После выражения недоверия Правительству Президент вправе принять решение об отставке Правительства либо не согласиться с решением Жогорку Кенеша.

7. В случае если Жогорку Кенеш в течение 3 месяцев повторно примет решение о выражении недоверия Правительству, Президент отправляет Правительство в отставку.

Статья 86.

1. Премьер-министр не чаще одного раза в год может поставить перед Жогорку Кенешем вопрос о доверии Правительству. В случае отказа Жогорку Кенешем в доверии Правительству Президент в течение 5 рабочих дней принимает решение об отставке Правительства либо назначает досрочные выборы в Жогорку Кенеш.

2. В случае отставки Правительство продолжает осуществлять полномочия до формирования нового состава Правительства в порядке и сроки, предусмотренные настоящей Конституцией.

Статья 87.

1. Премьер-министр, Правительство или отдельный член Правительства вправе подать прошение об отставке. Отставка принимается или отклоняется Президентом.

2. Принятие отставки Премьер-министра влечет за собой отставку Правительства.

3. До формирования Правительства Премьер-министр и члены Правительства продолжают исполнять свои обязанности.

4. В случае отставки Правительства новый состав Правительства должен быть сформирован в порядке и сроки, предусмотренные настоящей Конституцией. Отсчет срока для внесения Президенту кандидатуры для назначения на должность Премьер-министра начинается со дня принятия Президентом отставки Премьер-министра или Правительства.

5. В случае отставки либо освобождения от должности члена Правительства Премьер-министр в течение 5 рабочих дней вносит Президенту кандидатуру на вакантную должность члена Правительства, одобренную Жогорку Кенешем.

Статья 88.

1. Правительство:

1) обеспечивает исполнение Конституции и законов;

2) реализует внутреннюю и внешнюю политику государства;

3) осуществляет меры по обеспечению законности, прав и свобод граждан, охране общественного порядка, борьбе с преступностью;

4) обеспечивает реализацию мер по охране государственного суверенитета, территориальной целостности, защите конституционного строя, а также мер по укреплению обороноспособности, национальной безопасности и правопорядка;

5) обеспечивает проведение финансовой, ценовой, тарифной, инвестиционной и налоговой политики;

6) разрабатывает и представляет Жогорку Кенешу республиканский бюджет и обеспечивает его исполнение; представляет Жогорку Кенешу отчет об исполнении республиканского бюджета;

7) осуществляет меры по обеспечению равных условий развития всех форм собственности и их защите, по управлению объектами государственной собственности;

8) обеспечивает проведение единой государственной политики в социально-экономической и культурной сферах;

9) разрабатывает и реализует общегосударственные программы экономического, социального, научно-технического и культурного развития;

10) обеспечивает осуществление внешнеэкономической деятельности;

11) обеспечивает взаимодействие с гражданским обществом;

12) осуществляет иные полномочия, отнесенные к его ведению Конституцией и законами.

2. Организация и порядок деятельности Правительства определяются конституционным законом.

Статья 89.

Премьер-министр:

1) руководит Правительством, несет персональную ответственность за его деятельность перед Жогорку Кенешем;

2) обеспечивает исполнение Конституции и законов всеми органами исполнительной власти;

3) ведет переговоры и подписывает международные договоры;

4) ведет заседания Правительства;

5) подписывает постановления и распоряжения Правительства, обеспечивает их исполнение;

6) назначает и освобождает руководителей административных ведомств;

7) назначает и освобождает глав местных государственных администраций по предложению местных кенешей в порядке, установленном законом;

8) осуществляет иные полномочия, предусмотренные настоящей Конституцией и законами.

Статья 90.

1. На основе и во исполнение Конституции и законов Правительство издает постановления и распоряжения, обеспечивает их исполнение.

2. Постановления и распоряжения Правительства обязательны для исполнения на всей территории Кыргызской Республики.

3. Правительство руководит деятельностью министерств, государственных комитетов, административных ведомств, органов местной государственной администрации.

4. Правительство вправе отменять акты министерств, государственных комитетов, административных ведомств.

Статья 91.

1. Исполнительную власть на территории соответствующей административно-территориальной единицы осуществляет местная государственная администрация.

Порядок назначения и освобождения глав местных государственных администраций определяется законом.

2. Организация и деятельность местной государственной администрации определяются законом.

Статья 92.

1. Местные государственные администрации действуют на основе Конституции, законов, нормативных правовых актов Правительства.

2. Решения местной государственной администрации, принятые в пределах ее компетенции, обязательны для исполнения на соответствующей территории.

РАЗДЕЛ ШЕСТОЙ

СУДЕБНАЯ ВЛАСТЬ КЫРГЫЗСКОЙ РЕСПУБЛИКИ

Статья 93.

1. Правосудие в Кыргызской Республике осуществляется только судом.

В предусмотренных законом случаях и порядке граждане Кыргызской Республики имеют право участвовать в отправлении правосудия.

2. Судебная власть осуществляется посредством конституционного, гражданского, уголовного, административного и иных форм судопроизводства.

3. Судебная система Кыргызской Республики устанавливается Конституцией и законами, состоит из Верховного суда и местных судов.

В составе Верховного суда действует Конституционная палата.

Законом могут учреждаться специализированные суды.

Создание чрезвычайных судов не допускается.

4. Организация и порядок деятельности судов определяются законом.

Статья 94.

1. Судьи независимы и подчиняются только Конституции и законам.

2. Судья обладает правом неприкосновенности и не может быть задержан или арестован, подвергнут обыску или личному досмотру, кроме случаев, когда он был застигнут на месте совершения преступления.

3. Никто не вправе требовать от судьи отчета по конкретному судебному делу.

Запрещается всякое вмешательство в деятельность по осуществлению правосудия. Лица, виновные в воздействии на судью, несут ответственность, предусмотренную законом.

4. Судья обеспечивается соответственно его статусу социальными, материальными и иными гарантиями его независимости.

5. Судьей Верховного суда может быть гражданин Кыргызской Республики не моложе 40 лет и не старше 70 лет, имеющий высшее юридическое образование и стаж работы по юридической профессии не менее 10 лет.

6. Судьи Верховного суда избираются до достижения предельного возраста.

7. Судьи Верховного суда из своего состава избирают председателя Верховного суда и его заместителей сроком на 3 года.

Одно и то же лицо не может быть избрано председателем, заместителем председателя Верховного суда два срока подряд.

Порядок избрания и освобождения председателя Верховного суда и его заместителей определяется законом.

8. Судьей местного суда может быть гражданин Кыргызской Республики не моложе 30 лет и не старше 65 лет, имеющий высшее юридическое образование и стаж работы по юридической профессии не менее 5 лет.

Судьи местных судов назначаются Президентом по представлению Совета по отбору судей в первый раз сроком на 5 лет, а в последующем — до достижения предельного возраста. Порядок представления и назначения судей местных судов определяется конституционным законом.

Собрание судей местного суда из своего состава избирает председателя, заместителя председателя суда сроком на 3 года.

Одно и то же лицо не может быть избрано председателем, заместителем председателя местного суда два срока подряд в одном и том же суде.

9. Статус судей Кыргызской Республики определяется конституционным законом, которым могут быть установлены дополнительные требования к кандидатам на должности судей Верховного суда и местных судов.

Статья 95.

1. Судьи всех судов Кыргызской Республики занимают свои должности и сохраняют свои полномочия до тех пор, пока их поведение является безупречным. Нарушение требований безупречности поведения судей является основанием для привлечения судьи к ответственности в порядке, определяемом конституционным законом.

2. Судьи Верховного суда могут быть досрочно освобождены от занимаемой должности Жогорку Кенешем большинством не менее двух третей голосов от общего числа депутатов Жогорку Кенеша по представлению Президента на основании предложения Совета судей.

3. В случае смерти судьи, объявления его умершим или безвестно отсутствующим, признания недееспособным, утраты гражданства, выхода из гражданства либо приобретения гражданства иного государства полномочия судьи прекращаются органом, его избравшим или назначившим, со дня появления основания в соответствии с конституционным законом.

4. Отбор кандидатур на должности судей местных судов, представление их на назначение и перевод (ротацию) осуществляются Советом по отбору судей в порядке, определяемом конституционным законом.

5. Отстранение и освобождение от должности судей местных судов осуществляются Президентом по предложению Совета судей в случаях и порядке, определяемых конституционным законом.

6. Привлечение судей всех судов Кыргызской Республики к уголовной и административной ответственности, налагаемой в судебном порядке, допускается с согласия Совета судей в порядке, определяемом конституционным законом.

7. Совет по отбору судей формируется из судей и представителей гражданского общества.

Совет судей, парламентское большинство и парламентская оппозиция избирают по одной трети состава Совета по отбору судей соответственно.

8. Организация и деятельность Совета по отбору судей, его полномочия и порядок формирования определяются законом.

Статья 96.

1. Верховный суд является высшим судебным органом по гражданским, уголовным, экономическим, административным и иным делам и осуществляет пересмотр судебных актов местных судов по обращениям участников судебного процесса в порядке, определяемом законом.

2. Пленум Верховного суда в составе председателя Верховного суда и коллегий Верховного суда дает разъяснения по вопросам судебной практики.

3. Акты Верховного суда являются окончательными и обжалованию не подлежат.

Статья 97.

1. Конституционная палата Верховного суда является органом, осуществляющим конституционный контроль.

2. Судьей Конституционной палаты Верховного суда может быть гражданин Кыргызской Республики не моложе 40 лет и не старше 70 лет, имеющий высшее юридическое образование и стаж работы по юридической профессии не менее 15 лет.

3. Судьи Конституционной палаты Верховного суда из своего состава избирают председателя, заместителя председателя сроком на 3 года.

4. Одно и то же лицо не может быть избрано председателем, заместителем председателя Конституционной палаты Верховного суда два срока подряд.

5. Судьи Конституционной палаты Верховного суда могут быть досрочно освобождены от занимаемой должности Жогорку Кенешем большинством не менее двух третей голосов от общего числа депутатов Жогорку Кенеша по представлению Президента на основании предложения Совета судей.

6. Конституционная палата Верховного суда:

1) признает неконституционными законы и иные нормативные правовые акты в случае их противоречия Конституции;

2) дает заключение о конституционности не вступивших в силу международных договоров, участницей которых является Кыргызская Республика;

3) дает заключение к проекту закона об изменениях в настоящую Конституцию.

7. Каждый вправе оспорить конституционность закона и иного нормативного правового акта, если считает, что ими нарушаются права и свободы, признаваемые Конституцией.

8. Решение Конституционной палаты Верховного суда является окончательным и обжалованию не подлежит.

9. Установление Конституционной палатой Верховного суда неконституционности законов или их положений отменяет их действие на территории Кыргызской Республики, а также отменяет действие других нормативных правовых актов, основанных на законах или их положениях, признанных неконституционными, за исключением судебных актов.

10. Судебные акты, основанные на нормах законов, признанных неконституционными, пересматриваются судом в каждом конкретном случае по жалобам граждан, чьи права и свободы были затронуты.

11. Состав и порядок формирования Конституционной палаты Верховного суда, избрания и освобождения председателя, заместителя председателя Конституционной палаты, а также порядок осуществления конституционного судопроизводства определяются конституционным законом.

Статья 98.

1. Государство обеспечивает финансирование и надлежащие условия для функционирования судов и деятельности судей.

Финансирование судов производится за счет средств республиканского бюджета и должно обеспечивать возможность полного и независимого осуществления правосудия.

2. Бюджет судебной системы формируется судебной властью самостоятельно и по согласованию с исполнительной и законодательной ветвями власти включается в республиканский бюджет.

Статья 99.

1. Разбирательство дел во всех судах осуществляется открыто. Слушание дела в закрытом заседании допускается лишь в случаях, предусмотренных законом. Решение суда объявляется публично.

2. Заочное разбирательство уголовных или иных дел в судах не допускается, кроме случаев, предусмотренных законом.

3. Судопроизводство осуществляется на основе состязательности и равноправия сторон.

4. Отмена, изменение или приостановление судебного акта могут быть осуществлены судом в установленном законом порядке.

5. Процессуальные права участников судебного процесса, в том числе право на обжалование решений, приговоров и других судебных актов, а также порядок их осуществления определяются законом.

Статья 100.

1. Вступившие в законную силу акты судов Кыргызской Республики обязательны для всех государственных органов, органов местного самоуправления, юридических лиц, общественных объединений, должностных и физических лиц и подлежат исполнению на всей территории республики.

2. Неисполнение, ненадлежащее исполнение либо воспрепятствование исполнению судебных актов, а также вмешательство в деятельность судов влекут установленную законом ответственность.

Статья 101.

1. Суд не вправе применять нормативный правовой акт, противоречащий настоящей Конституции.

2. Если при рассмотрении дела в любой судебной инстанции возник вопрос о конституционности закона или иного нормативного правового акта, от которого зависит решение дела, суд направляет запрос в Конституционную палату Верховного суда.

Статья 102.

1. Для решения вопросов внутренней деятельности судов действует судейское самоуправление.

2. Органами судейского самоуправления в Кыргызской Республике являются съезд судей, Совет судей и собрание судей.

Съезд судей является высшим органом судейского самоуправления.

Совет судей является выборным органом судейского самоуправления, действующим в период между съездами судей и осуществляющим защиту прав и законных интересов судей, контроль за формированием и исполнением бюджета судов, организацию обучения и повышения квалификации судей, рассмотрение вопросов о привлечении судей к дисциплинарной ответственности.

Собрание судей является первичным органом судейского самоуправления.

3. Организация и порядок деятельности органов судейского самоуправления определяются законом.

Статья 103.

Правосудие отправляется бесплатно в предусмотренных законом случаях, а также в любом случае, когда участвующие в судебном разбирательстве лица предъявят доказательства, что не имеют достаточных средств для его ведения.

РАЗДЕЛ СЕДЬМОЙ

ИНЫЕ ГОСУДАРСТВЕННЫЕ ОРГАНЫ

Статья 104.

Прокуратура составляет единую систему, на которую возлагается:

1) надзор за точным и единообразным исполнением законов органами исполнительной власти, органами местного самоуправления, их должностными лицами;

2) надзор за соблюдением законов органами, осуществляющими оперативно-розыскную деятельность, следствие;

3) надзор за соблюдением законов при исполнении судебных решений по уголовным делам, а также при применении мер принудительного характера, связанных с ограничением личной свободы граждан;

4) представительство интересов гражданина или государства в суде в случаях, определенных законом;

5) поддержание государственного обвинения в суде;

6) уголовное преследование должностных лиц государственных органов.

Статья 105.

Национальный банк осуществляет надзор за банковской системой Кыргызской Республики, определяет и проводит денежно-кредитную политику в Кыргызской Республике, разрабатывает и осуществляет единую валютную политику, обладает исключительным правом проведения эмиссии денежных знаков, реализует различные формы и принципы банковского финансирования.

Статья 106.

Центральная комиссия по выборам и проведению референдумов обеспечивает подготовку и проведение выборов и референдумов в Кыргызской Республике.

Статья 107.

Счетная палата осуществляет аудит исполнения республиканского и местных бюджетов, внебюджетных средств, использования государственной и муниципальной собственности.

Статья 108.

Парламентский контроль за соблюдением прав и свобод человека и гражданина в Кыргызской Республике осуществляется Акыйкатчы (Омбудсменом).

Статья 109.

Организация и порядок деятельности государственных органов, указанных в настоящем разделе, а также гарантии их независимости определяются законами.

РАЗДЕЛ ВОСЬМОЙ

МЕСТНОЕ САМОУПРАВЛЕНИЕ

Статья 110.

1. Местное самоуправление — гарантированное настоящей Конституцией право и реальная возможность местных сообществ самостоятельно в своих интересах и под свою ответственность решать вопросы местного значения.

2. Местное самоуправление в Кыргызской Республике осуществляется местными сообществами на территории соответствующих административно-территориальных единиц.

3. Местное самоуправление осуществляется местными сообществами граждан непосредственно либо через органы местного самоуправления.

4. Финансирование местного самоуправления обеспечивается из соответствующего местного, а также республиканского бюджета.

5. Формирование и исполнение местного бюджета осуществляются с соблюдением принципов прозрачности, участия общественности, подотчетности органов местного самоуправления перед местным сообществом.

Статья 111.

1. Систему органов местного самоуправления образуют:

1) местные кенеши — представительные органы местного самоуправления;

2) айыл окмоту, мэрии городов — исполнительные органы местного самоуправления.

2. Исполнительные органы местного самоуправления и их должностные лица в своей деятельности подотчетны местным кенешам.

Статья 112.

1. Депутаты местных кенешей избираются гражданами, проживающими на территории соответствующей административно-территориальной единицы, с соблюдением равных возможностей в порядке, установленном законом.

2. Главы исполнительных органов местного самоуправления избираются в порядке, установленном законом.

3. Местные кенеши в соответствии с законом:

1) утверждают местные бюджеты, контролируют их исполнение;

2) утверждают программы социально-экономического развития местного сообщества и социальной защиты населения;

3) вводят местные налоги и сборы, а также устанавливают льготы по ним;

4) решают иные вопросы местного значения.

Статья 113.

1. Государственные органы не вправе вмешиваться в предусмотренные законом полномочия местного самоуправления.

2. Органам местного самоуправления могут быть делегированы государственные полномочия с передачей материальных, финансовых и иных средств, необходимых для их осуществления. Государственные полномочия могут быть переданы органам местного самоуправления на основании закона или договора. По делегированным полномочиям органы местного самоуправления подотчетны государственным органам.

3. Органы местного самоуправления несут ответственность перед государством и его органами за исполнение законов, перед местным сообществом — за результаты своей деятельности.

4. Органы местного самоуправления вправе обращаться за судебной защитой в связи с нарушением их прав.

РАЗДЕЛ ДЕВЯТЫЙ

ПОРЯДОК ВНЕСЕНИЯ ИЗМЕНЕНИЙ В НАСТОЯЩУЮ КОНСТИТУЦИЮ

Статья 114.

1. Закон о внесении изменений в настоящую Конституцию может быть принят референдумом, назначаемым Жогорку Кенешем.

2. Изменения в положения третьего, четвертого, пятого, шестого, седьмого и восьмого разделов настоящей Конституции могут приниматься Жогорку Кенешем по предложению большинства от общего числа депутатов Жогорку Кенеша либо по инициативе не менее 300 тысяч избирателей.

Внимание! В соответствии с Законом КР от 27 июня 2010 года положения части второй статьи 114 вступают в силу с 1 сентября 2020 года

3. Жогорку Кенеш принимает закон о внесении изменений в настоящую Конституцию не позднее 6 месяцев со дня его внесения на рассмотрение Жогорку Кенеша.

Закон о внесении изменений в настоящую Конституцию принимается Жогорку Кенешем большинством не менее двух третей голосов от общего числа депутатов Жогорку Кенеша после проведения не менее трех чтений с перерывом между чтениями в 2 месяца.

По инициативе не менее двух третей от общего числа депутатов Жогорку Кенеша закон о внесении изменений в настоящую Конституцию может быть вынесен на референдум.

4. Запрещается внесение изменений в настоящую Конституцию во время чрезвычайного и военного положения.

5. Принятый закон о внесении изменений в настоящую Конституцию подлежит подписанию Президентом.

(Введена в действие Законом КР от 27 июня 2010 года)

Принята референдумом (всенародным голосованием) 27 июня 2010 года

Verfassung der Republik Tadschikistan

Quelle: http://parlament.tj//index.php?option=com_content&view=article&id=57 vom 22.12.2013

Тағйирот дар натиҷаи раъйпурсии аз 26 сентябри соли 1999 ворид шудааст.
Тағйирот дар натиҷаи раъйпурсии аз 22 июни соли 2003 ворид шудааст.

КОНСТИТУЦИЯИ ҶУМҲУРИИ ТОҶИКИСТОН

Мо, халқи Тоҷикистон, қисми ҷудонашавандаи ҷомеаи ҷаҳон буда, худро дар назди наслҳои гузашта, ҳозира ва оянда масъул ва вазифадор дониста, таъмини соҳибихтиёрии давлати худ ва рушду камоли онро дарк намуда, озоди ва ҳуқуқи шахсро муқаддас шумурда, баробарҳуқуқи ва дӯстии тамоми миллату халқиятҳоро эътироф карда, бунёди ҷомеаи адолатпарварро вазифаи худ қарор дода,

ҲАМИН КОНСТИТУТСИЯРО ҚАБУЛ ВА ЭЪЛОН МЕНАМОЕМ.

БОБИ ЯКУМ. АСОСҲОИ СОХТОРИ КОНСТИТУТСИОНИ

Моддаи 1.

Ҷумҳурии Тоҷикистон давлати соҳибихтиёр, демократи, ҳуқуқбунёд, дунявӣ ва ягона мебошад.
Тоҷикистон давлати иҷтимои буда, барои ҳар як инсон шароити зиндагии арзанда ва инкишофи озодонаро фароҳам меорад. Ҷумҳурии Тоҷикистон ва Тоҷикистон ҳаммаъноянд

Моддаи 2.

Забони давлатии Тоҷикистон забони тоҷики аст. Забони руси ҳамчун забони муоширати байни миллатҳо амал мекунад.Ҳамаи миллатҳо ва халкиятҳое, ки дар ҳудуди ҷумҳури зиндаги мекунанд, ҳақ доранд аз забони модариашон озодона истифодакунанд.

Моддаи 3.

Рамзҳои давлатии Тоҷикистон Парчам, Нишон ва Суруди Милли аст.

Моддаи 4.

Пойтахти Тоҷикистон шаҳри Душанбе аст.

Моддаи 5.

Инсон, ҳуқуқ ва озодиҳои он арзиши оли мебошанд.Ҳаёт, қадр, номус ва дигар ҳуқуқҳои фитрии инсон дахлнопазиранд.Ҳуқуқу озодиҳои инсон ва шаҳрвандро давлат эътироф, риоя ва ҳифз менамояд.

Моддаи 6.

Дар Тоҷикистон халқ баёнгари соҳибихтиёри ва сарчашмаи ягонаи ҳокимияти давлати буда, онро бевосита ва ё ба воситаи вакилони худ амали мегардонад.
Ифодаи олии бевоситаи ҳокимияти халқ раъйпурсии умумихалқӣ ва интихобот аст.
Халқи Тоҷикистонро сарфи назар аз миллаташон шаҳрвандони Тоҷикистон ташкил менамоянд.
Ҳеҷ як иттиҳодияи ҷамъияти, ҳизбҳои сиёси, гурӯҳи одамон ва ё фарде ҳақ надорад, ки ҳокимияти давлатиро ғасб намояд.
Ғасби ҳокимият ва ё тасарруфи салоҳияти он манъ аст.
Аз номи тамоми халқи Тоҷикистон фақат Президент, Маҷлиси милли ва Маҷлиси намояндагони Маҷлиси Олии Ҷумҳурии Тоҷикистон дар ҷаласаи якҷояи худ ҳуқуқи сухан гуфтан доранд.

Моддаи 7.

Ҳудуди Тоҷикистон тақсимнашаванда ва дахлнопазир мебошад.
Тоҷикистон аз Вилояти Мухтори Кӯҳистони Бадахшон, вилоятҳо, шаҳрҳо, ноҳияҳо, шаҳракҳо ва деҳаҳо иборат аст.Соҳибихтиёри, истиқлолият ва тамомияти арзии Тоҷикистонро давлат таъмин менамояд. Тарғиб ва амалиёти ҷудоиандози, ки ягонагии давлатро халалдор мекунад, манъ аст.
Тартиби таъсис ва тағйири воҳидҳои марзиву маъмуриро қонуни конститутсиони танзим менамояд.

Моддаи 8.

Дар Тоҷикистон ҳаёти ҷамъияти дар асоси равияҳои гуногуни сиёси ва мафкуравӣ инкишоф меёбад.
Мафкураи ҳеҷ як ҳизб, иттиҳодияи ҷамъияти, дини, ҳаракат ва гурӯҳе наметавонад ба ҳайси мафкураи давлати эътироф шавад.
Иттиҳодияҳои ҷамъиятӣ ва ҳизбҳои сиёси дар доираи Конститутсия ва қонунҳо таъсис меёбанд ва амал мекунанд.
Ташкилотҳои дини аз давлат ҷудо буда, ба корҳои давлати мудохила карда наметавонанд.
Таъсис ва фаъолияти иттиҳодияҳои ҷамъияти ва ҳизбҳои сиёсие, ки нажодпарасти, миллатгарои, хусумат, бадбинии иҷтимои ва мазҳабиро тарғиб мекунанд ва ё барои бо зӯри сарнагун кардани сохтори конститутсиони ва ташкили гурӯҳҳои мусаллаҳ даъват менамоянд, манъ аст.

Моддаи 9.

Ҳокимияти давлати дар асоси таҷзияи он ба ҳокимияти қонунгузор, иҷроия ва суди амали мегардад.

Моддаи 10.

Конститутсияи Тоҷикистон эътибори олии ҳуқуқи дорад ва меъёрҳои он мустақиман амал мекунанд. Қонунҳо ва дигар санадҳои ҳуқуқие, ки хилофи Конститутсияанд, эътибори ҳуқуқи надоранд.
Давлат ва ҳамаи мақомоти он, шахсони мансабдор, шаҳрвандон ва иттиҳодияҳои онҳо вазифадоранд Конститутсия ва қонунҳои ҷумҳуриро риоя ва иҷро намоянд.
Санадҳои ҳуқуқии байналмилалие, ки Тоҷикистон онҳоро эътироф кардааст, қисми таркибии низоми ҳуқуқии ҷумҳуриро ташкил медиҳанд. Агар қонунҳои ҷумҳури ба санадҳои ҳуқуқии байналмилалии эътирофшуда мутобиқат накунанд, меъёрҳои санадҳои байналмилали амал мекунанд.
Қонунҳо ва санадҳои ҳуқуқии байналмилалие, ки Тоҷикистон эътироф кардааст, пас аз интишори расми амал мекунанд.

Моддаи 11.

Тоҷикистон сиёсати сулҳҷӯёнаро ба амал татбиқ намуда, соҳибихтиёри ва истиқлолияти дигар давлатҳои ҷаҳонро эҳтиром менамояд ва муносибатҳои хориҷиро дар асоси меъёрҳои байналмилали муайян мекунад.
Ташвиқоти ҷанг манъ аст.
Тоҷикистон вобаста ба манфиатҳои олии халқ метавонад ба иттиҳодияҳо ва ташкилотҳои байналмилали дохил шавад, аз онҳо барояд, бо кишварҳои хориҷи робита намояд.Давлат бо ҳамватанони берунмарзи ҳамкори мекунад.

Моддаи 12.

Асоси иқтисодиёти Тоҷикистонро шаклҳои гуногуни моликият ташкил медиҳанд.
Давлат фаъолияти озоди иқтисоди, соҳибкори, баробарҳуқуқи ва ҳифзи ҳуқуқии ҳамаи шаклҳои моликият, аз ҷумла моликияти хусусиро кафолат медихад.

Моддаи 13.

Замин, сарватҳои зеризамини, об, фазои ҳавои, олами набототу ҳайвонот ва дигар боигарии табий моликияти истисноии давлат мебошанд ва давлат истифодаи самараноки онҳоро ба манфиати халқ кафолат медиҳад.

БОБИ ДУЮМ. ҲУҚУҚ, ОЗОДИ, ВАЗИФАҲОИ АСОСИИ ИНСОН ВА ШАҲРВАНД

Моддаи 14.

Ҳуқуқу озодиҳои инсон ва шаҳрванд ба воситаи Конститутсия, қонунҳои ҷумҳури ва санадҳои ҳуқуқии байналмилалие, ки аз тарафи Тоҷикистон эътироф шудаанд, ҳифз мегарданд.
Ҳуқуқ ва озодиҳои инсон ва шаҳрванд бевосита амали мешаванд. Онҳо мақсад, мазмун ва татбиқи қонунҳо, фаъолияти ҳокимияти қонунгузор, иҷроия, маҳалли ва мақомоти худидоракунии маҳаллиро муайян мекунанд ва ба воситаи ҳокимияти суди таъмин мегарданд.
Маҳдуд кардани ҳуқуқ ва озодиҳои шаҳрванд танҳо ба мақсади таъмини ҳуқуқ ва озодии дигарон, тартиботи ҷамъияти, ҳимояи сохти конститутсиони ва тамомияти арзии ҷумҳури раво дониста мешавад.

Моддаи 15.

Шаҳрванди Тоҷикистон шахсе ҳисоб меёбад, ки дар рӯзи қабули Конститутсия шаҳрванди Ҷумҳурии Тоҷикистон бошад.
Мансубияти шаҳрванди Тоҷикистон ба шаҳрванди давлати дигар эътироф намешавад, ба истиснои мавридҳое, ки дар қонун ва шартномаҳои байнидавлатии Тоҷикистон нишон дода шудааст.Тартиби ба шаҳрванди қабул шудан ва аз он хориҷ гардиданро қонуни конститутсиони танзим менамояд.

Моддаи 16.

Шаҳрванди Тоҷикистон дар хориҷи кишвар таҳти ҳимояи давлат мебошад. Ҳеҷ як шаҳрванди ҷумҳуриро ба давлати хориҷи супурдан мумкин нест. Супурдани ҷинояткор ба давлати хориҷи дар асоси шартномаи тарафайн ҳал мешавад.
Шаҳрванди хориҷи ва шахси бешаҳрванд аз ҳуқуқ ва озодиҳои эълоншуда истифода мебаранд ва баробари шаҳрванди Тоҷикистон вазифа ва масъулият доранд, ба

истиснои ҳолатҳое, ки қонун пешбини намудааст.Тоҷикистон ба шаҳрвандони хориҷие, ки гирифтори вайронкунии ҳуқуқи инсон гаштаанд, метавонад паноҳгоҳи сиёси диҳад.

Моддаи 17.

Ҳама дар назди қонун ва суд баробаранд. Давлат ба ҳар кас, қатъи назар аз миллат, нажод, ҷинс, забон, эътиқоди дини, мавқеи сиёси, вазъи иҷтимои, таҳсил ва молу мулк, ҳуқуқу озодиҳоро кафолат медиҳад.Мардон ва занон баробарҳуқуқанд.

Моддаи 18.

Ҳар кас ҳаққи зиндаги дорад.Ҳеч кас аз ҳаёт маҳрум карда намешавад, ба истиснои ҳукми суд барои ҷинояти махсусан вазнин.Дахлнопазирии шахсро давлат кафолат медиҳад. Ба ҳеҷ кас шиканҷа, ҷазо ва муносибати ғайриинсони раво дида намешавад. Мавриди озмоиши маҷбурии тибби ва илми қарор додани инсон манъ аст.

Моддаи 19.

Ҳар кас кафолати ҳифзи суди дорад. Ҳар шахс Ҳуқуқ дорад талаб намояд, ки парвандаи ӯро суди босалоҳият, мустақил ва беғараз, ки тибқи қонун таъсис ёфтааст, барраси намояд.

Ҳеҷ касро бе асоси қонуни дастгир, ҳабс кардан мумкин нест. Ҳар шахс аз лаҳзаи дастгир шудан метавонад аз ёрии адвокат истифода кунад.

Моддаи 20.

Ҳеч кас то эътибори қонуни пайдо кардани ҳукми суд дар содир кардани ҷиноят гунаҳгор дониста намешавад.Ҳеҷ кас баъди гузаштани мӯҳлати таъқиби ҷинои, инчунин барои содир кардани рафторе, ки ҳангоми воқеъ шуданаш ҷиноят ҳисоб намеёфт, ба ҷавобгари кашида намешавад. Барои як ҷиноят ҳеҷ кас такроран ҷазо намебинад.
Қонуне, ки баъд аз содир шудани рафтори ғайриқонунии шахс қабул шудааст ва он ҷазои шахсро вазнин мекунад, қувваи бозгашт надорад. Агар баъд аз содир шудани рафтори ғайриқонуни барои он ҷазо пешбини нашуда бошад ва ё ҷазои сабук пешбини шуда бошад, қонуни нав амал мекунад.Мусодираи пурраи молу мулки шахси маҳкумшуда манъ аст.

Моддаи 21.

Ҳуқуқи ҷабрдидаро қонун ҳифз мекунад. Давлат ҳифзи суда ва ҷуброни зарарро барои ҷабрдида кафолат медиҳад.

Моддаи 22.

Манзили шахс дахлнопазир аст. Ба манзили шахс зӯран даромадан ва касеро аз манзил маҳрум кардан манъ аст, ба истиснои мавридҳое, ки қонун муқаррар кардааст.

Моддаи 23.

Маҳрамияти мукотиба, сӯҳбатҳои телефони, муросилот ва мухобироти шахс таъмин карда мешавад, ба истиснои мавридҳое, ки дар қонун нишон дода шудааст.
Дар бораи ҳаёти шахсии инсон бе розигии ӯ ҷамъ намудан, нигоҳ доштан, истифода ва паҳн кардани маълумот манъ аст.

Моддаи 24.

Шаҳрванд ба мусофират, интихоби озоди маҳалли зист, тарки ҷумҳури ва бозгашт ба он ҳақ дорад.

Моддаи 25.

Мақомоти давлати, иттиҳодияҳои ҷамъияти, ҳизбҳои сиёси ва шахсони мансабдор вазифадоранд ба ҳар кас имконияти пайдо намудан ва шинос шуданро ба ҳуҷҷатҳое, ки ба ҳуқуқ ва манфиати ӯ дахл доранд, таъмин намоянд, ба истиснои ҳолатҳое, ки қонун муайян кардааст.

Моддаи 26.

Ҳар кас ҳақ дорад муносибати худро нисбат ба дин мустақилона муайян намояд, алоҳида ва ё якҷоя бо дигарон динеро пайрави намояд ва ё пайрави накунад, дар маросим ва расму оинҳои дини иштирок намояд.

Моддаи 27.

Шаҳрванд ҳақ дорад дар ҳаёти сиёси ва идораи давлати бевосита ва ё ба воситаи вакилонаш иштирок намояд. Шаҳрвандон ба хидмати давлати ҳуқуқи баробар доранд.
Шаҳрванд аз синни 18 ҳуқуқи дар раъйпурси иштирок кардан, интихоб намудан, инчунин аз синни муқаррарнамудаи Конститутсия, қонунҳои конститутсиони ва қонунҳо ҳуқуқи интихоб шуданро дорад. Шахсоне, ки аз тарафи суд ғайри қобили амал дониста шудаанд

ва ё мувофиқи ҳукми суд дар ҷойҳои аз озоди маҳрумшудагон нигоҳ дошта мешаванд, ҳуқуқи дар интихобот ва раъйпурси иштирок кардан надоранд.
Тартиби гузаронидани интихоботро қонунҳои конститутсиони ва қонунҳо танзим менамоянд. Баргузории раъйпурси тибқи қонуни конститутсиони сурат мегирад.

Моддаи 28.

Шаҳрвандон ҳуқуқи муттаҳид шудан доранд. Шаҳрванд ҳақ дорад дар ташкили ҳизбҳои сиёси, аз ҷумла ҳизбҳои характери демократи, дини ва атеисти дошта, иттифоқҳои касаба ва дигар иттиҳодияҳои ҷамъияти иштирок намояд, ихтиёран ба онҳо дохил ва аз онҳо хориҷ гардад.Ҳизбҳои сиёси дар асоси гуногунандешии сиёси барои ташаккул ва ифодаи иродаи халқ мусоидат мекунанд ва дар ҳаёти сиёси иштирок менамоянд. Сохтор ва фаъолияти онҳо бояд ба меъёрҳои демократи мувофиқ бошанд.

Моддаи 29.

Шаҳрванд ҳақ дорад дар маҷлис, гирдиҳамои, намоиш, раҳпаймоии осоишта, ки қонун муқаррар кардааст, ширкат варзад.Ҳеҷ касро ба ин тадбирҳо маҷбуран ҷалб кардан мумкин нест.

Моддаи 30.

Ба ҳар кас озодии сухан, нашр, ҳуқуқи истифодаи воситаҳои ахбор кафолат дода мешавад.
Таблиғот ва ташвиқоте, ки бадбини ва хусумати иҷтимои, нажоди, милли, дини ва забониро бармеангезанд, манъ аст.

Сензураи давлати ва таъқиб барои танқид манъ аст.Номгӯи маълумотҳоеро, ки сирри давлати доранд, қонун муайян мекунад.

Моддаи 31.

Шаҳрванд ҳақ дорад шахсан ва ё якҷоя бо дигарон ба мақомоти давлати муроҷиат намояд.

Моддаи 32.

Ҳар кас ҳақ дорад соҳиби моликият ва мерос бошад.Ҳеҷ кас ҳақ надорад ҳуқуқи шахсро ба моликият бекор ва маҳдуд кунад. Молу мулки шахсро барои эҳтиёҷоти ҷамъият фақат дар асоси қонун ва розигии соҳиби он бо пардохти арзиши пурнаш давлат гирифта метавонад.Товони зарари модди ва маънавие, ки шахс дар натиҷаи амали ғайриқонунии мақомоти давлати, иттиҳодияҳои ҷамъияти, ҳизбҳои сиёси ва ё шахсони алоҳида мебинад, мувофиқи қонун аз ҳисоби онҳо руёнида мешавад.

Моддаи 33.

Давлат оиларо ҳамчун асоси ҷамъият ҳимоя мекунад.Ҳар кас ҳуқуқи ташкили оила дорад. Мардон ва занон, ки ба синни никоҳ расидаанд, ҳуқуқ доранд озодона ақди никоҳ банданд. Дар оиладори ва бекор кардани ақди никоҳ зану шавҳар баробарҳуқуқанд. Бисёрникоҳи манъ аст.

Моддаи 34.

Модару кӯдак таҳти ҳимоя ва ғамхории махсуси давлатанд.
Падару модар барои тарбияи фарзандон ва фарзандони болиғу қобили меҳнат барои нигоҳубин ва таъмини падару модар масъуланд.
Давлат барои ҳифзи кӯдакони ятим, маъюб ва таълиму тарбияи онҳо ғамхори менамояд.

Моддаи 35.

Ҳар кас ба меҳнат, интихоби касбу кор, ҳифзи меҳнат ва ҳимояи иҷтимоӣ ҳангоми бекори ҳақ дорад. Музди кор аз ҳадди ақали музди меҳнат набояд кам бошад.
Дар муносибатҳои меҳнати ҳама гуна маҳдудият манъ аст. Барои иҷрои кори якхела музди баробар дода мешавад.

Ҳеҷ кас ба меҳнати маҷбури ҷалб карда намешавад, ба истисноӣ мавридҳое, ки қонун муайян кардааст.

Дар корҳои вазнин, зеризамини ва шароити меҳнаташон зарарнок истифодаи меҳнати занон ва ноболиғон манъ аст.

Моддаи 36.

Ҳар кас ба манзил ҳуқуқ дорад. Ин ҳуқуқ бо роҳи сохтмони манзили давлати, ҷамъияти, кооперативи ва хусуси таъмин карда мешавад.

Моддаи 37.

Шаҳрванд ҳуқуқи истироҳат дорад. Ин ҳуқуқ бо роҳи муқаррар кардани ҳафта ва рӯзи кори, рухсатии ҳарсолаи пули, рӯзҳои ҳарҳафтаинаи истироҳат ва шароитҳои дигаре таъмин карда мешавад, ки қонун муайян кардааст.

Моддаи 38.

Ҳар шахс ҳуқуқи ҳифзи саломати дорад. Шахс дар доираи муқаррарнамудаи қонун аз ёрии тиббии ройгон дар муассисаҳои нигаҳдории тандурустии давлати истифода менамояд. Давлат барои солимгардонии муҳити зист, инкишофи оммавии варзиш, тарбияи ҷисмони ва туризм тадбирҳо меандешад.Шаклҳои дигари ёрии тиббиро қонун муайян мекунад.

Моддаи 39.

Ҳар шахс дар пиронсоли, ҳангоми бемори, маъюби, гум кардани қобилияти кор, маҳрум шудан аз сарпараст ва мавридҳои дигаре, ки қонун муайян кардааст, кафолати таъмини иҷтимои дорад.

Моддаи 40.

Ҳар шахс ҳақ дорад озодона дар ҳаёти фарҳангии ҷамъият, эҷоди бадеи, илми ва техники ширкат варзад, аз дастовардҳои онҳо истифода кунад.
Сарватҳои фарҳанги ва маънавиро давлат ҳимоя мекунад.
Моликияти зеҳни дар ҳимояи қонун аст.

Моддаи 41.

Ҳар шахс ҳуқуқи таҳсил дорад. Таълими умумии асоси ҳатмист. Давлат таълими умумии асосии ҳатмии ройгонро дар муассисаҳои таълимии давлати кафолат медиҳад.
Шахс дар доираи муқаррарнамудаи қонун дар муассисаҳои таълимии давлати метавонад ба таври ройгон таълими миёнаи умуми, ибтидоии касби, миёнаи касби ва олии касби гирад.Шаклҳои дигари таълимро қонун муайян мекунад.

Моддаи 42.

Дар Тоҷикистон ҳар шахс вазифадор аст, ки Конститутсия ва қонунҳоро риоя кунад, ҳуқуқ озоди, шаъну шарафи дигаронро эҳтиром намояд.Надонистани қонун ҷавобгариро истисно намекунад.

Моддаи 43.

Ҳифзи Ватан, ҳимояи манфиати давлат, таҳкими истиқлолият, амният ва иқтидори мудофиавии он вазифаи муқаддаси шаҳрванд аст.Тартибн хизмати ҳарбиро қонун муайян мекунад.

Моддаи 44.

Ҳифзи табиат, ёдгориҳои таъриҳиву фарҳанги вазифаи ҳар як шахс аст.

Моддаи 45.

Додани андоз ва пардохтҳо, ки қонун муайян кардааст, вазифаи ҳар кас мебошад. Қонунҳое, ки андози навро муқаррар мекунанд ва ё шароити андозсупорандагонро вазнин менамоянд, қувваи бозгашт надоранд.

Моддаи 46.

Ҳангоми таҳдиди бевосита ба ҳуқуқу озодиҳои шаҳрвандон, истиқлолияти давлат, тамомияти арзии он ва офатҳои табий, ки дар натиҷаи он мақомоти конститутсионии ҷумҳури наметавонад ба таври мӯътадил фаъолият намояд, ҳамчун тадбири муваққати барои амнияти шаҳрвандон ва давлат вазъияти фавқулодда эълон мегардад.
Мӯҳлати вазъияти фавқулодда то се моҳ аст. Дар мавридҳои зарури ин мӯҳлатро Президенти Ҷумҳурии Тоҷикистон метавонад дароз намояд.

Моддаи 47.

Дар давраи вазъияти фавқулодда ҳуқуқ ва озодиҳое, ки дар моддаҳои 16, 17, 18, 19, 20, 22, 25,28-и Конститутсия пешбини шудааст, маҳдуд карда намешавад.
Низоми ҳуқуқии вазъияти фавқулоддаро қонуни конститутсиони муайян мекунад.

БОБИ СЕЮМ. МАҶЛИСИ ОЛИ

Моддаи 48.

Маҷлиси Оли-парламенти Ҷумҳурии Тоҷикистон - мақоми олии намояндаги ва қонунгузори Ҷумҳурии Тоҷикистон мебошад.
Маҷлиси Оли аз ду Маҷлис - Маҷлиси милли ва Маҷлиси намояндагон иборат аст.
Мӯҳлати ваколати Маҷлиси милли ва Маҷлиси намояндагон 5 сол аст. Ваколати Маҷлиси милли ва Маҷлиси намояндагон дар рӯзи оғози фаъолияти Маҷлиси милли ва Маҷлиси намояндагони даъвати нав қатъ мегардад.
Ташкил ва фаъолияти Маҷлиси Олиро қонуни конститутсиони танзим мекунад.

Моддаи 49.

Интихоботи Маҷлиси намояндагон ба таври умуми, баробар, мустақим ва бо овоздиҳии пинҳони сурат мегирад. Маҷлиси намояндагон доимоамалкунанда ва касби мебошад. Ҳар як шаҳрванди Ҷумҳурии Тоҷикистон, ки синни ӯ аз 25 кам набошад ва дорои таҳсилоти оли бошад, метавонад вакили Маҷлиси намояндагон интихоб шавад.
Аз чор се ҳиссаи аъзои Маҷлиси милли ба таври ғайримустақим дар маҷлисҳои якҷояи вакилони халқи Вилояти Мухтори Кӯҳистони Бадахшон. ва шаҳру ноҳияҳои он, вилоятҳо ва шаҳру ноҳияҳои онҳо, шаҳри Душанбе ва ноҳияҳои он, шаҳру ноҳияҳои тобеи ҷумҳури (якҷоя) бо овоздиҳии пинҳони интихоб мегардад. Дар Маҷлиси милли Вилояти Мухтори

Кӯҳистони Бадахшон, вилоятҳо, шаҳри Душанбе, шаҳрҳо ва ноҳияҳои тобеи ҷумҳури намояндагони баробар доранд.
Аз чор як ҳиссаи аъзои Маҷлиси миллиро Президенти Ҷумҳурии Тоҷикистон таъин мекунад.
Фаъолияти Маҷлиси милли даъвати мебошад.

Ҳар як шаҳрванди Ҷумҳурии Тоҷикистон, ки синни ӯ аз 35 кам набошад ва дорои таҳсилоти оли бошад, метавонад узви Маҷлиси милли интихоб ё таъин шавад.
Ҳар Президенти собиқи Ҷумҳурии Тоҷикистон узви якумраи Маҷлиси милли мебошад, агар ӯ аз истифодаи ин ҳақ даст накашад.
Қонуни конститутсиони шумораи аъзои Маҷлиси милли ва вакилони Маҷлиси намояндагон, тартиби интихоби онҳо, тартиби интихоб нашудан ва мувофиқ набудани ваколати аъзои Маҷлиси милли ва вакилони Маҷлиси намояндагонро танзим мекунад.

Моддаи 50.

Аъзои Ҳукумат, судяҳо, кормандони мақомоти ҳифзи ҳуқуқ, хизматчиёни ҳарби ва шахсони дигаре, ки қонуни конститутсиони муайян кардааст, наметавонанд узви Маҷлиси милли бошанд.Шаҳрванд наметавонад дар як вақт узви Маҷлиси милли ва вакили Маҷлиси намояндагон бошад. Узви Маҷлиси милли наметавонад вакили зиёда аз ду мақоми намояндаги бошад.Вакили Маҷлиси намояндагон наметавонад вакили дигар мақомоти намояндаги бошад, вазифаи дигареро иҷро кунад, фаъолияти соҳибкори намояд, ба истисноি фаъолияти илмиву эҷоди ва омӯзгори.

Моддаи 51.

Узви Маҷлиси милли ва вакили Маҷлиси намояндагон ба амри интихобкунандагон тобеъ набуда, ҳақ дорад фикри худро озодона изҳор намояд, мувофиқи ақидаҳои худ овоз диҳад.

Узви Маҷлиси милли ва вакили Маҷлиси намояндагон ҳуқуқи дахлнопазири дорад, ӯро ҳабс кардан, дастгир кардан, маҷбуран овардан, кофтуков кардан мумкин нест, ба истиснои дастгир шуданаш дар ҷои содири ҷиноят. Узви Маҷлиси милли ва вакили Маҷлиси намояндагон ҳамчунон мавриди кофтукови шахси қарор дода намешавад, ба истиснои ҳолатҳое, ки қонун барои таъмини амнияти дигарон муқаррар намудааст. Масъалаи маҳрум намудани дахлнопазирии узви Маҷлиси милли ва вакили Маҷлиси намояндагон бо пешниҳоди Прокурори генерали аз ҷониби маҷлиси дахлдор ҳал карда мешавад.
Ваколати узви Маҷлиси милли ва вакили Маҷлиси намояндагон ҳангоми вафот, истеъфо, ғайри қобили амал эътироф шудани онҳо аз ҷониби суд, ба қувваи қонуни даромадани ҳукми айбдоркунии суд, қатъи шаҳрванди, тарки доимии ҷумҳури, ишғоли вазифае, ки ба ваколати узви Маҷлиси милли мувофиқ нест, парокандашавии Маҷлиси милли ва Маҷлиси намояндагон қатъ мегардад.Вазъи ҳуқуқии узви Маҷлиси милли ва вакили Маҷлиси намояндагонро қонуни конститутсиони танзим менамояд.

Моддаи 52.

Иҷлосияи якӯми Маҷлиси миллӣ ва Маҷлиси намояндагонро дар давоми як моҳи баъди интихоби онҳо Президенти Ҷумҳурии Тоҷикистон даъват мекунад.
Иҷлосияи якӯми Маҷлиси миллӣ ва Маҷлиси намояндагонро узв ва вакили синну солаш калонтарин мекушояд ва то интихоб шудани раисони ин Маҷлисҳо онро мебарад.
Фаъолияти Маҷлиси миллӣ дар шакли иҷлосия сурат мегирад. Иҷлосияи Маҷлиси миллӣ соле на камтар аз чор бор аз тарафи Раиси Маҷлиси миллӣ даъват карда мешавад.
Фаъолияти Маҷлиси намояндагон дар шакли иҷлосия сурат мегирад. Иҷлосияи навбатии Маҷлиси намояндагон дар як сол як маротиба аз рӯзи аввали кории моҳи октябр то рӯзи охирини кории моҳи июн гузаронида мешавад.
Дар давраи байни иҷлосияҳои Маҷлиси миллӣ ва Маҷлиси намояндагон ҳангоми зарурат Президенти Ҷумҳурии Тоҷикистон иҷлосияҳои ғайринавбатии онҳоро даъват менамояд.
Дар ин иҷлосияҳо танҳо он масъалаҳое баррасӣ мешаванд, ки боиси даъвати ин иҷлосияҳо гаштаанд.

Моддаи 53.

Маҷлиси миллӣ ва Маҷлиси намояндагон аз байни аъзо ва вакилон раисони Маҷлисҳо, муовинони якӯм ва муовинони онҳоро интихоб менамоянд. Яке аз муовинони Раиси Маҷлиси миллӣ аз ҳисоби намояндагони Вилояти Мухтори Кӯҳистони Бадахшон мебошад.
Раиси Маҷлиси миллӣ ва Раиси Маҷлиси намояндагон бо овоздиҳии пинҳонӣ бо тарафдории аксарияти шумораи умумии аъзо ва вакилони онҳо интихоб мешаванд.
Тартиби интихоби муовинони Раиси Маҷлиси миллӣ ва Раиси Маҷлиси намояндагонро Дастури Маҷлисҳо танзим мекунад.

Раисони Маҷлиси миллӣ ва Маҷлиси намояндагон дар назди Маҷлиси дахлдор ҳисоботдиҳанда мебошанд ва онҳо метавонанд бо тарафдории на камтар аз се ду ҳиссаи шумораи умумии аъзо ва вакилон бозхонда шаванд.
Раисони Маҷлиси эмиллӣ ва Маҷлиси намояндагон, муовинони якӯм ва муовинони онҳо ба иҷлосия роҳбарӣ мекунанд ва дигар масъалаҳои дахлдорро ҳал менамоянд.
Маҷлиси миллӣ ва Маҷлиси намояндагон мақомоти ҳамоҳангсозанда ва кории худро мустақилона ташкил медиҳанд, инчунин кумита ва комиссияҳои дахлдорро таъсис менамоянд ва аз рӯи масъалаҳои ба Маҷлисҳо тааллуқдошта муҳокимаҳои парламентӣ доир мекунанд.

Мақомоти ҳамоҳангсозандаи Маҷлиси миллӣ ва Маҷлиси намояндагон дар алоҳидагӣ ҷаласа мегузаронанд.Маҷлиси миллӣ ва Маҷлиси намояндагон Дастури фаъолияти худро қабул мекунанд.

Моддаи 54.

Маҷлиси миллӣ ва Маҷлиси намояндагон алоҳида ҷаласа мегузаронанд.
Ҷаласаҳои Маҷлиси миллӣ ва Маҷлиси намояндагон ҳамон вақт гузаронида мешавад, ки агар аз се ду ҳиссаи шумораи умумии аъзо ва вакилони онҳо ҳузур дошта бошанд.
Ҷаласаҳои Маҷлиси миллӣ ва Маҷлиси намояндагон ошкоро гузаронида мешаванд. Дар ҳолатҳои пешбиникардаи қонун ва Дастури Маҷлиси миллӣ ва Маҷлиси намояндагон

мумкин аст ҷаласаи пўшида гузаронида шавад.
Маҷлиси милли ва Маҷлиси намояндагон дар ҳолатҳои пешбининамудаи Конститутсия ҷаласаҳои якҷоя мегузаронанд.

Моддаи 55.

Салоҳияти Маҷлиси милли ва Маҷлиси намояндагон ҳангоми гузаронидани ҷаласаҳои якҷоя:
1. Тасдиқи фармони Президент дар бораи таъин намудан ва озод кардани Сарвазир ва дигар аъзои Ҳукумат;

2. Тасдиқи фармони Президент дар бораи ҷори намудани Ҳолати ҷанги ва вазъияти фавқулодда;
3. Ризоият ба истифодаи Қувваҳои Мусаллаҳи Ҷумҳурии Тоҷикистон берун аз Ҳудуди он барои иҷрои ўҳдадориҳои байналмилалии Тоҷикистон;

4. Таъини интихоботи Президент;

5. Қабули истеъфои Президент;

6. Сарфароз гардонидани Президент бо мукофотҳои давлати ва рутбаи олии ҳарби;

7. Баррасии масъалаи дахлнопазирии Президент.Маҷлиси милли ва Маҷлиси намояндагон дар ҷаласаҳои якҷояи худ аз рўи масъалаҳои зикршудаи салоҳияташон қарор қабул мекунанд. Қарори якҷояи Маҷлиси милли ва Маҷлиси намояндагон бо тарафдории аксарияти шумораи умумии аъзои Маҷлиси милли ва вакилони Маҷлиси намояндагон, ки ҳар яке аз маҷлисҳо дар алоҳидаги овоз медиҳанд, қабул мегардад, агар тартиби дигари қабули қарорро Конститутсия муқаррар накарда бошад.
Дар ҷаласаи якҷояи Маҷлиси милли ва Маҷлиси намояндагон Президент савганд ёд мекунад ва бо паёми худ дар бораи самтҳои асосии сиёсати дохили ва хоричии ҷумҳури баромад менамояд.

Моддаи 56.

Салоҳияти Маҷлиси милли:

1. Таъсис ва барҳам додани воҳидҳои марзиву маъмури ва тағйири онҳо;
2. Интихоб ва бозхонди раис, муовинон ва судяҳои Суди конститутсиони, Суди Оли ва Суди Олии иқтисоди бо пешниҳоди Президент;
3. Ҳалли масъалаи бекор кардани дахлнопазирии раис, муовинон ва судяҳои Суди конститутсиони, Суди Оли ва Суди Олии иқтисоди;
4. Рнзоият барои таъин ва озод намудани Прокурори генерали ва муовинони ў;
5. Амали намудани ваколатҳои днгаре, ки Конститутсия ва қонунҳо муайян кардаанд.
Маҷлиси мнлли аз рўи масъалаҳои дар салоҳияташ буда қарор кабул мекунад. Қарори Маҷлиси милли бо тарафдории аксарияти шумораи умумии аъзои он қабул мегардад, агар тартиби дигари қабули қарорро Конститутсия муқаррар накарда бошад.

Моддаи 57.

Салоҳияти Маҷлиси намояндагон:

1. Таъсиси Комиссияи марказии интихобот ва раъйпурсии Ҷумҳурии Тоҷикистон, интихоб ва бозхонди раис, муовин ва аъзои он бо пешниҳоди Президент;

2. Ба муҳокимаи халқ пешниҳод намудани лоиҳаи қонунҳо ва дигар масъалаҳои муҳими давлатию ҷамъияти;

3. Тасдиқи барномаҳои иқтисоди ва иҷтимои;

4. Ризоият ба додугирифти қарзи давлати;

5. Тасдиқ ва бекор кардани шартномаҳои байналмилали;

6. Таъини раъйпурси;

7. Таъсиси судҳо;

8. Тасдиқи рамзҳои давлатӣ;

9. Тасдиқи мукофотҳои давлати;

10. Тасдиқи фармонҳои Президент дар бораи таъин ва озод намудани раиси Бонки милли ва муовинони ӯ;

11. Муқаррар намудани рутбаҳои ҳарби, дипломати, рутбаҳо ва унвонҳои махсус;

12. Муайян намудани маоши Президент;

13. Амали намудани ваколатҳои дигаре, ки Конститутсия ва қонунҳо муайян кардаанд.
Маҷлиси намояндагон аз рӯи масъалаҳои дар салоҳияташ буда қарор қабул мекунад.
Қарори Маҷлиси намояндагон бо тарафдории аксарияти шумораи умумии вакилон қабул мегардад, агар тартиби дигари қабули қарорро Конститутсия муайян накарда бошад.
Дар ҷаласаи Маҷлиси намояндагон роҳбарони давлатҳои хориҷи метавонанд суханрони кунанд.

Моддаи 58.

Аъзои Маҷлиси милли, вакили Маҷлиси намояндагон. Президенти Ҷумҳурии Тоҷикистон, Ҳукумати Тоҷикистон, Маҷлиси вакилони халқи Вилояти Мухтори Кӯҳистони Бадахшон ҳуқуқи ташаббуси қонунгузори доранд.

Моддаи 59.

Лоиҳаи қонунҳо ба Маҷлиси намояндагон пешниҳод мешаванд.
Лоиҳаи қонун дар бораи авф аз тарафи Президенти Ҷумҳурии Тоҷикистон ба Маҷлиси намояндагон пешниҳод мешавад.
Лоиҳаи қонун дар бораи буҷет, оид ба муқаррар кардан ва бекор кардани андозҳо аз ҷониби Ҳукумати Ҷумҳурии Тоҷикистон ба Маҷлиси намояндагон пешниҳод мешавад.

Моддаи 60.

Қонунҳоро Маҷлиси намояндагон қабул менамояд. Қонун бо тарафдории аксарияти шумораи умумии вакилон қабул мегардад, агар тартиби дигарро Конститутсия муқаррар накарда бошад.
Қонунҳое, ки Маҷлиси намояндагон қабул намудааст ба Маҷлиси миллӣ пешниҳод мешаванд, ба истисноӣ қонунҳо дар бораи буҷети давлатӣ ва авф.
Маҷлиси миллӣ қонунро бо тарафдории аксарияти шумораи умумии аъзои худ ҷонибдорӣ мекунад. Дар мавриди дастгирӣ наёфтани қонун аз ҷониби Маҷлиси миллӣ қонун такроран дар Маҷлиси намояндагон баррасӣ мешавад.
Дар сурати бо қарори Маҷлиси миллӣ норозӣ будани Маҷлиси намояндагон, қонун ҳамон вақт қабулшуда ҳисоб мешавад, ки агар Маҷлиси намояндагон онро такроран бо тарафдории на камтар аз се ду ҳиссаи шумораи умумии вакилон тасдиқ намояд.
Қонунҳо дар бораи буҷети давлатӣ ва авф танҳо аз ҷониби Маҷлиси намояндагон қабул карда мешаванд. Маҷлиси намояндагон иҷрои буҷети давлатиро назорат мекунад.

Моддаи 61.

Қонунҳои конститутсионӣ оид ба масъалаҳое қабул мешаванд, ки Конститутсия муайян намудааст. Қонунҳои конститутсионӣ бо тарафдории на камтар аз се ду ҳиссаи шумораи умумии вакилони Маҷлиси намояндагон қабул мегарданд ва Маҷлиси миллӣ бо тарафдории на камтар аз се ду ҳиссаи аъзои худ ҷонибдорӣ мекунад.
Дар сурати бо Қарори Маҷлиси миллӣ норозӣ будани Маҷлиси намояндагон, қонуни конститутсионӣ ҳамон вақт қабулшуда ҳисоб мешавад, ки агар Маҷлиси намояндагон онро такроран бо тарафдории на камтар аз се ду ҳиссаи шумораи умумии вакилон тасдиқ намояд.

Тафсири Конститутсияро Маҷлиси Олӣ тибқи тартиби мазкур баррасӣ намуда, дар шакли қонуни конститутсионӣ қабул менамояд.

Моддаи 62.

Қонунҳо барои имзо ва интишор ба Президенти Ҷумҳурии Тоҷикистон пешниҳод мешаванд. Агар Президент ба Қонун ё қисми он розӣ набошад, қонунро дар муддати понздаҳ рӯз бо далелу эродҳо ба Маҷлиси намояндагон бармегардонад. Маҷлиси миллӣ ва Маҷлиси намояндагон бо тартиби муқарраркардаи Конститутсия қонуни мазкурро такроран баррасӣ менамоянд. Дар сурати баррасии такрорӣ қонун дар матни пештар қабулшудааш бо аксарияти аз се ду ҳиссаи шумораи умумии аъзои Маҷлиси миллӣ ва вакилони Маҷлиси намояндагон дастгирӣ ёбад. Президент дар муддати даҳ рӯз ба қонун имзо мегузорад ва онро интишор менамояд.
Ҳангоми баррасии қонуни аз тарафи Президенти Ҷумҳурии Тоҷикистон баргардонидашуда, ки онро пештар Маҷлиси намояндагон бо аз се ду ҳиссаи овозҳо қабул намуда буд, Маҷлиси миллӣ ва Маҷлиси намояндагон онро такроран бо аксарияти на камтар аз се ду ҳиссаи овозҳо тарафдорӣ мекунанд.
Агар Президент қонуни конститутсиониро баргардонад, Маҷлиси намояндагон ва Маҷлиси миллӣ бо тартиби муқарраркардаи Конститутсия қонуни мазкурро такроран баррасӣ менамоянд. Дар сурати баррасии такрорӣ қонуни конститутсионӣ дар матни

пештар қабулшудааш бо аксарияти аз чор се ҳиссаи шумораи умумии аъзои Маҷлиси милли ва вакилони Маҷлиси намояндагон тасдиқ шавад. Президент дар муддати даҳ рӯз ба қонуни конститутсиони имзо мегузорад ва онро интишор менамояд.

Моддаи 63.

Маҷлиси милли ва Маҷлиси намояндагон метавонанд пеш аз мӯҳлат дар ҷаласаи якҷояи худ бо тарафдории на камтар аз се ду ҳиссаи аъзои Маҷлиси милли ва вакилони Маҷлиси намояндагон ихтиёран пароканда шаванд.
Маҷлиси милли ва Маҷлиси намояндагон дар давраи вазъияти фавқулодда ва ҳолати ҷанги пароканда намешаванд.

БОБИ ЧАҲОРУМ. ПРЕЗИДЕНТ

Моддаи 64.

Президенти Ҷумҳурии Тоҷикистон сарвари давлат ва ҳокимияти иҷроия (Ҳукумат) аст.
Президент ҳомии Конститутсия ва қонунҳо, ҳуқуқу озодиҳои инсон ва шаҳрванд, кафили истиқлолияти милли, ягонаги ва тамомияти арзи, пойдориву бардавомии давлат, мураттабии фаъолияти мақомоти давлати ва ҳамкории онҳо, риояи қарордодҳои байналмилалии Тоҷикистон мебошад.

Моддаи 65.

Президентро шаҳрвандони Тоҷикистон ба тарзи умуми, мустақим, баробар ва овоздиҳии пинҳони ба мӯҳлати 7 сол интихоб менамоянд.
Ҳар як шаҳрванди Ҷумҳурии Тоҷикистон, ки синни ӯ аз 35 кам набошад, забони давлатиро донад ва дар қаламрави ҷумҳури на камтар аз 10 соли охир истиқомат дошта бошад, метавонад ба номзадии Президент пешниҳод гардад.
Шахсе ба номзадии Президент ба қайд гирифта мешавад, ки ҳадди ақал 5 фоизи интихобкунандагон ба пешниҳоди номзадии ӯ имзо гузошта бошанд.
Як шахс ба вазифаи Президент бештар аз ду мӯҳлат пай дар пай интихоб шуда наметавонад.

Моддаи 66.

Интихоботи Президент вақте боэътимод шумурда мешавад, ки дар он аз нисф зиёди интихобкунандагон ширкат варзида бошанд.
Номзаде Президент интихобшуда ҳисоб меёбад, ки ба тарафдории ӯ бештар аз нисфи интихобкунандагони ширкатварзида овоз дода бошанд.
Тартиби интихоби Президентро қонуни конститутсиони муайян мекунад.

Моддаи 67.

Президент пеш аз шурӯъи вазифа дар ҷаласаи якҷояи Маҷлиси милли ва Маҷлиси намояндагон савганд ёд мекунад:

"Ман, ҳамчун Президент савганд ёд мекунам, ки Конститутсия ва қонунҳои ҷумҳуриро ҳимоя менамоям, таъмини ҳуқуқ, озодиҳо ва шарафи шаҳрвандонро кафолат медиҳам, сарзамин, истиқлолияти сиёсиву иқтисоди ва фарҳангии Тоҷикистонро ҳифз мекунам, ба халқ содиқона хидмат менамоям".

Ваколати Президент баъд аз савганд ёд кардани Президенти нав қатъ мегардад.

Моддаи 68.

Президент наметавонад вазифаи дигарро иҷро намояд, вакили мақомоти намояндаги бошад, ба соҳибкори машғул шавад.

Моддаи 69.

Салоҳияти Президент:

1. Самтҳои асосии сиёсати дохили ва хориҷии ҷумҳуриро муайян мекунад;
2. Тоҷикистонро дар дохили кишвар ва дар муносибатҳои байналмилали намояндаги мекунад;
3. Вазоратҳо ва кумитаҳои давлатиро таъсис ва барҳам медихад;
4. Сарвазир ва дигар аъзои ҳукуматро таъин ва озод мекунад;
фармон дар бораи таъин ва озод кардани Сарвазир ва дигар аъзои Ҳукуматро ба тасдиқи ҷаласаи якҷояи Маҷлиси милли ва Маҷлиси намояндагон пешниҳод менамояд;
5. Раисони Вилояти Мухтори Кӯҳистони Бадахшон, вилоят, шаҳри Душанбе, шаҳр ва ноҳияро таъин ва озод мекунадваба тасдиқи Маҷлиси дахлдори вакилони халқ пепшиҳод
менамояд;
6. Санадҳои мақомоти ҳокимияти иҷроияро ҳангоми мухолифати онҳо ба Конститутсия ва қонунҳобекормекунад ва ё бозмедорад;
7. Раиси Бонки милли ва муовинони ӯро таъин ва озод мекунад ва фармонро ба тасдиқи Маҷлиси намояндагон пешниҳод менамояд;
8. Номзадии раис, муовинон ва судяҳои Суди конститутсиони, Суди Оли, Суди Олии иқтисодиро барои интихоб ва бозхонд ба Маҷлиси милли пешниҳод менамояд;
9. Бо ризоияти Маҷлиси милли Прокурори генерали ва муовинони ӯро таъин ва озод мекунад;
10. Дастгоҳи иҷроияи Президентро таъсис медиҳад;
11. Шӯрои амниятро таъсис ва роҳбари мекунад;
12. Шӯрои адлияро таъсис медиҳад;
13. Судяҳои суди ҳарби, судҳои Вилояти Мухтори Кӯҳистони Бадахшон, вилоят, шаҳри Душанбе, шаҳр ва ноҳия ва судҳои иқтисодии Вилояти Мухтори Кӯҳистони Бадахшон, вилоят, шаҳри Душанберо бо пешниҳоди Шӯрои адлия таъин ва озод мекунад;
14. Раъйпурси, интихоботи Маҷлиси милли ва Маҷлиси намояндагон ва мақомоти намояндагии маҳаллиро таъин мекунад;

15. Ба қонунҳо имзо мегузорад;
16. Низоми пулиро муайян менамояд ва маълумотро ба Маҷлиси миллӣ ва Маҷлиси намояндагон пешниҳод менамояд;
17. Ихтиёрдор ва масъули сармояи захирави мебошад;
18. Ба татбиқи сиёсати хориҷи роҳбари мекунад, қарордодҳои байналмилалиро имзо ва ба тасдиқи Маҷлиси намояндагон пешниҳод менамояд;
19. Сарони намояндагиҳои дипломатиро дар давлатҳои хориҷи, намояндаҳои ҷумҳуриро дар ташкилотҳои байналмилали таъин ва озод мекунад;
20. Эътимодномаҳои сарони намояндагиҳои дипломатии давлатҳои хориҷиро қабул менамояд;
21. Сарфармондеҳи Олии Қувваҳои Мусаллаҳи Тоҷикистон мебошад; фармондеҳони қӯшунҳои Қувваҳои Мусаллаҳи Тоҷикистонро таъин ва озод мекунад;
22. Ҳангоми таҳдиди хатари воқеи ба амнияти давлат ҳолати ҷангро эълон менамояд ва фармонро ба тасдиқи ҷаласаи якҷояи Маҷлиси милли ва Маҷлиси намояндагон пешниҳод мекунад;
23. Барои иҷрои ӯҳдадориҳои байналмилалии Тоҷикистон Қувваҳои Мусаллаҳи Ҷумҳурии Тоҷикистонро берун аз ҳудуди он бо ризоияти Маҷлиси милли ва Маҷлиси намояндагон истифода мебарад;
24. Дар саросари ҷумҳури ва ё дар маҳалҳои алоҳидаи он вазъияти фавқулодда эълон намуда, фармонро фавран ба тасдиқи ҷаласаи якҷояи Маҷлиси милли ва Маҷлиси намояндагон пешниҳод менамояд ва ба Созмони Милали Муттаҳид хабар медиҳад;
25. Масъалаҳои шаҳрвандиро ҳал мекунад;
26. Паноҳгоҳи сиёси медиҳад;
27. Масаълаҳои бахшиши ҷазоро ҳал мекунад;
28. Бо рутбаҳои олии ҳарби, дипломати, рутбаҳо ва унвонҳои махсус сарфароз мегардонад;
29. Шаҳрвандонро бо мукофотҳои давлати, ҷоизаҳои давлати, нишонҳо ва унвонҳои ифтихории Тоҷикистон сарфароз мегардонад;
30. Ваколатҳои дигареро, ки Конститутсия ва қонунҳо муайян кардаанд, амали менамояд.

Моддаи 70.

Президент дар доираи салоҳияти худ фармон мебарорад ва амр медиҳад, дар бораи вазъи кишвар ба ҷаласаи якҷояи Маҷлиси милли ва Маҷлиси намояндагон маълумот медиҳад, масъалаҳоеро, ки заруру муҳим мешуморад, ба муҳокимаи ҷаласаи якҷояи Маҷлиси милли ва Маҷлиси намояндагон пешниҳод менамояд.

Моддаи 71.

Ҳангоми вафот, истеъфо ва ғайри қобили амал донистани Президент вазифаи ӯ то ба вазифааш шурӯъ намудани Президенти нав ба зиммаи Раиси Маҷлиси милли мегузарад. Дар ин маврид ваколати Раиси Маҷлиси милли ба зиммаи муовини якӯми ӯ мегузарад.
Дар ҳолатҳои зикршуда дар мӯҳлати се моҳ интихоботи Президент гузаронида мешавад.
Ваколатҳои Президент дар ҳолате, ки ӯ дар ҷаласаи якҷояи Маҷлиси милли ва Маҷлиси

намояндагон дар бораи ба истеъфо баромаданаш хабар медиҳад, бо тарафдории аксарияти аъзои Маҷлиси миллӣ ва вакилони Маҷлиси намояндагон, ки ҳар яке аз онҳо дар алоҳидаги овоз медиҳанд, қатъ карда мешавад.
Дар сурате, ки Президент бинобар бемори вазифаҳои худро иҷро карда натавонад, ҳар ду Маҷлис дар ҷаласаи якҷояи худ дар асоси хулосаи комиссияи тиббии давлатии ташкил кардаашон, дар бораи пеш аз мӯҳлат аз мансаб озод намудани Президент бо тарафдории на камтар аз се ду ҳиссаи овозҳои шумораи умумии аъзо ва вакилони ҳар яке аз Маҷлисҳо қарор қабул мекунанд.

Моддаи 72.

Президент ҳуқуқи дахлнопазирӣ дорад.
Дахлнопазирии Президент дар сурати аз тарафи ӯ содир шудани хиёнат ба давлат дар асоси хулосаи Суди конститутсионӣ ва бо тарафдории аз се ду ҳиссаи шумораи умумии аъзои Маҷлиси миллӣ ва вакилони Маҷлиси намояндагон, ки ҳар яке аз онҳо дар алоҳидаги овоз медиҳанд, бекор карда мешавад.

БОБИ ПАНҶУМ. ҲУКУМАТ

Моддаи 73.

Ҳукумати ҷумҳури аз Сарвазир, муовини якӯм ва муовинони ӯ, вазирон, раисони кумитаҳои давлати иборат аст.
Ҳукумат роҳбарии самараноки соҳаҳои иқтисоди, иҷтимои, фарҳанги ва иҷрои қонунҳо, қарорҳои якҷояи Маҷлиси милли ва Маҷлиси намояндагон, қарорҳои Маҷлиси милли, қарорҳои Маҷлиси намояндагон, фармону амрҳои Президенти Тоҷикистонро таъмин мекунад.
Аъзои Ҳукумат наметавонанд вазифаи дигареро иҷро намоянд, вакили мақомоти намояндаги бошанд, ба соҳибкори машғул шаванд, ба истисиои фаъолияти илмиву эҷоди ва омузгори.

Моддаи 74.

Ҳукумат мувофиқи Конститутсия ва қонунҳои ҷумҳури қарор мебарорад ва фармоиш медиҳад, ки иҷрои онҳо дар қаламрави Тоҷикистон ҳатмист.
Ҳукумат ваколаташро дар назди Президенти навинтихобшуда вомегузорад.
Ҳукумат дар мавриди ғайри имкон донистани иҷрои фаъолияти мӯътадили худ метавонад ба Президент аз хусуси истеъфо арз намояд. Ҳар як узви Ҳукумат ҳуқуқи истеъфо дорад.
Тартиби ташкил, фаъолият ва салоҳияти Ҳукуматро қонуни конститутсиони муайян мекунад.

Моддаи 75.

Ҳукумат барномаҳои иқтисодиву иҷтимои, сиёсати додугирифти қарзи давлати ва ёрии иқтисоди ба дигар давлатҳо, лоиҳаи буҷети давлати, масъалаи андозаи имконпазири қасри буҷети давлати ва манбаи ҷуброни онро ба Маҷлиси намояндагон пешниҳод менамояд.

БОБИ ШАШУМ. ҲОКИМИЯТИ МАҲАЛЛИ

Моддаи 76.

Ҳокимияти маҳалли аз мақомоти намояндаги ва иҷроия иборат буда, дар доираи салоҳияти худ амал мекунад. Онҳо иҷрои Конститутсия, қонунҳо, қарорҳои якҷояи Маҷлиси милли ва Маҷлиси намояндагон, қарорҳои Маҷлиси милли, карорҳои Маҷлиси намояндагон, санадҳои Президент ва Ҳукумати Ҷумҳурии Тоҷикистонро таъмин менамоянд.

Моддаи 77.

Мақомоти намояндагон маҳалли дар вилоят, шаҳр ва ноҳия Маҷлиси вакилони халқ аст, ки онро раис роҳбари мекунад. Мӯҳлати ваколати Маҷлиси вакилони халқ 5 сол аст.
Маҷлиси вакилони халқ буҷети маҳалли ва ҳисоботи иҷрои онро тасдиқ мекунад, роҳҳои инкишофи иқтисодиву иҷтимоии маҳалро муайян менамояд, андоз ва пардохти маҳаллиро мувофиқи қонун муқаррар мекунад, дар доираи қонун тарзи идора ва ихтиёрдории моликияти коммуналиро муайян менамояд ва ваколатҳои дигареро амали месозад, ки Конститутсия ва қонунҳо муайян кардаанд.

Моддаи 78.

Ҳокимияти иҷроияро дар маҳал намояндаи Президент - раиси вилоят, шаҳр ва ноҳия амали мегардонад.
Мақомоти намояндаги ва иҷроияро дар воҳидҳои маъмурию марзи раис сарвари мекунад.
Раиси Вилояти Мухтори Кӯҳистони Бадахшон, вилоят, шаҳри Душанбе, шаҳр ва ноҳияро Президент таъин ва озод мекунад ва ба тасдиқи Маҷлиси вакилони халқи дахлдор пешниҳод менамояд.
Раис дар назди мақомоти болои ва Маҷлиси вакилони халқи дахлдор масъул аст.
Тартиби ташкил, ваколат ва фаъолияти мақомоти ҳокимияти маҳаллиро қонуни конститутсиони танзим менамояд.
Мақомоти худидоракунии шаҳрак ва деҳот ҷамоат аст, ки тартиби ташкил, ваколат ва фаъолияти онро қонун танзим менамояд.

Моддаи 79.

Мақомоти намояндаги ва раис дар доираи салоҳияти худ санадҳои ҳуқуқи қабул мекунанд, ки иҷрояшон даронқаламрав ҳатмист.
Дар сурати бо Конститутсия ва қонун мувофиқат накардани санадҳои мақомоти намояндаги ва раис онҳо аз тарафи мақомоти болои, худи ин мақомот, раис ва ё суд бекор карда мешаванд.

Моддаи 80.

Дар сурати талаботи Конститутсия ва қонунро мунтазам иҷро накардани Маҷлиси вакилони халқи Вилояти Мухтори Кӯҳистони Бадахшон, вилоят, шаҳри Душанбе, шаҳр ва ноҳия Маҷлиси милли метавонад онро пароканда намояд.

БОБИ ҲАФТУМ. ВИЛОЯТИ МУХТОРИ ҚӮҲИСТОНИ БАДАХШОН

Моддаи 81.

Вилояти Мухтори Кӯҳистони Бадахшон қисми таркиби ва ҷудонопазири Ҷумҳурии Тоҷикистон аст.

Ҳудуди Вилояти Мухтори Кӯҳистони Бадахшон бе ризоияти Маҷлиси вакилони халқи вилоят тағйир дода намешавад.

Моддаи 82.

Маҷлиси вакилони халқи Вилояти Мухтори Кӯҳистони Бадахшон ҳуқуқи ташаббуси қонунгузори дорад.

Моддаи 83.

Салоҳияти Вилояти Мухтори Кӯҳистони Бадахшон дар соҳаи иҷтимои, иқтисоди, фарҳанги ва ваколатҳои дигари вилоятро қонуни конститутсиони танзим мекунад,

БОБИ ҲАШТУМ. СУД

Моддаи 84.

Ҳокимияти суди мустақил буда, аз номи давлат ва аз тарафи судяҳо амали мегардад. Ҳокимияти суди ҳуқуқ озодии инсону шаҳрванд, манфиати давлат, ташкилоту муассисаҳо, қонунияту адолатро ҳифз менамояд.
Адолати судиро Суди конститутсиони, Суди Оли, Суди Олии иқтисоди, Суди ҳарби, Суди Вилояти Мухтори Кӯҳистони Бадахшон, судҳои вилоят, шаҳри Душанбе, шаҳр ва ноҳия, Суди иқтисодии Вилояти Мухтори Кӯҳистони Бадахшон, судҳои иқтисодии вилоят вашаҳри Душанбе амали мекунанд.
Тарзи ташкил ва фаъолияти судро қонуни конститутсиони муайян мекунад.
Мӯҳлати ваколати судяҳо 10 сол аст.

Ташкили суди фавқулодда манъ аст.

Моддаи 85.

Ба вазифаи судяҳои Суди Олӣ, Суди Олии иқтисодӣ, Суди Вилояти Мухтори Кӯҳистони Бадахшон, суди вилоят ва шаҳри Душанбе ҳуқуқшиносе интихоб ва таъин мешавад, ки синни ӯ аз 30-сола кам ва аз 65 зиёд набошад, ҳадди ақал 5 сол собиқаи кории судягӣ дошта бошад.

Ба вазифаи судяҳои шаҳр ва ноҳия, Суди ҳарбӣ, Суди иқтисодии Вилояти Мухтори Кӯҳистони Бадахшон, вилоят ва шаҳри Душанбе шахсе таъин мешавад, ки синни ӯ аз 25 кам ва аз 65 зиёд набошад, ҳадди ақал 3 сол собиқаи кории касбӣ дошта бошад.

Моддаи 86.

Судяҳои Суди ҳарбӣ, судяҳои Суди Вилояти Мухтори Кӯҳистони Бадахшон, вилоят, шаҳри Душанбе, шаҳр ва ноҳия, судяҳои Суди иқтисодии Вилояти Мухтори Кӯҳистони Бадахшон, вилоят ва шаҳри Душанберо бо пешниҳоди Шӯрои адлия Президент таъин ва озод мекунад.

Моддаи 87.

Судяҳо дар фаъолияти худ мустақил буда, танҳо ба Конститутсия ва қонун итоат мекунанд. Дахолат ба фаъолияти онҳо манъ аст.

Моддаи 88.

Судяҳо парвандаҳоро ба таври дастҷамъӣ ва ё танҳо баррасӣ мекунанд.
Мурофиа ба тарзи мубоҳиса ва дар асоси баробарии тарафҳо сурат мегирад.
Мурофиа дар ҳамаи судҳо ба тарзи ошкоро мегузарад, ба истиснои мавридҳое, ки қонун муайян кардааст.
Мурофиа ба забони давлатӣ ва ё забони аксарияти аҳолии маҳал баргузор мегардад. Шахсоне, ки забони мурофиаро намедонанд, бо тарҷумон таъмин карда мешаванд.

Моддаи 89.

Суди конститутсионӣ аз 7 нафар иборат буда, яке аз онҳо намояндаи Вилояти Мухтори Кӯҳистони Бадахшон мебошад.Ба вазифаи судяи Суди конститутсионӣ ҳуқуқшиносе интихоб мешавад, ки синни ӯ аз 30 кам ва аз 65 зиёд набошад ва беш аз 10 сол собиқаи кории касбӣ дошта бошад.Салоҳияти Суди конститутсионӣ:
1) муайян намудани мувофиқати қонунҳо, санадҳои ҳуқуқии якҷояи Маҷлиси миллӣ ва Маҷлиси намояндагон, Маҷлиси миллӣ, Маҷлиси намояндагон. Президент, Ҳукумат, Суди Олӣ, Суди Олии иқтисодӣ ва дигар мақомоти давлатию ҷамъиятӣ, қарордодҳоибақувваи қонун надаромадаи Тоҷикистон ба Конститутсия;
2) ҳалли баҳсҳои байни мақомоти давлатӣ доир ба салоҳияти онҳо;
3) иҷрои ваколатҳои дигаре, ки Конститутсия ва қоннҳо муайян кардаанд.
Санадҳои Суди конститутсионӣ қатъист.

Моддаи 90.

Судя наметавонад вазифаи дигареро иҷро намояд, вакили мақомоти намояндаги, узви ҳизб ва созмонҳои сиёси бошад, ба соҳибкори машғул гардад, ба истисноми фаъолияти илмиву эҷоди ва омӯзгори.

Моддаи 91.

Судя ҳуқуқи дахлнопазири дорад. Ӯро бе ризоияти мақомоте, ки интихоб ё таъин кардааст, ҳабс кардан ва ба ҷавобгарии ҷинои кашидан мумкин нест. Судяро дастгир кардан мумкин нест, ба истисноми дастгир кардани ӯ ҳангоми содири ҷиноят.

Моддаи 92.

Ёрии ҳуқуқи дар тамоми марҳилаҳои тафтишот ва мурофиаи суди кафолат дода мешавад.
Тарзи ташкил ва тартиби фаъолияти адвокатура ва дигар шаклҳои ёрии ҳуқуқиро қонун муайян мекунад.

БОБИ НӮҲУМ. ПРОКУРАТУРА

Моддаи 93.

Назорати риояи дақиқ ва иҷрои якхелаи қонунҳоро дар қаламрави Тоҷикистон Прокурори генерали ва прокурорҳои тобеи он дар доираи ваколати худ татбиқ менамоянд.

Моддаи 94.

Низоми ягонаи марказонидашудаи прокуратураи Тоҷикистонро Прокурори генерали сарвари мекунад. Прокурори генерали дар назди Маҷлиси милли ва Президент масъул аст.

Моддаи 95.

Прокурори генералии Тоҷикистон ба мӯҳлати 5 сол таъин мешавад.
Прокурори генерали прокурорҳои тобеи худро таъин ва озод мекунад. Мӯҳлати ваколати прокурорҳо 5 сол аст.Фаъолият, салоҳият ва сохтори мақомоти прокуратураро қонуни конститутсиони танзим мекунад.

Моддаи 96.

Прокурори генерали ва прокурорҳои тобеи он бе дахолати дигар мақомоти давлати ва шахсони мансабдор мустақилона дар асоси қонун фаъолият мекунанд.

Моддаи 97.

Прокурор наметавонад вазифаи дигареро иҷро намояд, вакили мақомоти намояндаги, узви ҳизб ва созмонҳои сиёси бошад, ба соҳибкори машғул шавад, ба истисноi фаъолияти илмиву эҷоди ва омӯзгори.

БОБИ ДАҲӮМ. ТАРТИБИ ТАҒЙИРИ КОНСТИТУТСИЯ

Моддаи 98.

Тағйиру иловаҳои Конститутсия бо роҳи раъйпурсии умумихалқи сурат мегирад.
Раъйпурсиро Президент ва ё Маҷлиси намояндагон бо тарафдории на камтар аз се ду ҳиссаи шумораи умумии вакилон таъин мекунанд.

Моддаи 99.

Тағйиру иловаҳоро ба Конститутсия Президент ё ҳадди ақал аз се як ҳиссаи умумии аъзо ва вакилони Маҷлиси милли ва Маҷлиси намояндагон пешниҳод мекунанд.
Пешниҳоди тағйиру иловаҳои Конститутсия се моҳ пеш аз раъйпурси дар матбуот чоп мешавад.

Моддаи 100.

Шакли идораи ҷумҳури, тамомияти арзи, моҳияти демократи, ҳуқуқбунёди, дуняви ва иҷтимоии давлат тағйирнопазиранд.

Verfassung der Republik Tadschikistan

Quelle: http://parlament.tj/ru//index.php?option=com_content&view=article&id=57 vom 22.12.2013

Внесены изменения и дополнения в результате референдума от 26 сентября 1999 года
Внесены изменения и дополнения в результате референдума от 22 июня 2003 года

КОНСТИТУЦИЯ РЕСПУБЛИКИ ТАДЖИКИСТАН

Мы, Народ Таджикистана, являясь неотъемлемой частью мирового сообщества, сознавая свой долг и свою ответственность перед прошлым, настоящим и будущими поколениями, понимая необходимость обеспечения суверенитета и развития своего государства, признавая незыблемыми свободу и права человека, уважая равноправие и дружбу всех наций и народностей, ставя задачей создание справедливого общества,

ПРИНИМАЕМ И ПРОВОЗГЛАШАЕМ НАСТОЯЩУЮ КОНСТИТУЦИЮ.

ГЛАВА ПЕРВАЯ. ОСНОВЫ КОНСТИТУЦИОННОГО СТРОЯ

Статья 1.

Республика Таджикистан - суверенное, демократическое, правовое, светское и унитарное государство.
Таджикистан, являясь социальным государством, создает условия, обеспечивающие достойную жизнь и свободное развитие каждого человека.
"Республика Таджикистан" и "Таджикистан" - равнозначные понятия.

Статья 2.

Государственным языком Таджикистана является таджикский язык.
Русский язык является языком межнационального общения.
Все нации и народности, проживающие на территории республики, вправе свободно пользоваться своим родным языком.

Статья 3.

Государственными символами Республики Таджикистан являются Флаг, Герб и Гимн.

Статья 4.

Столица Таджикистана - город Душанбе.

Статья 5.

Человек, его права и свободы являются высшей ценностью.
Жизнь, честь, достоинство и другие естественные права человека неприкосновенны.
Права и свободы человека и гражданина признаются, соблюдаются и защищаются государством.

Статья 6.

В Таджикистане народ является носителем суверенитета и единственным источником государственной власти, которую осуществляет непосредственно, или через своих представителей.
Высшим непосредственным выражением власти народа являются общенародный референдум и выборы.
Народ Таджикистана составляют граждане Таджикистана, независимо от национальности.
Ни одно общественное объединение, политическая партия, группа людей или отдельная личность не вправе узурпировать государственную власть.
Узурпация власти или присвоение её полномочий запрещается.
Право выступать от имени всего народа Таджикистана принадлежит только Президенту, Маджлиси милли и Маджлиси намояндагон Маджлиси Оли Республики Таджикистан на их совместном заседании.

Статья 7.

Территория Таджикистана неделима и неприкосновенна.
Таджикистан состоит из Горно-Бадахшанской автономной области, областей, городов, районов, поселков и сел.
Государство обеспечивает суверенитет, независимость и территориальную целостность Таджикистана. Пропаганда и действия, направленные на разделение единства государства, запрещаются.
Порядок образования и изменения административно-территориальных единиц регулируются конституционным законом.

Статья 8.

В Таджикистане общественная жизнь развивается на основе политического и идеологического плюрализма.
Идеология ни одной партии, общественного и религиозного объединения, движения или группы не может быть признана как государственная.
Общественные объединения и политические партии создаются и действуют в рамках Конституции и законов.
Религиозные организации отделены от государства и не могут вмешиваться в государственные дела.
Создание и деятельность общественных объединений и политических партий, пропагандирующих расовую, национальную, социальную и религиозную вражду или призывающих к насильственному свержению конституционного строя и организации вооруженных групп, запрещаются.

Статья 9.

Государственная власть осуществляется на основе ее разделения на законодательную, исполнительную и судебную.

Статья 10.

Конституция Таджикистана обладает высшей юридической силой, ее нормы имеют прямое действие. Законы и другие правовые акты, противоречащие Конституции, не имеют юридической силы.
Государство и все его органы, должностные лица, граждане и их объединения обязаны соблюдать и исполнять Конституцию и законы республики.
Международно-правовые акты, признанные Таджикистаном, являются составной частью правовой системы республики. В случае несоответствия законов республики признанным международно-правовым актам применяются нормы международно-правовых актов.
Законы и признанные Таджикистаном международно-правовые акты вступают в силу после их официального опубликования.

Статья 11.

Таджикистан, проводя миролюбивую политику, уважает суверенитет и независимость других государств, определяет свою внешнюю политику на основе международных норм.
Пропаганда войны запрещается.
Таджикистан, руководствуясь высшими интересами народа, может входить в содружества и другие международные организации, а также выходить из них, устанавливать связи с зарубежными странами.Государство сотрудничает с зарубежными соотечественниками.

Статья 12.

Основу экономики Таджикистана составляют различные формы собственности.
Государство гарантирует свободу экономической и предпринимательской деятельности, равноправие и правовую защиту всех форм собственности, в том числе частной.

Статья 13.

Земля, ее недра, вода, воздушное пространство, животный и растительный мир и другие природные ресурсы являются исключительной собственностью государства и государство гарантирует эффективное их использование в интересах народа.

ГЛАВА ВТОРАЯ. ПРАВА, СВОБОДЫ, ОСНОВНЫЕ ОБЯЗАННОСТИ ЧЕЛОВЕКА И ГРАЖДАНИНА

Статья 14.

Права и свободы человека и гражданина регулируются и охраняются Конституцией, законами республики, признанными Таджикистаном международно-правовыми актами.
Права и свободы человека и гражданина осуществляются непосредственно. Они определяют цели, содержание и применение законов, деятельность законодательной, исполнительной и местной властей, органов местного самоуправления и обеспечиваются судебной властью.
Ограничения прав и свобод граждан допускаются только с целью обеспечения прав и свобод других граждан, общественного порядка, защиты конституционного строя и территориальной целостности республики.

Статья 15.

Гражданином Таджикистана считается лицо, которое на день принятия Конституции является гражданином Республики Таджикистан.
Принадлежность граждан Таджикистана к гражданству другого государства не допускается, за исключением случаев, предусмотренных законом и межгосударственными договорами Таджикистана.
Порядок приобретения и утраты гражданства определяется конституционным законом.

Статья 16.

Гражданин Таджикистана за пределами страны находится под защитой государства. Ни один гражданин республики не может быть выдан иностранному государству. Выдача преступника иностранному государству разрешается на основании двустороннего соглашения.
Иностранные граждане и лица без гражданства пользуются провозглашенными правами

и свободами и имеют равные с гражданами Таджикистана обязанности и ответственность, за исключением случаев, предусмотренных законом.
Таджикистан может предоставить политическое убежище иностранным гражданам, ставшим жертвами нарушения прав человека.

Статья 17.

Все равны перед законом и судом. Государство гарантирует права и свободы каждого, независимо от его национальности, расы, пола, языка, вероисповедания, политических убеждений, образования, социального и имущественного положения.
Мужчины и женщины равноправны.

Статья 18.

Каждый имеет право на жизнь.
Никто не может быть лишен жизни, кроме как по приговору суда за особо тяжкое преступление.
Неприкосновенность личности гарантируется государством. Никто не может быть подвергнут пыткам, жестокости и бесчеловечному обращению. Принудительные медицинские и научные эксперименты над человеком запрещаются.

Статья 19.

Каждому гарантируется судебная защита. Каждый вправе требовать, чтобы его дело было рассмотрено компетентным, независимым и беспристрастным судом, учрежденным в соответствии с законом.
Никто не может быть подвергнут без законных оснований задержанию, аресту. Лицо вправе с момента задержания пользоваться услугами адвоката.

Статья 20.

Никто не считается виновным в совершении преступления до вступления приговора суда в законную силу.
Никто не может быть привлечен к ответственности после истечения срока уголовного преследования, а также за деяния, которые в момент их совершения не считались преступлением. Никто не может быть повторно осужден за одно и то же преступление.
Закон, принятый после совершения лицом противоправного деяния и усиливающий наказание за него, обратной силы не имеет. Если после совершения противоправного деяния ответственность за него отменена или смягчена, применяется новый закон.
Полная конфискация имущества осужденного запрещается.

Статья 21.

Закон защищает права потерпевшего. Государство гарантирует потерпевшему судебную защиту и возмещение нанесенного ему ущерба.

Статья 22.

Жилище неприкосновенно.
Не допускается вторжение в жилище и лишение человека его жилища, за исключением случаев, предусмотренных законом.

Статья 23.

Обеспечивается тайна переписки, телефонных переговоров, телеграфных и иных личных сообщений, за исключением случаев, предусмотренных законом.
Сбор, хранение, использование и распространение сведений о личной жизни человека без его на то согласия запрещаются.

Статья 24.

Гражданин имеет право на свободное передвижение и выбор места жительства, выезд за пределы республики и возвращение в нее.

Статья 25.

Государственные органы, общественные объединения, политические партии и должностные лица обязаны обеспечить каждому возможность получения и ознакомления с документами, касающимися его прав и интересов, кроме случаев, предусмотренных законом.

Статья 26.

Каждый имеет право самостоятельно определять свое отношение к религии, отдельно или совместно с другими исповедовать любую религию или не исповедовать никакой, участвовать в отправлении религиозных культов, ритуалов и обрядов.

Статья 27.

Гражданин имеет право участвовать в политической жизни и управлении государством непосредственно или через представителей.
Граждане имеют равное право на государственную службу.
Гражданин по достижении 18-летнего возраста вправе участвовать в референдуме,

избирать, а также быть избранным по достижении возраста, установленного Конституцией, конституционными законами и законами.
Лица, признанные судом недееспособными либо содержащиеся в местах лишения свободы по приговору суда, не имеют права участвовать в выборах и референдумах.
Порядок проведения выборов регулируется конституционными законами и законами. Референдум проводится согласно конституционного закона.

Статья 28.

Граждане имеют право объединяться. Гражданин вправе участвовать в создании политических партий, в том числе имеющих демократический, религиозный и атеистический характер, профессиональных союзов и других общественных объединений, добровольно входить в них и выходить из них.
Политические партии способствуют формированию и выражению воли народа на основе политического плюрализма и участвуют в политической жизни. Их структура и деятельность должны соответствовать демократическим нормам.

Статья 29.

Гражданин вправе участвовать в установленных законом собраниях, митингах, демонстрациях и мирных шествиях.
Никто не может быть принудительно привлечен к участию в них.

Статья 30.

Каждому гарантируется свобода слова, печати, право на пользование средствами информации.
Пропаганда и агитация, разжигающие социальную, расовую, национальную, религиозную и языковую вражду и неприязнь запрещаются.
Государственная цензура и преследование за критику запрещается.
Перечень сведений, составляющих государственную тайну, определяется законом.

Статья 31.

Граждане имеют право лично или совместно с другими обращаться в государственные органы.

Статья 32.

Каждый имеет право на собственность и право наследования.
Никто не вправе лишать и ограничивать право гражданина на собственность. Изъятие личного имущества для общественных нужд государством допускается только на основании закона и с согласия собственника при полном возмещении его стоимости.

Материальный и моральный ущерб, нанесенные личности в результате незаконных действий государственных органов, общественных объединений, политических партий или отдельных лиц, возмещается в соответствии с законом за их счет.

Статья 33.

Семья, как основа общества находится под защитой государства.
Каждый имеет право на создание семьи. Мужчины и женщины, достигшие брачного возраста, имеют право свободно вступать в брак. В семейных отношениях и при расторжении брака супруги равноправны.
Многобрачие запрещается.

Статья 34.

Мать и ребенок находятся под особой защитой и покровительством государства.
Родители ответственны за воспитание детей, а совершеннолетние и трудоспособные дети обязаны заботиться о своих родителях.
Государство заботится о защите детей-сирот и инвалидов, их воспитании и образовании.

Статья 35.

Каждый имеет право на труд, выбор профессии, работы, охрану труда и социальную защиту от безработицы. Заработная плата не должна быть ниже минимального размера оплаты труда.
Всякие ограничения в трудовых отношениях запрещаются. За равный труд выдается равная оплата.
Никто не может быть привлечен к принудительному труду, за исключением случаев, определенных законом.
Использование труда женщин и несовершеннолетних на тяжелых и подземных работах, а также на работах с вредными условиями труда запрещается.

Статья 36.

Каждый имеет право на жилище. Это право обеспечивается путем осуществления государственного, общественного, кооперативного и индивидуального жилищного строительства.

Статья 37.

Каждый имеет право на отдых. Это право обеспечивается путем установления продолжительности рабочего дня и недели, предоставления оплачиваемого ежегодного отпуска, еженедельных дней отдыха и иными условиями, предусмотренными законом.

Статья 38.

Каждый имеет право на охрану здоровья. Каждый, в рамках определенных законом, пользуется бесплатной медицинской помощью в государственных учреждениях здравоохранения. Государство принимает меры по оздоровлению окружающей среды, развитию массового спорта, физической культуры и туризма.
Другие формы оказания медицинской помощи определяются законом.

Статья 39.

Каждому гарантируется социальное обеспечение в старости, в случаях болезни, инвалидности, утраты трудоспособности, потери кормильца и в других случаях, определяемых законом.

Статья 40.

Каждый имеет право на свободное участие в культурной жизни общества, художественном, научном и техническом творчестве и пользоваться их достижениями.
Культурные и духовные ценности охраняются государством.
Интеллектуальная собственность находится под защитой закона.

Статья 41.

Каждый имеет право на образование. Общее основное образование обязательно. Государство гарантирует общее основное обязательное бесплатное образование в государственных учебных заведениях.
Каждый в рамках определенных законом может получить бесплатное общее среднее, начальное, профессиональное, среднее профессиональное и высшее профессиональное образование в государственных учебных заведениях.
Другие формы получения образования определяются законом.

Статья 42.

В Таджикистане каждый обязан соблюдать его Конституцию и законы, уважать права, свободы, честь и достоинство других людей.
Незнание законов не освобождает от ответственности.

Статья 43.

Защита Родины, охрана интересов государства, укрепление его независимости, безопасности и оборонной мощи - священный долг гражданина.
Порядок прохождения военной службы определяется законом.

Статья 44.

Охрана природы, исторических и культурных памятников - обязанность каждого.

Статья 45.

Уплата налогов и сборов, определяемых законом, является обязанностью каждого.
Законы, устанавливающие новые налоги или ухудшающие положение налогоплательщика, обратной силы не имеют.

Статья 46.

В случае реальной угрозы правам и свободам граждан, независимости государства и его территориальной целостности, стихийных бедствий, в результате которых конституционные органы республики не могут нормально функционировать, как временная мера, для обеспечения безопасности граждан и государства, объявляется чрезвычайное положение.
Срок чрезвычайного положения устанавливается до трех месяцев. В необходимых случаях этот срок может быть продлен Президентом Республики Таджикистан.

Статья 47.

В условиях чрезвычайного положения не могут быть ограничены права и свободы, предусмотренные в статьях 16, 17, 18, 19, 20, 22, 25 и 28 Конституции.
Часть исключена. (Референдум от 22.06.03г.)
Правовой режим чрезвычайного положения определяется конституционным законом.

ГЛАВА ТРЕТЬЯ. МАДЖЛИСИ ОЛИ

Статья 48.

Маджлиси Оли - парламент Республики Таджикистан - является высшим представительным и законодательным органом Республики Таджикистан.
Маджлиси Оли состоит из двух Маджлисов - Маджлиси милли и Маджлиси намояндагон.
Срок полномочий Маджлиси милли и Маджлиси намояндагон 5 лет. Полномочия Маджлиси милли и Маджлиси намояндагон прекращаются в день начала деятельности Маджлиси милли и Маджлиси намояндагон нового созыва.
Организация и деятельность Маджлиси Оли определяется конституционным законом.

Статья 49.

Маджлиси намояндагон избирается на основе всеобщего, равного и прямого избирательного права при тайном голосовании. Маджлиси намояндагон действует на постоянной и профессиональной основе. Каждый гражданин Республики Таджикистан, не моложе 25 лет и имеющий высшее образование, может быть избран депутатом Маджлиси намояндагон.
Три четвертых части членов Маджлиси милли избирается косвенным путем, тайным голосованием на совместных собраниях народных депутатов Горно-Бадахшанской автономной области и её городов и районов, областей и их городов и районов, города Душанбе и его районов, городов и районов республиканского подчинения (совместно). В Маджлиси милли Горно-Бадахшанская автономная область, области, город Душанбе, города и районы республиканского подчинения имеют равное количество представителей.
Одну четвертую часть членов Маджлиси милли назначает Президент Республики Таджикистан.
Маджлиси милли действует на созывной основе.
Каждый гражданин Республики Таджикистан, не моложе 35 лет и имеющий высшее образование, может быть избран или назначен членом Маджлиси милли.
Каждый бывший Президент Республики Таджикистан является членом Маджлиси милли пожизненно, если он не откажется от использования этого права.
Число членов Маджлиси милли и депутатов Маджлиси намояндагон, порядок их избрания, порядок неизбираемости и несовместимости с мандатом члена Маджлиси милли и депутата Маджлиси намояндагон определяется конституционным законом.

Статья 50.

Члены Правительства, судьи, сотрудники правоохранительных органов, военнослужащие и иные лица, предусмотренные конституционным законом, не могут быть членами Маджлиси милли.

Гражданин не может одновременно являться членом Маджлиси милли и депутатом Маджлиси намояндагон. Член Маджлиси милли не может быть депутатом более двух представительных органов.

Депутат Маджлиси намояндагон не может быть депутатом иного представительного органа, занимать другую должность, заниматься предпринимательской деятельностью, кроме научной, творческой и педагогической.

Статья 51.

Член Маджлиси милли и депутат Маджлиси намояндагон не зависим от воли избирателей, вправе свободно выражать свое мнение, голосовать по своему убеждению.

Член Маджлиси милли и депутат Маджлиси намояндагон обладает правом неприкосновенности, он не может быть арестован, задержан, подвергнут приводу, обыску, за исключением случаев задержания на месте совершения преступления. Член Маджлиси милли и депутат Маджлисн намояндагон не может быть также подвергнут личному досмотру, за исключением случаев, когда это предусмотрено законом для обеспечения безопасности других людей. Вопросы о лишении неприкосновенности члена Маджлиси милли и депутата Маджлиси намояндагон решается по представлению Генерального прокурора соответствующим Маджлисом.

Полномочия члена Маджлиси милли и депутата Маджлиси намояндагон прекращаются в случае их смерти, подачи в отставку, признания их судом недееспособным, вступления в законную силу обвинительного приговора суда, прекращения гражданства, выезда на постоянное место жительства за пределы республики, занятия должности, не совместимой с полномочиями члена Маджлиси милли, роспуска Маджлиси милли и Маджлиси намояндагон.

Правовой статус члена Маджлиси милли и депутата Маджлиси намояндагон определяется конституционным законом.

Статья 52.

Первую сессию Маджлиси милли и Маджлиси намояндагон созывает Президент Республики Таджикистан в течение месяца после выборов.

Первую сессию Маджлиси милли и Маджлиси намояндагон открывает старейший по возрасту член или депутат и ведет ее до избрания председателей этих Маджлисов.

Деятельность Маджлиси милли осуществляется в форме сессий. Сессия Маджлиси милли созывается Председателем Маджлиси милли не менее четырех раз в год.

Деятельность Маджлиси намояндагон осуществляется в форме сессий. Очередная сессия Маджлиси намояндагон проводится один раз в год, начиная с первого рабочего дня октября и по последний рабочий день июня.

В период между сессиями Маджлиси милли и Маджлиси намояндагон Президент Республики Таджикистан в случае необходимости может созвать внеочередные сессии. На этих сессиях рассматриваются лишь вопросы, послужившие основанием для созыва этих сессий.

Статья 53.

Маджлиси милли и Маджлиси намояндагон из числа членов и депутатов избирают Председателей Маджлисов, их первых заместителей и заместителей. Один из заместителей Председателя Маджлиси милли является представителем от Горно-Бадахшанской автономной области.
Председатель Маджлиси милли и Председатель Маджлиси намояндагон избираются тайным голосованием большинством от общего числа их членов и депутатов. Порядок избрания заместителей Председателя Маджлиси милли и Председателя Маджлиси намояндагон определяется регламентами Маджлисов.
Председатели Маджлиси милли и Маджлиси намояндагон подотчетны соответствующим Маджлисам и они могут быть отозваны от должности двумя третями голосов от общего числа их членов и депутатов.
Председатели Маджлиси милли и Маджлиси намояндагон, их первые заместители и заместители ведут заседания и решают другие соответствующие вопросы.
Маджлиси милли и Маджлиси намояндагон самостоятельно формируют свои координационные и рабочие органы, а также образуют соответствующие комитеты и комиссии, проводят парламентские слушания по вопросам, относящимся к ведению Маджлисов.
Координационные органы Маджлиси милли и Маджлиси намояндагон проводят заседания раздельно.

Маджлиси милли и Маджлиси намояндагон принимают свой Регламент работы.

Статья 54.

Маджлиси милли и Маджлиси намояндагон заседают раздельно.
Заседания Маджлиси милли и Маджлиси намояндагон правомочны при условии присутствия на них не менее двух третей от общего числа их членов и депутатов. Заседания Маджлиси милли и Маджлиси намояндагон являются открытыми. В случаях, предусмотренных законом и регламентами Маджлиси милли и Маджлиси намояндагон, могут проводиться и закрытые заседания.
Маджлиси милли и Маджлиси намояндагон проводят совместные заседания в случаях, предусмотренных Конституцией.

Статья 55.

Полномочия Маджлиси милли и Маджлиси намояндагон при проведении совместных заседаний:
1. Утверждение указов Президента о назначении и освобождении Премьер-министра и других членов Правительства;
2. Утверждение указа Президента о введении военного и чрезвычайного положений;
3. Дача согласия на использование Вооруженных сил Республики Таджикистан за ее пределами для выполнения международных обязательств Таджикистана;
4. Назначение выборов Президента;
5. Принятие отставки Президента;
6. Присуждение Президенту государственных наград и присвоение ему высших

воинских званий;
7. Рассмотрение вопроса о неприкосновенности Президента.
Маджлиси милли и Маджлиси намояндагон на совместных заседаниях в пределах своих полномочий принимают постановления по указанным вопросам. Совместное постановление Маджлиси милли и Маджлиси намояндагон принимается большинством голосов от общего числа членов Маджлиси милли и депутатов Маджлиси намояндагон, где каждый из Маджлисов голосует раздельно, если Конституцией не установлен иной порядок принятия постановлений.На совместном заседании Маджлиси милли и Маджлиси намояндагон Президент приносит присягу и выступает с посланием об основных направлениях внутренней и внешней политики республики.

Статья 56.

Полномочия Маджлиси милли:

1. Образование, упразднение и изменение административно-территориальных единиц;
2. Избрание и отзыв председателя, заместителей и судей Конституционного суда, Верховного суда и Высшего экономического суда по представлению Президента;
3. Решение вопроса о лишении неприкосновенности председателя, заместителей и судей Конституционного суда, Верховного суда и Высшего экономического суда;
4. Дача согласия на назначение и освобождение Генерального прокурора и его заместителей;
5. Осуществление других полномочий, определяемых Конституцией и законами.

Маджлиси милли по вопросам, относящимся к его полномочиям, принимает постановления. Постановления Маджлиси милли принимаются большинством голосов от общего числа членов, если Конституцией не установлен иной порядок принятия постановлений.

Статья 57.

Полномочия Маджлиси намояндагон:

1. Образование Центральной комиссии по выборам и референдумам Республики Таджикистан, избрание и отзыв председателя, заместителя и членов комиссии по представлению Президента;
2. Вынесение на всенародное обсуждение проектов законов и других важных государственных и общественных вопросов;
3. Утверждение социально-экономических программ;
4. Дача разрешения на выдачу и получение государственного кредита;
5. Ратификация и денонсация международных договоров;
6. Назначение референдума;
7. Образование судов;
8. Утверждение государственных символов;
9. Утверждение государственных наград;
10. Утверждение указов Президента о назначении и освобождении председателя Национального банка и его заместителей;
11. Установление воинских званий, дипломатических рангов, специальных чинов и

званий;
12. Установление заработной платы Президенту;
13. Осуществление других полномочий, определяемых Конституцией и законами.
Маджлиси намояндагон по вопросам, относящимся к его полномочиям, принимает постановления. Постановления Маджлиси намояндагон принимаются большинством голосов от общего числа депутатов, если Конституцией не установлен иной порядок принятия постановлений.
На заседании Маджлиси намояндагон могут выступать руководители иностранных государств.

Статья 58.

Право законодательной инициативы принадлежит члену Маджлиси милли, депутату Маджлиси намояндагон, Президенту Республики Таджикистан, Правительству Таджикистана, Маджлису народных депутатов Горно-Бадахшанской автономной области.

Статья 59.

Законопроекты вносятся в Маджлиси намояндагон.Законопроект об амнистии вносится в Маджлиси намояндагон Президентом Республики Таджикистан.
Законопроекты о бюджете, об установлении и отмены налогов вносятся в Маджлиси намояндагон Правительством Республики Таджикистан.

Статья 60.

Законы принимаются Маджлиси намояндагон. Закон принимается большинством голосов от общего числа депутатов, если иной порядок не предусмотрен Конституцией.
Принятые Маджлиси намояндагон законы, кроме законов о государственном бюджете и амнистии, представляются в Маджлиси милли.
Закон считается одобренным Маджлиси милли, если за него проголосовало большинство от общего числа его членов. В случае отклонения закона Маджлиси милли, закон подлежит повторному рассмотрению в Маджлиси намояндагон.
В случае несогласия Маджлиси намояндагон с решением Маджлиси милли закон считается принятым, если при повторном голосовании за него проголосовало не менее двух третей от общего числа депутатов Маджлиси намояндагон.
Законы о государственном бюджете и амнистии принимается только Маджлиси намояндагон. Маджлиси намояндагон осуществляет контроль за исполнением государственного бюджета.

Статья 61.

Конституционные законы принимаются по вопросам, предусмотренным Конституцией. Конституционные законы принимаются, не менее чем двумя третями голосов от общего числа депутатов Маджлиси намояндагон и одобряются не менее чем двумя третями голосов от общего числа членов Маджлиси милли.
В случае несогласия Маджлиси намояндагон с решением Маджлиси милли конституционный закон считается принятым, если при повторном голосовании за него проголосовано не менее двух третей от общего числа депутатов Маджлиси намояндагон.
Толкование Конституции дается Маджлиси Оли в указанном порядке и принимается в форме конституционного закона.

Статья 62.

Законы представляются Президенту Республики Таджикистан для подписания и опубликования. Если Президент не согласен с законом или с его частью, то он в течение пятнадцати дней возвращает его со своими возражениями в Маджлиси намояндагон. Маджлиси милли и Маджлиси намояндагон в установленном Конституцией порядке повторно рассматривают данный закон. Если при повторном рассмотрении закон будет одобрен в ранее принятой редакции большинством не менее двух третей голосов от общего числа членов Маджлиси милли и депутатов Маджлиси намояндагон, Президент в течение десяти дней подписывает закон и опубликует его.
При рассмотрении возвращенного Президентом закона, принятого ранее Маджлиси намояндагон двумя третями голосов, Маджлиси милли и Маджлиси намояндагон повторно одобряют закон большинством не менее двух третей голосов.
Если Президент возвращает конституционный закон, Маджлиси намояндагон и Маджлиси милли в установленном Конституцией порядке повторно рассматривают данный закон. Если при повторном рассмотрении конституционный закон будет одобрен в ранее принятой редакции большинством не менее трех четвертей голосов от общего числа членов Маджлиси милли и депутатов Маджлиси намояндагон, Президент в течение десяти дней подписывает конституционный закон и опубликует его.

Статья 63.

Маджлиси милли и Маджлиси намояндагон на своем совместном заседании могут досрочно самораспуститься с согласия не менее двух третей членов Маджлиси милли и депутатов Маджлиси намояндагон.Маджлиси милли и Маджлиси намояндагон не могут распускаются в период действия чрезвычайного и военного положений.

ГЛАВА ЧЕТВЕРТАЯ. ПРЕЗИДЕНТ

Статья 64.

Президент Республики Таджикистан является главой государства и исполнительной власти (Правительства).

Президент является гарантом Конституции и законов, прав и свобод человека и гражданина, национальной независимости, единства и территориальной целостности, преемственности и долговечности государства, согласованного функционирования и взаимодействия государственных органов, соблюдения международных договоров Таджикистана.

Статья 65.

Президент избирается гражданами Таджикистана на основе всеобщего, равного и прямого избирательного права при тайном голосовании сроком на 7 лет.

Каждый гражданин Республики Таджикистан не моложе 35 лет, владеющий государственным языком и постоянно проживающий на территории республики не менее последних 10 лет, может быть выдвинут кандидатом на пост Президента.

Кандидатом на пост Президента может быть зарегистрировано лицо, за выдвижение кандидатуры которого собраны подписи не менее 5 процентов избирателей.

Одно и то же лицо не может быть Президентом более двух сроков подряд.

Статья 66.

Выборы Президента считаются состоявшимися, если в них приняло участие более половины избирателей.

Избранным считается кандидат на пост Президента, за которого проголосовало более половины избирателей, принявших участие в голосовании.

Порядок выборов Президента определяется конституционным законом.

Статья 67.

Президент перед вступлением в должность принимает на совместном заседании Маджлиси милли и Маджлиси намояндагон присягу:

"Я, в качестве Президента, клянусь защищать Конституцию и законы республики, гарантировать обеспечение прав, свобод, чести и достоинства граждан, защищать территориальную целостность, политическую, экономическую и культурную независимость Таджикистана, преданно служить народу".

Полномочия Президента прекращаются после принятия присяги вновь избранным Президентом.

Статья 68.

Президент не вправе занимать другую должность, быть депутатом представительных органов, заниматься предпринимательской деятельностью.

Статья 69.

Полномочия Президента:
1. Определяет основные направления внутренней и внешней политики республики;
2. Представляет Таджикистан внутри страны и в международных отношениях;
3. Образовывает и упраздняет министерства и государственные комитеты;
4. Назначает и освобождает Премьер-министра и других членов Правительства; представляет указы о назначении и освобождении Премьер-министра и других членов Правительства на утверждение совместных заседаний Маджлиси милли и Маджлиси намояндагон;
5. Назначает и освобождает председателей Горно-Бадахшанской автономной области, областей, города Душанбе, городов и районов, представляет их на утверждение соответствующих Маджлисов народных депутатов;
6. Отменяет или приостанавливает действие актов органов исполнительной власти в случае их противоречия Конституции и законам;
7. Назначает и освобождает председателя Национального банка, его заместителей и представляет указы об этом на утверждение Маджлиси намояндагон;
8. Представляет Маджлиси милли кандидатуры для избрания и отзыва председателя, заместителей председателя и судей Конституционного суда, Верховного суда и Высшего экономического суда;
9. С согласия Маджлиси милли назначает и освобождает Генерального прокурора и его заместителей;
10. Создает исполнительный Аппарат Президента;
11. Создает Совет безопасности и руководит им;
12. Создает Совет юстиции;
13. По представлению Совета юстиции назначает и освобождает судей военного суда, судов Горно-Бадахшанской автономной области, областей, города Душанбе, городов и районов, экономических судов Горно-Бадахшанской автономной области, областей, города Душанбе;
14. Назначает референдум, выборы Маджлиси милли и Маджлиси намояндагон, в местные представительные органы;
15. Подписывает законы;
16. Определяет денежную систему и информирует об этом Маджлиси милли и Маджлиси намояндагон;
17. Распоряжается резервным фондом;
18. Руководит проведением внешней политики, подписывает международные договоры и представляет их на утверждение Маджлиси намояндагон;
19. Назначает и освобождает глав дипломатических представительств в зарубежных государствах и представителей республики в международных организациях;
20. Принимает верительные грамоты глав дипломатических представительств иностранных государств;
21.Является Верховным Главнокомандующим Вооруженными Силами Таджикистана; назначает и освобождает командующих войсками Вооруженных Сил Таджикистана;

22. Объявляет военное положение при реальной угрозе безопасности государства и вносит Указ об этом на утверждение совместного заседания Маджлиси милли и Маджлиси намояндагон;
23. Использует Вооруженные силы Республики Таджикистан за ее пределами для выполнения международных обязательств Таджикистана с согласия Маджлиси милли и Маджлиси намояндагон;
24. Объявляет чрезвычайное положение на всей территории республики или в отдельных местностях с незамедлительным внесением Указа об этом на утверждение совместного заседания Маджлиси милли и Маджлиси намояндагон и сообщением в Организацию Объединенных Наций;
25. Решает вопросы гражданства;
26. Предоставляет политическое убежище;
27. Осуществляет помилование;
28. Присваивает высшие воинские звания, дипломатические ранги, специальные чины и звания;
29. Награждает граждан государственными наградами, присваивает государственные премии и почетные звания Таджикистана;
30. Исполняет другие полномочия, предусмотренные Конституцией и законами.

Статья 70.

Президент в пределах своих полномочий издает указы и распоряжения, информирует совместное заседание Маджлиси милли и Маджлиси намояндагон о положении в стране, вносит на рассмотрение совместного заседания Маджлиси милли и Маджлиси намояндагон вопросы которые считает важными и необходимыми.

Статья 71.

В случае смерти, отставки, признания Президента недееспособным его обязанности до вступления в должность вновь избранного Президента переходят к Председателю Маджлиси милли, а полномочия Председателя Маджлиси милли возлагаются на первого заместителя.
В этих случаях в трехмесячный срок проводятся выборы Президента. Полномочия Президента могут быть прекращены по его заявлению об отставке, сделанному им на совместном заседании Маджлиси милли и Маджлиси намояндагон, если за это проголосует большинство членов Маджлиси милли и депутатов Маджлиси намояндагон, голосующих на каждом из них раздельно.
При невозможности осуществления Президентом своих обязанностей по болезни оба Маджлиса на своем совместном заседании на основании заключения создаваемой ими государственной медицинской комиссии принимают решение о досрочном освобождении Президента от должности не менее чем двумя третями голосов от общего числа членов и депутатов каждого из Маджлисов.

Статья 72.

Президент обладает правом неприкосновенности.
Президент лишается права неприкосновенности в случае совершения им государственной измены на основании заключения Конституционного суда и с согласия двух третей голосов от общего числа членов Маджлиси милли и депутатов Маджлиси намояндагон голосующих на каждом из них раздельно.

ГЛАВА ПЯТАЯ. ПРАВИТЕЛЬСТВО

Статья 73.

Правительство республики состоит из Премьер-министра, его первого заместителя и заместителей, министров, председателей государственных комитетов.
Правительство обеспечивает эффективное руководство экономической, социальной и культурной сферами и исполнение законов, совместных постановлений Маджлиси милли и Маджлиси намояндагон, постановлений Маджлиси милли, постановлений Маджлиси намояндагон, указов и распоряжений Президента Таджикистана.
Члены Правительства не вправе занимать другую должность, быть депутатами представительных органов, заниматься предпринимательской деятельностью за исключением научной, творческой и педагогической деятельности.

Статья 74.

Правительство в соответствии с Конституцией и законами республики издает постановления и распоряжения, исполнение которых на территории Таджикистана обязательно.
Правительство слагает свои полномочия перед вновь избранным Президентом.
В случае признания Правительством своей неспособности нормально функционировать оно может заявить Президенту об отставке. Каждый член Правительства имеет право на отставку.
Порядок организации, деятельности и полномочия Правительства определяются конституционным законом.

Статья 75.

Правительство представляет на рассмотрение Маджлиси намояндагон социально-экономические программы, вопросы выдачи и получения государственных кредитов, оказания экономической помощи другим государствам, проект государственного бюджета и возможного размера дефицита государственного бюджета, источников его покрытия.

ГЛАВА ШЕСТАЯ. МЕСТНАЯ ВЛАСТЬ

Статья 76.

Местная власть состоит из представительных и исполнительных органов, которые действуют в пределах своих полномочий. Они обеспечивают исполнение Конституции, законов, совместных постановлений Маджлиси милли и Маджлиси намояндагон, постановлений Маджлиси милли, постановлений Маджлиси намояндагон, актов Президента и Правительства Республики Таджикистан.

Статья 77.

Органом местной представительной власти в областях, городах и районах является Маджлис народных депутатов, которым руководит Председатель. Срок полномочий Маджлиса народных депутатов 5 лет.

Маджлис народных депутатов утверждает местный бюджет и отчет по его исполнению, определяет пути социально-экономического развития местности, местные налоги и платежи в соответствии с законом, определяет способы управления и владения коммунальной собственностью, осуществляет другие полномочия, определяемые Конституцией и законами.

Статья 78.

Исполнительную власть на местах осуществляет представитель Президента - председатель области, города и района.

Представительную и исполнительную власть соответствующих административно-территориальных единиц возглавляет председатель.

Председателей Горно-Бадахшанской автономной области, областей, города Душанбе, городов и районов назначает и освобождает Президент, представляя их кандидатуры на утверждение соответствующих Маджлисов народных депутатов.

Председатель ответственен перед вышестоящим исполнительным органом и соответствующим Маджлисом народных депутатов.

Порядок образования, полномочия и деятельность органов местной власти регулируются конституционным законом.Органом самоуправления поселка и сел является джамоат, порядок образования, полномочия и деятельность которого регулируется законом.

Статья 79.

Представительные органы и председатель в пределах своих полномочий принимают правовые акты, обязательные для исполнения на соответствующих территориях.

В случае несоответствия Конституции и законам актов представительных органов и председателя они отменяются вышестоящими органами, самим органом, председателем и судом.

Статья 80.

В случае систематического невыполнения Маджлисом народных депутатов Горно-Бадахшанской автономной области, областей, города Душанбе, городов и районов Конституции и законов Маджлиси милли вправе распустить его.

ГЛАВА СЕДЬМАЯ. ГОРНО-БАДАХШАНСКАЯ АВТОНОМНАЯ ОБЛАСТЬ

Статья 81.

Горно-Бадахшанская автономная область является составной и неделимой частью Республики Таджикистан.
Изменять границы территории Горно-Бадахшанской автономной области без согласия Маджлиса народных депутатов области запрещается.

Статья 82.

Маджлис народных депутатов Горно-Бадахшанской автономной области обладает правом законодательной инициативы.

Статья 83.

Полномочия Горно-Бадахшанской автономной области в социальной, экономической, культурной сферах и другие полномочия области определяются конституционным законом.

ГЛАВА ВОСЬМАЯ. СУД

Статья 84.

Судебная власть, является независимой и осуществляется от имени государства судьями. Судебная власть защищает права и свободы человека и гражданина, интересы государства, организаций, учреждений, законность и справедливость.
Судебную власть осуществляет Конституционный суд, Верховный Суд, Высший экономический суд, Военный суд, суд Горно-Бадахшанской автономной области, суды областей, города Душанбе, городов и районов, Экономический суд Горно-Бадахшанской автономной области, экономические суды областей и города Душанбе.
Организацию и порядок деятельности судов определяет конституционный закон.
Срок полномочия судей 10 лет.Создание чрезвычайных судов запрещается.

Статья 85.

На должности судей Верховного Суда, Высшего экономического суда, Суда Горно-Бадахшанской автономной области, областных судов и суда города Душанбе избираются и назначаются юристы не моложе 30 лет и не старше 65 лет, имеющие стаж работы в качестве судьи не менее 5 лет.
На должности судей городских и районных судов, военного суда, экономического суда Горно-Бадахшанской автономной области, областей и города Душанбе назначаются лица не моложе 25 и не старше 65 лет, имеющие профессиональный стаж работы не менее 3 лет.

Статья 86.

Судьи военного суда, судьи суда Горно-Бадахшанской автономной области, судов областей, города Душанбе, городов и районов, судьи экономического суда Горно-Бадахшанской автономной области, областей и города Душанбе назначаются и освобождаются Президентом по представлению Совета юстиции.

Статья 87.

Судьи в своей деятельности независимы, подчиняются только Конституции и закону. Вмешательство в их деятельность запрещается.

Статья 88.

Судьи рассматривают дело коллегиально и единолично.
Судебный процесс осуществляется на основе принципа состязательности и равенства сторон.
Разбирательство дел во всех судах открытое, кроме случаев, предусмотренных законом.
Судопроизводство ведется на государственном языке, или на языке большинства населения данной местности. Лица, не владеющие языком, на котором ведется судопроизводство, обеспечиваются услугами переводчика.

Статья 89.

Конституционный суд состоит из 7 человек, один их которых является представителем Горно-Бадахшанской автономной области.Судьи Конституционного суда избираются из числа юристов не моложе 30 и не старше 65 лет, имеющих профессиональный стаж работы не менее 10 лет.

Полномочия Конституционного суда:

1) определение соответствия законов, совместных правовых актов Маджлиси милли и Маджлиси намояндагон, правовых актов Маджлиси милли, Маджлиси намояндагон,

Президента, Правительства, Верховного Суда, Высшего экономического суда и других государственных и общественных органов, а также не вступивших в законную силу договоров Таджикистана Конституции;

2) разрешение споров между государственными органами относительно их компетенции;

3) исполнение других полномочий, определяемых Конституцией и законами.
Акты Конституционного суда являются окончательными.

Статья 90.

Судья не может занимать другую должность, быть депутатом представительных органов, членом политических партий и объединений, заниматься предпринимательской деятельностью, помимо научной, творческой и педагогической деятельности.

Статья 91.

Судья обладает правом неприкосновенности.Без согласия органа, избравшего или назначившего его, судья не подлежит аресту и привлечению к уголовной ответственности.
Судья не подлежит задержанию, за исключением случаев задержания его на месте совершения преступления.

Статья 92.

Юридическая помощь гарантируется на всех стадиях следствия и суда.
Организация и порядок деятельности адвокатуры и другие формы оказания юридической помощи определяются законом.

ГЛАВА ДЕВЯТАЯ. ПРОКУРАТУРА

Статья 93.

Надзор за точным и единообразным исполнением законов на территории Таджикистана осуществляют Генеральный прокурор и подчиненные ему прокуроры в пределах своих полномочий.

Статья 94.

Единую и централизованную систему органов прокуратуры Таджикистана возглавляет Генеральный прокурор. Генеральный прокурор подотчетен Маджлиси милли и Президенту.

Статья 95.

Генеральный прокурор Таджикистана назначается сроком на 5 лет.
Генеральный прокурор назначает на должности подчиненных ему прокуроров и освобождает их. Срок полномочий прокуроров 5 лет.
Деятельность, полномочия и структура органов прокуратуры регулируется конституционным законом.

Статья 96.

Генеральный прокурор и подчиненные ему прокуроры осуществляют свои полномочия независимо от других государственных органов, должностных лиц и подчиняются только закону.

Статья 97.

Прокурор не может занимать другую должность, быть депутатом представительных органов, членом политических партий и объединений, заниматься предпринимательской деятельностью, помимо занятия научной, педагогической и творческой деятельности.

ГЛАВА ДЕСЯТАЯ. ПОРЯДОК ИЗМЕНЕНИЯ КОНСТИТУЦИИ

Статья 98.

Изменения и дополнения в Конституцию вносятся путем проведения всенародного референдума.
Референдум назначается Президентом или Маджлиси намояндагон с согласия не менее двух третей от общего числа депутатов.

Статья 99.

Предложения по изменению и дополнению в Конституцию вносятся Президентом или не менее чем одной третью голосов от общего числа членов Маджлиси милли и депутатов Маджлиси намояндагон.

Предложения по изменению и дополнению Конституции публикуются в печати за три месяца до референдума.

Статья 100.

Республиканская форма правления, территориальная целостность, демократическая, правовая, светская и социальная сущность государства неизменны.

Принят на всеобщем референдуме 6.11.1994г

Verfassung Turkmenistans

Quelle: Нейтральный Туркменистан (Nejtralnyj Turkmenistan), Ausgabe September 2009

Türkmenistanyň Konstitusiýasy

Türkmenistanyň halky bolan biz,

öz ykbalymyzy kesgitlemek baradaky mizemez hukugymyza esaslanyp;

Watanymyzyň häzirki hem geljekki ykbaly üçin jogapkärdigimizden ugur alyp;

ata-babalarymyzyň agzybir, parahat we oňşukly ýaşamagy ündän wesýetlerine ygrarlydygymyzy beýan edip;

milli gymmatlyklarymyzy we bähbitlerimizi gorap saklamagy, Türkmenistanyň garaşsyzlygyny, özygtyýarlylygyny, hemişelik bitaraplyk hukuk ýagdaýyny pugtalandyrmagy maksat edinip;

her bir adamyň we raýatyň hukuklaryny hem azatlyklaryny kepillendirip, jemgyýetde raýatlyk asudalygyny we milli agzybirligi üpjün etmäge, halk häkimiýetiniň hem-de demokratik, hukuk we dünýewi döwletiň esaslaryny berkarar etmäge çalşyp, Türkmenistanyň Esasy Kanunyny - şu Konstitusiýany kabul edýäris.

I bölüm. Türkmenistanyň konstitusion gurluşynyň esaslary

1-nji madda.

Türkmenistan - demokratik, hukuk we dünýewi döwlet bolup, onda döwleti dolandyrmak prezident respublikasy görnüşinde amala aşyrylýar.

Türkmenistan öz çäginde hökmürowandyr we bütin häkimiýete eýedir, ol içeri we daşary syýasaty özbaşdak amala aşyrýar. Türkmenistanyň döwlet özygtyýarlylygy we çägi bitewidir hem bölünmezdir.

Döwlet Türkmenistanyň garaşsyzlygyny, çäk bütewiligini, konstitusion gurluşyny goraýar, kanunylygyň berjaý edilmegini hem hukuk tertibini üpjün edýär.

Türkmenistan kanun esasynda hemişelik bitaraplyk hukuk ýagdaýyna eýedir. Birleşen Milletler Guramasy Baş Assambleýasynyň 1995-nji ýylyň 12-nji dekabryndaky "Türkmenistanyň hemişelik bitaraplygy" Rezolýusiýasynda: "1. Türkmenistanyň yglan eden hemişelik bitaraplyk hukuk ýagdaýyny ykrar edýär we goldaýar; 2. Türkmenistanyň bu hukuk ýagdaýyna hormat goýmaga hem-de ony goldamaga, şeýle hem onuň garaşsyzlygyna, özygtyýarlylygyna we çäkleriniň bütewiligine hormat goýmaga Birleşen Milletler Guramasynyň agzalary bolan döwletleri çagyrýar.". Dünýä bileleşigi tarapyndan ykrar edilen Türkmenistanyň hemişelik bitaraplygy onuň içeri we daşary syýasatynyň esasy bolup durýar.

2-nji madda.

Türkmenistanyň özygtyýarlylygyny halk amala aşyrýar, halk döwlet häkimiýetiniň ýeke-täk gözbaşydyr. Türkmenistanyň halky öz häkimiýetini gös-göni ýa-da wekilçilikli edaralaryň üsti bilen amala aşyrýar.

Halkyň hiç bir bölegininiň, hiç bir guramanyň ýa-da aýry-aýry adamlaryň döwletde häkimiýeti eýelemäge haky ýokdur.

3-nji madda.

Türkmenistanda jemgyýetiň we döwletiň iň gymmatly hazynasy adamdyr.

Döwlet her bir raýatynyň öňünde jogapkärdir we şahsyýetiň erkin ösmegi üçin şertleriň döredilmegini üpjün edýär, raýatyň janyny, at-abraýyny, mertebesini we azatlygyny, şahsy eldegrilmesizligini, tebigy hem mizemez hukuklaryny goraýar.

Her bir raýat öz üstüne Konstitusiýanyň we kanunlaryň ýükleýän borçlaryny ýerine ýetirmekde döwletiň öňünde jogapkärdir.

4-nji madda.

Döwlet häkimiýeti häkimiýetleriň bölünişigi ýörelgesine esaslanyp kanun çykaryjy, ýerine ýetiriji hem-de kazyýet häkimiýetlerine bölünýär we biri-biri bilen sabyr-takatly işläp, özbaşdak hereket edýärler.

5-nji madda.

Döwlet, onuň ähli edaralary we wezipeli adamlary hukuk hem konstitusion gurluş bilen baglydyr.

Türkmenistanyň Konstitusiýasy döwletiň Esasy Kanunydyr. Onda berkidilen kadalar we düzgünler gös-göni hereket edýär. Konstitusiýa ters gelýän kanunlaryň we beýleki hukuk namalarynyň ýuridik güýji ýokdur.

Döwlet syryny ýa-da kanun arkaly goralýan başga syrlary öz içine alýan kadalaşdyryjy hukuk namalaryndan başga, döwlet häkimiýet we dolandyryş, ýerli öz-özüňi dolandyryş edaralarynyň beýleki kadalaşdyryjy hukuk namalary çap etmek arkaly hemmeleriň dykgatyna ýetirilýär ýa-da başga usul bilen halka mälim edilýär. Adamyň we raýatyň hukuklaryna hem-de azatlyklaryna degişli kadalaşdyryjy hukuk namalary hemmeleriň dykgatyna ýetirilmese, özleriniň kabul edilen pursadyndan hereket etmeýärler.

6-njy madda.

Türkmenistan dünýä bileleşiginiň doly hukukly subýekti bolup, daşary syýasatda hemişelik bitaraplyk, beýleki ýurtlaryň içerki işlerine gatyşmazlyk, güýç ulanmazlyk we harby bileleşiklere hem birleşmelere goşulmazlyk, sebitiň ýurtlary we dünýäniň ähli döwletleri bilen parahatçylykly, dostlukly we özara bähbitli gatnaşyklaryň ösmegine ýardam bermek ýörelgelerine eýerýär.

Türkmenistan halkara hukugynyň umumy ykrar edilen kadalaryny ileri tutýar. Eger-de Türkmenistanyň halkara şertnamasynda Türkmenistanyň kanunyndakydan başga kadalar bellenen bolsa, onda halkara şertnamasynyň kadalary ulanylýar.

7-nji madda.

Türkmenistanyň öz raýatlygy bar. Raýatlyk kanuna laýyklykda berilýär, saklanylýar we ýitirilýär.

Türkmenistanyň raýatyna başga döwletiň raýatlygy ykrar edilmeýär.

Hiç kim raýatlygyndan ýa-da raýatlygyny üýtgetmek hukugyndan mahrum edilip bilinmez. Türkmenistanyň raýaty özge döwlete berlip ýa-da Türkmenistanyň çäginden kowlup çykarylyp, ýa onuň Watanyna gaýdyp gelmek hukugy çäklendirilip bilinmez.

Türkmenistanyň raýatlaryna Türkmenistanyň çäginde-de, onuň çäginden daşarda-da döwletiň goragy we penakärligi kepillendirilýär.

8-nji madda.

Daşary ýurt raýatlary we raýatlygy bolmadyk adamlar, Türkmenistanyň kanunçylygyna hem-de halkara şertnamalaryna laýyklykda Türkmenistanyň raýatlarynyňky ýaly hukuklardan we azatlyklardan peýdalanýarlar hem borçlary berjaý edýärler.

Türkmenistan halkara hukugynyň umumy ykrar edilen kadalaryna laýyklykda daşary ýurt raýatlaryna we raýatlygy bolmadyk adamlara kanunda bellenilen tertipde gaçybatalga berýär.

9-njy madda.

Eýeçilik eldegrilmesizdir. Türkmenistan önümçilik serişdelerine, ýere, beýleki maddy hem intellektual gymmatlyklara hususy eýeçilik hukugyny berkarar edýär. Şonuň ýaly-da olar raýatlaryň birleşiklerine we döwlete degişli bolup biler. Diňe döwletiň eýeçiligi bolup durýan obýektler kanun esasynda bellenilýär. Döwlet eýeçiligiň ähli görnüşleriniň deň derejedäki goragyny kepillendirýär we olaryň ösmegi üçin deň şertleri döredýär.

Kanun tarapyndan gadagan edilen usul bilen edinilen eýeçilikden başga eýeçiligiň muzdsuz alynmagyna ýol berilmeýär.

Diňe kanunda göz öňünde tutulan halatlarda eýeçiligiň muzduny töläp, mejbury alynmagyna ýol berilýär.

10-njy madda.

Türkmenistanyň ykdysadyýeti bazar gatnaşyklary ýörelgelerine esaslanýar. Döwlet telekeçiligi höweslendirýär we goldaýar, kiçi we orta işewürligiň ösmegine ýardam berýär.

11-nji madda.

Döwlet milli taryhy-medeni mirasyň, tebigy gurşawyň abat saklanmagy, sosial we milli toparlaryň arasyndaky deňligiň üpjün edilmegi üçin jogapkärdir. Döwlet ylmy hem çeper döredijiligi, onuň oňyn netijeleriniň ýaýradylmagyny höweslendirýär, ylym, medeniýet, terbiýeçilik we bilim bermek, sport we syýahat babatda halkara gatnaşyklarynyň ösdürilmegine ýardam edýär.

12-nji madda.

Döwlet dinleriň we dine uýmagyň erkinligini, olaryň kanun öňünde deňligini kepillendirýär. Dini guramalar döwletden aýrydyr we olaryň döwlet işlerine gatyşmagyna hem-de döwlet işlerini ýerine ýetirmegine ýol berilmeýär. Döwletiň bilim ulgamy dini guramalardan aýrydyr we ol dünýewi häsiýete eýedir.

Her bir adam özüniň dine garaýşyny özbaşdak kesgitleýär, onuň ýeke özi ýa-da beýleki adamlar bilen bilelikde islän dinine uýmaga ýa-da hiç bir dine uýmazlyga, şonuň ýaly-da dine bolan garaýyşlary bilen baglanyşykly ynam-ygtykatlaryny beýan etmäge we ýaýratmaga, dini adatlary, däp-dessurlary berjaý etmäge gatnaşmaga haky bardyr.

13-nji madda.

Türkmenistanyň döwlet özygtyýarlylygyny we howpsuzlygyny gorap saklamak üçin Ýaragly Güýçleri bardyr.

14-nji madda.

Türkmen dili Türkmenistanyň döwlet dilidir. Türkmenistanyň ähli raýatlaryna öz ene dilini ulanmak hukugy kepillendirilýär.

15-nji madda.

Türkmenistanyň özygtyýarly döwlet hökmündäki nyşanlary – Döwlet baýdagy, Döwlet tugrasy, Döwlet senasy bardyr.

Baýdak, Tugra, Sena kanun esasynda kabul edilýär we goralýar.

16-njy madda.

Türkmenistan dolandyryş-çäk gurluşy boýunça welaýatlardan, welaýat hukukly şäherlerden, etraplardan, etrap hukukly şäherlerden, etrapdaky şäherlerden, şäherçelerden, geňeşliklerden ybaratdyr.
Bir ýa-da birnäçe obanyň çägi geňeşligi emele getirýär.

17-nji madda.

Türkmenistanyň paýtagty Aşgabat şäheridir.

II bölüm. Türkmenistanda adamyň we raýatyň hukuklary, azatlyklary hem borçlary

18-nji madda.

Adamyň hukuklary hem azatlyklary eldegrilmesizdir we olary adamyň elinden alyp bolmaz.

Konstitusiýada we kanunlarda görkezilen ýagdaýlardan başga ýagdaýlarda adamy haýsydyr bir hukugyndan we azatlygyndan mahrum etmäge ýa-da hukuklaryny we azatlyklaryny çäklendirmäge hiç kimiň haky ýokdur.

Adamyň belli bir hukuklarynyň we azatlyklarynyň Konstitusiýada we kanunlarda sanalyp geçilmegi onuň beýleki hukuklaryny we azatlyklaryny inkär etmek ýa-da kemsitmek üçin ulanylyp bilinmez.

19-njy madda.

Türkmenistan adamyň we raýatyň hukuklarynyň hem azatlyklarynyň deňligini, şeýle hem haýsy millete degişlidigine, teniniň reňkine, jynsyna, gelip çykyşyna, emläk hem wezipe ýagdaýyna, ýaşaýan ýerine, diline, dine garaýşyna, syýasy ygtykadyna, haýsy partiýa degişlidigine ýa-da hiç partiýa degişli däldigine garamazdan adamyň we raýatyň kanun öňündäki deňligini kepillendirýär.

20-nji madda.

Türkmenistanda erkekler bilen aýallar deň raýatlyk hukuklaryna eýedirler. Deňhukuklylygyň jyns alamaty boýunça bozulmagy kanun esasynda jogapkärçilige getirýär.

21-nji madda.

Hukuklaryň we azatlyklaryň amala aşyrylmagy beýleki adamlaryň hukuklaryny we azatlyklaryny, şonuň ýaly-da ahlak kadalaryny, kanunyň talaplaryny, jemgyýetçilik tertibini bozmaly däldir, milli howpsuzlyga zyýan ýetirmeli däldir.

22-nji madda.

Her bir adam ýaşamaga we azat ömür sürmäge haklydyr. Hiç bir adam ýaşamaga bolan hukugyndan mahrum edilip bilinmez. Her bir adamyň erkin ýaşamaga bolan hukugy döwlet tarapyndan kanun esasynda goraýar.

Türkmenistanda ölüm jezasy ýatyrylandyr.

23-nji madda.

Kanunda takyk göz öňünde tutulandan başga halatlarda adam hukuklary çäklendirilip ýa-da özüne degişli hukuklaryndan mahrum edilip, oňa iş kesilip ýa-da jeza berlip bilinmez.

Hiç kim gynamalara, rehimsizlik, zalymlyk bilen ýa-da adam mertebesini kemsidýän derejede el gatylmagyna ýa-da temmi bermeklige, şeýle hem onuň razylygy bolmasa, lukmançylyk (däri-derman we hekimçilik) synagyna ýa-da başga tejribelere sezewar edilip bilinmez. Raýat diňe kanunda takyk görkezilen esaslar bar bolan mahalynda kazyýetiň karary boýunça ýa-da prokuroryň sanksiýasy bilen tussag edilip bilner. Gaýra goýmak bolmaýan hem-de kanunda takyk görkezilen halatlarda ygtyýarly döwlet edaralary raýatlary wagtlaýyn tutup saklamaga haklydyrlar.

24-nji madda.

Her bir raýatyň abadanlaşdyrylan ýaşaýyş jaýyny almakda ýa-da edinmekde we özbaşdak ýaşaýyş jaýyny gurmakda döwletden goldaw almaga hukugy bardyr. Ýaşaýyş jaýy eldegrilmesizdir. Jaýda ýaşaýanlaryň razylygy ýa-da başga kanuny esaslar bolmasa, hiç kimiň jaýa girmäge ýa-da onuň eldegrilmesizligini başga bir ýol bilen bozmaga haky ýokdur. Adamyň we raýatyň öz ýaşaýyş jaýyny bikanun hyýanatçylykdan goramaga hukugy bardyr.

Kanunda kesgitlenen esaslar bolmasa, hiç kim ýaşaýyş jaýyndan mahrum edilip bilinmez.

25-nji madda.

Her bir adamyň öz şahsy durmuşyna eden-etdilikli gatyşylmagyndan, şonuň ýaly-da hat-habarlarynyň, telefon we beýleki aragatnaşyklarynyň syryny saklamak düzgünleriniň bozulmagyndan, öz namysyna we at-abraýyna hyýanat edilmeginden goranmaga hukugy bardyr.

26-njy madda.

Her bir raýatyň Türkmenistanyň çäginde erkin gezmäge we ýaşajak ýerini saýlap almaga hukugy bardyr.

Aýry-aýry ýerleriň çäklerine girmegiň, şol ýerlerde gezmegiň çäklendirilmegi diňe kanun esasynda kesgitlenip bilner.

27-nji madda.

Nika ýaşyna ýeten erkek bilen aýal biri-biri bilen ylalaşyp, nikalaşmaga hem maşgala gurmaga hukugy bardyr. Maşgala gatnaşyklarynda är-aýalyň hukuklary deňdir.

Ata-eneler ýa-da olaryň ornuny tutýan adamlar çagalaryny terbiýelemäge, olaryň saglygy, ösüşi, okuwy barada alada etmäge, olary zähmete taýýarlamaga, kanunlara, taryhy we milli däp-dessurlara hormat goýmak medeniýetini olaryň aňyna ornaşdyrmaga hukuklydyrlar we borçludyrlar. Kämillik ýaşyna ýeten çagalar öz ata-eneleri barada alada etmäge, olara kömek bermäge borçludyr.

28-nji madda.

Türkmenistanyň raýatlarynyň öz ynam-ygtykatlaryna erkin eýermäge we olary erkin beýan etmäge, şeýle hem döwlet syryndan we kanun tarapyndan goralýan beýleki syrlardan başga maglumatlary almaga hukuklary bardyr.

29-njy madda.

Raýatlara kanunçylykda bellenen tertipde ýygnaklary, ýygnanyşyklary we ýörişleri geçirmek azatlygy kepillendirilýär.

30-njy madda.

Raýatlar Konstitusiýanyň we kanunlaryň çäklerinde hereket edýän syýasy partiýalary we gaýry jemgyýetçilik birleşiklerini döretmäge haklydyrlar.

Konstitusion gurluşy zorluk bilen üýtgetmegi maksat edinýän, özleriniň alyp barýan işinde zorlugy ulanmaga ýol berýän, raýatlaryň konstitusion hukuklaryna we azatlyklaryna garşy çykyş edýän, urşy, tenininň reňki boýunça, milli, dini duşmançylygy wagyz edýän, halkyň saglygyna we ahlak sypatlaryna hyýanat edýän syýasy partiýalaryň, beýleki jemgyýetçilik, harbylaşdyrylan birleşikleriň, şeýle hem milli ýa-da dini alamatlar boýunça syýasy partiýalaryň döredilmegi we işlemegi gadagan edilýär.

31-nji madda.

Her bir raýatyň jemgyýetiň we döwletiň işlerini dolandyrmaga gös-göni ýa-da erkin saýlanan wekilleriniň üsti bilen gatnaşmaga hukugy bardyr.

32-nji madda.

Raýatlaryň döwlet häkimiýet edaralaryna saýlamaga we saýlanmaga hukugy bardyr.

Türkmenistanyň raýatlarynyň öz ukybyna we hünär taýýarlygyna laýyklykda döwlet gullugynda işlemäge deň hukugy bardyr.

33-nji madda.

Raýatlaryň zähmet çekmäge, öz islegine görä hünär, kär we iş ýerini saýlap almaga, sagdyn hem howpsuz zähmet şertlerine hukugy bardyr.

Hakyna durup işleýän adamlaryň öz çeken zähmetiniň möçberine hem hiline laýyk gelýän hak almaga hukugy bardyr. Bu hakyň möçberi döwletiň bellän iň pes oňalga derejesinden az bolmaly däldir.

34-nji madda.

Raýatlaryň dynç almaga hukugy bardyr we ol iş hepdesiniň çäklendirilen dowamlylygynyň bellenilmeginden, her ýylky tölegli zähmet rugsatlaryndan, her hepdede dynç günleriniň berilmeginden ybaratdyr.

Döwlet adamlaryň dynç almagy hem-de işden boş wagtyny peýdalanmagy üçin amatly şertleri döredýär.

35-nji madda.

Raýatlaryň saglygyny gorap saklamaga, şol sanda döwlet saglygy goraýyş edaralarynyň hyzmatyndan mugt peýdalanmaga hukugy bardyr. Tölegli lukmançylyk we tebipçilik hyzmatyny etmäge kanunda bellenilen esaslarda we tertipde ýol berilýär.

36-njy madda.

Her bir adamyň amatly daşky gurşawa hukugy bardyr.

Döwlet ýaşaýyş şertlerini goramak we gowulandyrmak, şeýle hem daşky gurşawy goramak we dikeltmek maksady bilen tebigy baýlyklaryň rejeli peýdalanylyşyna gözegçilik edýär.

37-nji madda.

Raýatlaryň ýaşy boýunça, näsaglan, maýyp bolan, işe ukyplylygyny, ekleýjisini ýitiren we işsiz bolan halatynda durmuş üpjünçiliginden peýdalanmaga hukugy bardyr.

Köp çagaly maşgalalara, ata-enesinden mahrum bolan çagalara, weteranlara we döwletiň ýa-da jemgyýetiň bähbitlerini goraýarka saglygyny ýitiren adamlara döwlet we jemgyýetçilik serişdelerinden goşmaça goldaw hem ýeňillikler berilýär.

38-nji madda.

Her bir raýatyň bilim almaga hukugy bardyr.

Umumy orta bilim hökmanydyr, her bir adam ony döwlet mekdeplerinde tölegsiz almaga haklydyr.

Döwlet her bir adam üçin öz ukybyna görä hünär biliminiň elýeterli bolmagyny üpjün edýär.

Döwlet we döwlete dahylsyz guramalaryň, raýatlaryň Türkmenistanyň kanunçylygy bilen bellenilen esasda we tertipde tölegli bilim beriş işini amala aşyrmaga hukugy bardyr.

Döwlet hemme okuw jaýlary üçin bilimiň hökmany bolan standartlaryny belleýär.

39-njy madda.

Türkmenistanyň raýatlarynyň öz çeper, ylmy we tehniki döredijiligini erkin alyp barmaga hukugy bardyr. Raýatlaryň ylmy, tehniki döredijilikde, çeperçilik, edebiýat hem medeniýet işinde awtorlyk hukuklary we bähbitleri kanun esasynda goralýar.

Döwlet ylmyň, medeniýetiň, sungatyň, halk döredijiliginiň, sportuň we syýahatçylygyň ösmegine ýardam edýär.

40-njy madda.

Adamyň we raýatyň öz hukuklaryny hem azatlyklaryny amala aşyrmagy, onuň jemgyýetiň we döwletiň öňündäki borçlaryny ýerine ýetirmegi bilen aýrylmaz baglanyşyklydyr.

Türkmenistanyň çäginde ýaşaýan ýa-da wagtlaýyn bolýan her bir adam Türkmenistanyň Konstitusiýasyny, kanunlaryny berjaý etmäge we milli däp-dessurlaryny hormatlamaga borçludyr.

41-nji madda.

Türkmenistany goramak her bir raýatyň mukaddes borjudyr. Türkmenistanyň raýaty bolan her bir erkek adam üçin ählumumy harby borçlulyk bellenendir.

42-nji madda.

Her bir adam kanunda bellenen tertipde hem möçberlerde döwlet salgytlaryny we gaýry tölegleri tölemäge borçludyr.

43-nji madda.

Raýatlara adamyň we raýatyň at-abraýynyň hem mertebesiniň, Konstitusiýada hem-de kanunlarda göz öňünde tutulan şahsy we syýasy hukuklarynyň hem azatlyklarynyň kazyýet goragy kepillendirilýär.

Döwlet edaralarynyň, jemgyýetçilik birleşikleriniň we wezipeli adamlaryň çözgütleri we hereketleri barada raýatlaryň kazyýete şikaýat etmäge hukugy bardyr.

44-nji madda.

Raýatlaryň döwlet edaralarynyň, gaýry guramalaryň, olaryň işgärleriniň, şeýle hem aýry-aýry adamlaryň bikanun hereketleri zerarly özlerine maddy ýa-da ahlak taýdan zyýan ýetirilen mahalynda, kazyýet tertibinde onuň öweziniň dolunmagyny talap etmäge hukugy bardyr.

45-nji madda.

Adam öz-özüne ýa-da ýakyn garyndaşlaryna garşy görkezme we düşündiriş bermäge mejbur edilip bilinmez.

Psihiki ýa-da fiziki zorluk ulanmak, şeýle hem gaýry bikanun usullar bilen alnan subutnamalaryň ýuridik güýji ýokdur.

46-njy madda.

Raýatyň ýagdaýyny ýaramazlaşdyrýan kanunyň yzyna täsir ediş güýji ýokdur. Amala aşyrylan pursadynda hukuk bozulmasy hökmünde ykrar edilmedik hereket üçin hiç kim jogapkärçilik çekip bilmez.

47-nji madda.

Raýatlaryň şu Konstitusiýada göz öňünde tutulan hukuklarynyň hem azatlyklarynyň amala aşyrylmagy diňe adatdan daşary ýa-da harby ýagdaý şertlerinde Konstitusiýada we kanunlarda bellenen tertipde hem çäklerde wagtlaýyn togtadylyp bilner.

III bölüm. Türkmenistanda häkimiýet we dolandyryş edaralarynyň ulgamy

I bap. Umumy düzgünler

48-nji madda.

Türkmenistanda ýokary döwlet häkimiýetini we dolandyryşy Türkmenistanyň Prezidenti, Türkmenistanyň Mejlisi, Türkmenistanyň Ministrler Kabineti, Türkmenistanyň Ýokary kazyýeti amala aşyrýar.

49-njy madda.

Ýerli häkimiýeti welaýatlarda, welaýat hukukly şäherlerde, etraplarda, etrap hukukly şäherlerde ýerli wekilçilikli we ýerine ýetiriji edaralar amala aşyrýarlar, etrapdaky şäherlerde, şäherçelerde, geňeşliklerde bolsa ýerli öz-özüňi dolandyryş edaralary – Geňeşler.

II bap. Türkmenistanyň Prezidenti

50-nji madda.

Türkmenistanyň Prezidenti döwletiň we ýerine ýetiriji häkimiýetiň baştutanydyr, Türkmenistanyň iň ýokary wezipeli adamydyr, ol Türkmenistanyň döwlet garaşsyzlygynyň we bitaraplyk hukuk ýagdaýynyň, ýurt bitewiliginiň, Konstitusiýany berjaý etmegiň we halkara borçnamalaryny ýerine ýetirmegiň kepili hökmünde çykyş edýär.

51-nji madda.

Türkmenistanda doglan, ýaşy kyrkdan pes bolmadyk we ýetmişden uly bolmadyk, döwlet dilini bilýän, soňky on bäş ýylyň dowamynda Türkmenistanda hemişelik ýaşaýan hem-de döwlet edaralarynda, jemgyýetçilik birleşiklerinde, kärhanalarynda, edaralarynda, guramalarynda işläp gelýän Türkmenistanyň raýaty Türkmenistanyň Prezidentligine saýlanyp bilner.

52-nji madda.

Türkmenistanyň Prezidenti gös-göni Türkmenistanyň halky tarapyndan bäş ýyl möhlete saýlanylýar we kasam kabul eden pursadyndan öz wezipesine girişýär.

Türkmenistanyň Prezidentini saýlamagyň we onuň öz wezipesine girişmeginiň tertibi kanun arkaly kesgitlenilýär.

53-nji madda.

Türkmenistanyň Prezidenti:

1) Konstitusiýany we kanunlary durmuşa geçirýär;

2) daşary syýasatyň amala aşyrylmagyna ýolbaşçylyk edýär, beýleki döwletler bilen gatnaşyklarda Türkmenistana wekilçilik edýär, Türkmenistanyň daşary ýurt döwletlerindäki, döwletara we halkara guramalarynyň ýanyndaky ilçilerini we beýleki diplomatik wekillerini belleýär hem yzyna çagyrýar, daşary ýurt döwletleriniň diplomatik wekilleriniň ynanç hem yzyna çagyrylyş hatlaryny kabul edýär;

3) Türkmenistanyň Ýaragly Güýçleriniň Belent Serkerdebaşysydyr, ol Ýaragly Güýçleriň ählumumy ýa-da bölekleýin mobilizasiýasyny geçirmek, Ýaragly Güýçleri ulanmakwe söweşjeň ýagdaýa getirmek hakynda buýruk berýär, Türkmenistanyň Ýaragly Güýçleriniň ýokary serkerdelerini belleýär;

4) hukuk ýagdaýy kanun esasynda kesgitlenýän Türkmenistanyň Döwlet howpsuzlyk geňeşini döredýär we oňa ýolbaşçylyk edýär;

5) ýurdy syýasy, ykdysady, sosial taýdan ösdürmegiň maksatnamalaryny we esasy ugurlaryny tassyklaýar;

6) Türkmenistanyň Döwlet býujetini hem onuň ýerine ýetirilişi hakyndaky hasabaty Mejlisiň garamagyna we tassyklamagyna berýär;

7) kanunlara gol çekýär, ylalaşmadyk ýagdaýynda, gaýra goýmak gadaganlygyny (wetosyny) ulanyp, närazy ýerlerini görkezmek bilen kanuny iki hepdeden gijä goýman, Mejlise täzeden ara alyp maslahatlaşmak we sese goýmak üçin gaýtarmaga haklydyr. Eger Mejlis deputatlaryň bellenen sanynyň azyndan üçden iki böleginiň ses bermegi bilen ozal kabul eden çözgüdini tassyklaýan bolsa, onda Türkmenistanyň Prezidenti şol kanuna gol çekýär. Türkmenistanyň Prezidentiniň Konstitusiýa üýtgetmeler we goşmaçalar girizmek hakyndaky kanunlar babatda gaýra goýmak gadaganlygyny (wetosyny) ulanmaga hukugy ýokdur;

8) Türkmenistanda Saýlawlary we sala salşyklary geçirmek baradaky Merkezi topary döredýär, onuň düzümine üýtgetmeler girizýär;

9) sala salşyklary geçirmegiň senesini belleýär, Mejlisiň maslahatyny möhletinden öň çagyrmaga haklydyr;

10) Türkmenistanyň raýatlygyna kabul etmek, raýatlykdan çykarmak we gaçybatalga bermek hakyndaky meseleleri çözýär;

11) Türkmenistanyň ordenleri we beýleki döwlet sylaglary bilen sylaglaýar, harby atlary, beýleki ýörite döwlet atlaryny we tapawutlandyryş atlaryny dakýar;

12) Mejlis bilen ylalaşyp, Ýokary kazyýetiň başlygyny, Baş prokurory, Içeri işler ministrini, Adalat ministrini wezipä belleýär we wezipeden boşadýar;

13) rehim etme hem-de günä geçme çärelerini amala aşyrýar;

14) raýatlaryň howpsuzlygyny üpjün etmek üçin Türkmenistanyň bütin çäginde ýa-da aýry-aýry ýerlerinde adatdan daşary ýagdaý düzgünini girizýär. Adatdan daşary ýagdaý düzgüni

Türkmenistanyň kanuny bilen kadalaşdyrylýar;

15) Türkmenistanyň dolandyryş-çäk bölünişigini üýtgetmek meselelerini çözýär;

16) Konstitusiýada we kanunlarda özüniň ygtyýarlyklaryna degişli edilen beýleki meseleleri çözýär.

54-nji madda.

Türkmenistanyň Prezidenti Türkmenistanyň bütin çäginde hökmanylyk güýji bolan permanlary, kararlary we buýruklary çykarýar.

55-nji madda.

Türkmenistanyň Prezidenti Mejlisiň deputaty bolup bilmez.

56-njy madda.

Türkmenistanyň Prezidenti eldegrilmesizlik hukugyna eýedir. Onuň at-abraýy we mertebesi kanun bilen goralýar.

Türkmenistanyň Prezidentiniň we onuň maşgalasynyň üpjünçiligi, hyzmat edilişi we goragy döwletiň hasabyna amala aşyrylýar.

57-nji madda.

Türkmenistanyň Prezidenti näsaglygy sebäpli öz borçlaryny ýerine ýetirip bilmese, ol möhletinden öň wezipesinden boşadylyp bilner. Mejlis özüniň döredýän garaşsyz lukmançylyk toparynyň çykaran netijenamasy esasynda Türkmenistanyň Prezidentini möhletinden öň wezipesinden boşatmak hakynda çözgüt kabul edýär. Şol çözgüt Mejlisiň bellenen sandaky deputatlarynyň üçden iki böleginden az bolmadyk sesleriniň köplügi bilen kabul edilýär.

Türkmenistanyň Prezidenti Konstitusiýany we kanunlary bozan halatynda, Türkmenistanyň Mejlisi Türkmenistanyň Prezidentine ynamsyzlyk bildirip biler. Türkmenistanyň Prezidentine ynam bildirmezlik hakyndaky meselä Mejlisiň bellenen sandaky deputatlarynyň azyndan üçden ikisiniň talap etmegine görä seretmek bolar. Türkmenistanyň Prezidentine ynam bildirmezlik hakyndaky çözgüt Türkmenistanyň Mejlisiniň bellenen sandaky deputatlarynyň dörtden üç böleginden az bolmadyk sesleriniň köplügi bilen kabul edilýär. Türkmenistanyň Prezidentini wezipesinden çetleşdirmek hakyndaky mesele ählihalk sala salşygyna goýulýar.

58-nji madda.

Türkmenistanyň Prezidentiniň Konstitusiýanyň 53-nji maddasynyň 2-nji, 11-nji, 13-nji bentlerinde göz öňünde tutulan özüniň Mejlisiň Başlygyna berlip bilinýän ygtyýarlyklaryndan beýleki ygtyýarlyklaryny başga döwlet edaralaryna ýa-da wezipeli adamlara bermäge haky ýokdur.

Eger Türkmenistanyň Prezidenti haýsydyr bir sebäbe göra öz borçlaryny ýerine ýetirip bilmeýän bolsa, onda Prezident saýlanýança Türkmenistanyň Döwlet howpsuzlyk geňeşiniň çözgüdi esasynda Türkmenistanyň Prezidentiniň wezipesini wagtlaýyn ýerine ýetirmek Türkmenistanyň Ministrler Kabinetiniň Başlygynyň orunbasarlarynyň biriniň üstüne ýüklenilýär. Şu ýagdaýda Prezidentiň saýlawlary onuň ygtyýarlyklarynyň Türkmenistanyň Prezidentiniň wezipesini wagtlaýyn ýerine ýetirijä geçen gününden başlap, 60günden gijä goýulman geçirilmelidir. Türkmenistanyň Prezidentiniň wezipesini wagtlaýyn ýerine ýetiriji Prezidentlige dalaşgär bolup bilmez.

III bap. Türkmenistanyň Mejlisi

59-njy madda.

Türkmenistanyň Mejlisi (Parlament) kanun çykaryjy häkimiýeti amala aşyrýan iň ýokary wekilçilikli edaradyr.

60-njy madda.

Mejlis 125 deputatdan ybarat bolup, olar saýlawçylarynyň sany takmynan deň bolan ýerli saýlaw okruglary boýunça bäş ýyl möhlete saýlanylýar.

61-nji madda.

Mejlis aşakdaky halatlarda möhletinden öň ýatyrylyp bilner:

1) ählihalk sala salşygynyň çözgüdi esasynda;

2) Mejlisiň bellenen sandaky deputatlarynyň üçden iki böleginden az bolmadyk sesleriniň köplügi bilen kabul eden karary esasynda (öz-özüni ýatyrmagy);

3) alty aýyň dowamynda Mejlisiň ýolbaşçy düzümi düzülmedik mahalynda, Türkmenistanyň Prezidenti tarapyndan.

62-nji madda.

Mejlis deputatlaryň ygtyýarlyklaryny özbaşdak kesgitleýär, olaryň arasyndan Mejlisiň Başlygyny, onuň orunbasaryny saýlaýar, komitetleri we toparlary düzýär.

Mejlisiň öňki çagyrylyşynyň deputatlary Mejlisiň täze çagyrylyşynyň birinji maslahaty açylýança öz ygtyýarlyklaryny saklaýarlar.

63-nji madda.

Mejlis:

1) kanunlary kabul edýär, Türkmenistanyň Konstitusiýasyna we kanunlara üýtgetmeler we goşmaçalar girizýär, olaryň ýerine ýetirilişine gözegçilik edýär hem-de olara resmi düşündirişler berýär;

2) Ministrler Kabinetiniň iş maksatnamasyny makullamak baradaky meselä garaýar;

3) Türkmenistanyň Döwlet býujetini we onuň ýerine ýetirilişi hakyndaky hasabaty tassyklamak baradaky meselelere garaýar;

4) ýurdy syýasy, ykdysady, sosial taýdan ösdürmegiň esasy ugurlaryna we maksatnamalaryna garaýar;

5) ählihalk sala salşyklaryny geçirmek hakyndaky meseleleri çözýär;

6) Türkmenistanyň Prezidentiniň, Mejlisiň deputatlarynyň, welaýat, etrap, şäher wekilçilikli edaralarynyň we Geňeşleriň agzalarynyň saýlawlaryny belleýär;

7) Türkmenistanyň Prezidentiniň teklibi boýunça Ýokary kazyýetiň başlygyny, Baş prokurory, Içeri işler ministrini, Adalat ministrini wezipä bellemek we olary wezipeden boşatmak baradaky meselelere garaýar;

8) döwlet sylaglaryny döredýär, Türkmenistanyň Prezidentini döwlet sylaglary bilen sylaglaýar, oňa harby atlary we tapawutlandyryş atlaryny dakýar;

9) döwlet häkimiýet we dolandyryş edaralarynyň kadalaşdyryjy hukuk namalarynyň Konstitusiýa laýyklygyny ýa-da laýyk däldigini kesgitleýär;

10) halkara şertnamalaryny tassyklaýar we ýatyrýar;

11) Türkmenistanyň Döwlet serhedini üýtgetmek meselelerini çözýär;

12) parahatçylyk we howpsuzlyk meselelerine garaýar;

13) Konstitusiýada we kanunlarda Mejlisiň ygtyýarlyklaryna degişli edilen beýleki meseleleri çözýär.

64-nji madda.

Mejlis aýry-aýry meseleler boýunça Türkmenistanyň Prezidentine kanun çykarmak hukugyny berip biler, soňra şol kanunlary tassyklamak baradaky meselä Mejlis tarapyndan hökman garalmalydyr.

Mejlis aşakdaky meseleler boýunça kanun çykaryjylyk hukugyny hiç kime berip bilmez:

1) Konstitusiýany üýtgetmek;

2) jenaýat we dolandyryş kanunçylygy;

3) kazyýet önümçiligi.

65-nji madda.

Kanun çykaryjylyk başlangyjyna bolan hukuk Türkmenistanyň Prezidentine, Mejlisiň deputatlaryna, Ministrler Kabinetine, Ýokarykazyýete degişlidir.

66-njy madda.

Mejlisiň deputatlarynyň Ministrler Kabinetine, ministrlere, beýleki döwlet edaralarynyň ýolbaşçylaryna resmi sowal bilen ýüz tutmaga, dilden hem hat üsti bilen sowal bermäge hukugy bardyr.

67-nji madda.

Döwlet Mejlisiň her bir deputatyna onuň öz ygtyýarlyklaryny päsgelçiliksiz we netijeli amala aşyrmagy üçin ähli şertleriň döredilmegini, onuň hukuklarynyň we azatlyklarynyň, janynyň, at-abraýynyň we mertebesiniň, şeýle hem şahsy eldegrilmesizliginiň goraglylygyny kepillendirýär.

68-nji madda.

Deputaty onuň deputatlyk ygtyýarlyklaryndan diňe Mejlis mahrum edip biler. Şu mesele boýunça çözgüt Mejlisiň deputatlarynyň bellenen sanynyň üçden iki böleginden az bolmadyk sesleriniň köplügi bilen kabul edilýär.

Mejlisiň razylygy bolmasa, deputat jenaýat jogapkärçiligine çekilip, tussag edilip ýa-da başga hili ýol bilen azatlykdan mahrum edilip bilinmez.

69-njy madda.

Mejlisiň deputaty şol bir wagtyň özünde Ministrler Kabinetiniň agzasy, häkim, arçyn, kazy, prokuror wezipelerini eýeläp bilmez.

70-nji madda.

Mejlisiň Başlygy gizlin ses bermek bilen saýlanýar. Ol Mejlise hasabat berýär hem-de Mejlisiň bellenen sandaky deputatlarynyň üçden iki böleginden az bolmadyk sesleriniň köplügi bilen kabul eden çözgüdi boýunça wezipesinden boşadylyp bilner.

Mejlisiň Başlygynyň orunbasary açyk ses bermek arkaly saýlanýar, ol Başlygyň tabşyrmagy boýunça onuň aýry-aýry wezipelerini ýerine ýetirýär, Mejlisiň Başlygynyň bolmadyk ýagdaýynda ýa-da öz ygtyýarlyklaryny ýerine ýetirmäge mümkinçiligi bolmasa, onuň wezipesini ýerine ýetirýär.

71-nji madda.

Mejlisiň, onuň komitetleriniň we toparlarynyň, deputatlaryň iş tertibi hem-de olaryň wezipeleri we ygtyýarlyklary kanun bilen kesgitlenilýär.

IV bap. Türkmenistanyň Ministrler Kabineti

72-nji madda.

Ministrler Kabineti (Hökümet) ýerine ýetiriji we serenjam beriji edaradyr. Türkmenistanyň Prezidenti Türkmenistanyň Ministrler Kabinetiniň Başlygydyr.

73-nji madda.

Ministrler Kabinetiniň düzümine onuň Başlygynyň orunbasarlary, ministrler girýärler. Türkmenistanyň Prezidenti tarapyndan Ministrler Kabinetiniň düzümine ýerine ýetiriji häkimiýetiň merkezi edaralarynyň ýolbaşçylary bolan beýleki adamlar hem girizilip bilner.

Ministrler Kabineti Türkmenistanyň Prezidenti tarapyndan onuň öz wezipesine girişen gününden başlap bir aýyň dowamynda düzülýär we täze saýlanan Prezidentiň öňünde öz ygtyýarlyklaryny tabşyrýar.

74-nji madda.

Ministrler Kabinetiniň mejlisleri Türkmenistanyň Prezidenti tarapyndan ýa-da onuň tabşyrmagy boýunça Ministrler Kabinetiniň Başlygynyň orunbasarlarynyň biri tarapyndan geçirilýär.

Ministrler Kabineti öz ygtyýarlyklarynyň çäginde ýerine ýetirilmegi hökmany bolan kararlary kabul edýär we buýruklary çykarýar.

75-nji madda.

Ministrler Kabineti:

1) Türkmenistanyň kanunlarynyň, Türkmenistanyň Prezidentiniň we Türkmenistanyň Mejlisiniň namalarynyň ýerine ýetirilmegini guraýar;

2) raýatlaryň hukuklaryny we azatlyklaryny üpjün etmek hem goramak, eýeçiligi we jemgyýetçilik tertibini, milli howpsuzlygy goramak boýunça çäreleri amala aşyrýar;

3) döwletiň içeri we daşary syýasatynyň esasy ugurlary baradaky teklipleri, ýurdy ykdysady we sosial taydan ösdürmegiň maksatnamalaryny işläp taýýarlaýar hem-de olary Mejlisiň garamagyna berýär;

4) ykdysady we sosial taýdan ösüşiň döwlet tarapyndan dolandyrylmagyny amala aşyrýar;

döwlet kärhanalaryny, edaralaryny we guramalaryny dolandyrmagy guraýar; tebigy baýlyklaryň rejeli peýdalanylmagyny hem goralmagyny üpjün edýär;

5) pul we karz ulgamyny pugtalandyrmak boýunça çäreleri görýär;

6) zerur bolan halatynda Ministrler Kabinetiniň ýanynda komitetleri, baş müdirlikleri we beýleki pudaklaýyn dolandyryş edaralaryny döredýär;

7) daşary ykdysady işi amala aşyrýar, daşary ýurt döwletleri bilen medeni we gaýry gatnaşyklaryň ösdürilmegini üpjün edýär;

8) hökümet edaralarynyň, döwlet kärhanalarynyň we guramalarynyň işine ýolbaşçylyk edýär; ministrlikleriň we pudaklaýyn dolandyryş, şeýle hem ýerine ýetiriji ýerli häkimiýet edaralarynyň hukuk namalaryny ýatyrmaga haklydyr;

9) Türkmenistanyň Konstitusiýasynda, kanunlarynda we beýleki kadalaşdyryjy hukuk namalarynda öz ygtyýarlyklaryna degişli edilen gaýry meseleleri çözýär.

76-njy madda.

Ministrler Kabinetiniň ygtyýarlyklary, onuň iş tertibi, beýleki döwlet edaralary bilen gatnaşyklary kanun arkaly kesgitlenilýär.

V bap. Ýerli häkimiýet edaralary

77-nji madda.

Ýerli häkimiýet öz ygtyýarlyklarynyň çäginde hereket edýän wekilçilikli we ýerine ýetiriji edaralardan ybaratdyr.

78-nji madda.

Türkmenistanyň kanunçylygynda kesgitlenen tertipde, welaýatda, welaýat hukukly şäherde, etrapda, etrap hukukly şäherde agzalary degişli dolandyryş-çäk birlikleriniň raýatlary tarapyndan dört ýyl möhlete saýlanýan wekilçilikli edaralar – halk maslahatlary döredilýär.

79-njy madda.

Halk maslahatlary öz ygtyýarlyklaryna laýyklykda çäkleriň ykdysady, sosial we medeni taýdan ösüşiniň meselelerini çözmäge gatnaşýarlar.

Halk maslahatlarynyň, olaryň agzalarynyň wezipeleri we ygtyýarlyklary, olaryň işiniň hem-de beýleki häkimiýet we dolandyryş edaralary bilen özara gatnaşyklarynyň tertibi kanun arkaly kesgitlenilýär.

80-nji madda.

Ýerlerde ýerine ýetiriji häkimiýeti: welaýatlarda – welaýat häkimleri, şäherlerde – şäher häkimleri, etraplarda – etrap häkimleri amala aşyrýarlar.

81-nji madda.

Häkimler Türkmenistanyň Prezidentiniň ýerlerdäki wekilleridir, olar Türkmenistanyň Prezidenti tarapyndan wezipä bellenilýär we wezipeden boşadylýar hem-de oňa hasabat berýärler.

82-nji madda.

Häkimler ýerlerde dolandyryş edaralarynyň işine ýolbaşçylyk edýärler, Türkmenistanyň Konstitusiýasynyň, kanunlarynyň, Türkmenistanyň Prezidentiniň, Türkmenistanyň Ministrler Kabinetiniň namalarynyň, Türkmenistanyň Mejlisiniň kararlarynyň ýerine ýetirilmegini üpjün edýärler. Häkimler öz ygtyýarlyklarynyň çäklerinde garamagyndaky ýerlerde ýerine ýetirilmegi hökmany bolan kararlary kabul edýärler.

83-nji madda.

Häkimleriň wezipeleri we ygtyýarlyklary, olaryň işiniň hem-de beýleki häkimiýet we dolandyryş edaralary bilen özara gatnaşyklarynyň tertibi kanun arkaly kesgitlenilýär.

IV bölüm. Ýerli öz-özüňi dolandyryş

84-nji madda.

Ýerli öz-özüňi dolandyryş ulgamyny Geňeşler we ýerli jemgyýetçilik öz-özüňi dolandyryş edaralary emele getirýärler.

Geňeşler etrapdaky şäherleriň, şäherçeleriň, geňeşlikleriň çäklerinde halk häkimiýetiniň wekilçilikli edaralarydyr. Geňeş agzalary gös-göni raýatlar tarapyndan üç ýyl möhlete saýlanylýar.

85-nji madda.

Geňeş öz işlerinde özbaşdakdyr. Ol häkimiýet we dolandyryş edaralary bilen özara gatnaşyklaryny Türkmenistanyň kanunçylygyna laýyklykda amala aşyrýar.

86-njy madda.

Geňeşler:

1) öz çäklerini ykdysady, sosial hem medeni taýdan ösdürmegiň esasy ugurlaryny kesgitleýärler;

2) býujeti düzýärler we tassyklaýarlar, onuň ýerine ýetirilişi hakyndaky hasabaty taýýarlaýarlar;

3) ýerli ýygymlary we olary almagyň tertibini belleýärler;

4) tebigy baýlyklary rejeli peýdalanmak we daşky gurşawy goramak boýunça çäreleri kesgitleýärler;

5) kanun tarapyndan öz ygtyýarlyklaryna degişli edilen beýleki meseleleri çözýärler.

Geňeşler öz ygtyýarlyklarynyň çäklerinde garamagyndaky ýerlerde ýerine ýetirilmegi hökmany bolan çözgütleri kabul edýärler.

87-nji madda.

Geňeş öz agzalarynyň arasyndan Geňeşiň işine ýolbaşçylyk edýän we oňa hasabat berýän arçyny saýlaýar.

Arçynlar Geňeşleriň çözgütleriniň, döwlet häkimiýet we dolandyryş edaralarynyň namalarynyň ýerine ýetirilmegini üpjün edýärler, şeýle hem ýerli ähmiýeti bolan beýleki meseleleri çözýärler.

88-nji madda.

Geňeşleriň, beýleki jemgyýetçilik öz-özüňi dolandyryş edaralarynyň iş tertibi kanun bilen kesgitlenilýär.

V bölüm. Saýlaw ulgamy, sala salşyk

89-njy madda.

Türkmenistanyň Prezidentiniň, Mejlisiň deputatlarynyň, halk maslahatlarynyň we Geňeşleriň agzalarynyň saýlawlary ählumumy we deň saýlawlardyr. Türkmenistanyň on sekiz ýaşy dolan raýatlarynyň saýlamaga hukugy bardyr, her saýlawçynyň bir sesi bar.

Saýlawlara kazyýet tarapyndan kämillik ukyby ýok diýlip ykrar edilen raýatlar, azatlykdan mahrum ediliş ýerlerinde jeza çekýän adamlar gatnaşmaýarlar. Beýleki halatlarda raýatlaryň saýlaw hukuklarynyň çäklendirilmegine ýol berilmeýär we kanunçylykda kesgitlenen jogapkärçilige getirýär.

90-njy madda.

Saýlawlar gününe çenli ýigrimi bäş ýaşy dolan we soňky on ýylyň dowamynda Türkmenistanda hemişelik ýaşaýan Türkmenistanyň raýaty Mejlisiň deputatlygyna saýlanyp bilner. Türkmenistanyň Mejlisiniň deputatlygyna, halk maslahatlarynyň we Geňeşleriň agzalygyna dalaşgärlere bildirilýän talaplar Türkmenistanyň kanunlarynda kesgitlenilýär.

91-nji madda.

Saýlawlar göni saýlawlardyr we saýlanylýanlar raýatlar tarapyndan gös-göni saýlanýarlar.

92-nji madda.

Saýlawlarda ses bermek gizlindir, ses berlende saýlawçylaryň öz erk-islegini beýan edişine gözegçilik edilmegine ýol berilmeýär.

93-nji madda.

Dalaşgärleri hödürlemek hukugy syýasy partiýalara, jemgyýetçilik birleşiklerine we raýatlaryň toparlaryna degişlidir hem-de Türkmenistanyň kanunçylygyna laýyklykda amala aşyrylýar.

94-nji madda.

Döwlet we jemgyýetçilik durmuşyna degişli möhüm meseleleri çözmek üçin ählihalk we ýerli sala salşyklary geçirilip bilner.

Sala salşygyň netijesinde kabul edilen çözgütler diňe sala salşyk arkaly ýatyrylyp ýa-da üýtgedilip bilner.

95-nji madda.

Türkmenistanyň Mejlisiniň deputatlarynyň bellenen sanynyň azyndan üçden iki böleginiň teklip etmegi ýa-da saýlaw hukukly raýatlaryň azyndan iki ýüz elli müňüsiniň teklip etmegi boýunça ählihalk sala salşygyny geçirmek baradaky çözgüdi kabul etmek hukugy Türkmenistanyň Mejlisine degişlidir.

96-njy madda.

Öz başlangyjy boýunça ýa-da degişli çäkde ýaşaýan saýlawçylaryň azyndan dörtden bir böleginiň teklip etmegi boýunça ýerli sala salşyklary geçirmegi bellemek hukugy Geňeşe degişlidir.

97-nji madda.

Sala salşyklar ählumumy, deň, göni we gizlin ses bermek arkaly geçirilýär.

Sala salşyklara Türkmenistanyň saýlaw hukugyna eýe bolan raýatlary gatnaşýar.

98-nji madda.

Saýlawlary, ählihalk we ýerli sala salşyklary geçirmegiň tertibi kanun bilen kesgitlenilýär. Saýlawlar we sala salşyklar adatdan daşary ýagdaý döwründe geçirilmeýär.

VI bölüm. Kazyýet häkimiýeti

99-njy madda.

Türkmenistanda kazyýet häkimiýeti diňe kazyýetlere degişlidir.

Kazyýet häkimiýeti raýatlaryň hukuklaryny we azatlyklaryny,kanun arkaly goralýan döwlet hem jemgyýetçilik bähbitlerini goramaga niýetlenendir.

100-nji madda.

Kazyýet häkimiýeti Türkmenistanyň Ýokary kazyýeti we kanunda göz öňünde tutulan beýleki kazyýetler tarapyndan amala aşyrylýar.

Adatdan daşary kazyýetleriň we kazyýetiň ygtyýarlyklary berlen gaýry düzümleriň döredilmegine ýol berilmeýär.

101-nji madda.

Kazylar garaşsyzdyrlar, olar diňe kanuna tabyndyrlar we özleriniň içki ynam-ygtykadyna gollanýarlar. Kazylaryň işine hiç kimiň gatyşmagyna ýol berilmeýär, oňa gatyşylmagy kanunda bellenilen jogapkärçilige getirýär. Kazylaryň eldegrilmesizligi kanun bilen kepillendirilýär.

102-nji madda.

Kazylar Türkmenistanyň Prezidenti tarapyndan bellenilýär. Kazylary bellemegiň we boşatmagyň tertibi, ygtyýarlyklarynyň möhletleri kanun bilen kesgitlenilýär.

Ygtyýarlyklarynyň möhleti tamamlanmazdan öň kazy wezipesinden diňe kanunda görkezilen esaslara görä boşadylyp bilner.

103-nji madda.

Kazylar mugallymçylyk we ylmy-barlag işlerinden özge hak tölenilýän haýsydyr bir başga wezipäni eýeläp bilmezler.

104-nji madda.

Işlere kazyýetlerde kollegial garalýar, kanunda göz öňünde tutulan halatlarda bolsa kazynyň bir özi garaýar.

105-nji madda.

Kazyýetlerde işler açyk seljerilýär. Işiň ýapyk mejlisde seredilmegine diňe kanunda göz öňünde tutulan ýagdaýlarda, kazyýet önümçiliginiň ähli düzgünlerini berjaý etmek bilen ýol berilýär.

106-njy madda.

Kazyýet önümçiligi döwlet dilinde ýöredilýär. Işe gatnaşýan we kazyýet önümçiliginiň dilini bilmeýän adamlara terjimeçiniň kömek etmeginde işiň materiallary bilen tanyşmak hem-de kazyýet hereketlerine gatnaşmak, şeýle hem kazyýet mejlisinde ene dilinde çykyş etmek hukugy üpjün edilýär.

107-nji madda.

Adyl kazyýetlik taraplaryň deňligi we bäsleşigi esasynda amala aşyrylýar.

Taraplaryň Türkmenistanyň kazyýetleriniň çykaran çözgütleri, hökümleri we beýleki kararlary barada şikaýat etmäge hukugy bardyr.

108-nji madda.

Professional ýuridik kömegi almak hukugy kazyýet önümçiliginiň islendik tapgyrynda ykrar edilýär.

Raýatlara we guramalara ýuridik kömegi adwokatlar, beýleki adamlar we guramalar berýärler.

109-njy madda.

Kazyýetleriň ygtyýarlyklary, olary döretmegiň we işiniň tertibi kanun bilen kesgitlenilýär.

VII bölüm.Prokuratura

110-njy madda.

Türkmenistanyň kanunlarynyň, Türkmenistanyň Prezidentiniň, Türkmenistanyň Ministrler Kabinetiniň namalarynyň, Türkmenistanyň Mejlisiniň kararlarynyň takyk we birmeňzeş berjaý edilişine gözegçilik Türkmenistanyň Baş prokuroryna hem-de oňa tabyn prokurorlara ýüklenilýär.

Prokuror kazyýetlerde işleriň garalmagyna kanundabellenen esaslardahem-de tertipdegatnaşýar.

111-nji madda.

Prokuratura operatiw-agtaryş işiniň kanunylygyna hem-de jenaýat işleriniň derňelişine gözegçilik edýär.

112-nji madda.

Prokuratura edaralarynyň ýeke-täk merkezleşdirilen ulgamyna Türkmenistanyň Baş prokurory ýolbaşçylyk edýär.

Prokurorlary wezipä bellemegiň we wezipeden boşatmagyň tertibi, ygtyýarlyklarynyň möhletleri kanun bilen kesgitlenilýär.

113-nji madda.

Türkmenistanyň Baş prokurory hem oňa tabyn prokurorlar öz ygtyýarlyklaryny amala aşyranlarynda diňe kanuny gollanýarlar.

114-nji madda.

Prokuratura edaralarynyň ygtyýarlyklary, olary döretmegiň we işiniň tertibi kanun bilen kesgitlenilýär.

VIII bölüm. Jemleýji düzgünler

115-nji madda.

Kanunlar, döwlet edaralarynyň we wezipeli adamlaryň beýleki hukuk namalary Konstitusiýanyň esasynda we şoňa laýyklykda kabul edilýär.

Konstitusiýada we kanunlarda görkezilýän düzgünler biri-birine gabat gelmedik halatynda Konstitusiýanyň düzgünleri hereket edýär.

116-njy madda.

Konstitusiýanyň döwleti dolandyrmagyň prezident respublikasy görnüşinde amala aşyrylýandygy hakyndaky düzgünleri üýtgedilip bilinmez.

117-nji madda.

Konstitusiýany üýtgetmek hakyndaky Kanun, eger Türkmenistanyň Mejlisiniň deputatlarynyň bellenen sanynyň azyndan üçden iki bölegi ýa-da ählihalk sala salşygyna gatnaşan Türkmenistanyň raýatlarynyň ýarysyndan köpüsi oňa ses beren bolsa, ol kabul edilen diýlip hasap edilýär.

Verfassung Turkmenistans

Quelle: Нейтральный Туркменистан (Nejtralnyj Turkmenistan), Ausgabe September 2009[1]

Конституция Туркменистана[2]

Мы, народ Туркменистана,
основываясь на своем неотъемлемом праве на определение своей судьбы;
исходя из ответственности за настоящее и будущее Отечества;
выражая верность заветам предков жить в единстве, мире и согласии;
имея целью охрану национальных ценностей и интересов, укрепление независимости, суверенитета, статуса постоянного нейтралитета Туркменистана;
гарантируя права и свободы каждого человека и гражданина и стремясь обеспечить гражданский мир и национальное согласие в обществе, утвердить устои народовластия и демократического, правового, светского государства, - принимаем настоящую Конституцию - Основной Закон Туркменистана.

Раздел I. Основы конституционного строя Туркменистана

Статья 1.
Туркменистан - демократическое, правовое и светское государство, в котором государственное правление осуществляется в форме президентской республики.
Туркменистан обладает верховенством и полнотой власти на своей территории, самостоятельно осуществляет внутреннюю и внешнюю политику. Государственный суверенитет и территория Туркменистана едины и неделимы.
Государство защищаетнезависимость, территориальную целостность Туркменистана, конституционный строй, обеспечивает законность и правопорядок.
Туркменистан на основании закона обладает статусом постоянного нейтралитета. Организация Объединенных Наций в Резолюции Генеральной Ассамблеи "Постоянный нейтралитет Туркменистана" от 12 декабря 1995 года: "1. признает и поддерживает провозглашенный Туркменистаном статус постоянного нейтралитета; 2. призывает государства - членов Организации Объединенных Наций уважать и поддерживать этот статус Туркменистана, уважая также его независимость, суверенитет и территориальную целостность". Признанный мировым сообществом постоянный нейтралитет Туркменистана является основой его внутренней и внешней политики.

Статья 2.
Носителем суверенитета и единственным источником государственной власти Туркменистана является народ. Народ Туркменистана осуществляет свою власть непосредственно или через представительные органы.
Никакая часть народа, организация или отдельные лица не вправе присвоить власть в государстве.

---

[1] Siehe auch http://legislationline.org/ru/documents/action/popup/id/15605 vom 22.12.2013.
[2] Перевод с государственного языка Туркменистана.

Статья 3.
В Туркменистане высшей ценностью общества и государства является человек.
Государство ответственно перед каждым гражданином и обеспечивает создание условий для свободного развития личности, защищает жизнь, честь, достоинство и свободу, личную неприкосновенность, естественные и неотчуждаемые права гражданина.
Каждый гражданин ответственен перед государством за исполнение обязанностей, возложенных на него Конституцией и законами.

Статья 4.
Государственная власть основывается на принципе разделения властей на законодательную, исполнительную и судебную, которые действуют самостоятельно, уравновешивая друг друга.

Статья 5.
Государство, все его органы и должностные лица связаны правом и конституционным строем.
Конституция Туркменистана является Основным Законом государства. Закрепленные в ней нормы и положения имеют прямое действие. Законы и иные правовые акты, противоречащие Конституции, не имеют юридической силы.
Нормативные правовые акты органов государственной власти и управления, местного самоуправления публикуются для всеобщего сведения или обнародуются иным способом, за исключением содержащих государственную или иную охраняемую законом тайну. Нормативные правовые акты, затрагивающие права и свободы человека и гражданина, не доведённые до всеобщего сведения, являются недействующими с момента их принятия.

Статья 6.
Туркменистан, являясь полноправным субъектом мирового сообщества, придерживается во внешней политике принципов постоянного нейтралитета, невмешательства во внутренние дела других стран, отказа от применения силы и участия в военных блоках и союзах, содействия развитию мирных, дружественных и взаимовыгодных отношений со странами региона и государствами всего мира.
Туркменистан признает приоритет общепризнанных норм международного права. Если международным договором Туркменистана установлены иные правила, чем предусмотренные законом Туркменистана, то применяются правила международного договора.

Статья 7.
Туркменистан имеет свое гражданство. Гражданство приобретается, сохраняется и утрачивается в соответствии с законом.
За гражданином Туркменистана не признается гражданство другого государства.
Никто не может быть лишен гражданства или права изменить гражданство. Гражданин Туркменистана не может быть выдан другому государству либо изгнан за пределы Туркменистана, или ограничиваться в праве вернуться на Родину.
Гражданам Туркменистана гарантируются защита и покровительство государства как на территории Туркменистана, так и за её пределами.

Статья 8.

Иностранные граждане и лица без гражданства пользуются правами и свободами, несут обязанности граждан Туркменистана, в соответствии с законодательством и международными договорами Туркменистана.

Туркменистан в соответствии с общепризнанными нормами международного права в установленном законом порядке предоставляет убежище иностранным гражданам и лицам без гражданства.

Статья 9.

Собственность неприкосновенна. Туркменистан утверждает право частной собственности на средства производства, землю, иные материальные и интеллектуальные ценности. Они могут принадлежать также объединениям граждан и государству. Законом устанавливаются объекты, являющиеся исключительной собственностью государства. Государство гарантирует равную защиту и создаёт равные условия для развития всех форм собственности.

Конфискация собственности не допускается, за исключением собственности, приобретенной способом, запрещённым законом.

Принудительное возмездное отчуждение собственности допускается лишь в случаях, предусмотренных законом.

Статья 10.

Экономика Туркменистана основывается на принципах рыночных отношений.Государство поощряет и поддерживает предпринимательство, способствует развитию малого и среднего бизнеса.

Статья 11.

Государство ответственно за сохранность национального историко-культурного наследия, природной среды, обеспечение равенства между социальными и национальными общностями. Государство поощряет научное и художественное творчество и распространение его позитивных результатов, содействует развитию международных связей в области науки, культуры, воспитания и образования, спорта и туризма.

Статья 12.

Государство гарантирует свободу религий и вероисповеданий, их равенство перед законом. Религиозные организации отделены от государства и не могут вмешиваться в государственные дела и выполнять государственные функции. Государственная система образования отделена от религиозных организаций и носит светский характер.

Каждый человек самостоятельно определяет свое отношение к религии, вправе единолично или совместно с другими исповедовать любую религию или не исповедовать никакой, выражать и распространять убеждения, связанные с отношением к религии, участвовать в отправлении религиозных культов, ритуалов, обрядов.

Статья 13.

В целях защиты государственного суверенитета и безопасности Туркменистан имеет свои Вооруженные Силы.

Статья 14.
Государственным языком Туркменистана является туркменский язык. Всем гражданам Туркменистана гарантируется право пользования родным языком.

Статья 15.
Символами Туркменистана как суверенного государства являются его Государственный флаг, Государственный герб, Государственный гимн.
Флаг, Герб, Гимн устанавливаются и охраняются законом.

Статья 16.
Туркменистан по административно-территориальному устройству состоит из: велаятов, городов с правами велаята, этрапов, городов с правами этрапа, городов в этрапе, посёлков, генгешликов.
Территория одного или нескольких сёл образует генгешлик.

Статья 17.
Столицей Туркменистана является город Ашгабат.

Раздел II. Права, свободы и обязанности человека и гражданина в Туркменистане

Статья 18.
Права и свободы человека неприкосновенны и неотчуждаемы.
Никто не вправе лишить человека каких-либо прав и свобод или ограничить его права и свободы иначе как в соответствии с Конституцией и законами.
Перечисление в Конституции и законах определенных прав и свобод человека не может быть использовано для отрицания или умаления других прав и свобод.

Статья 19.
Туркменистан гарантирует равенство прав и свобод человека и гражданина, а также равенство человека и гражданина перед законом независимо от национальности, расы, пола, происхождения, имущественного и должностного положения, места жительства, языка, отношения к религии, политических убеждений, партийной принадлежности либо отсутствия принадлежности к какой-либо партии.

Статья 20.
Мужчина и женщина в Туркменистане имеют равные гражданские права. Нарушение равноправия по признаку пола влечёт ответственность по закону.

Статья 21.
Осуществление прав и свобод не должно нарушать прав и свобод других лиц, а также требований морали, закона, общественного порядка, причинять ущерб национальной безопасности.

Статья 22.
Каждый человек имеет право на жизнь и свободу ее осуществления. Ни один человек не может быть лишен права на жизнь. Право каждого человека на свободную жизнь охраняется государством на основании закона.

Смертная казнь в Туркменистане отменена.

Статья 23.
Человек не может быть ограничен в правах или лишен принадлежащих ему прав, осужден или подвергнут наказанию иначе как в точном соответствии с законом.
Никто не может подвергаться пыткам, жестокому, бесчеловечному или унижающему достоинство обращению или наказанию, а также без его согласия подвергаться медицинским (лекарственным или врачебным) или иным опытам. Гражданин может быть арестован лишь при наличии точно указанных в законе оснований по решению суда или с санкции прокурора. В случаях, не терпящих отлагательства и точно указанных в законе, уполномоченные на то государственные органы вправе временно задерживать граждан.

Статья 24.
Каждый гражданин имеет право на поддержку государства в получении или приобретении благоустроенного жилого помещения и в индивидуальном жилищном строительстве. Жилище неприкосновенно. Никто не имеет права войти в жилище или иным образом нарушить неприкосновенность жилища против воли проживающих в нём лиц либо без законных оснований. Защита жилища от противозаконных посягательств является правом человека и гражданина.
Никто не может быть лишен жилища иначе как по основаниям, установленным законом.

Статья 25.
Каждый человек имеет право на защиту от произвольного вмешательства в его личную жизнь, а также от нарушения правил сохранения тайны корреспонденции, телефонных и иных сообщений, посягательств на его честь и репутацию.

Статья 26.
Каждый гражданин имеет право свободно передвигаться и выбирать место жительства в пределах Туркменистана.
Ограничения въезда на отдельные территории, передвижения по этим территориям могут устанавливаться только на основании закона.

Статья 27.
Женщина и мужчина по достижении брачного возраста имеют право по взаимному согласию вступить в брак и создать семью. Супруги в семейных отношениях равноправны.
Родители или заменяющие их лица имеют право и обязаны воспитывать детей, заботиться об их здоровье, развитии, обучении, готовить к труду, прививать им культуру уважения к законам, историческим и национальным традициям. Совершеннолетние дети обязаны заботиться о родителях и оказывать им помощь.

Статья 28.
Граждане Туркменистана имеют право на свободу убеждений и их свободное выражение, а также на получение информации, если она не является государственной и иной охраняемой законом тайной.

Статья 29.
Гражданам гарантируется свобода собраний, митингови демонстраций в порядке, установленном законодательством.

Статья 30.
Граждане вправе создавать политические партии и иные общественные объединения, действующие в рамках Конституции и законов.
Запрещаются создание и деятельность политических партий, других общественных, военизированных объединений,имеющих целью насильственное изменение конституционного строя, допускающих насилие в своей деятельности, выступающих против конституционных прав и свобод граждан, пропагандирующих войну, расовую, национальную, религиозную вражду, посягающих на здоровье и нравственность народа, а также политических партий по национальному или религиозному признакам.

Статья 31.
Каждый гражданин имеет право участвовать в управлении делами общества и государства как непосредственно, так и через своих свободно избранных представителей.

Статья 32.
Граждане имеют право избирать и быть избранными в органы государственной власти.
Граждане Туркменистана в соответствии со своими способностями, профессиональной подготовкой имеют равное право на доступ к государственной службе.

Статья 33.
Граждане имеют право на труд, на выбор по своему усмотрению профессии, рода занятий и места работы, на здоровые и безопасные условия труда.
Лица, работающие по найму, имеют право на вознаграждение, соответствующее количеству и качеству труда. Это вознаграждение не может быть менее установленного государством прожиточного минимума.

Статья 34.
Граждане имеют право на отдых, которое выражается в установлении рабочей недели ограниченной продолжительности, предоставлении ежегодных оплачиваемых отпусков, дней еженедельного отдыха.
Государство создает благоприятные условия для отдыха и использования свободного времени.

Статья 35.
Граждане имеют право на охрану здоровья, включая бесплатное пользование сетью государственных учреждений здравоохранения. Платное медицинское и нетрадиционное медицинское обслуживание допускается на основании и в порядке, установленными законом.

осуществляет контроль за рациональным использованием природных ресурсов в целях защиты и улучшения условий жизни, а также охраны и восстановления окружающей среды.

Статья 37.

Граждане имеют право на социальное обеспечение по возрасту, в случае болезни, инвалидности, утраты трудоспособности, потери кормильца, безработицы.

Многодетным семьям, детям, лишившимся родителей, ветеранам, лицам, утратившим здоровье при защите государственных или общественных интересов, предоставляются дополнительные поддержка и льготы из государственных и общественных средств.

Статья 38.

Каждый гражданин имеет право на образование.

Общее среднее образование обязательно, каждый вправе получить его в государственных школах бесплатно.

Государство обеспечивает доступность профессионального образования для каждого человека в соответствии с его способностями.

На основании и в порядке, установленными законодательством Туркменистана, государственные и негосударственные организации, граждане вправе осуществлять платную образовательную деятельность.

Государство устанавливает образовательные стандарты, обязательные для всех учебных заведений.

Статья 39.

Граждане Туркменистана имеют право на свободу художественного, научного и технического творчества. Авторские права и интересы граждан в области научного, технического творчества, художественной, литературной и культурной деятельности охраняются законом.

Государство способствует развитию науки, культуры, искусства, народного творчества, спорта и туризма.

Статья 40.

Осуществление прав и свобод неотделимо от исполнения человеком и гражданином своих обязанностей перед обществом и государством.

Каждый человек проживающий или временно находящийся на территории Туркменистана, обязан соблюдать Конституцию Туркменистана, законы и уважать национальные традиции.

Статья 41.

Защита Туркменистана – священныйдолг каждого гражданина. Для граждан Туркменистана-мужчин установлена всеобщая воинская обязанность.

Статья 42.

Каждый человек обязан платить государственные налоги и иные платежи в порядке и размерах, установленными законом.

Статья 43.

Гражданам гарантируется судебная защита чести и достоинства, личных и политических прав и свобод человека и гражданина, предусмотренных Конституцией и законами.

Граждане имеют право обжаловать в суд решения и действия государственных органов, общественных объединений и должностных лиц.

Статья 44.
Граждане имеют право требовать возмещения в судебном порядке материального и морального ущерба, причинённого им незаконными действиями государственных органов, иных организаций, их работников, а также частных лиц.

Статья 45.
Человек не может быть принуждён к даче показаний и объяснений против самого себя и близких родственников.
Доказательства, полученные в результате психического или физического воздействия, а также иными незаконными методами, не имеют юридической силы.

Статья 46.
Закон, ухудшающий положение гражданина, обратной силы не имеет. Никто не может нести ответственность за действия, которые в момент их совершения не признавались правонарушением.

Статья 47.
Осуществление предусмотренных настоящей Конституцией прав и свобод граждан может быть временно приостановлено только в условиях чрезвычайного или военного положения в порядке и пределах, установленными Конституцией и законами.

Раздел III. Система органов власти и управления в Туркменистане

Глава I. Общие положения

Статья 48.
Высшую государственную власть и управление в Туркменистане осуществляют Президент Туркменистана, Меджлис Туркменистана, Кабинет Министров Туркменистана, Верховный суд Туркменистана.

Статья 49.
Местную власть в велаятах, городах с правами велаята, этрапах и городах с правами этрапа осуществляют местные представительные и исполнительные органы, а в городах в этрапе, посёлках, генгешликахорганы местного самоуправления – Генгеши.

Глава II. Президент Туркменистана

Статья 50.
Президент Туркменистана является главой государства и исполнительной власти, высшим должностным лицом Туркменистана, выступает гарантом государственной независимости и статуса нейтралитета Туркменистана, его территориальной целостности, соблюдения Конституции и выполнения международных обязательств.

Статья 51.
Президентом Туркменистана может быть избран гражданин Туркменистана, родившийся в Туркменистане, не моложе сорока лет и не старше семидесяти лет, владеющий государственным языком, в течение предшествующих пятнадцати лет постоянно проживающий в Туркменистане и работающий в государственных органах, общественных объединениях, на предприятиях, в учреждениях, организациях.

Статья 52.
Президент Туркменистана избирается непосредственно народом Туркменистана сроком на пять лет и вступает в должность с момента принесения им присяги.
Порядок избрания Президента Туркменистана и вступления его в должность устанавливаются законом.

Статья 53.
Президент Туркменистана:
1) проводит в жизнь Конституцию и законы;
2) руководит осуществлением внешней политики, представляет Туркменистан в отношениях с другими государствами, назначает и отзывает послов и других дипломатических представителей Туркменистана в иностранных государствах, при межгосударственных и международных организациях, принимает верительные и отзывные грамоты дипломатических представителей иностранных государств;
3) является Верховным Главнокомандующим Вооруженными Силами Туркменистана, отдает распоряжения о всеобщей или частичной мобилизации, использовании Вооруженных Сил и приведении их в боевое состояние, назначает высшее командование Вооруженных Сил Туркменистана;
4) формирует и возглавляет Государственный совет безопасности Туркменистана, статус которого определяется законом;
5) утверждает программы и основные направления политического, экономического и социального развития страны;
6) представляет на рассмотрение и утверждение Меджлиса Государственный бюджет Туркменистана и отчёт о его исполнении;
7) подписывает законы, вправе не позднее чем в двухнедельный срок, используя право отлагательного вето, возвратить закон со своими возражениями в Меджлис для повторного обсуждения и голосования. Если Меджлис не менее чем двумя третями голосов от установленного числа депутатов подтвердит ранее принятое им решение, Президент Туркменистана подписывает закон. Президент Туркменистана не обладает правом отлагательного вето в отношении законов об изменениях и дополнениях в Конституцию;
8) образует Центральную комиссию по выборам и проведению референдумов в Туркменистане, вносит изменения в её состав;
9) назначает дату проведения референдумов, вправе досрочно созвать сессию Меджлиса;
10) решает вопросы о приеме в гражданство и выходе из гражданства Туркменистана, предоставлении убежища;
11) награждает орденами и другими государственными наградами Туркменистана,

присваивает воинские, иные специальные государственные звания и отличия;
12) с согласия Меджлиса назначает на должностьи освобождает от должности председателя Верховного суда, Генерального прокурора, Министра внутренних дел, Министра адалат;
13) осуществляет помилование и амнистию;
14) вводит в интересах обеспечения безопасности граждан чрезвычайное положение на всей территории или в отдельных местностях Туркменистана. Режим чрезвычайного положения регламентируется законом Туркменистана;
15) решает вопросы изменения административно-территориального деления Туркменистана;
16) решает иные вопросы, отнесенные к его компетенции Конституцией и законами.

Статья 54.
Президент Туркменистана издает указы, постановления и распоряжения, имеющие обязательную силу на всей территории Туркменистана.

Статья 55.
Президент Туркменистана не может быть депутатом Меджлиса.

Статья 56.
Президент Туркменистана обладает правом неприкосновенности. Его честь и достоинство охраняются законом.
Обеспечение, обслуживание и охрана Президента Туркменистана и его семьи осуществляются за счет государства.

Статья 57.
Президент Туркменистана может быть досрочно освобожден от должности при невозможности выполнения им своих обязанностей по болезни. Меджлис на основании заключения создаваемой им независимой медицинской комиссии принимает решение о досрочном освобождении Президента от должности. Такое решение принимается не менее чем двумя третями голосов от установленного числа депутатовМеджлиса.
В случае нарушения Президентом Туркменистана Конституции и законов Меджлис Туркменистана может выразить недоверие Президенту Туркменистана. Вопрос о недоверии Президенту Туркменистана может быть рассмотрен по требованию не менее чем двух третей от установленного числа депутатов Меджлиса. Решение о недоверии Президенту Туркменистана принимается не менее чем тремя четвертями голосов от установленного числа депутатов Меджлиса Туркменистана. Вопрос о смещении Президента Туркменистана с должности выносится на всенародный референдум.

Статья 58.
Президент Туркменистана не вправе передавать исполнение своих полномочий другим государственным органам или должностным лицам, за исключением полномочий, предусмотренных пунктами 2, 11, 13 статьи 53 Конституции, которые могут передаваться Председателю Меджлиса.
Если Президент Туркменистана по тем или иным причинам не может исполнять свои обязанности, впредь до избрания нового Президента временное исполнение обязанностей Президента Туркменистана на основании решения Государственного совета безопасности Туркменистана возлагается на одного из заместителей Председателя Кабинета Министров. Выборы Президента Туркменистана в этом случае должны быть проведены не позднее 60 дней со дня перехода его полномочий к временно исполняющему обязанности Президента Туркменистана. Лицо, временно

исполняющее обязанности Президента Туркменистана, не может баллотироваться на пост Президента.

Глава III. Меджлис Туркменистана

Статья 59.
Меджлис Туркменистана (Парламент) является высшим представительным органом, осуществляющим законодательную власть.

Статья 60.
Меджлис состоит из 125 депутатов, избираемых по территориальным избирательным округам с примерно равным числом избирателей сроком на пять лет.

Статья 61.
Меджлис может быть досрочно распущен в следующих случаях:
1) на основании решения всенародного референдума;
2) на основании постановления Меджлиса, принятого не менее чем двумя третями голосов от установленного числа депутатов (самороспуск);
3) Президентом Туркменистана в случае несформирования в течение шести месяцев руководящего состава Меджлиса.

Статья 62.
Меджлис самостоятельно устанавливает полномочия депутатов, избирает из их числа Председателя Меджлиса, его заместителя, формирует комитеты и комиссии.
Депутаты Меджлиса прежнего созыва сохраняют свои полномочия до открытия первой сессии Меджлиса нового созыва.

Статья 63.
Меджлис:
1) принимает законы, вносит изменения и дополнения в Конституцию Туркменистана и законы, осуществляет контроль за их исполнением и их толкование;
2) рассматривает вопрос об одобрении программы деятельности Кабинета Министров;
3) рассматривает вопросы утверждения Государственного бюджета Туркменистана и отчёта о его исполнении;
4) рассматривает основные направления и программы политического, экономического и социального развития страны;
5) решает вопросы о проведении всенародных референдумов;
6) назначает выборы Президента Туркменистана, депутатов Меджлиса, членов велаятских, этрапских, городских представительных органов и Генгешей;
7) рассматривает по предложению Президента Туркменистана вопросы о назначении на должность и освобождении от должности председателя Верховного суда, Генерального прокурора, Министра внутренних дел, Министра адалат;
8) учреждает государственные награды, награждает государственными наградами Президента Туркменистана, присваивает ему воинские звания и отличия;
9) определяет соответствие или несоответствие Конституции нормативных правовых актов органов государственной власти и управления;
10) ратифицирует и денонсирует международные договоры;
11) решает вопросы изменения Государственной границы Туркменистана;
12) рассматривает вопросы мира и безопасности;
13) решает иные вопросы, отнесенные к компетенции Меджлиса Конституцией и

законами.

Статья 64.
Меджлис может передавать право издавать законы по отдельным вопросам Президенту Туркменистана с обязательным последующим рассмотрением Меджлисом вопроса об их утверждении.
Меджлис не может никому передавать законодательные права по вопросам:
1) изменения Конституции;
2) уголовного и административного законодательства;
3) судопроизводства.

Статья 65.
Право законодательной инициативы принадлежит Президенту Туркменистана, депутатам Меджлиса, Кабинету Министров, Верховному суду.

Статья 66.
Депутаты Меджлиса обладают правомзапроса, устных и письменных вопросов к Кабинету Министров, министрам, руководителям других государственных органов.

Статья 67.
Государство гарантирует каждому депутату Меджлиса создание условий для беспрепятственного и эффективного осуществления его полномочий, защиту его прав и свобод, жизни, чести и достоинства, а также личную неприкосновенность.

Статья 68.
Депутат может быть лишен депутатских полномочий только Меджлисом. Решение по этому вопросу принимается не менее чем двумя третями голосов от установленного числа депутатов Меджлиса.
Депутат не может быть привлечен к уголовной ответственности, арестован или иным образом лишен свободы без согласия Меджлиса.

Статья 69.
Депутат Меджлиса не может одновременно занимать должность члена Кабинета Министров, хякима, арчына, судьи, прокурора.

Статья 70.
Председатель Меджлиса избирается тайным голосованием. Он подотчетен Меджлису и может быть освобожден от должности по решению Меджлиса, принятому не менее чем двумя третями голосов от установленного числа депутатов.
Заместитель Председателя Меджлиса избирается открытым голосованием, выполняет по поручению Председателя его отдельные функции, исполняет обязанности Председателя Меджлиса в случае его отсутствия или невозможности осуществления им своих полномочий.

Статья 71.
Порядок деятельности Меджлиса, его комитетов и комиссий, депутатов, их функции и полномочия устанавливаются законом.

Глава IV. Кабинет Министров Туркменистана

Статья 72.
Кабинет Министров (Правительство) является исполнительным и распорядительным органом. Председателем Кабинета Министров Туркменистана является Президент Туркменистана.

Статья 73.
В состав Кабинета Министров входят заместители Председателя, министры. Президентом Туркменистана в состав Кабинета Министров могут вводиться другие лица, являющиеся руководителями центральных органов исполнительной власти.
Кабинет Министров формируется Президентом Туркменистана в течение месяца после вступления его в должность и слагает полномочия перед вновь избранным Президентом.

Статья 74.
Заседания Кабинета Министров проводятся Президентом Туркменистана либо по его поручению одним из заместителей Председателя Кабинета Министров.
Кабинет Министров в пределах своей компетенции принимает постановления и издает распоряжения, обязательные для исполнения.

Статья 75.
Кабинет Министров:
1) организует исполнение законов Туркменистана, актов Президента Туркменистана и Меджлиса Туркменистана;
2) осуществляет меры по обеспечению и защите прав и свобод граждан, охране собственности и общественного порядка, национальной безопасности;
3) разрабатывает и вносит на рассмотрение Меджлиса предложения по основным направлениям внутренней и внешней политики государства, программы экономического и социального развития страны;
4) осуществляет государственное управление экономическим и социальным развитием; организует управление государственными предприятиями, учреждениями иорганизациями; обеспечивает рациональное использование и охрану природных ресурсов;
5) принимает меры по укреплению денежной и кредитной системы;
6) образует в случае необходимости комитеты, главные управления и другие ведомства при Кабинете Министров;
7) осуществляет внешнеэкономическую деятельность, обеспечивает развитие культурных и иных связей с зарубежными государствами;
8) руководит деятельностью правительственных учреждений, государственных предприятий и организаций; вправе отменять правовые акты министерств и ведомств, а также органов местной исполнительной власти;
9) решает иные вопросы, отнесенные к его компетенции Конституцией, законами и иными нормативными правовыми актами Туркменистана.

Статья 76.
Полномочия Кабинета Министров, порядок его деятельности, отношения с другими государственными органами определяются законом.

Глава V. Местные органы власти

Статья 77.

Местная власть состоит из представительных и исполнительных органов, которые действуют в пределах их компетенции.

Статья 78.

В велаяте, городе с правами велаята, этрапе, городе с правами этрапа образуются представительные органы - халк маслахаты, члены которых избираются гражданами соответствующих административно-территориальных единиц сроком на четыре года в порядке, установленном законодательством Туркменистана.

Статья 79.

Халк маслахаты в пределах своих полномочий участвуют в решении вопросов экономического, социального и культурного развития территорий.

Функции и полномочия халк маслахаты и их членов, порядок деятельности и взаимоотношений с другими органами власти и управления определяются законом.

Статья 80.

Исполнительную власть на местах осуществляют: в велаятах - хякимы велаятов, в городах - хякимы городов, в этрапах - хякимы этрапов.

Статья 81.

Хякимыявляютсяпредставителями Президента Туркменистана на местах, которые назначаются на должность и освобождаются от должности Президентом Туркменистана и подотчетны ему.

Статья 82.

Хякимы осуществляют руководство деятельностью органов управления на местах, обеспечивают исполнение Конституции, законов Туркменистана, актов Президента Туркменистана, Кабинета Министров Туркменистана, постановлений Меджлиса Туркменистана. Хякимы в пределах их компетенции принимают постановления, обязательные для исполнения на подведомственной территории.

Статья 83.

Функции и полномочия хякимов, порядок их деятельности и взаимоотношений с другими органами власти и управления определяются законом.

Раздел IV. Местное самоуправление

Статья 84.
Систему местного самоуправления образуют Генгеши и органы территориального общественного самоуправления.
Генгеши являются представительнымиорганами народной власти на территории города в этрапе, поселка, генгешлика. Члены Генгеша избираются гражданами непосредственно сроком на три года.

Статья 85.
Генгеш в своей деятельности самостоятелен. Взаимоотношения с органами власти и управления осуществляются им в соответствии с законодательством Туркменистана.

Статья 86.
Генгеши:
1) определяют основные направления экономического, социального и культурного развития своих территорий;
2) формируют и утверждают бюджет и составляют отчет о его исполнении;
3) устанавливают местные сборы и порядок их взимания;
4) определяют меры по рациональному использованию природных ресурсов и охране окружающей среды;
5) решают иные вопросы, отнесенные законом к их компетенции.
Генгеши в пределах их компетенции принимают решения, обязательные для исполнения на подведомственной территории.

Статья 87.
Генгеш избирает из своего состава арчына, который руководит работой Генгеша и подотчетен ему.
Арчыны обеспечивают выполнение решений Генгешей, актов органов государственной власти и управления, а также решают иные вопросы местного значения.

Статья 88.
Порядок деятельности Генгешей, иных органов общественного самоуправления определяется законом.

Раздел V. Избирательная система, референдум

Статья 89.
Выборы Президента Туркменистана, депутатов Меджлиса, членов халк маслахаты и Генгешей являются всеобщими и равными. Право избирать имеют граждане Туркменистана, достигшие восемнадцати лет, каждый избиратель имеет один голос.
В выборах не участвуют граждане, признанные судом недееспособными, лица, отбывающие наказание в местах лишения свободы. Ограничение избирательных прав граждан в других случаях является недопустимым и влечёт ответственность, установленную законодательством.

Статья 90.
Депутатом Меджлиса может быть избран гражданин Туркменистана, достигший к дню выборов двадцатипятилетнего возраста и в течение предшествующих десяти лет постоянно проживающий в Туркменистане. Требования, предъявляемые к кандидатам в депутаты Меджлиса Туркменистана, членам халк маслахаты и Генгешей, определяются законами Туркменистана.

Статья 91.
Выборы являются прямыми, выборные лица избираются гражданами непосредственно.

Статья 92.
Голосование на выборах является тайным, контроль за волеизъявлением избирателей в ходе голосования не допускается.

Статья 93.
Право выдвижения кандидатов принадлежит политическим партиям, общественным объединениям и группам граждан и осуществляется в соответствии сзаконодательством Туркменистана.

Статья 94.
Для решения важнейших вопросов государственной и общественной жизни могут проводиться всенародные и местные референдумы.
Решения, принятые референдумом, могут быть отменены или изменены только путём референдума.

Статья 95.
Право принятия решения о проведении всенародного референдума принадлежит Меджлису Туркменистана по предложению не менее чем двух третей от установленного числа депутатовМеджлиса Туркменистана либо по предложению не менее чем двухсот пятидесяти тысяч граждан, обладающих избирательным правом.

Статья 96.
Право назначения местных референдумов принадлежит Генгешу по своей инициативе либо по предложению не менее одной четверти избирателей, проживающих на соответствующей территории.

Статья 97.
Референдумы проводятся путём всеобщего, равного, прямого и тайного голосования.
В референдумах участвуют граждане Туркменистана, обладающие избирательным правом.

Статья 98.
Порядок проведения выборов, всенародных и местных референдумов определяется законом. Выборы и референдумы не проводятся в период чрезвычайного положения.

Раздел VI. Судебная власть

Статья 99.
Судебная власть в Туркменистане принадлежит только судам.
Судебная власть предназначена защищать права и свободы граждан, охраняемые законом государственные и общественные интересы.

Статья 100.
Судебная власть осуществляется Верховным судом Туркменистана и другими судами, предусмотренными законом.
Создание чрезвычайных судов и иных структур, наделенных полномочиями суда, не допускается.

Статья 101.
Судьи независимы, они подчиняются только закону и руководствуются внутренним убеждением. Вмешательство в деятельность судей с чьей бы то ни было стороны недопустимо и влечёт ответственность, установленную законом. Неприкосновенность судей гарантируется законом.

Статья 102.
Судьи назначаются Президентом Туркменистана. Порядок назначения и освобождения, сроки полномочий судей определяются законом.
До истечения срока полномочий судья может быть освобожден от должности только по основаниям, указанным в законе.

Статья 103.
Судьи не могут занимать какую-либо другую оплачиваемую должность, кроме преподавательской и научно-исследовательской.

Статья 104.
Дела в судах рассматриваются коллегиально, а в предусмотренных законом случаях - единолично судьей.

Статья 105.
Разбирательство дел в судах открытое. Слушание дела в закрытом заседании допускается лишь в случаях, предусмотренных законом, с соблюдением всех правил судопроизводства.

Статья 106.
Судопроизводство ведётся на государственном языке. Лицам, участвующим в деле и не владеющим языком судопроизводства, обеспечивается право ознакомления с материалами дела, участия в судебных действиях с помощью переводчика, а также право выступать на заседании суда на родном языке.

Статья 107.
Правосудие осуществляется на основе равенства и состязательности сторон.
Стороны имеют право на обжалование решений, приговоров и иных постановлений судов Туркменистана.

Статья 108.
Право на профессиональную юридическую помощь признаётся на любой стадии судопроизводства.
Юридическую помощь гражданам и организациям оказывают адвокаты, другие лица и организации.

Статья 109.
Компетенция, порядок образования и деятельности судов определяются законом.

Раздел VII. Прокуратура

Статья 110.
Надзор за точным и единообразным соблюдением законов Туркменистана, актов Президента Туркменистана, Кабинета Министров Туркменистана, постановлений Меджлиса Туркменистана возлагается на Генерального прокурора Туркменистана и подчиненных ему прокуроров.
Прокурор участвует в рассмотрении дел в судах на основаниях и в порядке, установленными законом.

Статья 111.
Прокуратура осуществляет надзор за законностью оперативно-розыскной деятельности и расследованием уголовных дел.

Статья 112.
Единую централизованную систему органов прокуратуры возглавляет Генеральный прокурор Туркменистана.
Порядок назначения и освобождения от должности, сроки полномочий прокуроров определяются законом.

Статья 113.
Генеральный прокурор Туркменистана и подчиненные ему прокуроры при осуществлении своих полномочий руководствуются только законом.

Статья 114.
Компетенция, порядок образования и деятельности органов прокуратуры определяются законом.

Раздел VIII. Заключительные положения

Статья 115.
Законы, иные правовые акты государственных органов и должностных лиц издаются на основе и в соответствии с Конституцией.
В случае расхождения положений, указанных в Конституции и законах, действуют положения Конституции.

Статья 116.
Положения Конституции о государственном правлении в форме президентской республики не могут быть изменены.

Статья 117.
Закон об изменении Конституции считается принятым, если за него проголосовало не менее двух третей от установленного числа депутатов Меджлиса Туркменистана или на всенародном референдуме – более половины участвовавших в нём граждан Туркменистана.

Verfassung der Republik Usbekistan

Quelle: http://lex.uz/Pages/GetAct.aspx?lact_id=20596 vom 22.12.2013

Ўзбекистон Республикасининг КОНСТИТУЦИЯСИ

(«Халқ сўзи» газетаси, 1992 йил 15 декабрь, 243 (494)-сон; Ўзбекистон Республикаси Олий Кенгашининг Ахборотномаси, 1994 й., 1-сон, 5-модда; Ўзбекистон Республикаси Олий Мажлисининг Ахборотномаси, 2003 й., 3-4-сон, 27-модда; Ўзбекистон Республикаси қонун ҳужжатлари тўплами, 2007 й., 15-сон, 152-модда; 2008 й., 52-сон, 510-модда; 2011 й., 16-сон, 159-модда)

МУҚАДДИМА

Ўзбекистон халқи:
инсон ҳуқуқларига ва давлат суверенитети ғояларига содиқлигини тантанали равишда эълон қилиб,
ҳозирги ва келажак авлодлар олдидаги юксак масъулиятини англаган ҳолда,
ўзбек давлатчилиги ривожининг тарихий тажрибасига таяниб,
демократия ва ижтимоий адолатга садоқатини намоён қилиб,
халқаро ҳуқуқнинг умум эътироф этилган қоидалари устунлигини тан олган ҳолда,
республика фуқароларининг муносиб ҳаёт кечиришларини таъминлашга интилиб,
инсонпарвар демократик ҳуқуқий давлат барпо этишни кўзлаб,
фуқаролар тинчлиги ва миллий тотувлигини таъминлаш мақсадида,
ўзининг мухтор вакиллари сиймосида Ўзбекистон Республикасининг мазкур Конституциясини қабул қилади.

БИРИНЧИ БЎЛИМ. АСОСИЙ ПРИНЦИПЛАР

I боб. Давлат суверенитети

1-модда.
Ўзбекистон — суверен демократик республика. Давлатнинг «Ўзбекистон Республикаси» ва «Ўзбекистон» деган номлари бир маънони англатади.

2-модда.
Давлат халқ иродасини ифода этиб, унинг манфаатларига хизмат қилади. Давлат органлари ва мансабдор шахслар жамият ва фуқаролар олдида масъулдирлар.

3-модда.
Ўзбекистон Республикаси ўзининг миллий-давлат ва маъмурий-ҳудудий тузилишини, давлат ҳокимияти ва бошқарув органларининг тизимини белгилайди, ички ва ташқи сиёсатини амалга оширади.
Ўзбекистоннинг давлат чегараси ва ҳудуди дахлсиз ва бўлинмасдир.

4-модда.
Ўзбекистон Республикасининг давлат тили ўзбек тилидир.
Ўзбекистон Республикаси ўз ҳудудида истиқомат қилувчи барча миллат ва элатларнинг тиллари, урф-одатлари ва анъаналари ҳурмат қилинишини таъминлайди, уларнинг ривожланиши учун шароит яратади.

5-модда.
Ўзбекистон Республикаси қонун билан тасдиқланадиган ўз давлат рамзлари — байроғи, герби ва мадҳиясига эга.

6-модда.
Ўзбекистон Республикасининг пойтахти — Тошкент шаҳри.

II боб. Халқ ҳокимиятчилиги

7-модда.
Халқ давлат ҳокимиятининг бирдан бир манбаидир.
Ўзбекистон Республикасида давлат ҳокимияти халқ манфаатларини кўзлаб ва Ўзбекистон Республикаси Конституцияси ҳамда унинг асосида қабул қилинган қонунлар ваколат берган идоралар томонидангина амалга оширилади.
Конституцияда назарда тутилмаган тартибда давлат ҳокимияти ваколатларини ўзлаштириш, ҳокимият идоралари фаолиятини тўхтатиб қўйиш ёки тугатиш, ҳокимиятнинг янги ва мувозий таркибларини тузиш Конституцияга хилоф ҳисобланади ва қонунга биноан жавобгарликка тортишга асос бўлади.

8-модда.
Ўзбекистон халқини миллатидан қатъи назар, Ўзбекистон Республикасининг фуқаролари ташкил этади.

9-модда.
Жамият ва давлат ҳаётининг энг муҳим масалалари халқ муҳокамасига тақдим этилади, умумий овозга (референдумга) қўйилади. Референдум ўтказиш тартиби қонун_билан белгиланади.

10-модда.
Ўзбекистон халқи номидан фақат у сайлаган Республика Олий Мажлиси ва Президенти иш олиб бориши мумкин.
Жамиятнинг бирон-бир қисми, сиёсий партия, жамоат бирлашмаси, ижтимоий ҳаракат ёки алоҳида шахс Ўзбекистон халқи номидан иш олиб боришга ҳақли эмас.

11-модда.
Ўзбекистон Республикаси давлат ҳокимиятининг тизими — ҳокимиятнинг қонун чиқарувчи, ижро этувчи ва суд ҳокимиятига бўлиниши принципига асосланади.

12-модда.
Ўзбекистон Республикасида ижтимоий ҳаёт сиёсий институтлар, мафкуралар ва фикрларнинг хилма-хиллиги асосида ривожланади.
Ҳеч қайси мафкура давлат мафкураси сифатида ўрнатилиши мумкин эмас.

13-модда.
Ўзбекистон Республикасида демократия умуминсоний принципларга асосланади, уларга кўра инсон, унинг ҳаёти, эркинлиги, шаъни, қадр-қиммати ва бошқа дахлсиз ҳуқуқлари олий қадрият ҳисобланади.
Демократик ҳуқуқ ва эркинликлар Конституция ва қонунлар билан ҳимоя қилинади.

14-модда.
Давлат ўз фаолиятини инсон ва жамият фаровонлигини кўзлаб, ижтимоий адолат ва қонунийлик принциплари асосида амалга оширади.

III боб. Конституция ва қонуннинг устунлиги

15-модда.
Ўзбекистон Республикасида Ўзбекистон Республикасининг Конституцияси ва қонунларининг устунлиги сўзсиз тан олинади.
Давлат, унинг органлари, мансабдор шахслар, жамоат бирлашмалари, фуқаролар Конституция ва қонунларга мувофиқ иш кўрадилар.

16-модда.
Мазкур Конституциянинг бирорта қоидаси Ўзбекистон Республикаси ҳуқуқ ва манфаатларига зарар етказадиган тарзда талқин этилиши мумкин эмас.
Бирорта ҳам қонун ёки бошқа норматив-ҳуқуқий ҳужжат Конституция нормалари ва қоидаларига зид келиши мумкин эмас.

IV боб. Ташқи сиёсат

17-модда.
Ўзбекистон Республикаси халқаро муносабатларнинг тўла ҳуқуқли субъектидир. Унинг ташқи сиёсати давлатларнинг суверен тенглиги, куч ишлатмаслик ёки куч билан таҳдид қилмаслик, чегараларнинг дахлсизлиги, низоларни тинч йўл билан ҳал этиш, бошқа давлатларнинг ички ишларига аралашмаслик қоидаларига ва халқаро ҳуқуқнинг умум эътироф этилган бошқа қоидалари ва нормаларига асосланади.
Республика давлатнинг, халқнинг олий манфаатлари, фаровонлиги ва хавфсизлигини таъминлаш мақсадида иттифоқлар тузиши, ҳамдўстликларга ва бошқа давлатлараро тузилмаларга кириши ва улардан ажралиб чиқиши мумкин.

ИККИНЧИ БЎЛИМ. ИНСОН ВА ФУҚАРОЛАРНИНГ АСОСИЙ ҲУҚУҚЛАРИ, ЭРКИНЛИКЛАРИ ВА БУРЧЛАРИ

V боб. Умумий қоидалар

18-модда.
Ўзбекистон Республикасида барча фуқаролар бир хил ҳуқуқ ва эркинликларга эга бўлиб, жинси, ирқи, миллати, тили, дини, ижтимоий келиб чиқиши, эътиқоди, шахси ва ижтимоий мавқеидан қатъи назар, қонун олдида тенгдирлар.
Имтиёзлар фақат қонун билан белгиланиб қўйилади ҳамда ижтимоий адолат принципларига мос бўлиши шарт.

19-модда.
Ўзбекистон Республикаси фуқароси ва давлат бир-бирига нисбатан бўлган ҳуқуқлари ва бурчлари билан ўзаро боғлиқдирлар. Фуқароларнинг Конституция ва қонунларда мустаҳкамлаб қўйилган ҳуқуқ ва эркинликлари дахлсиздир, улардан суд қарорисиз маҳрум этишга ёки уларни чеклаб қўйишга ҳеч ким ҳақли эмас.

20-модда.
Фуқаролар ўз ҳуқуқ ва эркинликларини амалга оширишда бошқа шахсларнинг, давлат ва жамиятнинг қонуний манфаатлари, ҳуқуқлари ва эркинликларига путур етказмасликлари шарт.

VI боб. Фуқаролик

21-модда.
Ўзбекистон Республикасининг бутун ҳудудида ягона фуқаролик ўрнатилади.
Ўзбекистон Республикасининг фуқаролиги, унга қандай асосларда эга бўлганликдан қатъи назар, ҳамма учун тенгдир.
Қорақалпоғистон Республикасининг фуқароси айни вақтда Ўзбекистон Республикасининг фуқароси ҳисобланади.
Фуқароликка эга бўлиш ва уни йўқотиш асослари ҳамда тартиби қонун билан белгиланади.

22-модда.
Ўзбекистон Республикаси ўз ҳудудида ҳам, унинг ташқарисида ҳам ўз фуқароларини ҳуқуқий ҳимоя қилиш ва уларга ҳомийлик кўрсатишни кафолатлайди.

23-модда.
Ўзбекистон Республикаси ҳудудидаги чет эл фуқароларининг ва фуқаролиги бўлмаган шахсларнинг ҳуқуқ ва эркинликлари халқаро ҳуқуқ нормаларига мувофиқ таъминланади.
Улар Ўзбекистон Республикасининг Конституцияси, қонунлари ва халқаро шартномалари билан белгиланган бурчларни адо этадилар.

VII боб. Шахсий ҳуқуқ ва эркинликлар

24-модда.
Яшаш ҳуқуқи ҳар бир инсоннинг узвий ҳуқуқидир. Инсон ҳаётига суиқасд қилиш энг оғир жиноятдир.

25-модда.
Ҳар ким эркинлик ва шахсий дахлсизлик ҳуқуқига эга.
Ҳеч ким қонунга асосланмаган ҳолда ҳибсга олиниши ёки қамоқда сақланиши мумкин эмас.

26-модда.
Жиноят содир этганликда айбланаётган ҳар бир шахснинг иши судда қонуний тартибда, ошкора кўриб чиқилиб, унинг айби аниқланмагунча у айбдор ҳисобланмайди. Судда айбланаётган шахсга ўзини ҳимоя қилиш учун барча шароитлар таъминлаб берилади.
Ҳеч ким қийноққа солиниши, зўравонликка, шафқатсиз ёки инсон қадр-қимматини камситувчи бошқа тарздаги тазйиққа дучор этилиши мумкин эмас.
Ҳеч кимда унинг розилигисиз тиббий ёки илмий тажрибалар ўтказилиши мумкин эмас.

27-модда.
Ҳар ким ўз шаъни ва обрўсига қилинган тажовузлардан, шахсий ҳаётига аралашишдан ҳимояланиш ва турар жойи дахлсизлиги ҳуқуқига эга.
Ҳеч ким қонун назарда тутган ҳоллардан ва тартибдан ташқари бировнинг турар жойига кириши, тинтув ўтказиши ёки уни кўздан кечириши, ёзишмалар ва телефонда сўзлашувлар сирини ошкор қилиши мумкин эмас.

28-модда.
Ўзбекистон Республикаси Фуқароси Республика ҳудудида бир жойдан иккинчи жойга кўчиш, Ўзбекистон Республикасига келиш ва ундан чиқиб кетиш ҳуқуқига эга. Қонунда белгиланган чеклашлар бундан мустаснодир.

29-модда.
Ҳар ким фикрлаш, сўз ва эътиқод эркинлиги ҳуқуқига эга. Ҳар ким ўзи истаган ахборотни излаш, олиш ва уни тарқатиш ҳуқуқига эга, амалдаги конституциявий тузумга қарши қаратилган ахборот ва қонун билан белгиланган бошқа чеклашлар бундан мустаснодир.
Фикр юритиш ва уни ифодалаш эркинлиги фақат давлат сири ва бошқа сирларга таааллуқли бўлган тақдирдагина қонун билан чекланиши мумкин.

30-модда.
Ўзбекистон Республикасининг барча давлат органлари, жамоат бирлашмалари ва мансабдор шахслари фуқароларга уларнинг ҳуқуқ ва манфаатларига дахлдор бўлган ҳужжатлар, қарорлар ва бошқа материаллар билан танишиб чиқиш имкониятини яратиб бериши лозим.

31-модда.
Ҳамма учун виждон эркинлиги кафолатланади. Ҳар бир инсон хоҳлаган динга эътиқод қилиш ёки ҳеч қайси динга эътиқод қилмаслик ҳуқуқига эга. Диний қарашларни мажбуран сингдиришга йўл қўйилмайди.

VIII боб. Сиёсий ҳуқуқлар

32-модда.
Ўзбекистон Республикасининг фуқаролари жамият ва давлат ишларини бошқаришда бевосита ҳамда ўз вакиллари орқали иштирок этиш ҳуқуқига эгадирлар. Бундай иштирок этиш ўзини-ўзи бошқариш, референдумлар ўтказиш ва давлат органларини демократик тарзда ташкил этиш йўли билан амалга оширилади.

33-модда.
Фуқаролар ўз ижтимоий фаолликларини Ўзбекистон Республикаси қонунларига мувофиқ митинглар, йиғилишлар ва намойишлар шаклида амалга ошириш ҳуқуқига эгадирлар. Ҳокимият органлари фақат хавфсизлик нуқтаи назаридангина бундай тадбирлар ўтказилишини тўхтатиш ёки тақиқлаш ҳуқуқига эга.

34-модда.
Ўзбекистон Республикаси фуқаролари касаба уюшмаларига, сиёсий партияларга ва бошқа жамоат бирлашмаларига уюшиш, оммавий ҳаракатларда иштирок этиш ҳуқуқига эгадирлар.
Сиёсий партияларда, жамоат бирлашмаларида, оммавий ҳаракатларда, шунингдек ҳокимиятнинг вакиллик органларида озчиликни ташкил этувчи мухолифатчи шахсларнинг ҳуқуқлари, эркинликлари ва қадр-қимматини ҳеч ким камситиши мумкин эмас.

35-модда.
Ҳар бир шахс бевосита ўзи ва бошқалар билан биргаликда ваколатли давлат органларига, муассасаларига ёки халқ вакилларига ариза, таклиф ва шикоятлар билан мурожаат қилиш ҳуқуқига эга.
Аризалар, таклифлар ва шикоятлар қонунда белгиланган тартибда ва муддатларда кўриб чиқилиши шарт.

IX боб. Иқтисодий ва ижтимоий ҳуқуқлар

36-модда.
Ҳар бир шахс мулкдор бўлишга ҳақли. Банкка қўйилган омонатлар сир тутилиши ва мерос ҳуқуқи қонун билан кафолатланади.

37-модда.
Ҳар бир шахс меҳнат қилиш, эркин касб танлаш, адолатли меҳнат шароитларида ишлаш ва қонунда кўрсатилган тартибда ишсизликдан ҳимояланиш ҳуқуқига эгадир.
Суд ҳукми билан тайинланган жазони ўташ тартибидан ёки қонунда кўрсатилган бошқа ҳоллардан ташқари мажбурий меҳнат тақиқланади.

38-модда.
Ёлланиб ишлаётган барча фуқаролар дам олиш ҳуқуқига эгадирлар. Иш вақти ва ҳақ тўланадиган меҳнат таътилининг муддати қонун билан белгиланади.

39-модда.
Ҳар ким қариганда, меҳнат лаёқатини йўқотганда, шунингдек боқувчисидан маҳрум бўлганда ва қонунда назарда тутилган бошқа ҳолларда ижтимоий таъминот олиш ҳуқуқига эга.
Пенсиялар, нафақалар, ижтимоий ёрдам бошқа турларининг миқдори расман белгилаб қўйилган тирикчилик учун зарур энг кам миқдордан оз бўлиши мумкин эмас.

40-модда.
Ҳар бир инсон малакали тиббий хизматдан фойдаланиш ҳуқуқига эга.

41-модда.
Ҳар ким билим олиш ҳуқуқига эга.
Бепул умумий таълим олиш давлат томонидан кафолатланади.
Мактаб ишлари давлат назоратидадир.

42-модда.
Ҳар кимга илмий ва техникавий ижод эркинлиги, маданият ютуқларидан фойдаланиш ҳуқуқи кафолатланади.
Давлат жамиятнинг маданий, илмий ва техникавий ривожланишига ғамхўрлик қилади.

X боб. Инсон ҳуқуқлари ва эркинликларининг кафолатлари

43-модда.
Давлат фуқароларнинг Конституция ва қонунларда мустаҳкамланган ҳуқуқлари ва эркинликларини таъминлайди.

44-модда.
Ҳар бир шахсга ўз ҳуқуқ ва эркинликларини суд орқали ҳимоя қилиш, давлат органлари, мансабдор шахслар, жамоат бирлашмаларининг ғайриқонуний хатти-ҳаракатлари устидан судга шикоят қилиш ҳуқуқи кафолатланади.

45-модда.
Вояга етмаганлар, меҳнатга лаёқатсизлар ва ёлғиз кексаларнинг ҳуқуқлари давлат ҳимоясидадир.

46-модда.
Хотин-қизлар ва эркаклар тенг ҳуқуқлидирлар.

XI боб. Фуқароларнинг бурчлари

47-модда.
Барча фуқаролар Конституцияда белгилаб қўйилган бурчларини бажарадилар.

48-модда.
Фуқаролар Конституция ва қонунларга риоя этишга, бошқа кишиларнинг ҳуқуқлари эркинликлари, шаъни ва қадр-қимматини ҳурмат қилишга мажбурдирлар.

49-модда.
Фуқаролар Ўзбекистон халқининг тарихий, маънавий ва маданий меросини авайлаб асрашга мажбурдирлар.
Маданият ёдгорликлари давлат муҳофазасидадир.

50-модда.
Фуқаролар атроф табиий муҳитга эҳтиёткорона муносабатда бўлишга мажбурдирлар.

51-модда.
Фуқаролар қонун билан белгиланган солиқлар ва маҳаллий йиғимларни тўлашга мажбурдирлар.

52-модда.
Ўзбекистон Республикасини ҳимоя қилиш — Ўзбекистон Республикаси ҳар бир фуқаросининг бурчидир. Фуқаролар қонунда белгиланган тартибда ҳарбий ёки муқобил хизматни ўташга мажбурдирлар.

УЧИНЧИ БЎЛИМ. ЖАМИЯТ ВА ШАХС

XII боб. Жамиятнинг иқтисодий негизлари

53-модда.
Бозор муносабатларини ривожлантиришга қаратилган Ўзбекистон иқтисодиётининг негизини хилма-хил шакллардаги мулк ташкил этади. Давлат истеъмолчиларнинг ҳуқуқи устунлигини ҳисобга олиб, иқтисодий фаолият, тадбиркорлик ва меҳнат қилиш эркинлигини, барча мулк шаклларининг тенг ҳуқуқлилигини ва ҳуқуқий жиҳатдан баб-баравар муҳофаза этилишини кафолатлайди.
Хусусий мулк бошқа мулк шакллари каби дахлсиз ва давлат ҳимоясидадир. Мулкдор фақат қонунда назарда тутилган ҳолларда ва тартибдагина мулкидан маҳрум этилиши мумкин.

54-модда.
Мулкдор мулкига ўз хоҳишича эгалик қилади, ундан фойдаланади ва уни тасарруф этади. Мулкдан фойдаланиш экологик муҳитга зарар етказмаслиги, фуқаролар, юридик шахслар ва давлатнинг ҳуқуқларини ҳамда қонун билан қўриқланадиган манфаатларини бузмаслиги шарт.

55-модда.
Ер, ер ости бойликлари, сув, ўсимлик ва ҳайвонот дунёси ҳамда бошқа табиий захиралар умуммиллий бойликдир, улардан оқилона фойдаланиш зарур ва улар давлат муҳофазасидадир.

XIII боб. Жамоат бирлашмалари

56-модда.
Ўзбекистон Республикасида қонунда белгиланган тартибда рўйхатдан ўтказилган касаба уюшмалари, сиёсий партиялар, олимларнинг жамиятлари, хотин-қизлар, фахрийлар ва ёшлар ташкилотлари, ижодий уюшмалар, оммавий ҳаракатлар ва фуқароларнинг бошқа уюшмалари жамоат бирлашмалари сифатида эътироф этилади.

57-модда.
Конституциявий тузумни зўрлик билан ўзгартиришни мақсад қилиб қўювчи, республиканинг суверенитети, яхлитлиги ва хавфсизлигига, фуқароларнинг конституциявий ҳуқуқ ва эркинликларига қарши чиқувчи, урушни, ижтимоий, миллий, ирқий ва диний адоватни тарғиб қилувчи, халқнинг соғлиғи ва маънавиятига тажовуз қилувчи, шунингдек ҳарбийлаштирилган бирлашмаларнинг, миллий ва диний руҳдаги сиёсий партияларнинг ҳамда жамоат бирлашмаларининг тузилиши ва фаолияти тақиқланади.
Махфий жамиятлар ва уюшмалар тузиш тақиқланади.

58-модда.
Давлат жамоат бирлашмаларининг ҳуқуқлари ва қонуний манфаатларига риоя этилишини таъминлайди, уларга ижтимоий ҳаётда иштирок этиш учун тенг ҳуқуқий имкониятлар яратиб беради.
Давлат органлари ва мансабдор шахсларнинг жамоат бирлашмалари фаолиятига аралашишига, шунингдек жамоат бирлашмаларининг давлат органлари ва мансабдор шахслар фаолиятига аралашишига йўл қўйилмайди.

59-модда.
Касаба уюшмалари ходимларнинг ижтимоий-иқтисодий ҳуқуқларини ва манфаатларини ифода этадилар ва ҳимоя қиладилар. Касаба ташкилотларига аъзо бўлиш ихтиёрийдир.

60-модда.
Сиёсий партиялар турли табақа ва гуруҳларнинг сиёсий иродасини ифодалайдилар ва ўзларининг демократик йўл билан сайлаб қўйилган вакиллари орқали давлат ҳокимиятини тузишда иштирок этадилар. Сиёсий партиялар ўз фаолиятларини молиявий таъминланиш манбалари ҳақида Олий Мажлисга ёки у вакил қилган органга белгиланган тартибда ошкора ҳисоботлар бериб турадилар.

61-модда.
Диний ташкилотлар ва бирлашмалар давлатдан ажратилган ҳамда қонун олдида тенгдирлар. Давлат диний бирлашмаларнинг фаолиятига аралашмайди.

62-модда.
Жамоат бирлашмаларини тарқатиб юбориш, улар фаолиятини тақиқлаб ёки чеклаб қўйиш фақат суд қарори асосидагина амалга оширилади.

XIV боб. Оила

63-модда.
Оила жамиятнинг асосий бўғинидир ҳамда жамият ва давлат муҳофазасида бўлиш ҳуқуқига эга.
Никоҳ томонларнинг ихтиёрий розилиги ва тенг ҳуқуқлилигига асосланади.

64-модда.
Ота-оналар ўз фарзандларини вояга етгунларига қадар боқиш ва тарбиялашга мажбурдирлар.
Давлат ва жамият етим болаларни ва ота-оналарининг васийлигидан маҳрум бўлган болаларни боқиш, тарбиялаш ва ўқитишни таъминлайди, болаларга бағишланган хайрия фаолиятларни рағбатлантиради.

65-модда.
Фарзандлар ота-оналарнинг насл-насабидан ва фуқаролик ҳолатидан қатъи назар, қонун олдида тенгдирлар.
Оналик ва болалик давлат томонидан муҳофаза қилинади.

66-модда.
Вояга етган, меҳнатга лаёқатли фарзандлар ўз ота-оналари ҳақида ғамхўрлик қилишга мажбурдирлар.

XV боб. Оммавий ахборот воситалари

67-модда.
Оммавий ахборот воситалари эркиндир ва қонунга мувофиқ ишлайди. Улар ахборотнинг тўғрилиги учун белгиланган тартибда жавобгардирлар.
Цензурага йўл қўйилмайди.

ТЎРТИНЧИ БЎЛИМ. МАЪМУРИЙ-ҲУДУДИЙ ВА ДАВЛАТ ТУЗИЛИШИ

XVI боб. Ўзбекистон Республикасининг маъмурий-ҳудудий тузилиши

68-модда.
Ўзбекистон Республикаси вилоятлар, туманлар, шаҳарлар, шаҳарчалар, қишлоқлар, овуллар, шунингдек Қорақалпоғистон Республикасидан иборат.

69-модда.
Қорақалпоғистон Республикаси, вилоятлар, Тошкент шаҳрининг чегараларини ўзгартириш, шунингдек вилоятлар, шаҳарлар, туманлар ташкил қилиш ва уларни тугатиш Ўзбекистон Республикаси Олий Мажлисининг розилиги билан амалга оширилади.

XVII боб. Қорақалпоғистон Республикаси

70-модда.
Суверен Қорақалпоғистон Республикаси Ўзбекистон Республикаси таркибига киради.
Қорақалпоғистон Республикасининг суверенитети Ўзбекистон Республикаси томонидан муҳофаза этилади.

71-модда.
Қорақалпоғистон Республикаси ўз Конституциясига эга.
Қорақалпоғистон Республикасининг Конституцияси Ўзбекистон Республикасининг Конституциясига зид бўлиши мумкин эмас.

72-модда.
Ўзбекистон Республикаси қонунлари Қорақалпоғистон Республикаси ҳудудида ҳам мажбурийдир.

73-модда.
Қорақалпоғистон Республикасининг ҳудуди ва чегаралари унинг розилигисиз ўзгартирилиши мумкин эмас. Қорақалпоғистон Республикаси ўз маъмурий-ҳудудий тузилиши масалаларини мустақил ҳал қилади.

74-модда.
Қорақалпоғистон Республикаси Ўзбекистон Республикаси таркибидан Қорақалпоғистон Республикаси халқининг умумий референдуми асосида ажралиб чиқиш ҳуқуқига эга.

75-модда.
Ўзбекистон Республикаси билан Қорақалпоғистон Республикасининг ўзаро муносабатлари Ўзбекистон Республикаси ва Қорақалпоғистон Республикаси ўртасида Ўзбекистон Республикаси Конституцияси доирасида тузилган шартномалар ҳамда битимлар билан тартибга солинади.
Ўзбекистон Республикаси ва Қорақалпоғистон Республикаси ўртасидаги низолар муросага келтирувчи воситалар ёрдамида ҳал этилади.

БЕШИНЧИ БЎЛИМ. ДАВЛАТ ҲОКИМИЯТИНИНГ ТАШКИЛ ЭТИЛИШИ

XVIII боб. Ўзбекистон Республикаси Олий Мажлиси

76-модда.
Ўзбекистон Республикасининг Олий Мажлиси олий давлат вакиллик органи бўлиб, қонун чиқарувчи ҳокимиятни амалга оширади.
Ўзбекистон Республикаси Олий Мажлиси икки палатадан — Қонунчилик палатаси (қуйи палата) ва Сенатдан (юқори палата) иборат.
Ўзбекистон Республикаси Олий Мажлисининг Қонунчилик палатаси ва Сенати ваколат муддати — беш йил.

77-модда.
Ўзбекистон Республикаси Олий Мажлисининг Қонунчилик палатаси қонунга мувофиқ сайланадиган бир юз эллик депутатдан иборат.
(77-модданинг биринчи қисми Ўзбекистон Республикасининг 2008 йил 25 декабрдаги ЎРҚ-194-сонли Қонуни таҳририда — ЎР ҚҲТ, 2008 й., 52-сон, 510-модда)
Ўзбекистон Республикаси Олий Мажлисининг Сенати ҳудудий вакиллик палатаси бўлиб, Сенат аъзоларидан (сенаторлардан) иборат.
Ўзбекистон Республикаси Олий Мажлисининг Сенати аъзолари Қорақалпоғистон Республикаси Жўқорғи Кенгеси, вилоятлар, туманлар ва шаҳарлар давлат ҳокимияти вакиллик органлари депутатларининг тегишли қўшма мажлисларида мазкур депутатлар орасидан яширин овоз бериш йўли билан Қорақалпоғистон Республикаси, вилоятлар ва Тошкент шаҳридан тенг миқдорда — олти кишидан сайланади. Ўзбекистон Республикаси Олий Мажлиси Сенатининг ўн олти нафар аъзоси фан, санъат, адабиёт, ишлаб чиқариш соҳасида ҳамда давлат ва жамият фаолиятининг бошқа тармоқларида катта амалий тажрибага эга бўлган ҳамда алоҳида хизмат кўрсатган энг обрўли фуқаролар орасидан Ўзбекистон Республикаси Президенти томонидан тайинланади.
Сайлов куни йигирма беш ёшга тўлган ҳамда камида беш йил Ўзбекистон Республикаси ҳудудида муқим яшаётган Ўзбекистон Республикаси фуқароси Ўзбекистон Республикаси Олий Мажлисининг Қонунчилик палатаси депутати, шунингдек Ўзбекистон Республикаси Олий Мажлисининг Сенати аъзоси бўлиши мумкин. Депутатликка номзодларга қўйиладиган талаблар қонун билан белгиланади.
Айни бир шахс бир пайтнинг ўзида Ўзбекистон Республикаси Олий Мажлисининг Қонунчилик палатаси депутати ва Сенати аъзоси бўлиши мумкин эмас.

78-модда.
Ўзбекистон Республикаси Олий Мажлиси Қонунчилик палатаси ва Сенатининг биргаликдаги ваколатлари қуйидагилардан иборат:
1) Ўзбекистон Республикасининг Конституциясини қабул қилиш, унга ўзгартиш ва қўшимчалар киритиш;
2) Ўзбекистон Республикасининг конституциявий қонунларини, қонунларини қабул қилиш, уларга ўзгартиш ва қўшимчалар киритиш;
3) Ўзбекистон Республикасининг референдумини ўтказиш тўғрисида ва уни ўтказиш санасини тайинлаш ҳақида қарор қабул қилиш;
4) Ўзбекистон Республикаси ички ва ташқи сиёсатининг асосий йўналишларини белгилаш ҳамда давлат стратегик дастурларини қабул қилиш;
5) Ўзбекистон Республикаси қонун чиқарувчи, ижро этувчи ҳамда суд ҳокимияти органларининг тизимини ва ваколатларини белгилаш;
6) Ўзбекистон Республикаси таркибига янги давлат тузилмаларини қабул қилиш ва уларнинг Ўзбекистон Республикаси таркибидан чиқиши ҳақидаги қарорларни тасдиқлаш;
7) бож, валюта ва кредит ишларини қонун йўли билан тартибга солиш;
8) Ўзбекистон Республикаси Вазирлар Маҳкамасининг тақдимига биноан Ўзбекистон Республикасининг Давлат бюджетини қабул қилиш ва унинг ижросини назорат этиш;

9) солиқлар ва бошқа мажбурий тўловларни жорий қилиш;
10) Ўзбекистон Республикасининг маъмурий-ҳудудий тузилиши масалаларини қонун йўли билан тартибга солиш, чегараларини ўзгартириш;
11) туманлар, шаҳарлар, вилоятларни ташкил этиш, тугатиш, уларнинг номини ҳамда чегараларини ўзгартириш;
12) давлат мукофотлари ва унвонларини таъсис этиш;
13) Ўзбекистон Республикаси Президентининг вазирликлар, давлат қўмиталари ва давлат бошқарувининг бошқа органларини тузиш ҳамда тугатиш тўғрисидаги фармонларини тасдиқлаш;
14) Ўзбекистон Республикаси Марказий сайлов комиссиясини тузиш;
15) Ўзбекистон Республикаси Президентининг тақдимига биноан Ўзбекистон Республикаси Бош вазири номзодини кўриб чиқиш ва тасдиқлаш, шунингдек мамлакат ижтимоий-иқтисодий ривожланишининг долзарб масалалари юзасидан Бош вазирнинг ҳисоботларини эшитиш ва муҳокама қилиш;
(78-модда биринчи қисмининг 15-банди Ўзбекистон Республикасининг 2011 йил 18 апрелдаги ЎРҚ-284-сонли Қонуни таҳририда — ЎР ҚҲТ, 2011 й., 16-сон, 159-модда)
16) Ўзбекистон Республикаси Олий Мажлисининг Инсон ҳуқуқлари бўйича вакили ва унинг ўринбосарини сайлаш;
17) Ўзбекистон Республикаси Ҳисоб палатасининг ҳисоботини кўриб чиқиш;
18) Ўзбекистон Республикаси Президентининг Ўзбекистон Республикасига ҳужум қилинганда ёки тажовуздан бир-бирини мудофаа қилиш юзасидан тузилган шартнома мажбуриятларини бажариш зарурияти туғилганда уруш ҳолати эълон қилиш тўғрисидаги фармонини тасдиқлаш;
19) Ўзбекистон Республикаси Президентининг умумий ёки қисман сафарбарлик эълон қилиш, фавқулодда ҳолат жорий этиш, унинг амал қилишини узайтириш ёки тугатиш тўғрисидаги фармонларини тасдиқлаш;
20) халқаро шартномаларни ратификация ва денонсация қилиш;
21) ушбу Конституцияда назарда тутилган бошқа ваколатларни амалга ошириш.
Палаталарнинг биргаликдаги ваколатларига кирадиган масалалар, қоида тариқасида, аввал Ўзбекистон Республикаси Олий Мажлисининг Қонунчилик палатасида, сўнгра Сенатида кўриб чиқилади.

79-модда.
Ўзбекистон Республикаси Олий Мажлисининг Қонунчилик палатаси мутлақ ваколатларига:
1) Ўзбекистон Республикаси Олий Мажлисининг Қонунчилик палатаси Спикери ва унинг ўринбосарларини, қўмиталарнинг раислари ва уларнинг ўринбосарларини сайлаш;
2) Ўзбекистон Республикаси Бош прокурорининг тақдимига биноан Ўзбекистон Республикаси Олий Мажлисининг Қонунчилик палатаси депутатини дахлсизлик ҳуқуқидан маҳрум этиш тўғрисидаги масалаларни ҳал этиш;
3) ўз фаолиятини ташкил этиш ва палатанинг ички тартиб қоидалари билан боғлиқ масалалар юзасидан қарорлар қабул қилиш;
4) сиёсий, ижтимоий-иқтисодий ҳаёт соҳасидаги у ёки бу масалалар юзасидан, шунингдек давлат ички ва ташқи сиёсати масалалари юзасидан қарорлар қабул қилиш киради.

80-модда.
Ўзбекистон Республикаси Олий Мажлисининг Сенати мутлақ ваколатларига:
1) Ўзбекистон Республикаси Олий Мажлисининг Сенати Раисини ва унинг ўринбосарларини, қўмиталарнинг раислари ва уларнинг ўринбосарларини сайлаш;
2) Ўзбекистон Республикаси Президентининг тақдимига биноан Ўзбекистон Республикаси Конституциявий судини сайлаш;
3) Ўзбекистон Республикаси Президентининг тақдимига биноан Ўзбекистон Республикаси Олий судини сайлаш;

4) Ўзбекистон Республикаси Президентининг тақдимига биноан Ўзбекистон Республикаси Олий хўжалик судини сайлаш;
5) Ўзбекистон Республикаси Президентининг тақдимига биноан Ўзбекистон Республикаси Табиатни муҳофаза қилиш давлат қўмитасининг раисини тайинлаш ҳамда уни лавозимидан озод этиш;
6) Ўзбекистон Республикаси Президентининг Ўзбекистон Республикаси Бош прокурори ва Ҳисоб палатаси раисини тайинлаш ҳамда уларни лавозимидан озод этиш тўғрисидаги фармонларини тасдиқлаш;
(80-модданинг 6-банди Ўзбекистон Республикасининг 2011 йил 18 апрелдаги ЎРҚ-284-сонли Қонуни таҳририда — ЎР ҚҲТ, 2011 й., 16-сон, 159-модда)
7) Ўзбекистон Республикаси Президентининг Ўзбекистон Республикаси Миллий хавфсизлик хизмати раисини тайинлаш ва уни лавозимидан озод этиш тўғрисидаги фармонларини тасдиқлаш;
8) Ўзбекистон Республикаси Президентининг тақдимига биноан Ўзбекистон Республикасининг чет давлатлардаги дипломатик ва бошқа вакилларини тайинлаш ҳамда уларни лавозимидан озод этиш;
9) Ўзбекистон Республикаси Президентининг тақдимига биноан Ўзбекистон Республикаси Марказий банки Бошқарувининг раисини тайинлаш ва уни лавозимидан озод этиш;
10) Ўзбекистон Республикаси Президентининг тақдимига биноан амнистия тўғрисидаги ҳужжатларни қабул қилиш;
11) Ўзбекистон Республикаси Бош прокурорининг тақдимига биноан Ўзбекистон Республикаси Олий Мажлисининг Сенати аъзосини дахлсизлик ҳуқуқидан маҳрум этиш тўғрисидаги масалаларни ҳал этиш;
12) Ўзбекистон Республикаси Бош прокурорининг, Ўзбекистон Республикаси Табиатни муҳофаза қилиш давлат қўмитаси раисининг, Ўзбекистон Республикаси Марказий банки Бошқаруви раисининг ҳисоботларини эшитиш;
13) ўз фаолиятини ташкил этиш ва палатанинг ички тартиб қоидалари билан боғлиқ масалалар юзасидан қарорлар қабул қилиш;
14) сиёсий, ижтимоий-иқтисодий ҳаёт соҳасидаги у ёки бу масалалар юзасидан, шунингдек давлат ички ва ташқи сиёсати масалалари юзасидан қарорлар қабул қилиш киради.

81-модда.

Ваколат муддати тугагач, Ўзбекистон Республикаси Олий Мажлисининг Қонунчилик палатаси ва Сенати тегишинча янги чақириқ Қонунчилик палатаси ва Сенати иш бошлагунига қадар ўз фаолиятини давом эттириб туради.
Ўзбекистон Республикаси Олий Мажлиси Қонунчилик палатаси ва Сенатининг биринчи мажлислари тегишинча Қонунчилик палатасига сайловдан кейин икки ойдан кечиктирмай ва Сенат таркиб топганидан кейин бир ойдан кечиктирмай Марказий сайлов комиссияси томонидан чақирилади.
Ўзбекистон Республикаси Олий Мажлисининг Қонунчилик палатаси мажлислари сессиялар даврида ўтказилади. Сессиялар, қоида тариқасида, сентябрнинг биринчи иш кунидан бошлаб келгуси йилнинг июнь ойи охирги иш кунига қадар ўтказилади.
Ўзбекистон Республикаси Олий Мажлисининг Сенати мажлислари заруратга қараб, лекин йилига камида уч марта ўтказилади.
Ўзбекистон Республикаси Олий Мажлиси палаталарининг мажлислари, агар улар ишида барча депутатлар, сенаторлар умумий сонининг камида ярми иштирок этаётган бўлса, ваколатли ҳисобланади.
Конституциявий қонунларни қабул қилишда барча депутатлар, сенаторлар умумий сонининг камида учдан икки қисми иштирок этиши шарт.
Ўзбекистон Республикаси Олий Мажлисининг Қонунчилик палатаси ва Сенати мажлисларида, шунингдек уларнинг органлари мажлисларида Ўзбекистон Республикаси Президенти, Бош вазир, Вазирлар Маҳкамасининг аъзолари, республика Конституциявий суди, Олий суди, Олий хўжалик суди раислари, Бош прокурори,

Марказий банки Бошқарувининг раиси иштирок этишлари мумкин. Ўзбекистон Республикаси Олий Мажлисининг Қонунчилик палатаси ва унинг органлари мажлисларида Сенат Раиси, Ўзбекистон Республикаси Олий Мажлисининг Сенати ва унинг органлари мажлисларида Қонунчилик палатаси Спикери иштирок этиши мумкин.
Ўзбекистон Республикаси Олий Мажлисининг Қонунчилик палатаси ва Сенати алоҳида-алоҳида мажлис ўтказадилар.
Ўзбекистон Республикаси Олий Мажлиси Қонунчилик палатаси ва Сенатининг қўшма мажлислари Ўзбекистон Республикаси Президенти қасамёд қилганда, Ўзбекистон Республикаси Президенти мамлакат ижтимоий-иқтисодий ҳаётининг, ички ва ташқи сиёсатининг энг муҳим масалалари юзасидан нутқ сўзлаганда, чет давлатларнинг раҳбарлари нутқ сўзлаганда ўтказилади. Палаталарнинг келишувига биноан қўшма мажлислар бошқа масалалар юзасидан ҳам ўтказилиши мумкин.

82-модда.
Ўзбекистон Республикаси Олий Мажлисининг Қонунчилик палатаси ва Сенати ўз ваколатларига киритилган масалалар юзасидан қарорлар қабул қилади.
Ўзбекистон Республикаси Олий Мажлиси Қонунчилик палатаси ва Сенатининг қарорлари Қонунчилик палатаси депутатлари ёки Сенат аъзолари умумий сонининг кўпчилик овози билан қабул қилинади, ушбу Конституцияда назарда тутилган ҳоллар бундан мустасно.

83-модда.
Қонунчилик ташаббуси ҳуқуқига Ўзбекистон Республикаси Президенти, ўз давлат ҳокимиятининг олий вакиллик органи орқали Қорақалпоғистон Республикаси, Ўзбекистон Республикаси Олий Мажлисининг Қонунчилик палатаси депутатлари, Ўзбекистон Республикаси Вазирлар Маҳкамаси, Ўзбекистон Республикасининг Конституциявий суди, Олий суди, Олий хўжалик суди, Бош прокурори эгадирлар ва бу ҳуқуқ қонунчилик ташаббуси ҳуқуқи субъектлари томонидан қонун лойиҳасини Ўзбекистон Республикаси Олий Мажлисининг Қонунчилик палатасига киритиш орқали амалга оширилади.

84-модда.
Қонун Қонунчилик палатаси томонидан қабул қилиниб, Сенат томонидан маъқулланиб, Ўзбекистон Республикаси Президенти томонидан имзолангач ва қонунда белгиланган тартибда расмий нашрларда эълон қилингач, юридик кучга эга бўлади.
Ўзбекистон Республикаси Олий Мажлисининг Қонунчилик палатаси томонидан қабул қилинган қонун қабул қилинган кундан эътиборан ўн кундан кечиктирмай Ўзбекистон Республикаси Олий Мажлисининг Сенатига юборилади.
Ўзбекистон Республикаси Олий Мажлисининг Сенати маъқуллаган қонун имзоланиши ва эълон қилиниши учун Ўзбекистон Республикаси Президентига ўн кун ичида юборилади.
Ўзбекистон Республикаси Президенти томонидан қонун ўттиз кун ичида имзоланади ва эълон қилинади.
Ўзбекистон Республикаси Олий Мажлисининг Сенати томонидан рад этилган қонун Ўзбекистон Республикаси Олий Мажлисининг Қонунчилик палатасига қайтарилади.
Агар Ўзбекистон Республикаси Олий Мажлисининг Сенати томонидан рад этилган қонунни қайта кўриб чиқишда Қонунчилик палатаси депутатлар умумий сонининг учдан икки қисмидан иборат кўпчилик овози билан қонунни яна маъқулласа, қонун Ўзбекистон Республикаси Олий Мажлиси томонидан қабул қилинган ҳисобланади ҳамда имзоланиши ва эълон қилиниши учун Ўзбекистон Республикаси Президентига Қонунчилик палатаси томонидан юборилади.
Ўзбекистон Республикаси Олий Мажлисининг Сенати томонидан рад этилган қонун юзасидан Қонунчилик палатаси ва Сенат юзага келган келишмовчиликларни бартараф

этиш учун Қонунчилик палатаси депутатлари ва Сенат аъзолари орасидан тенглик асосида келишув комиссиясини тузиши мумкин. Палаталар келишув комиссияси таклифларини қабул қилганда қонун одатдаги тартибда кўриб чиқилиши керак.
Ўзбекистон Республикаси Президенти қонунни ўз эътирозлари билан Ўзбекистон Республикаси Олий Мажлисига қайтаришга ҳақли.
Агар қонун аввалги қабул қилинган таҳририда тегишинча Ўзбекистон Республикаси Олий Мажлисининг Қонунчилик палатаси депутатлари ва Сенати аъзолари умумий сонининг камида учдан икки қисмидан иборат кўпчилик овози билан маъқулланса, қонун Ўзбекистон Республикаси Президенти томонидан ўн тўрт кун ичида имзоланиши ва эълон қилиниши керак.
Қонунларнинг ва бошқа норматив-ҳуқуқий ҳужжатларнинг матбуотда эълон қилиниши улар қўлланилишининг мажбурий шартидир.

85-модда.
Ўзбекистон Республикаси Олий Мажлисининг Қонунчилик палатаси ўз таркибидан Қонунчилик палатасининг Спикери ва унинг ўринбосарларини сайлайди.
Ўзбекистон Республикаси Олий Мажлисининг Қонунчилик палатаси Спикери ва унинг ўринбосарлари яширин овоз бериш орқали депутатлар умумий сонининг кўпчилик овози билан Қонунчилик палатасининг ваколати муддатига сайланади.
Ўзбекистон Республикаси Олий Мажлисининг Қонунчилик палатаси Спикери яширин овоз бериш орқали Қонунчилик палатаси депутатлари умумий сонининг учдан икки қисмидан кўпроғининг овози билан қабул қилинган Қонунчилик палатаси қарорига биноан муддатидан илгари чақириб олиниши мумкин.
Ўзбекистон Республикаси Олий Мажлисининг Қонунчилик палатаси Спикери:
1) Қонунчилик палатасининг мажлисларини чақиради, уларда раислик қилади;
2) Қонунчилик палатаси муҳокамасига киритиладиган масалаларни тайёрлашга умумий раҳбарлик қилади;
3) Қонунчилик палатаси қўмиталари ва комиссияларининг фаолиятини мувофиқлаштириб боради;
4) Ўзбекистон Республикаси қонунларининг ва Қонунчилик палатаси қарорларининг ижроси устидан назоратни ташкил этади;
5) парламентлараро алоқаларни амалга ошириш ишларига ҳамда халқаро парламент ташкилотлари иши билан боғлиқ Қонунчилик палатаси гуруҳларининг фаолиятига раҳбарлик қилади;
6) Ўзбекистон Республикаси Олий Мажлисининг Сенати, бошқа давлат органлари, чет давлатлар, халқаро ва ўзга ташкилотлар билан ўзаро муносабатларда Қонунчилик палатаси номидан иш кўради;
7) Қонунчилик палатаси қарорларини имзолайди;
8) ушбу Конституция ва қонун ҳужжатларида назарда тутилган бошқа ваколатларни амалга оширади.
Ўзбекистон Республикаси Олий Мажлисининг Қонунчилик палатаси Спикери фармойишлар чиқаради.

86-модда.
Ўзбекистон Республикаси Олий Мажлисининг Сенати ўз таркибидан Сенат Раиси ва унинг ўринбосарларини сайлайди. Сенат Раиси Ўзбекистон Республикаси Президентининг тақдимига биноан сайланади.
Ўзбекистон Республикаси Олий Мажлисининг Сенати Раиси ўринбосарларидан бири Қорақалпоғистон Республикасининг вакили бўлади.
Ўзбекистон Республикаси Олий Мажлисининг Сенати Раиси ва унинг ўринбосарлари яширин овоз бериш орқали сенаторлар умумий сонининг кўпчилик овози билан Сенат ваколати муддатига сайланади.

Ўзбекистон Республикаси Олий Мажлисининг Сенати Раиси яширин овоз бериш орқали сенаторлар умумий сонининг учдан икки қисмидан кўпроғининг овози билан қабул қилинган Сенат қарорларига биноан муддатидан илгари чақириб олиниши мумкин.
Ўзбекистон Республикаси Олий Мажлисининг Сенати Раиси:
1) Сенат мажлисларини чақиради, уларда раислик қилади;
2) Сенат муҳокамасига киритиладиган масалаларни тайёрлашга умумий раҳбарлик қилади;
3) Сенат қўмиталари ва комиссияларининг фаолиятини мувофиқлаштириб боради;
4) Ўзбекистон Республикаси қонунларининг ва Сенат қарорларининг ижроси устидан назоратни ташкил этади;
5) парламентлараро алоқаларни амалга ошириш ишларига ҳамда халқаро парламент ташкилотлари иши билан боғлиқ Сенат гуруҳларининг фаолиятига раҳбарлик қилади;
6) Ўзбекистон Республикаси Олий Мажлисининг Қонунчилик палатаси, бошқа давлат органлари, чет давлатлар, халқаро ва бошқа ташкилотлар билан ўзаро муносабатларда Сенат номидан иш кўради;
7) Сенат қарорларини имзолайди;
8) ушбу Конституция ва қонун ҳужжатларида назарда тутилган бошқа ваколатларни амалга оширади.
Ўзбекистон Республикаси Олий Мажлисининг Сенати Раиси фармойишлар чиқаради.

87-модда.
Ўзбекистон Республикаси Олий Мажлисининг Қонунчилик палатаси қонун лойиҳаларини тайёрлаш ишини олиб бориш, Қонунчилик палатаси муҳокамасига киритиладиган масалаларни дастлабки тарзда кўриб чиқиш ва тайёрлаш, Ўзбекистон Республикаси қонунлари ҳамда Қонунчилик палатаси томонидан қабул қилинадиган қарорларнинг ижросини назорат қилиш учун ўз ваколатлари муддатига Қонунчилик палатаси депутатлари орасидан қўмиталарни сайлайди.
Ўзбекистон Республикаси Олий Мажлисининг Сенати Сенат муҳокамасига киритиладиган масалаларни дастлабки тарзда кўриб чиқиш ва тайёрлаш, Ўзбекистон Республикаси қонунлари ҳамда Сенат томонидан қабул қилинадиган қарорларнинг ижросини назорат қилиш учун ўз ваколатлари муддатига сенаторлар орасидан қўмиталарни сайлайди.
Ўзбекистон Республикаси Олий Мажлисининг Қонунчилик палатаси ва Сенати, зарурат бўлган тақдирда, муайян вазифаларни бажариш учун депутатлар, сенаторлар орасидан комиссиялар тузади.

88-модда.
Ўзбекистон Республикаси Олий Мажлисининг Қонунчилик палатаси депутатларига ва Сенати аъзоларига уларнинг депутатлик ёки сенаторлик фаолияти билан боғлиқ харажатлар белгиланган тартибда қопланади.
Қонунчилик палатаси депутатлари ҳамда Сенатда доимий асосда ишловчи Сенат аъзолари ўз ваколатлари даврида илмий ва педагогик фаолиятдан ташқари ҳақ тўланадиган бошқа турдаги фаолият билан шуғулланишлари мумкин эмас.
Ўзбекистон Республикаси Олий Мажлисининг Қонунчилик палатаси депутати ва Сенати аъзоси дахлсизлик ҳуқуқидан фойдаланадилар. Улар тегишинча Қонунчилик палатаси ёки Сенатнинг розилигисиз жиноий жавобгарликка тортилиши, ушлаб турилиши, қамоққа олиниши ёки суд тартибида бериладиган маъмурий жазо чораларига тортилиши мумкин эмас.
(XVIII боб Ўзбекистон Республикасининг 2003 йил 24 апрелдаги 470-II-сон Қонуни таҳририда — Олий Мажлис Ахборотномаси, 2003 й.,3-4-сон, 27-модда)

XIX боб. Ўзбекистон Республикасининг Президенти

89-модда.

Ўзбекистон Республикасининг Президенти давлат бошлиғидир ва давлат ҳокимияти органларининг келишилган ҳолда фаолият юритишини ҳамда ҳамкорлигини таъминлайди.

(89-модда Ўзбекистон Республикасининг 2007 йил 11 апрелдаги ЎРҚ–89-сон Қонуни таҳририда — Ўзбекистон Республикаси қонун ҳужжатлари тўплами, 2007 й., 15-сон, 152-модда)

90-модда.

Ўзбекистон Республикаси Президенти лавозимига ўттиз беш ёшдан кичик бўлмаган, давлат тилини яхши биладиган, бевосита сайловгача камида 10 йил Ўзбекистон ҳудудида муқим яшаётган Ўзбекистон Республикаси фуқароси сайланиши мумкин. Айни бир шахс сурункасига икки муддатдан ортиқ Ўзбекистон Республикасининг Президенти бўлиши мумкин эмас.

Ўзбекистон Республикасининг Президенти Ўзбекистон Республикасининг фуқаролари томонидан умумий, тенг ва тўғридан-тўғри сайлов ҳуқуқи асосида яширин овоз бериш йўли билан етти йил муддатга сайланади. Президентни сайлаш тартиби Ўзбекистон Республикасининг қонуни билан белгиланади.

(90-модда Ўзбекистон Республикасининг 2003 йил 24 апрелдаги 470-II-сон Қонуни таҳририда — Олий Мажлис Ахборотномаси, 2003 й.,3-4-сон, 27-модда)

91-модда.

Президент ўз вазифасини бажариб турган даврда бошқа ҳақ тўланадиган лавозимни эгаллаши, вакиллик органининг депутати бўлиши, тадбиркорлик фаолияти билан шуғулланиши мумкин эмас.

Президентнинг шахси дахлсиздир ва қонун билан муҳофаза этилади.

92-модда.

Президент Ўзбекистон Республикаси Олий Мажлиси йиғилишида қуйидаги қасамёдни қабул қилган пайтдан бошлаб ўз лавозимига киришган ҳисобланади:

«Ўзбекистон халқига садоқат билан хизмат қилишга, республиканинг Конституцияси ва қонунларига қатъий риоя этишга, фуқароларнинг ҳуқуқлари ва эркинликларига кафолат беришга, Ўзбекистон Республикаси Президенти зиммасига юклатилган вазифаларни виждонан бажаришга тантанали қасамёд қиламан».

93-модда.

Ўзбекистон Республикасининг Президенти:

1) фуқароларнинг ҳуқуқлари ва эркинликларига, Ўзбекистон Республикасининг Конституцияси ва қонунларига риоя этилишининг кафилидир;

2) Ўзбекистон Республикасининг суверенитети, хавфсизлиги ва ҳудудий яхлитлигини муҳофаза этиш, миллий-давлат тузилиши масалаларига доир қарорларни амалга ошириш юзасидан зарур чора-тадбирлар кўради;

3) мамлакат ичкарисида ва халқаро муносабатларда Ўзбекистон Республикаси номидан иш кўради;

4) музокаралар олиб боради ҳамда Ўзбекистон Республикасининг шартнома ва битимларини имзолайди, республика томонидан тузилган шартномаларга, битимларга ва унинг қабул қилинган мажбуриятларига риоя этилишини таъминлайди;

5) ўз ҳузурида аккредитациядан ўтган дипломатик ҳамда бошқа вакилларнинг ишонч ва чақирув ёрлиқларини қабул қилади;

6) Ўзбекистон Республикасининг чет давлатлардаги дипломатик ва бошқа вакилларини тайинлаш учун номзодларни Ўзбекистон Республикаси Олий Мажлисининг Сенатига тақдим этади;
7) Ўзбекистон Республикаси Олий Мажлисига ҳар йили мамлакат ижтимоий-иқтисодий ҳаётининг, ички ва ташқи сиёсатининг энг муҳим масалалар юзасидан маърузалар тақдим этади;
8) республика олий ҳокимият ва бошқарув органларининг баҳамжиҳат ишлашини таъминлайди; вазирликлар, давлат қўмиталари ҳамда давлат бошқарувининг бошқа органларини тузади ва тугатади, шу масалаларга доир фармонларни кейинчалик Ўзбекистон Республикаси Олий Мажлисининг палаталари тасдиғига киритади;
(93-модда биринчи қисмининг 8-банди Ўзбекистон Республикасининг 2011 йил 18 апрелдаги ЎРҚ-284-сонли Қонуни таҳририда — ЎР ҚҲТ, 2011 й., 16-сон, 159-модда)
9) Сенат Раиси лавозимига сайлаш учун номзодни Ўзбекистон Республикаси Олий Мажлисининг Сенатига тақдим этади;
10) Ўзбекистон Республикаси Олий Мажлисининг палаталари кўриб чиқиши ва тасдиқлаши учун Ўзбекистон Республикаси Бош вазири номзодини тақдим этади ва лавозимидан озод қилади;
11) Ўзбекистон Республикаси Бош вазирининг тақдимига биноан Ўзбекистон Республикаси Вазирлар Маҳкамаси аъзоларини тасдиқлайди ва лавозимларидан озод қилади;
12) Ўзбекистон Республикаси Бош прокурори ва Ҳисоб палатаси раисини тайинлайди ва уларни лавозимидан озод қилади, кейинчалик бу масалаларни Ўзбекистон Республикаси Олий Мажлисининг Сенати тасдиғига киритади;
(93-модда биринчи қисмининг 12-банди Ўзбекистон Республикасининг 2011 йил 18 апрелдаги ЎРҚ-284-сонли Қонуни таҳририда — ЎР ҚҲТ, 2011 й., 16-сон, 159-модда)
13) Ўзбекистон Республикаси Олий Мажлисининг Сенатига Конституциявий суд раиси ва судьялари, Олий суд раиси ва судьялари, Олий хўжалик суди раиси ва судьялари, Ўзбекистон Республикаси Марказий банки Бошқарувининг раиси, Ўзбекистон Республикаси Табиатни муҳофаза қилиш давлат қўмитасининг раиси лавозимларига номзодларни тақдим этади;
14) вилоят, туманлараро, туман, шаҳар, ҳарбий ва хўжалик судларининг судьяларини тайинлайди ва лавозимларидан озод этади;
15) Ўзбекистон Республикаси Бош вазирининг тақдимига биноан вилоятлар ҳокимларини ҳамда Тошкент шаҳар ҳокимини қонунга мувофиқ тайинлайди ҳамда лавозимидан озод этади. Конституцияни, қонунларни бузган ёки ўз шаъни ва қадр-қимматига доғ туширадиган хатти-ҳаракат содир этган туман ва шаҳар ҳокимларини Президент ўз қарори билан лавозимидан озод этишга ҳақли;
(93-модда биринчи қисмининг 15-банди Ўзбекистон Республикасининг 2011 йил 18 апрелдаги ЎРҚ-284-сонли Қонуни таҳририда — ЎР ҚҲТ, 2011 й., 16-сон, 159-модда)
16) республика давлат бошқарув органларининг, шунингдек ҳокимларнинг қабул қилган ҳужжатларини тўхтатади, бекор қилади, Ўзбекистон Республикаси Вазирлар Маҳкамаси мажлисларида раислик қилишга ҳақли;
(93-модда биринчи қисмининг 16-банди Ўзбекистон Республикасининг 2011 йил 18 апрелдаги ЎРҚ-284-сонли Қонуни таҳририда — ЎР ҚҲТ, 2011 й., 16-сон, 159-модда)
17) Ўзбекистон Республикасининг қонунларини имзолайди ва эълон қилади; қонунга ўз эътирозларини илова этиб, уни такроран муҳокама қилиш ва овозга қўйиш учун Ўзбекистон Республикаси Олий Мажлисига қайтаришга ҳақли;
18) Ўзбекистон Республикасига ҳужум қилинганда ёки тажовуздан бир-бирини мудофаа қилиш юзасидан тузилган шартнома мажбуриятларини бажариш зарурияти туғилганда уруш ҳолати эълон қилади ва қабул қилган қарорини уч кун ичида Ўзбекистон Республикаси Олий Мажлиси палаталарининг тасдиғига киритади;
19) фавқулодда вазиятлар (реал ташқи хавф, оммавий тартибсизликлар, йирик ҳалокат, табиий офат, эпидемиялар) юз берган тақдирда фуқароларнинг хавфсизлигини таъминлашни кўзлаб, Ўзбекистон Республикасининг бутун ҳудудида ёки унинг айрим жойларида фавқулодда ҳолат жорий этади ва қабул қилган қарорини уч кун ичида

Ўзбекистон Республикаси Олий Мажлисининг палаталари тасдиғига киритади. Фавқулодда ҳолат жорий этиш шартлари ва тартиби қонун билан белгиланади;
20) Ўзбекистон Республикаси Қуролли Кучларининг Олий Бош қўмондони ҳисобланади, Қуролли Кучларнинг олий қўмондонларини тайинлайди ва вазифасидан озод қилади, олий ҳарбий унвонлар беради;
21) Ўзбекистон Республикасининг орденлари, медаллари ва ёрлиғи билан мукофотлайди, Ўзбекистон Республикасининг малакавий ва фахрий унвонларини беради;
22) Ўзбекистон Республикасининг фуқаролигига ва сиёсий бошпана беришга оид масалаларни ҳал этади;
23) амнистия тўғрисидаги ҳужжатларни қабул қилиш ҳақида Ўзбекистон Республикаси Олий Мажлисининг Сенатига тақдимнома киритади ва Ўзбекистон Республикасининг судлари томонидан ҳукм қилинган шахсларни авф этади;
24) Ўзбекистон Республикаси Миллий хавфсизлик хизматини тузади. Миллий хавфсизлик хизмати раисини тайинлайди ва лавозимидан озод этади, кейинчалик шу масалаларга доир фармонларни Ўзбекистон Республикаси Олий Мажлисининг Сенати тасдиғига киритади;
25) ушбу Конституция ва Ўзбекистон Республикасининг қонунларида назарда тутилган бошқа ваколатларни амалга оширади.

Президент ўз ваколатларини бажаришни давлат идораларига ёки мансабдор шахсларга топширишга ҳақли эмас.

(93-модда Ўзбекистон Республикасининг 2003 йил 24 апрелдаги 470-II-сон Қонуни таҳририда — Олий Мажлис Ахборотномаси, 2003 й.,3-4-сон, 27-модда)

94-модда.

Ўзбекистон Республикасининг Президенти Конституцияга ва қонунларга асосланиб ҳамда уларни ижро этиш юзасидан республиканинг бутун ҳудудида мажбурий кучга эга бўлган фармонлар, қарорлар ва фармойишлар чиқаради.

95-модда.

Қонунчилик палатаси ёки Сенат таркибида уларнинг нормал фаолиятига таҳдид солувчи ҳал қилиб бўлмайдиган ихтилофлар юз берганда ёхуд улар бир неча марта Ўзбекистон Республикасининг Конституциясига зид қарорлар қабул қилган тақдирда, шунингдек Қонунчилик палатаси билан Сенат ўртасида Ўзбекистон Республикаси Олий Мажлисининг нормал фаолиятига таҳдид солувчи ҳал қилиб бўлмайдиган ихтилофлар юз берганда Ўзбекистон Республикаси Президентининг Ўзбекистон Республикаси Конституциявий суди билан бамаслаҳат қабул қилган қарори асосида Ўзбекистон Республикаси Олий Мажлисининг Қонунчилик палатаси, Сенати тарқатиб юборилиши мумкин.

Ўзбекистон Республикаси Олий Мажлисининг Қонунчилик палатаси, Сенати тарқатиб юборилган тақдирда янги сайлов уч ой мобайнида ўтказилади.

Ўзбекистон Республикаси Олий Мажлисининг Қонунчилик палатаси ва Сенати фавқулодда ҳолат жорий этилган даврда тарқатиб юборилиши мумкин эмас.

(95-модда Ўзбекистон Республикасининг 2003 йил 24 апрелдаги 470-II-сон Қонуни таҳририда — Олий Мажлис Ахборотномаси, 2003 й.,3-4-сон, 27-модда)

96-модда.

Ўзбекистон Республикасининг амалдаги Президенти ўз вазифаларини бажара олмайдиган ҳолатларда унинг вазифа ва ваколатлари вақтинча Ўзбекистон Республикаси Олий Мажлиси Сенати Раисининг зиммасига юклатилади, бунда уч ой муддат ичида, «Ўзбекистон Республикаси Президенти сайлови тўғрисида»ги Қонунга тўлиқ мувофиқ ҳолда мамлакат Президенти сайлови ўтказилади.

(96-модда Ўзбекистон Республикасининг 2011 йил 18 апрелдаги ЎРҚ-284-сонли Қонуни таҳририда — ЎР ҚҲТ, 2011 й., 16-сон, 159-модда)

97-модда.
Ваколати тугаши муносабати билан истеъфога чиққан Президент умрбод Сенат аъзоси лавозимини эгаллайди.
(97-модда Ўзбекистон Республикасининг 2003 йил 24 апрелдаги 470-II-сон Қонуни таҳририда — Олий Мажлис Ахборотномаси, 2003 й. 3-4-сон, 27-модда)

XX боб. Вазирлар Маҳкамаси

98-модда.
Ўзбекистон Республикаси Вазирлар Маҳкамаси ижро этувчи ҳокимиятни амалга оширади. Ўзбекистон Республикаси Вазирлар Маҳкамаси Ўзбекистон Республикаси Бош вазири, унинг ўринбосарлари, вазирлар, давлат қўмиталарининг раисларидан иборат. Қорақалпоғистон Республикаси ҳукуматининг бошлиғи Вазирлар Маҳкамаси таркибига ўз лавозими бўйича киради.
Вазирлар Маҳкамаси иқтисодиётнинг, ижтимоий ва маънавий соҳанинг самарали фаолиятига раҳбарликни, Ўзбекистон Республикаси қонунлари, Олий Мажлис қарорлари, Ўзбекистон Республикаси Президентининг фармонлари, қарорлари ва фармойишлари ижросини таъминлайди.
Вазирлар Маҳкамаси амалдаги қонун ҳужжатларига мувофиқ Ўзбекистон Республикасининг бутун ҳудудидаги барча органлар, корхоналар, муассасалар, ташкилотлар, мансабдор шахслар ва фуқаролар томонидан бажарилиши мажбурий бўлган қарорлар ва фармойишлар чиқаради.
Ўзбекистон Республикаси Бош вазири Вазирлар Маҳкамаси фаолиятини ташкил этади ва унга раҳбарлик қилади, унинг самарали ишлаши учун шахсан жавобгар бўлади, Вазирлар Маҳкамасининг мажлисларига раислик қилади, унинг қарорларини имзолайди, Ўзбекистон Республикаси Президентининг топшириғига биноан халқаро муносабатларда Ўзбекистон Республикаси Вазирлар Маҳкамаси номидан иш кўради, Ўзбекистон Республикаси қонунларида, Ўзбекистон Республикаси Президентининг фармонлари, қарорлари ва фармойишларида назарда тутилган бошқа вазифаларни бажаради.
Вазирлар Маҳкамаси ўз фаолиятида Ўзбекистон Республикаси Президенти ва Ўзбекистон Республикаси Олий Мажлиси олдида жавобгардир.
Вазирлар Маҳкамаси янги сайланган Олий Мажлис олдида ўз ваколатларини зиммасидан соқит қилади.
Вазирлар Маҳкамасининг фаолиятини ташкил этиш тартиби ва ваколат доираси қонун билан белгиланади.
Ўзбекистон Республикаси Бош вазири номзоди Ўзбекистон Республикаси Олий Мажлисининг Қонунчилик палатасига сайловда энг кўп депутатлик ўринларини олган сиёсий партия ёки тенг миқдордаги энг кўп депутатлик ўринларини қўлга киритган бир неча сиёсий партия томонидан таклиф этилади.
Ўзбекистон Республикаси Президенти тақдим этилган Бош вазир лавозимига номзодни кўриб чиққанидан кейин ўн кун муддат ичида уни Ўзбекистон Республикаси Олий Мажлиси палаталарининг кўриб чиқиши ва тасдиқлаши учун таклиф этади.
Бош вазир номзоди унинг учун тегишинча Ўзбекистон Республикаси Олий Мажлисининг Қонунчилик палатаси депутатлари ва Сенати аъзолари умумий сонининг ярмидан кўпи томонидан овоз берилган тақдирда тасдиқланган ҳисобланади.
Ўзбекистон Республикаси Вазирлар Маҳкамасининг аъзолари Бош вазир тақдимига биноан Ўзбекистон Республикаси Президенти томонидан тасдиқланади.
Ўзбекистон Республикаси Бош вазири ва Ўзбекистон Республикаси Олий Мажлисининг Қонунчилик палатаси ўртасида зиддиятлар доимий тус олган ҳолда Қонунчилик

палатаси депутатлари умумий сонининг камида учдан бир қисми томонидан Ўзбекистон Республикаси Президенти номига расман киритилган таклиф бўйича Ўзбекистон Республикаси Олий Мажлиси палаталарининг қўшма мажлиси муҳокамасига Бош вазирга нисбатан ишончсизлик вотуми билдириш ҳақидаги масала киритилади.
Бош вазирга нисбатан ишончсизлик вотуми тегишинча Ўзбекистон Республикаси Олий Мажлисининг Қонунчилик палатаси депутатлари ва Сенати аъзолари умумий сонининг камида учдан икки қисми овоз берган тақдирда қабул қилинган ҳисобланади. Бундай ҳолатда Ўзбекистон Республикаси Президенти Бош вазирни лавозимидан озод этиш тўғрисида қарор қабул қилади. Бунда Ўзбекистон Республикаси Вазирлар Маҳкамасининг бутун таркиби Бош вазир билан бирга истеъфога чиқади.
Янги Бош вазир номзоди Ўзбекистон Республикаси Президенти томонидан Ўзбекистон Республикаси Олий Мажлисининг Қонунчилик палатасидаги барча сиёсий партиялар фракциялари билан тегишли маслаҳатлашувлар ўтказилганидан сўнг Ўзбекистон Республикаси Олий Мажлисининг палаталарига кўриб чиқиш ва тасдиқлашга тақдим қилиш учун таклиф этилади.
Олий Мажлис томонидан Бош вазир лавозимига номзод икки марта рад этилган тақдирда Ўзбекистон Республикаси Президенти Бош вазир вазифасини бажарувчини тайинлайди ва Ўзбекистон Республикаси Олий Мажлисини тарқатиб юборади.
(98-модда Ўзбекистон Республикасининг 2011 йил 18 апрелдаги ЎРҚ-284-сонли Қонуни таҳририда — ЎР ҚҲТ, 2011 й., 16-сон, 159-модда)

XXI боб. Маҳаллий давлат ҳокимияти асослари

99-модда.
Вилоятлар, туманлар ва шаҳарларда (туманга бўйсунадиган шаҳарлардан, шунингдек шаҳар таркибига кирувчи туманлардан ташқари) ҳокимлар бошчилик қиладиган халқ депутатлари Кенгашлари ҳокимиятнинг вакиллик органлари бўлиб, улар давлат ва фуқароларнинг манфаатларини кўзлаб ўз ваколатларига тааллуқли масалаларни ҳал этадилар.

100-модда.
Маҳаллий ҳокимият органлари ихтиёрига қуйидагилар киради:
қонунийликни, ҳуқуқий-тартиботни ва фуқароларнинг хавфсизлигини таъминлаш;
ҳудудларни иқтисодий, ижтимоий ва маданий ривожлантириш;
маҳаллий бюджетни шакллантириш ва уни ижро этиш, маҳаллий солиқлар, йиғимларни белгилаш, бюджетдан ташқари жамғармаларни ҳосил қилиш;
маҳаллий коммунал хўжаликка раҳбарлик қилиш;
атроф-муҳитни муҳофаза қилиш;
фуқаролик ҳолати актларини қайд этишни таъминлаш;
норматив ҳужжатларни қабул қилиш ҳамда Ўзбекистон Республикаси Конституциясига ва Ўзбекистон Республикаси қонунларига зид келмайдиган бошқа ваколатларни амалга ошириш.

101-модда.
Маҳаллий ҳокимият органлари Ўзбекистон Республикасининг қонунларини, Ўзбекистон Республикаси Президентининг фармонларини, давлат ҳокимияти юқори органларининг қарорларини амалга оширадилар, республика ва маҳаллий аҳамиятга молик масалаларни муҳокама қилишда қатнашадилар.
Юқори органларнинг ўзларига берилган ваколат доирасида қабул қилган қарорлари қуйи органлар ижро этиши учун мажбурийдир.
Халқ депутатлари Кенгашлари ва ҳокимларнинг ваколат муддати — 5 йил.

(101-модда Ўзбекистон Республикасининг 2003 йил 24 апрелдаги 470-II-сон Қонуни таҳририда — Олий Мажлис Ахборотномаси, 2003 й., 3-4-сон, 27-модда)

102-модда.

Вакиллик ва ижроия ҳокимиятини тегишлилигига қараб вилоят, туман ва шаҳар ҳокимлари бошқаради.

Вилоят ва Тошкент шаҳар ҳокими Ўзбекистон Республикаси Президенти томонидан қонунга мувофиқ тайинланади ҳамда лавозимидан озод этилади.

(102-модданинг иккинчи қисми Ўзбекистон Республикасининг 2007 йил 11 апрелдаги ЎРҚ–89-сон Қонуни таҳририда — Ўзбекистон Республикаси қонун ҳужжатлари тўплами, 2007 й., 15-сон, 152-модда)

Туман ва шаҳарларнинг ҳокимлари тегишли вилоят ҳокими томонидан тайинланади ва лавозимидан озод қилинади ҳамда тегишли халқ депутатлари Кенгаши томонидан тасдиқланади.

Шаҳарлардаги туманларнинг ҳокимлари тегишли шаҳар ҳокими томонидан тайинланади ва лавозимидан озод қилинади ҳамда халқ депутатлари шаҳар Кенгаши томонидан тасдиқланади.

Туманларга бўйсунадиган шаҳарларнинг ҳокимлари туман ҳокими томонидан тайинланади ва лавозимидан озод қилинади ҳамда халқ депутатлари туман Кенгаши томонидан тасдиқланади.

(102-модда Ўзбекистон Республикасининг 2003 йил 24 апрелдаги 470-сон Қонуни таҳририда — Олий Мажлис Ахборотномаси, 2003 й., 3-4-сон, 27-модда)

103-модда.

Вилоят, туман ва шаҳар ҳокимлари ўз ваколатларини яккабошчилик асосларида амалга оширадилар ва ўзлари раҳбарлик қилаётган органларнинг қарорлари ва фаолияти учун шахсан жавобгардирлар.

Ҳокимларнинг ва халқ депутатлари маҳаллий Кенгашларининг фаолиятини ташкил қилиш, уларнинг ваколат доирасини ва халқ депутатлари маҳаллий Кенгашларини сайлаш тартиби қонун билан белгиланади.

104-модда.

Ҳоким ўзига берилган ваколатлар доирасида тегишли ҳудуддаги барча корхоналар, муассасалар, ташкилотлар, бирлашмалар, шунингдек мансабдор шахслар ва фуқаролар томонидан бажарилиши мажбурий бўлган қарорлар қабул қилади.

105-модда.

Шаҳарча, қишлоқ ва овулларда, шунингдек улар таркибидаги маҳаллаларда ҳамда шаҳарлардаги маҳаллаларда фуқароларнинг йиғинлари ўзини ўзи бошқариш органлари бўлиб, улар икки ярим йил муддатга раисни (оқсоқолни) ва унинг маслаҳатчиларини сайлайди.

Ўзини ўзи бошқариш органларини сайлаш тартиби, фаолиятини ташкил этиш ҳамда ваколат доираси қонун билан белгиланади.

XXII боб. Ўзбекистон Республикасининг суд ҳокимияти

106-модда.

Ўзбекистон Республикасида суд ҳокимияти қонун чиқарувчи ва ижро этувчи ҳокимиятлардан, сиёсий партиялардан, бошқа жамоат бирлашмаларидан мустақил ҳолда иш юритади.

107-модда.
Ўзбекистон Республикасида суд тизими беш йил муддатга сайланадиган Ўзбекистон Республикаси Конституциявий суди, Ўзбекистон Республикаси Олий суди, Ўзбекистон Республикаси Олий хўжалик суди, Қорақалпоғистон Республикаси фуқаролик ва жиноят ишлари бўйича олий судлари, Қорақалпоғистон Республикаси хўжалик судидан, шу муддатга тайинланадиган фуқаролик ва жиноят ишлари бўйича вилоят ва Тошкент шаҳар судлари, фуқаролик ва жиноят ишлари бўйича туманлараро, туман, шаҳар судлари, ҳарбий ва хўжалик судларидан иборат.
Судларни ташкил этиш ва уларнинг фаолият кўрсатиш тартиби қонун билан белгиланади.
Фавқулодда судлар тузишга йўл қўйилмайди.
(107-модда Ўзбекистон Республикасининг 2003 йил 24 апрелдаги 470-II-сон Қонуни таҳририда — Олий Мажлис Ахборотномаси, 2003 й., 3-4-сон, 27-модда)

108-модда.
Ўзбекистон Республикаси Конституциявий суди қонун чиқарувчи ва ижро этувчи ҳокимиятларнинг ҳужжатлари Конституцияга қанчалик мослигига доир ишларни кўради.
Конституциявий суд сиёсат ва ҳуқуқ соҳасидаги мутахассислар орасидан — Конституциявий суд раиси, раис ўринбосари ва судьяларидан, шу жумладан Қорақалпоғистон Республикасининг вакилидан иборат таркибда сайланади.
Конституциявий суднинг раиси ва аъзолари депутат бўла олмайдилар.
Конституциявий суднинг раиси ва аъзолари сиёсий партиялар ва ҳаракатларнинг аъзоси бўлишлари ва бошқа ҳақ тўланадиган лавозимни эгаллашлари мумкин эмас.
Конституциявий суд судьялари дахлсизлик ҳуқуқидан фойдаланадилар.
Конституциявий суд судьялари ўз фаолиятларида мустақилдирлар ва фақат Ўзбекистон Республикаси Конституциясига бўйсунадилар.

109-модда.
Ўзбекистон Республикаси Конституциявий суди:
1) Ўзбекистон Республикаси қонунларининг ва Ўзбекистон Республикаси Олий Мажлиси палаталари қарорларининг, Ўзбекистон Республикаси Президенти фармонларининг, Ҳукуматнинг ва маҳаллий давлат ҳокимияти органлари қарорларининг, Ўзбекистон Республикасининг давлатлараро шартномавий ва бошқа мажбуриятлари Ўзбекистон Республикасининг Конституциясига мослигини аниқлайди;
2) Қорақалпоғистон Республикаси Конституцияси Ўзбекистон Республикасининг Конституциясига, Қорақалпоғистон Республикаси қонунлари Ўзбекистон Республикасининг қонунларига мувофиқлиги тўғрисида хулоса беради;
3) Ўзбекистон Республикасининг Конституцияси ва қонунлари нормаларига шарҳ беради;
4) Ўзбекистон Республикасининг Конституцияси ва қонунлари билан берилган ваколат доирасида бошқа ишларни ҳам кўриб чиқади.
Конституциявий суднинг қарорлари матбуотда эълон қилинган пайтдан бошлаб кучга киради. Улар қатъий ва улар устидан шикоят қилиш мумкин эмас.
Конституциявий судни ташкил этиш ва унинг фаолият кўрсатиш тартиби қонун билан белгиланади.
(109-модда Ўзбекистон Республикасининг 2003 йил 24 апрелдаги 470-II-сон Қонуни таҳририда — Олий Мажлис Ахборотномаси, 2003 й., 3-4-сон, 27-модда)

110-модда.
Ўзбекистон Республикаси Олий суди фуқаролик, жиноий ва маъмурий суд ишларини юритиш соҳасида суд ҳокимиятининг олий органи ҳисобланади.
У томонидан қабул қилинган ҳужжатлар қатъий ва Ўзбекистон Республикасининг барча ҳудудида бажарилиши мажбурийдир.

Ўзбекистон Республикаси Олий суди Қорақалпоғистон Республикаси олий судлари, вилоятлар, шаҳарлар, туманлараро, туман судлари ва ҳарбий судларнинг судлов фаолияти устидан назорат олиб бориш ҳуқуқига эга.
(110-модда Ўзбекистон Республикасининг 2003 йил 24 апрелдаги 470-II-сон Қонуни таҳририда — Олий Мажлис Ахборотномаси, 2003 й. 3-4-сон, 27-модда)

111-модда.
Мулкчиликнинг турли шаклларига асосланган корхоналар, муассасалар, ташкилотлар ўртасидаги, шунингдек тадбиркорлар ўртасидаги, иқтисодиёт соҳасида ва уни бошқариш жараёнида вужудга келадиган хўжалик низоларини ҳал этиш Олий хўжалик суди ва хўжалик судлари томонидан уларнинг ваколатлари доирасида амалга оширилади.

112-модда.
Судьялар мустақилдирлар, фақат қонунга бўйсунадилар. Судьяларнинг одил судловни амалга ошириш борасидаги фаолиятига бирон-бир тарзда аралашишга йўл қўйилмайди ва бундай аралашиш қонунга мувофиқ жавобгарликка сабаб бўлади.
Судьяларнинг дахлсизлиги қонун билан кафолатланади.
Судьялар сенатор, давлат ҳокимияти вакиллик органларининг депутати бўлиши мумкин эмас.
Судьялар сиёсий партияларнинг аъзоси бўлиши, сиёсий ҳаракатларда иштирок этиши, шунингдек илмий ва педагогик фаолиятдан ташқари ҳақ тўланадиган бошқа бирон-бир фаолият турлари билан шуғулланиши мумкин эмас.
Судья ваколат муддати тугагунга қадар судьялик вазифасидан қонунда кўрсатилган асослар бўлгандагина озод этилиши мумкин.
(112-модда Ўзбекистон Республикасининг 2003 йил 24 апрелдаги 470-II-сон Қонуни таҳририда — Олий Мажлис Ахборотномаси, 2003 й., 3-4-сон, 27-модда)

113-модда.
Ҳамма судларда ишлар очиқ кўрилади. Ишларни ёпиқ мажлисда тинглашга қонунда белгиланган ҳоллардагина йўл қўйилади.

114-модда.
Суд ҳокимияти чиқарган ҳужжатлар барча давлат органлари, жамоат бирлашмалари, корхоналар, муассасалар, ташкилотлар, мансабдор шахслар ва фуқаролар учун мажбурийдир.

115-модда.
Ўзбекистон Республикасида суд ишларини юритиш ўзбек тилида, қорақалпоқ тилида ёки муайян жойдаги кўпчилик аҳоли сўзлашадиган тилда олиб борилади. Суд ишлари олиб борилаётган тилни билмайдиган судда қатнашувчи шахсларнинг таржимон орқали иш материаллари билан тўла танишиш ва суд ишларида иштирок этиш ҳуқуқи ҳамда судда она тилида сўзлаш ҳуқуқи таъминланади.

116-модда.
Айбланувчи ҳимояланиш ҳуқуқи билан таъминланади.
Тергов ва суд ишини юритишнинг ҳар қандай босқичида малакали юридик ёрдам олиш ҳуқуқи кафолатланади. Фуқароларга, корхона, муассаса ва ташкилотларга юридик ёрдам бериш учун адвокатура фаолият кўрсатади. Адвокатурани ташкил этиш ва унинг иш тартиби қонун билан белгиланади.

XXIII боб. Сайлов тизими

117-модда.
Ўзбекистон Республикасининг фуқаролари давлат ҳокимияти вакиллик органларига сайлаш ва сайланиш ҳуқуқига эгадирлар. Ҳар бир сайловчи бир овозга эга. Овоз бериш ҳуқуқи, ўз хоҳиш иродасини билдириш тенглиги ва эркинлиги қонун билан кафолатланади.
Ўзбекистон Республикаси Президенти сайлови, Ўзбекистон Республикаси Олий Мажлисининг Қонунчилик палатасига ҳамда Қорақалпоғистон Республикаси Жўқорғи Кенгесига, вилоятлар, туманлар, шаҳарлар давлат ҳокимияти вакиллик органларига сайлов тегишинча уларнинг конституциявий ваколат муддати тугайдиган йилда — декабрь ойи учинчи ўн кунлигининг биринчи якшанбасида ўтказилади. Сайловлар умумий, тенг ва тўғридан-тўғри сайлов ҳуқуқи асосида яширин овоз бериш йўли билан ўтказилади. Ўзбекистон Республикасининг ўн саккиз ёшга тўлган фуқаролари сайлаш ҳуқуқига эгадирлар.
Ўзбекистон Республикаси Олий Мажлисининг Сенати аъзолари Қорақалпоғистон Республикаси Жўқорғи Кенгеси, вилоятлар, туманлар ва шаҳарлар давлат ҳокимияти вакиллик органлари депутатларининг тегишли қўшма мажлисларида мазкур депутатлар сайланганидан сўнг бир ой ичида улар орасидан яширин овоз бериш йўли билан сайланадилар.
Суд томонидан муомалага лаёқатсиз деб топилган фуқаролар, шунингдек суд ҳукми билан озодликдан маҳрум этиш жойларида сақланаётган шахслар сайланиши мумкин эмас ва сайловда қатнашмайдилар. Бошқа ҳар қандай ҳолларда фуқароларнинг сайлов ҳуқуқларини тўғридан-тўғри ёки билвосита чеклашга йўл қўйилмайди.
Ўзбекистон Республикаси фуқароси бир вақтнинг ўзида иккидан ортиқ давлат ҳокимияти вакиллик органининг депутати бўлиши мумкин эмас.
Сайлов ўтказиш тартиби қонун билан белгиланади.
(117-модда Ўзбекистон Республикасининг 2003 йил 24 апрелдаги 470-II-сон Қонуни таҳририда — Олий Мажлис Ахборотномаси, 2003 й. 3-4-сон, 27-модда)

XXIV боб. Прокуратура

118-модда.
Ўзбекистон Республикаси ҳудудида қонунларнинг аниқ ва бир хилда бажарилиши устидан назоратни Ўзбекистон Республикасининг Бош прокурори ва унга бўйсунувчи прокурорлар амалга оширади.

119-модда.
Прокуратура органларининг ягона марказлаштирилган тизимига Ўзбекистон Республикасининг Бош прокурори бошчилик қилади.
Қорақалпоғистон Республикасининг Прокурори Ўзбекистон Республикасининг Бош прокурори билан келишилган ҳолда Қорақалпоғистон Республикасининг олий вакиллик органи томонидан тайинланади.
Вилоятларнинг прокурорлари, туман ва шаҳар прокурорлари Ўзбекистон Республикасининг Бош прокурори томонидан тайинланади.
Ўзбекистон Республикаси Бош прокурорининг, Қорақалпоғистон Республикаси Прокурорининг, вилоят, туман ва шаҳар прокурорларининг ваколат муддати — беш йил.

120-модда.
Ўзбекистон Республикаси прокуратура органлари ўз ваколатларини ҳар қандай давлат органлари, жамоат бирлашмалари ва мансабдор шахслардан мустақил ҳолда, фақат қонунга бўйсуниб амалга оширадилар.

Прокурорлар ўз ваколатлари даврида сиёсий партияларга ва сиёсий мақсадларни кўзловчи бошқа жамоат бирлашмаларига аъзоликни тўхтатиб турадилар.
Прокуратура органларини ташкил этиш, уларнинг ваколатлари ва фаолият кўрсатиш тартиби қонун билан белгиланади.

121-модда.
Ўзбекистон Республикаси ҳудудида жиноятчиликка қарши кураш бўйича тезкор-қидирув, тергов ва бошқа махсус вазифаларни мустақил равишда бажарувчи хусусий кооператив ташкилотлар, жамоат бирлашмалари ва уларнинг бўлинмаларини тузиш ҳамда уларнинг фаолият кўрсатиши таъқиқланади.
Қонунийлик ва ҳуқуқий тартиботни, фуқароларнинг ҳуқуқлари ва эркинликларини ҳимоя қилишда ҳуқуқни муҳофаза қилувчи органларга жамоат ташкилотлари ва фуқаролар ёрдам кўрсатишлари мумкин.

XXV боб. Молия ва кредит

122-модда.
Ўзбекистон Республикаси ўз молия ва пул-кредит тизимига эга.
Ўзбекистоннинг Давлат бюджети Республика бюджетидан, Қорақалпоғистон Республикаси бюджетидан ва маҳаллий бюджетлардан иборат.

123-модда.
Ўзбекистон Республикаси ҳудудида ягона солиқ тизими амал қилади. Солиқлар жорий қилишга фақат Ўзбекистон Республикасининг Олий Мажлиси ҳақли.

124-модда.
Ўзбекистон Республикасининг банк тизимини республика Марказий банки бошқаради.

XXVI боб. Мудофаа ва хавфсизлик

125-модда.
Ўзбекистон Республикаси Қуролли Кучлари Ўзбекистон Республикасининг давлат суверенитетини ва ҳудудий яхлитлигини, аҳолининг тинч ҳаёти ва хавфсизлигини ҳимоя қилиш учун тузилади.
Қуролли Кучларнинг тузилиши ва уларни ташкил этиш қонун билан белгиланади.

126-модда.
Ўзбекистон Республикаси ўз хавфсизлигини таъминлаш учун етарли даражада қуролли кучларига эга.

ОЛТИНЧИ БЎЛИМ. КОНСТИТУЦИЯГА ЎЗГАРТИРИШ КИРИТИШ ТАРТИБИ

127-модда.
Ўзбекистон Республикасининг Конституциясига ўзгартиришлар тегишинча Ўзбекистон Республикаси Олий Мажлисининг Қонунчилик палатаси депутатлари ва Сенати аъзолари умумий сонининг камида учдан икки қисмидан иборат кўпчилиги томонидан қабул қилинган қонун ёки Ўзбекистон Республикасининг референдуми билан киритилади.
(127-модда Ўзбекистон Республикасининг 2003 йил 24 апрелдаги 470-II-сон Қонуни таҳририда — Олий Мажлис Ахборотномаси, 2003 й., 3-4-сон, 27-модда)

128-модда.
Ўзбекистон Республикаси Олий Мажлиси тегишли таклиф киритилгандан кейин олти ой мобайнида Конституцияга ўзгартиришлар ҳамда тузатишлар киритиш тўғрисида кенг ва ҳар тарафлама муҳокамани ҳисобга олган ҳолда қонун қабул қилиши мумкин. Агар Олий Мажлис Конституцияга ўзгартириш киритиш тўғрисидаги таклифни рад этса, таклиф бир йил ўтгандан кейингина қайта киритилиши мумкин.

Verfassung der Republik Usbekistan

Quelle: http://lex.uz/Pages/GetAct.aspx?lact_id=35869 vom 22.12.2013

КОНСТИТУЦИЯ Республики Узбекистан

(Ведомости Верховного Совета Республики Узбекистан, 1994 г., № 1, ст. 5; Ведомости Олий Мажлиса Республики Узбекистан, 2003 г., № 3-4, ст. 27; Собрание законодательства Республики Узбекистан, 2007 г., № 15, ст. 152; 2008 г., № 52, ст. 510; 2011 г., № 16, ст. 159)

ПРЕАМБУЛА

Народ Узбекистана,
торжественно провозглашая свою приверженность правам человека и принципам государственного суверенитета,
осознавая высокую ответственность перед нынешним и будущими поколениями,
опираясь на исторический опыт развития узбекской государственности,
подтверждая свою верность идеалам демократии и социальной справедливости,
признавая приоритет общепризнанных норм международного права,
стремясь обеспечить достойную жизнь гражданам республики,
ставя задачей создание гуманного демократического правового государства,
в целях обеспечения гражданского мира и национального согласия
принимает в лице своих полномочных представителей настоящую Конституцию Республики Узбекистан.

РАЗДЕЛ ПЕРВЫЙ. ОСНОВНЫЕ ПРИНЦИПЫ

Глава I. Государственный суверенитет

Статья 1.
Узбекистан — суверенная демократическая республика. Названия государства «Республика Узбекистан» и «Узбекистан» равнозначны.

Статья 2.
Государство выражает волю народа, служит его интересам. Государственные органы и должностные лица ответственны перед обществом и гражданами.

Статья 3.
Республика Узбекистан определяет национально-государственное и административно-территориальное устройство, систему органов государственной власти и управления, проводит свою внутреннюю и внешнюю политику.
Государственная граница и территория Узбекистана неприкосновенны и неделимы.

Статья 4.
Государственным языком Республики Узбекистан является узбекский язык.
Республика Узбекистан обеспечивает уважительное отношение к языкам, обычаям и традициям наций и народностей, проживающих на ее территории, создание условий для их развития.

Статья 5.
Республика Узбекистан имеет свои государственные символы — флаг, герб, гимн, утверждаемые законом.

Статья 6.
Столица Республики Узбекистан — город Ташкент.

Глава II. Народовластие

Статья 7.
Народ является единственным источником государственной власти.
Государственная власть в Республике Узбекистан осуществляется в интересах народа и исключительно органами, уполномоченными на то Конституцией Республики Узбекистан и законодательством, принятым на ее основе.
Присвоение полномочий государственной власти, приостановление или прекращение деятельности органов власти в не предусмотренном Конституцией порядке, создание новых и параллельных структур власти являются антиконституционными и влекут ответственность по закону.

Статья 8.
Народ Узбекистана составляют граждане Республики Узбекистан независимо от их национальности.

Статья 9.
Наиболее важные вопросы общественной и государственной жизни выносятся на обсуждение народа, ставятся на всеобщее голосование (референдум). Порядок проведения референдума определяется законом.

Статья 10.
От имени народа Узбекистана могут выступать только избранные им Олий Мажлис и Президент республики.
Никакая часть общества, политическая партия, общественное объединение, движение или отдельное лицо не могут выступать от имени народа Узбекистана.

Статья 11.
Система государственной власти Республики Узбекистан основывается на принципе разделения властей на законодательную, исполнительную и судебную.

Статья 12.
В Республике Узбекистан общественная жизнь развивается на основе многообразия политических институтов, идеологий и мнений.

Никакая идеология не может устанавливаться в качестве государственной.

Статья 13.
Демократия в Республике Узбекистан базируется на общечеловеческих принципах, согласно которым высшей ценностью является человек, его жизнь, свобода, честь, достоинство и другие неотъемлемые права.
Демократические права и свободы защищаются Конституцией и законами.

Статья 14.
Государство строит свою деятельность на принципах социальной справедливости и законности в интересах благосостояния человека и общества.

Глава III. Верховенство Конституции и закона

Статья 15.
В Республике Узбекистан признается безусловное верховенство Конституции и законов Республики Узбекистан.
Государство, его органы, должностные лица, общественные объединения, граждане действуют в соответствии с Конституцией и законами.

Статья 16.
Ни одно из положений настоящей Конституции не может толковаться в ущерб правам и интересам Республики Узбекистан.
Ни один закон или иной нормативно-правовой акт не может противоречить нормам и принципам Конституции.

Глава IV. Внешняя политика

Статья 17.
Республика Узбекистан является полноправным субъектом международных отношений.
Ее внешняя политика исходит из принципов суверенного равенства государств, неприменения силы или угрозы силой, нерушимости границ, мирного урегулирования споров, невмешательства во внутренние дела других государств и иных общепризнанных принципов и норм международного права.
Республика может заключать союзы, входить в содружества и другие межгосударственные образования, а также выходить из них, исходя из высших интересов государства, народа, его благосостояния и безопасности.

РАЗДЕЛ ВТОРОЙ. ОСНОВНЫЕ ПРАВА, СВОБОДЫ И ОБЯЗАННОСТИ ЧЕЛОВЕКА И ГРАЖДАНИНА

Глава V. Общие положения

Статья 18.
Все граждане Республики Узбекистан имеют одинаковые права и свободы и равны перед законом без различия пола, расы, национальности, языка, религии, социального происхождения, убеждений, личного и общественного положения.
Льготы могут быть установлены только законом и должны соответствовать принципам социальной справедливости.

Статья 19.
Гражданин Республики Узбекистан и государство связаны взаимными правами и взаимной ответственностью. Права и свободы граждан, закрепленные в Конституции и законах, являются незыблемыми, и никто не вправе без суда лишить или ограничить их.

Статья 20.
Осуществление прав и свобод гражданином не должно нарушать законных интересов, прав и свобод других лиц, государства и общества.

Глава VI. Гражданство

Статья 21.
В Республике Узбекистан устанавливается единое для всей территории республики гражданство.
Гражданство Республики Узбекистан является равным для всех независимо от оснований его приобретения.
Гражданин Республики Каракалпакстан является одновременно гражданином Республики Узбекистан.
Основания и порядок приобретения и утраты гражданства устанавливаются законом.

Статья 22.
Республика Узбекистан гарантирует правовую защиту и покровительство своим гражданам как на территории Республики Узбекистан, так и за ее пределами.

Статья 23.
Иностранным гражданам и лицам без гражданства, находящимся на территории Республики Узбекистан, обеспечиваются права и свободы в соответствии с нормами международного права. Они несут обязанности, установленные Конституцией, законами и международными договорами Республики Узбекистан.

Глава VII. Личные права и свободы

Статья 24.
Право на жизнь есть неотъемлемое право каждого человека. Посягательство на нее является тягчайшим преступлением.

Статья 25.
Каждый имеет право на свободу и личную неприкосновенность.
Никто не может быть подвергнут аресту или содержанию под стражей иначе как на основании закона.

Статья 26.
Каждый обвиняемый в совершении преступления, считается невиновным, пока его виновность не будет установлена законным порядком, путем гласного судебного разбирательства, при котором ему обеспечиваются все возможности для защиты.
Никто не может быть подвергнут пыткам, насилию, другому жестокому или унижающему достоинство человека обращению.
Никто не может подвергаться медицинским или научным опытам без его согласия.

Статья 27.
Каждый имеет право на защиту от посягательств на его честь и достоинство, вмешательства в его частную жизнь, на неприкосновенность его жилища.
Никто не вправе войти в жилище, производить обыск или осмотр, нарушать тайну переписки и телефонных разговоров иначе как в случае и порядке, предусмотренных законом.

Статья 28.
Гражданин Республики Узбекистан имеет право на свободное передвижение по территории республики, въезд в Республику Узбекистан и выезд из нее, за исключением ограничений, установленных законом.

Статья 29.
Каждый имеет право на свободу мысли, слова и убеждений. Каждый имеет право искать, получать и распространять любую информацию, за исключением направленной против существующего конституционного строя и других ограничений, предусмотренных законом.
Свобода мнений и их выражения может быть ограничена законом по мотивам государственной или иной тайны.

Статья 30.
Все государственные органы, общественные объединения и должностные лица Республики Узбекистан обязаны обеспечивать гражданам возможность ознакомления с документами, решениями и иными материалами, затрагивающими их права и интересы.

Статья 31.
Свобода совести гарантируется для всех. Каждый имеет право исповедовать любую религию или не исповедовать никакой. Недопустимо принудительное насаждение религиозных взглядов.

Глава VIII. Политические права

Статья 32.
Граждане Республики Узбекистан имеют право участвовать в управлении делами общества и государства как непосредственно, так и через своих представителей. Такое участие осуществляется посредством самоуправления, проведения референдумов и демократического формирования государственных органов.

Статья 33.
Граждане имеют право осуществлять свою общественную активность в форме митингов, собраний и демонстраций в соответствии с законодательством Республики Узбекистан. Органы власти имеют право приостанавливать или запрещать проведение этих мероприятий только по обоснованным соображениям безопасности.

Статья 34.
Граждане Республики Узбекистан имеют право объединяться в профессиональные союзы, политические партии и другие общественные объединения, участвовать в массовых движениях.
Никто не может ущемлять права, свободы и достоинство лиц, составляющих оппозиционное меньшинство в политических партиях, общественных объединениях, массовых движениях, а также в представительных органах власти.

Статья 35.
Каждый имеет право как отдельно, так и сообща с другими лицами, обращаться с заявлениями, предложениями и жалобами в компетентные государственные органы, учреждения или к народным представителям.
Заявления, предложения и жалобы должны быть рассмотрены в порядке и в сроки, установленные законом.

Глава IX. Экономические и социальные права

Статья 36.
Каждый имеет право на собственность. Тайна банковских вкладов и право наследования гарантируются законом.

Статья 37.
Каждый имеет право на труд, на свободный выбор работы, на справедливые условия труда и на защиту от безработицы в порядке, установленном законом.
Запрещается принудительный труд иначе как в порядке исполнения наказания по приговору суда, либо в других случаях, предусмотренных законом.

Статья 38.
Работающие по найму имеют право на оплачиваемый отдых. Продолжительность рабочего времени, оплачиваемого трудового отпуска определяются законом.

Статья 39.
Каждый имеет право на социальное обеспечение в старости, в случае утраты трудоспособности, а также потери кормильца и в других предусмотренных законом случаях.
Пенсии, пособия, другие виды социальной помощи не могут быть ниже официально установленного прожиточного минимума.

Статья 40.
Каждый имеет право на квалифицированное медицинское обслуживание.

Статья 41.
Каждый имеет право на образование.
Государство гарантирует получение бесплатно общего образования.
Школьное дело находится под надзором государства.

Статья 42.
Каждому гарантируется свобода научного и технического творчества, право на пользование достижениями культуры.
Государство заботится о культурном, научном и техническом развитии общества.

Глава X. Гарантии прав и свобод человека

Статья 43.
Государство обеспечивает права и свободы граждан, закрепленные Конституцией и законами.

Статья 44.
Каждому гарантируется судебная защита его прав и свобод, право обжалования в суд незаконных действий государственных органов, должностных лиц, общественных объединений.

Статья 45.
Права несовершеннолетних, нетрудоспособных и одиноких престарелых находятся под защитой государства.

Статья 46.
Женщины и мужчины имеют равные права.

Глава XI. Обязанности граждан

Статья 47.
Все граждане несут обязанности, закрепленные за ними в Конституции.

Статья 48.
Граждане обязаны соблюдать Конституцию и законы, уважать права, свободы, честь и достоинство других людей.

Статья 49.
Граждане обязаны оберегать историческое, духовное и культурное наследие народа Узбекистана.
Памятники культуры охраняются государством.

Статья 50.
Граждане обязаны бережно относиться к окружающей природной среде.

Статья 51.
Граждане обязаны платить установленные законом налоги и местные сборы.

Статья 52.
Защита Республики Узбекистан — долг каждого гражданина Республики Узбекистан. Граждане обязаны нести военную или альтернативную службу в порядке, установленном законом.

РАЗДЕЛ ТРЕТИЙ. ОБЩЕСТВО И ЛИЧНОСТЬ

Глава XII. Экономические основы общества

Статья 53.
Основу экономики Узбекистана, направленной на развитие рыночных отношений, составляет собственность в ее различных формах. Государство гарантирует свободу экономической деятельности, предпринимательства и труда с учетом приоритетности прав потребителя, равноправие и правовую защиту всех форм собственности.
Частная собственность, наряду с другими формами собственности, неприкосновенна и защищается государством. Собственник может быть лишен ее только в случаях и в порядке, предусмотренных законом.

Статья 54.
Собственник по своему усмотрению владеет, пользуется и распоряжается принадлежащим ему имуществом. Использование имущества не должно причинять ущерб экологической среде, нарушать права и охраняемые законом интересы граждан, юридических лиц и государства.

Статья 55.
Земля, ее недра, воды, растительный и животный мир и другие природные ресурсы являются общенациональным богатством, подлежат рациональному использованию и охраняются государством.

Глава XIII. Общественные объединения

Статья 56.

Общественными объединениями в Республике Узбекистан признаются профессиональные союзы, политические партии, общества ученых, женские организации, организации ветеранов и молодежи, творческие союзы, массовые движения и иные объединения граждан, зарегистрированные в установленном законом порядке.

Статья 57.

Запрещается создание и деятельность политических партий, а равно других общественных объединений, имеющих целью насильственное изменение конституционного строя, выступающих против суверенитета, целостности и безопасности республики, конституционных прав и свобод ее граждан, пропагандирующих войну, социальную, национальную, расовую и религиозную вражду, посягающих на здоровье и нравственность народа, а также военизированных объединений, политических партий по национальному и религиозному признакам.

Запрещается создание тайных обществ и объединений.

Статья 58.

Государство обеспечивает соблюдение прав и законных интересов общественных объединений, создает им равные правовые возможности для участия в общественной жизни.

Вмешательство государственных органов и должностных лиц в деятельность общественных объединений, равно как и вмешательство общественных объединений в деятельность государственных органов и должностных лиц не допускается.

Статья 59.

Профессиональные союзы выражают и защищают социально-экономические права и интересы работников. Членство в профессиональных организациях — добровольное.

Статья 60.

Политические партии выражают политическую волю различных социальных слоев и групп и через своих избранных демократическим путем представителей участвуют в формировании государственной власти. Политические партии обязаны в установленном порядке представлять Олий Мажлису или уполномоченному им органу публичные отчеты об источниках финансирования своей деятельности.

Статья 61.

Религиозные организации и объединения отделены от государства и равны перед законом. Государство не вмешивается в деятельность религиозных объединений.

Статья 62.

Роспуск, запрещение или ограничение деятельности общественных объединений могут иметь место только на основании решения суда.

Глава XIV. Семья

Статья 63.
Семья является основной ячейкой общества и имеет право на защиту общества и государства.
Брак основывается на свободном согласии и равноправии сторон.

Статья 64.
Родители обязаны содержать и воспитывать детей до их совершеннолетия.
Государство и общество обеспечивают содержание, воспитание и образование детей-сирот и детей, лишенных родительской опеки, поощряют благотворительную деятельность по отношению к ним.

Статья 65.
Дети равны перед законом вне зависимости от происхождения и гражданского состояния родителей.
Материнство и детство охраняются государством.

Статья 66.
Совершеннолетние трудоспособные дети обязаны заботиться о своих родителях.

Глава XV. Средства массовой информации

Статья 67.
Средства массовой информации свободны и действуют в соответствии с законом. Они несут в установленном порядке ответственность за достоверность информации.
Цензура не допускается.

РАЗДЕЛ ЧЕТВЕРТЫЙ. АДМИНИСТРАТИВНО-ТЕРРИТОРИАЛЬНОЕ И ГОСУДАРСТВЕННОЕ УСТРОЙСТВО

Глава XVI. Административно-территориальное устройство Республики Узбекистан

Статья 68.
Республика Узбекистан состоит из областей, районов, городов, поселков, кишлаков, аулов, а также Республики Каракалпакстан.

Статья 69.
Изменение границ Республики Каракалпакстан, областей, города Ташкента, а также образование или упразднение областей, городов, районов производится с согласия Олий Мажлиса Республики Узбекистан.

Глава XVII. Республика Каракалпакстан

Статья 70.
Суверенная Республика Каракалпакстан входит в состав Республики Узбекистан.
Суверенитет Республики Каракалпакстан охраняется Республикой Узбекистан.

Статья 71.
Республика Каракалпакстан имеет свою Конституцию.
Конституция Республики Каракалпакстан не может противоречить Конституции Республики Узбекистан.

Статья 72.
Законы Республики Узбекистан обязательны и на территории Республики Каракалпакстан.

Статья 73.
Территория и границы Республики Каракалпакстан не могут быть изменены без ее согласия. Республика Каракалпакстан самостоятельно решает вопросы своего административно-территориального устройства.

Статья 74.
Республика Каракалпакстан обладает правом выхода из состава Республики Узбекистан на основании всеобщего референдума народа Каракалпакстана.

Статья 75.
Взаимные отношения Республики Узбекистан и Республики Каракалпакстан в рамках Конституции Республики Узбекистан регулируются договорами и соглашениями, заключенными Республикой Узбекистан и Республикой Каракалпакстан.
Споры между Республикой Узбекистан и Республикой Каракалпакстан решаются путем согласительных процедур.

РАЗДЕЛ ПЯТЫЙ. ОРГАНИЗАЦИЯ ГОСУДАРСТВЕННОЙ ВЛАСТИ

Глава XVIII. Олий Мажлис Республики Узбекистан

Статья 76.

Высшим государственным представительным органом является Олий Мажлис Республики Узбекистан, осуществляющий законодательную власть.

Олий Мажлис Республики Узбекистан состоит из двух палат – Законодательной палаты (нижняя палата) и Сената (верхняя палата).

Срок полномочий Законодательной палаты и Сената Олий Мажлиса Республики Узбекистан – пять лет.

Статья 77.

Законодательная палата Олий Мажлиса Республики Узбекистан состоит из ста пятидесяти депутатов, избираемых в соответствии с законом.

(часть первая статьи 77 в редакции Закона Республики Узбекистан от 25 декабря 2008 года № ЗРУ-194 — СЗ РУ, 2008 г., № 52, ст. 510)

Сенат Олий Мажлиса Республики Узбекистан является палатой территориального представительства и состоит из членов Сената (сенаторов).

Члены Сената Олий Мажлиса Республики Узбекистан избираются в равном количестве — по шесть человек — от Республики Каракалпакстан, областей и города Ташкента путем тайного голосования на соответствующих совместных заседаниях депутатов Жокаргы Кенеса Республики Каракалпакстан, представительных органов государственной власти областей, районов и городов из числа этих депутатов. Шестнадцать членов Сената Олий Мажлиса Республики Узбекистан назначаются Президентом Республики Узбекистан из числа наиболее авторитетных граждан с большим практическим опытом и особыми заслугами в области науки, искусства, литературы, производства и других сферах государственной и общественной деятельности.

Депутатом Законодательной палаты Олий Мажлиса Республики Узбекистан, а также членом Сената Олий Мажлиса Республики Узбекистан может быть гражданин Республики Узбекистан, достигший ко дню выборов двадцати пяти лет и постоянно проживающий на территории Республики Узбекистан не менее пяти лет. Требования, предъявляемые к кандидатам в депутаты, определяются законом.

Одно и то же лицо не может быть одновременно депутатом Законодательной палаты и членом Сената Олий Мажлиса Республики Узбекистан.

Статья 78.

К совместному ведению Законодательной палаты и Сената Олий Мажлиса Республики Узбекистан относятся:

1) принятие Конституции Республики Узбекистан, внесение в нее изменений и дополнений;

2) принятие конституционных законов, законов Республики Узбекистан, внесение в них изменений и дополнений;

3) принятие решения о проведении референдума Республики Узбекистан и назначении даты его проведения;

4) определение основных направлений внутренней и внешней политики Республики Узбекистан и принятие стратегических государственных программ;

5) определение системы и полномочий органов законодательной, исполнительной и судебной властей Республики Узбекистан;

6) принятие в состав Республики Узбекистан новых государственных образований и утверждение решений о выходе их из состава Республики Узбекистан;

7) законодательное регулирование таможенного, валютного и кредитного дела;

8) принятие Государственного бюджета Республики Узбекистан по представлению Кабинета Министров Республики Узбекистан и контроль за его исполнением;
9) установление налогов и других обязательных платежей;
10) законодательное регулирование вопросов административно-территориального устройства, изменение границ Республики Узбекистан;
11) образование, упразднение, переименование районов, городов, областей и изменение их границ;
12) учреждение государственных наград и званий;
13) утверждение указов Президента Республики Узбекистан об образовании и упразднении министерств, государственных комитетов и других органов государственного управления;
14) образование Центральной избирательной комиссии Республики Узбекистан;
15) рассмотрение и утверждение по представлению Президента Республики Узбекистан кандидатуры Премьер-министра Республики Узбекистан, а также заслушивание и обсуждение отчетов Премьер-министра по актуальным вопросам социально-экономического развития страны;
(пункт 15 части первой статьи 78 в редакции Закона Республики Узбекистан от 18 апреля 2011 года № ЗРУ–284 — СЗ РУ, 2011 г., № 16, ст. 159)
16) избрание Уполномоченного Олий Мажлиса Республики Узбекистан по правам человека и его заместителя;
17) рассмотрение отчета Счетной палаты Республики Узбекистан;
18) утверждение указа Президента Республики Узбекистан об объявлении состояния войны в случае нападения на Республику Узбекистан или в случае необходимости выполнения договорных обязательств по взаимной обороне от агрессии;
19) утверждение указов Президента Республики Узбекистан об объявлении общей или частичной мобилизации, о введении, продлении и прекращении действия чрезвычайного положения;
20) ратификация и денонсация международных договоров;
21) осуществление иных полномочий, предусмотренных настоящей Конституцией.

Вопросы, относящиеся к совместному ведению палат, рассматриваются, как правило, вначале в Законодательной палате, а затем в Сенате Олий Мажлиса Республики Узбекистан.

Статья 79.

К исключительным полномочиям Законодательной палаты Олий Мажлиса Республики Узбекистан относятся:
1) избрание Спикера Законодательной палаты Олий Мажлиса Республики Узбекистан и его заместителей, председателей комитетов и их заместителей;
2) решение вопросов о лишении депутата Законодательной палаты Олий Мажлиса Республики Узбекистан неприкосновенности по представлению Генерального прокурора Республики Узбекистан;
3) принятие решений по вопросам, связанным с организацией своей деятельности и внутренним распорядком палаты;
4) принятие постановлений по тем или иным вопросам в области политической, социально-экономической жизни, а также вопросам внутренней и внешней политики государства.

Статья 80.

К исключительным полномочиям Сената Олий Мажлиса Республики Узбекистан относятся:
1) избрание Председателя Сената Олий Мажлиса Республики Узбекистан и его заместителей, председателей комитетов и их заместителей;
2) избрание по представлению Президента Республики Узбекистан Конституционного суда Республики Узбекистан;

3) избрание по представлению Президента Республики Узбекистан Верховного суда Республики Узбекистан;
4) избрание по представлению Президента Республики Узбекистан Высшего хозяйственного суда Республики Узбекистан;
5) по представлению Президента Республики Узбекистан назначение и освобождение от должности председателя Государственного комитета Республики Узбекистан по охране природы;
6) утверждение указов Президента Республики Узбекистан о назначении и освобождении от должности Генерального прокурора Республики Узбекистан и председателя Счетной палаты;
(пункт 6 статьи 80 в редакции Закона Республики Узбекистан от 18 апреля 2011 года № ЗРУ–284 — СЗ РУ, 2011 г., № 16, ст. 159)
7) утверждение указов Президента Республики Узбекистан о назначении и освобождении от должности председателя Службы национальной безопасности Республики Узбекистан;
8) назначение и освобождение по представлению Президента Республики Узбекистан дипломатических и иных представителей Республики Узбекистан в иностранных государствах;
9) по представлению Президента Республики Узбекистан назначение и освобождение от должности председателя правления Центрального банка Республики Узбекистан;
10) по представлению Президента Республики Узбекистан принятие актов об амнистии;
11) по представлению Генерального прокурора Республики Узбекистан решение вопросов о лишении члена Сената Олий Мажлиса Республики Узбекистан неприкосновенности;
12) заслушивание отчетов Генерального прокурора Республики Узбекистан, председателя Государственного комитета Республики Узбекистан по охране природы, председателя правления Центрального банка Республики Узбекистан;
13) принятие решений по вопросам, связанным с организацией своей деятельности и внутренним распорядком палаты;
14) принятие постановлений по тем или иным вопросам в области политической, социально-экономической жизни, а также вопросам внутренней и внешней политики государства.

Статья 81.

По истечении срока своих полномочий Законодательная палата и Сенат Олий Мажлиса Республики Узбекистан продолжают свою деятельность вплоть до начала работы соответственно Законодательной палаты и Сената нового созыва.

Первые заседания Законодательной палаты и Сената Олий Мажлиса Республики Узбекистан созываются Центральной избирательной комиссией соответственно не позднее чем через два месяца после выборов в Законодательную палату и не позднее чем через месяц после формирования Сената.

Заседания Законодательной палаты Олий Мажлиса Республики Узбекистан проводятся в период сессий. Сессии проводятся, как правило, начиная с первого рабочего дня сентября по последний рабочий день июня следующего года.

Заседания Сената Олий Мажлиса Республики Узбекистан проводятся по мере необходимости, но не реже трех раз в год.

Заседания палат Олий Мажлиса Республики Узбекистан являются правомочными, если в их работе участвует не менее половины общего числа всех депутатов, сенаторов.

При принятии конституционных законов обязательно присутствие не менее двух третей общего числа всех депутатов, сенаторов.

На заседаниях Законодательной палаты и Сената Олий Мажлиса Республики Узбекистан, а также на заседаниях их органов могут участвовать Президент Республики Узбекистан, Премьер-министр, члены Кабинета Министров, председатели Конституционного суда, Верховного суда, Высшего хозяйственного суда, Генеральный прокурор республики, председатель Правления Центрального банка. На заседаниях

Законодательной палаты Олий Мажлиса Республики Узбекистан и ее органов может участвовать Председатель Сената, на заседаниях Сената Олий Мажлиса Республики Узбекистан и его органов — Спикер Законодательной палаты.
Законодательная палата и Сенат Олий Мажлиса Республики Узбекистан заседают раздельно.
Совместные заседания Законодательной палаты и Сената Олий Мажлиса Республики Узбекистан проводятся при принесении присяги Президентом Республики Узбекистан, при выступлениях Президента Республики Узбекистан по важнейшим вопросам социально-экономической жизни, внутренней и внешней политики страны, выступлениях руководителей иностранных государств. По согласованию палат совместные заседания палат могут проводиться и по иным вопросам.

Статья 82.
Законодательная палата и Сенат Олий Мажлиса Республики Узбекистан по вопросам, отнесенным к их ведению, принимают постановления.
Постановления Законодательной палаты и Сената Олий Мажлиса Республики Узбекистан принимаются большинством голосов от общего числа депутатов Законодательной палаты или членов Сената, за исключением случаев, предусмотренных настоящей Конституцией.

Статья 83.
Право законодательной инициативы принадлежит Президенту Республики Узбекистан, Республике Каракалпакстан в лице ее высшего представительного органа государственной власти, депутатам Законодательной палаты Олий Мажлиса Республики Узбекистан, Кабинету Министров Республики Узбекистан, Конституционному суду, Верховному суду, Высшему хозяйственному суду, Генеральному прокурору Республики Узбекистан и реализуется посредством внесения законопроекта субъектами права законодательной инициативы в Законодательную палату Олий Мажлиса Республики Узбекистан.

Статья 84.
Закон приобретает юридическую силу, когда он принимается Законодательной палатой, одобряется Сенатом, подписывается Президентом Республики Узбекистан и публикуется в официальных изданиях в установленном законом порядке.
Закон, принятый Законодательной палатой Олий Мажлиса Республики Узбекистан, не позднее десяти дней со дня принятия направляется в Сенат Олий Мажлиса Республики Узбекистан.
Закон, одобренный Сенатом Олий Мажлиса Республики Узбекистан, в течение десяти дней направляется Президенту Республики Узбекистан для подписания и обнародования.
Президент Республики Узбекистан в течение тридцати дней подписывает закон и обнародует его.
Закон, отклоненный Сенатом Олий Мажлиса Республики Узбекистан, возвращается в Законодательную палату Олий Мажлиса Республики Узбекистан.
Если при повторном рассмотрении закона, отклоненного Сенатом Олий Мажлиса Республики Узбекистан, Законодательная палата большинством в две трети голосов от общего числа депутатов вновь одобрит закон, он считается принятым Олий Мажлисом Республики Узбекистан и направляется Законодательной палатой Президенту Республики Узбекистан для подписания и обнародования.
По отклоненному Сенатом Олий Мажлиса Республики Узбекистан закону Законодательная палата и Сенат на паритетных началах могут образовывать из числа депутатов Законодательной палаты и членов Сената согласительную комиссию для

преодоления возникших разногласий. При принятии палатами предложений согласительной комиссии закон подлежит рассмотрению в обычном порядке.
Президент Республики Узбекистан вправе возвратить закон со своими возражениями в Олий Мажлис Республики Узбекистан.
В случае одобрения закона в ранее принятой редакции большинством не менее двух третей голосов от общего числа соответственно депутатов Законодательной палаты и членов Сената Олий Мажлиса Республики Узбекистан закон подлежит подписанию Президентом Республики Узбекистан в течение четырнадцати дней и обнародованию.
Опубликование законов и иных нормативно-правовых актов является обязательным условием их применения.

Статья 85.
Законодательная палата Олий Мажлиса Республики Узбекистан избирает из своего состава Спикера Законодательной палаты и его заместителей.
Спикер Законодательной палаты Олий Мажлиса Республики Узбекистан и его заместители избираются большинством голосов от общего числа депутатов тайным голосованием на срок полномочий Законодательной палаты.
Спикер Законодательной палаты Олий Мажлиса Республики Узбекистан может быть досрочно отозван по решению Законодательной палаты, принятому более чем двумя третями голосов от общего числа депутатов Законодательной палаты тайным голосованием.
Спикер Законодательной палаты Олий Мажлиса Республики Узбекистан:
1) созывает заседания Законодательной палаты, председательствует на них;
2) осуществляет общее руководство подготовкой вопросов, вносимых на рассмотрение Законодательной палаты;
3) координирует деятельность комитетов и комиссий Законодательной палаты;
4) организует контроль за исполнением законов Республики Узбекистан и постановлений Законодательной палаты;
5) руководит работой по осуществлению межпарламентских связей и деятельностью групп Законодательной палаты, связанных с работой международных парламентских организаций;
6) представляет Законодательную палату во взаимоотношениях с Сенатом Олий Мажлиса Республики Узбекистан, другими государственными органами, иностранными государствами, международными и иными организациями;
7) подписывает постановления Законодательной палаты;
8) осуществляет иные полномочия, предусмотренные настоящей Конституцией и законодательством.
Спикер Законодательной палаты Олий Мажлиса Республики Узбекистан издает распоряжения.

Статья 86.
Сенат Олий Мажлиса Республики Узбекистан избирает из своего состава Председателя Сената и его заместителей. Председатель Сената избирается по представлению Президента Республики Узбекистан.
Одним из заместителей Председателя Сената Олий Мажлиса Республики Узбекистан является представитель Республики Каракалпакстан.
Председатель Сената Олий Мажлиса Республики Узбекистан и его заместители избираются большинством голосов от общего числа сенаторов тайным голосованием на срок полномочий Сената.
Председатель Сената Олий Мажлиса Республики Узбекистан может быть досрочно отозван по решению Сената, принятому более чем двумя третями голосов от общего числа сенаторов тайным голосованием.
Председатель Сената Олий Мажлиса Республики Узбекистан:
1) созывает заседания Сената, председательствует на них;

2) осуществляет общее руководство подготовкой вопросов, вносимых на рассмотрение Сената;
3) координирует деятельность комитетов, комиссий Сената;
4) организует контроль за исполнением законов Республики Узбекистан и постановлений Сената;
5) руководит работой по осуществлению межпарламентских связей и деятельностью групп Сената, связанных с работой международных парламентских организаций;
6) представляет Сенат во взаимоотношениях с Законодательной палатой Олий Мажлиса Республики Узбекистан, другими государственными органами, иностранными государствами, международными и иными организациями;
7) подписывает постановления Сената;
8) осуществляет иные полномочия, предусмотренные настоящей Конституцией и законодательством.
Председатель Сената Олий Мажлиса Республики Узбекистан издает распоряжения.

Статья 87.
Законодательная палата Олий Мажлиса Республики Узбекистан на срок своих полномочий избирает из числа депутатов Законодательной палаты комитеты для ведения законопроектной работы, предварительного рассмотрения и подготовки вопросов, вносимых в Законодательную палату, контроля за исполнением законов Республики Узбекистан и решений, принимаемых Законодательной палатой.
Сенат Олий Мажлиса Республики Узбекистан на срок своих полномочий избирает из числа сенаторов комитеты для предварительного рассмотрения и подготовки вопросов, вносимых в Сенат, контроля за исполнением законов Республики Узбекистан и решений, принимаемых Сенатом.
Законодательная палата и Сенат Олий Мажлиса Республики Узбекистан, в случае необходимости, для выполнения конкретных задач создают комиссии из числа депутатов, сенаторов.

Статья 88.
Депутатам Законодательной палаты и членам Сената Олий Мажлиса Республики Узбекистан в установленном порядке возмещаются расходы, связанные с депутатской или сенаторской деятельностью.
Депутаты Законодательной палаты и члены Сената, работающие в Сенате на постоянной основе, на период своих полномочий не могут заниматься другими видами оплачиваемой деятельности, кроме научной и педагогической.
Депутат Законодательной палаты и член Сената Олий Мажлиса Республики Узбекистан пользуются правом неприкосновенности. Они не могут быть привлечены к уголовной ответственности, задержаны, заключены под стражу или подвергнуты мерам административного взыскания, налагаемого в судебном порядке, без согласия соответственно Законодательной палаты или Сената.
(глава XVIII в редакции Закона Республики от 24 апреля 2003 года № 470-II — Ведомости Олий Мажлиса, 2003 г., № 3-4,ст. 27)

Глава XIX. Президент Республики Узбекистан

Статья 89.
Президент Республики Узбекистан является главой государства и обеспечивает согласованное функционирование и взаимодействие органов государственной власти.
(статья 89 в редакции Закона Республики Узбекистан от 11 апреля 2007 г. № ЗРУ–89 — Собрание законодательства Республики Узбекистан, 2007 г., № 15, ст. 152)

Статья 90.
Президентом Республики Узбекистан может быть избран гражданин Республики Узбекистан не моложе тридцати пяти лет, свободно владеющий государственным языком, постоянно проживающий на территории Узбекистана не менее 10 лет непосредственно перед выборами. Одно и то же лицо не может быть Президентом Республики Узбекистан более двух сроков подряд.
Президент Республики Узбекистан избирается гражданами Республики Узбекистан на основе всеобщего, равного и прямого избирательного права при тайном голосовании сроком на семь лет. Порядок выборов Президента определяется законом Республики Узбекистан.
(статья 90 в редакции Закона Республики от 24 апреля 2003 года № 470-II — Ведомости Олий Мажлиса, 2003 г., № 3-4, ст. 27)

Статья 91.
Президент на период исполнения своих обязанностей не может занимать иную оплачиваемую должность, быть депутатом представительного органа, заниматься предпринимательской деятельностью.
Личность Президента неприкосновенна и охраняется законом.

Статья 92.
Президент считается вступившим в должность с момента принесения на заседании Олий Мажлиса Республики Узбекистан присяги следующего содержания:
«Торжественно клянусь верно служить народу Узбекистана, строго следовать Конституции и законам республики, гарантировать права и свободы граждан, добросовестно выполнять возложенные на Президента Республики Узбекистан обязанности».

Статья 93.
Президент Республики Узбекистан:
1) выступает гарантом соблюдения прав и свобод граждан, Конституции и законов Республики Узбекистан;
2) принимает необходимые меры по охране суверенитета, безопасности и территориальной целостности Республики Узбекистан, реализации решений по вопросам национально-государственного устройства;
3) представляет Республику Узбекистан внутри страны и в международных отношениях;
4) ведет переговоры и подписывает договоры и соглашения Республики Узбекистан, обеспечивает соблюдение заключенных республикой договоров, соглашений и принятых ею обязательств;
5) принимает верительные и отзывные грамоты аккредитованных при нем дипломатических и иных представителей;
6) представляет Сенату Олий Мажлиса Республики Узбекистан кандидатуры для назначения дипломатических и иных представителей Республики Узбекистан в иностранных государствах;
7) представляет Олий Мажлису Республики Узбекистан ежегодные доклады по важнейшим вопросам социально-экономической жизни, внутренней и внешней политики страны;
8) обеспечивает взаимодействие высших органов власти и управления республики; образует и упраздняет министерства, государственные комитеты и другие органы государственного управления с последующим внесением указов по этим вопросам на утверждение палат Олий Мажлиса Республики Узбекистан;
(пункт 8 части первой статьи 93 в редакции Закона Республики Узбекистан от 18 апреля 2011 года № ЗРУ–284 — СЗ РУ, 2011 г., № 16, ст. 159)

9) представляет Сенату Олий Мажлиса Республики Узбекистан кандидатуру для избрания на должность Председателя Сената;
10) представляет для рассмотрения и утверждения палатами Олий Мажлиса Республики Узбекистан кандидатуру Премьер-министра Республики Узбекистан и освобождает его от должности;
11) утверждает по представлению Премьер-министра Республики Узбекистан членов Кабинета Министров Республики Узбекистан и освобождает их от должности;
12) назначает и освобождает от должности Генерального прокурора Республики Узбекистан и председателя Счетной палаты с последующим утверждением их Сенатом Олий Мажлиса Республики Узбекистан;
(пункт 12 части первой статьи 93 в редакции Закона Республики Узбекистан от 18 апреля 2011 года № ЗРУ–284 — СЗ РУ, 2011 г., № 16, ст. 159)
13) представляет Сенату Олий Мажлиса Республики Узбекистан кандидатуры на должности председателя и судей Конституционного суда, председателя и судей Верховного суда, председателя и судей Высшего хозяйственного суда, председателя Правления Центрального банка Республики Узбекистан, председателя Государственного комитета Республики Узбекистан по охране природы;
14) назначает и освобождает от должности судей областных, межрайонных, районных, городских, военных и хозяйственных судов;
15) назначает и освобождает по представлению Премьер-министра Республики Узбекистан от должности хокимов областей и города Ташкента в соответствии с законом. Президент вправе освободить своим решением от должности хокимов районов и городов в случае нарушения ими Конституции, законов или совершения действий, порочащих честь и достоинство хокима;
(пункт 15 части первой статьи 93 в редакции Закона Республики Узбекистан от 18 апреля 2011 года № ЗРУ–284 — СЗ РУ, 2011 г., № 16, ст. 159)
16) приостанавливает, отменяет акты органов государственного управления республики, а также хокимов, вправе председательствовать на заседаниях Кабинета Министров Республики Узбекистан;
(пункт 16 части первой статьи 93 в редакции Закона Республики Узбекистан от 18 апреля 2011 года № ЗРУ–284 — СЗ РУ, 2011 г., № 16, ст. 159)
17) подписывает и обнародует законы Республики Узбекистан; вправе возвратить закон со своими возражениями в Олий Мажлис Республики Узбекистан для повторного обсуждения и голосования;
18) объявляет состояние войны в случае нападения на Республику Узбекистан или в случае необходимости выполнения договорных обязательств по взаимной обороне от агрессии и в течение трех суток вносит принятое решение на утверждение палат Олий Мажлиса Республики Узбекистан;
19) в исключительных случаях (реальная внешняя угроза, массовые беспорядки, крупные катастрофы, стихийные бедствия, эпидемии) в интересах обеспечения безопасности граждан вводит чрезвычайное положение на всей территории или в отдельных местностях Республики Узбекистан и в течение трех суток вносит принятое решение на утверждение палат Олий Мажлиса Республики Узбекистан. Условия и порядок введения чрезвычайного положения регулируются законом;
20) является Верховным главнокомандующим Вооруженными Силами Республики Узбекистан, назначает и освобождает от должности высшее командование Вооруженных Сил, присваивает высшие воинские звания;
21) награждает орденами, медалями и грамотой Республики Узбекистан, присваивает квалификационные и почетные звания Республики Узбекистан;
22) решает вопросы гражданства Республики Узбекистан и предоставления политического убежища;
23) вносит в Сенат Олий Мажлиса Республики Узбекистан представления о принятии актов об амнистии и осуществляет помилование лиц, осужденных судами Республики Узбекистан;
24) формирует Службу национальной безопасности Республики Узбекистан. Назначает и освобождает от должности председателя Службы национальной безопасности с

последующим внесением указов по этим вопросам на утверждение Сената Олий Мажлиса Республики Узбекистан;

25) осуществляет иные полномочия, предусмотренные настоящей Конституцией и законами Республики Узбекистан.

Президент не вправе передавать исполнение своих полномочий государственным органам или должностным лицам.

(статья 93 в редакции Закона Республики от 24 апреля 2003 года № 470-II — Ведомости Олий Мажлиса, 2003 г., № 3-4, ст. 27)

Статья 94.

Президент Республики Узбекистан на основе и во исполнение Конституции и законов Республики Узбекистан издает указы, постановления и распоряжения, имеющие обязательную силу на всей территории республики.

Статья 95.

Законодательная палата, Сенат Олий Мажлиса Республики Узбекистан могут быть распущены решением Президента Республики Узбекистан, принятым по согласованию с Конституционным судом Республики Узбекистан, в случае возникновения в составе Законодательной палаты или Сената непреодолимых разногласий, ставящих под угрозу их нормальное функционирование, или неоднократного принятия ими решений, противоречащих Конституции Республики Узбекистан, а также возникновения непреодолимых разногласий между Законодательной палатой и Сенатом, ставящих под угрозу нормальное функционирование Олий Мажлиса Республики Узбекистан.

В случае роспуска Законодательной палаты, Сената Олий Мажлиса Республики Узбекистан новые выборы проводятся в течение трех месяцев.

Законодательная палата и Сенат Олий Мажлиса Республики Узбекистан не могут быть распущены в период действия чрезвычайного положения.

(статья 95 в редакции Закона Республики от 24 апреля 2003 года № 470-II — Ведомости Олий Мажлиса, 2003 г., № 3-4, ст. 27)

Статья 96.

При невозможности исполнения действующим Президентом Республики Узбекистан своих обязанностей его обязанности и полномочия временно возлагаются на Председателя Сената Олий Мажлиса Республики Узбекистан, с проведением в течение трех месяцев в полном соответствии с Законом «О выборах Президента Республики Узбекистан» выборов Президента страны.

(статья 96 в редакции Закона Республики Узбекистан от 18 апреля 2011 года № ЗРУ–284 — СЗ РУ, 2011 г., № 16, ст. 159)

Статья 97.

Президент, ушедший в отставку по истечении своих полномочий, занимает пожизненно должность члена Сената.

(статья 97 в редакции Закона Республики от 24 апреля 2003 года № 470-II — Ведомости Олий Мажлиса, 2003 г., № 3-4, ст. 27)

Глава XX. Кабинет Министров

Статья 98.

Исполнительную власть осуществляет Кабинет Министров Республики Узбекистан. Кабинет Министров Республики Узбекистан состоит из Премьер-министра Республики Узбекистан, его заместителей, министров, председателей государственных комитетов.

В состав Кабинета Министров входит по должности глава правительства Республики Каракалпакстан.
Кабинет Министров обеспечивает руководство эффективным функционированием экономики, социальной и духовной сферы, исполнение законов Республики Узбекистан, решений Олий Мажлиса, указов, постановлений и распоряжений Президента Республики Узбекистан.
Кабинет Министров в соответствии с действующим законодательством издает постановления и распоряжения, обязательные к исполнению на всей территории Республики Узбекистан всеми органами, предприятиями, учреждениями, организациями, должностными лицами и гражданами.
Премьер-министр Республики Узбекистан организует и руководит деятельностью Кабинета Министров, несет персональную ответственность за эффективность его работы, председательствует на заседаниях Кабинета Министров, подписывает его решения, по поручению Президента Республики Узбекистан представляет Кабинет Министров Республики Узбекистан в международных отношениях, выполняет другие функции, предусмотренные законами Республики Узбекистан, указами, постановлениями и распоряжениями Президента Республики Узбекистан.
Кабинет Министров в своей деятельности ответственен перед Президентом Республики Узбекистан и Олий Мажлисом Республики Узбекистан.
Кабинет Министров слагает свои полномочия перед вновь избранным Олий Мажлисом.
Порядок организации деятельности и компетенция Кабинета Министров определяются законом.
Кандидатура Премьер-министра Республики Узбекистан предлагается политической партией, набравшей наибольшее количество депутатских мест на выборах в Законодательную палату Олий Мажлиса Республики Узбекистан, или несколькими политическими партиями, получившими равное наибольшее количество депутатских мест.
Президент Республики Узбекистан после рассмотрения представленной кандидатуры на должность Премьер-министра в десятидневный срок предлагает ее на рассмотрение и утверждение палатами Олий Мажлиса Республики Узбекистан.
Кандидатура Премьер-министра считается утвержденной, если за нее будет подано более половины голосов от общего числа соответственно депутатов Законодательной палаты и членов Сената Олий Мажлиса Республики Узбекистан.
Члены Кабинета Министров Республики Узбекистан утверждаются Президентом Республики Узбекистан по представлению Премьер-министра.
В случае возникновения устойчивых противоречий между Премьер-министром Республики Узбекистан и Законодательной палатой Олий Мажлиса Республики Узбекистан по предложению, официально внесенному на имя Президента Республики Узбекистан депутатами Законодательной палаты в количестве не менее одной трети от их общего числа, вопрос о выражении вотума недоверия Премьер-министру вносится на обсуждение совместного заседания палат Олий Мажлиса Республики Узбекистан.
Вотум недоверия Премьер-министру считается принятым, если за него проголосует не менее двух третей от общего числа соответственно депутатов Законодательной палаты и членов Сената Олий Мажлиса Республики Узбекистан. В этом случае Президент Республики Узбекистан принимает решение об освобождении Премьер-министра от должности. При этом весь состав Кабинета Министров Республики Узбекистан уходит в отставку вместе с Премьер-министром.
Новая кандидатура Премьер-министра для представления на рассмотрение и утверждение палатами Олий Мажлиса Республики Узбекистан предлагается Президентом Республики Узбекистан после соответствующих консультаций со всеми фракциями политических партий, представленных в Законодательной палате Олий Мажлиса Республики Узбекистан.
В случае двукратного отклонения Олий Мажлисом кандидатуры на должность Премьер-министра Президент Республики Узбекистан назначает исполняющего обязанности Премьер-министра и распускает Олий Мажлис Республики Узбекистан.

(статья 98 в редакции Закона Республики Узбекистан от 18 апреля 2011 года № ЗРУ–284 — СЗ РУ, 2011 г., № 16, ст. 159)

Глава XXI. Основы государственной власти на местах

Статья 99.
Представительными органами власти в областях, районах и городах (кроме городов районного подчинения, а также районов, входящих в состав города) являются Кенгаши народных депутатов, возглавляемые хокимами, которые, исходя из интересов государства и граждан, решают вопросы, отнесенные к их компетенции.
(статья 99 в редакции Закона Республики от 24 апреля 2003 года № 470-II — Ведомости Олий Мажлиса, 2003 г., № 3-4, ст. 27)

Статья 100.
К ведению местных органов власти относятся:
обеспечение законности, правопорядка и безопасности граждан;
вопросы экономического, социального и культурного развития территорий;
формирование и исполнение местного бюджета, установление местных налогов, сборов, формирование внебюджетных фондов;
руководство местным коммунальным хозяйством;
охрана окружающей среды;
обеспечение регистрации актов гражданского состояния;
принятие нормативных актов и иные полномочия, не противоречащие Конституции и законодательству Республики Узбекистан.

Статья 101.
Местные органы власти проводят в жизнь законы Республики Узбекистан, указы Президента Республики Узбекистан, решения вышестоящих органов государственной власти, участвуют в обсуждении вопросов республиканского и местного значений.
Решения вышестоящих органов, принятые в пределах предоставленной им компетенции, обязательны для исполнения нижестоящими органами.
Срок полномочий Кенгашей народных депутатов и хокимов — 5 лет.
(статья 101 в редакции Закона Республики от 24 апреля 2003 года № 470-II — Ведомости Олий Мажлиса, 2003 г., № 3-4, ст. 27)

Статья 102.
Представительную и исполнительную власть на соответствующей территории возглавляет хоким области, района и города.
Хоким области и города Ташкента назначается и освобождается от должности Президентом Республики Узбекистан в соответствии с законом.
(часть вторую статьи 102 в редакции Закона Республики Узбекистан от 11 апреля 2007 г. № ЗРУ–89 — Собрание законодательства Республики Узбекистан, 2007 г., № 15, ст. 152)
Хокимы районов и городов назначаются и освобождаются от должности хокимом соответствующей области и утверждаются соответствующим Кенгашем народных депутатов.
Хокимы районов в городах назначаются и освобождаются от должности хокимом соответствующего города и утверждаются городским Кенгашем народных депутатов.
Хокимы городов районного подчинения назначаются и освобождаются от должности хокимом района и утверждаются районным Кенгашем народных депутатов.

(статья 102 в редакции Закона Республики от 24 апреля 2003 года № 470-II — Ведомости Олий Мажлиса, 2003 г., № 3-4, ст. 27)

Статья 103.
Хоким области, района и города осуществляет свои полномочия на принципах единоначалия и несет персональную ответственность за решения и действия руководимых им органов.
Организация деятельности, объем полномочий хокимов и местных Кенгашей народных депутатов и порядок выборов местных Кенгашей народных депутатов регулируются законом.
(статья 103 в редакции Закона Республики от 24 апреля 2003 года № 470-II — Ведомости Олий Мажлиса, 2003 г., № 3-4, ст. 27)

Статья 104.
Хоким в пределах предоставленных ему полномочий принимает решения, которые обязательны для исполнения всеми предприятиями, учреждениями, организациями, объединениями, а также должностными лицами и гражданами на соответствующей территории.

Статья 105.
Органами самоуправления в поселках, кишлаках и аулах, а также в махаллях городов, поселков, кишлаков и аулов являются сходы граждан, избирающие на 2,5 года председателя (аксакала) и его советников.
Порядок выборов, организация деятельности и объем полномочий органов самоуправления регулируются законом.

Глава XXII. Судебная власть Республики Узбекистан

Статья 106.
Судебная власть в Республике Узбекистан действует независимо от законодательной и исполнительной власти, политических партий, иных общественных объединений.

Статья 107.
Судебная система в Республике Узбекистан состоит из Конституционного суда Республики Узбекистан, Верховного суда Республики Узбекистан, Высшего хозяйственного суда Республики Узбекистан, верховных судов Республики Каракалпакстан по гражданским и уголовным делам, Хозяйственного суда Республики Каракалпакстан, избираемых сроком на пять лет, областных, Ташкентских городских судов по гражданским и уголовным делам, межрайонных, районных, городских судов по гражданским и уголовным делам, военных и хозяйственных судов, назначаемых на этот же срок.
Организация и порядок деятельности судов определяются законом.
Создание чрезвычайных судов не допускается.
(статья 107 в редакции Закона Республики от 24 апреля 2003 года № 470-II — Ведомости Олий Мажлиса, 2003 г., № 3-4, ст. 27)

Статья 108.
Конституционный суд Республики Узбекистан рассматривает дела о конституционности актов законодательной и исполнительной власти.

Конституционный суд избирается из числа специалистов в области политики и права в составе председателя, заместителя председателя и судей Конституционного суда, включая представителя от Республики Каракалпакстан.
Исполнение обязанностей председателя и членов Конституционного суда несовместимо с депутатским мандатом.
Председатель и члены Конституционного суда не могут состоять членами политических партий и движений и занимать какую-либо другую оплачиваемую должность.
Судьи Конституционного суда пользуются правом неприкосновенности.
В своей деятельности судьи Конституционного суда независимы и подчиняются только Конституции Республики Узбекистан.

Статья 109.
Конституционный суд Республики Узбекистан:
1) определяет соответствие Конституции Республики Узбекистан законов Республики Узбекистан и постановлений палат Олий Мажлиса Республики Узбекистан, указов Президента Республики Узбекистан, постановлений правительства и местных органов государственной власти, межгосударственных договорных и иных обязательств Республики Узбекистан;
2) дает заключение о соответствии Конституции Республики Каракалпакстан Конституции Республики Узбекистан, законов Республики Каракалпакстан — законам Республики Узбекистан;
3) дает толкование норм Конституции и законов Республики Узбекистан;
4) рассматривает другие дела, отнесенные к его компетенции Конституцией и законами Республики Узбекистан.
Решения Конституционного суда вступают в силу с момента опубликования. Они окончательны и обжалованию не подлежат.
Организация и порядок деятельности Конституционного суда определяются законом.
(статья 109 в редакции Закона Республики от 24 апреля 2003 года № 470-II — Ведомости Олий Мажлиса, 2003 г., № 3-4, ст. 27)

Статья 110.
Верховный суд Республики Узбекистан является высшим органом судебной власти в сфере гражданского, уголовного и административного судопроизводства.
Принимаемые им акты являются окончательными и обязательны для исполнения на всей территории Республики Узбекистан.
Верховный суд Республики Узбекистан обладает правом надзора за судебной деятельностью верховных судов Республики Каракалпакстан, областных, городских, межрайонных, районных и военных судов.
(статья 110 в редакции Закона Республики от 24 апреля 2003 года № 470-II — Ведомости Олий Мажлиса, 2003 г., № 3-4, ст. 27)

Статья 111.
Разрешение возникающих в экономической сфере и в процессе управления ею хозяйственных споров между предприятиями, учреждениями, организациями, основанными на различных формах собственности, а также между предпринимателями, осуществляется Высшим хозяйственным судом и хозяйственными судами в пределах их компетенции.

Статья 112.
Судьи независимы, подчиняются только закону. Какое-либо вмешательство в деятельность судей по отправлению правосудия недопустимо и влечет ответственность по закону.

Неприкосновенность судей гарантируется законом.

Судьи не могут быть сенаторами, депутатами представительных органов государственной власти.

Судьи не могут состоять членами политических партий, участвовать в политических движениях, а также заниматься какими-либо другими видами оплачиваемой деятельности, кроме научной и педагогической.

До истечения срока полномочий судья может быть освобожден от должности лишь по основаниям, указанным в законе.

(статья 112 в редакции Закона Республики от 24 апреля 2003 года № 470-II — Ведомости Олий Мажлиса, 2003 г., № 3-4, ст. 27)

Статья 113.

Разбирательство дел во всех судах открытое. Слушание дел в закрытом заседании допускается лишь в случаях, установленных законом.

Статья 114.

Акты судебной власти обязательны для всех государственных органов, общественных объединений, предприятий, учреждений, организаций, должностных лиц и граждан.

Статья 115.

Судопроизводство в Республике Узбекистан ведется на узбекском, каракалпакском языках или на языке большинства населения данной местности. Участвующим в деле лицам, не владеющим языком, на котором ведется судопроизводство, обеспечивается право полного ознакомления с материалами дела, участия в судебных действиях через переводчика и право выступать в суде на родном языке.

Статья 116.

Обвиняемому обеспечивается право на защиту.

Право на профессиональную юридическую помощь гарантируется на любой стадии следствия и судопроизводства. Для оказания юридической помощи гражданам, предприятиям, учреждениям и организациям действует адвокатура. Организация и порядок деятельности адвокатуры определяются законом.

Глава XXIII. Избирательная система

Статья 117.

Граждане Республики Узбекистан имеют право избирать и быть избранными в представительные органы государственной власти. Каждый избиратель имеет один голос. Право голоса, равенство и свобода волеизъявления гарантируются законом.

Выборы Президента Республики Узбекистан, в Законодательную палату Олий Мажлиса Республики Узбекистан и Жокаргы Кенес Республики Каракалпакстан, в представительные органы государственной власти областей, районов, городов проводятся соответственно в год истечения конституционного срока их полномочий — в первое воскресенье третьей декады декабря. Выборы проводятся на основе всеобщего, равного и прямого избирательного права при тайном голосовании. Право избирать имеют граждане Республики Узбекистан, достигшие восемнадцати лет.

Члены Сената Олий Мажлиса Республики Узбекистан избираются тайным голосованием на соответствующих совместных заседаниях депутатов Жокаргы Кенеса Республики Каракалпакстан, представительных органов государственной власти

областей, районов и городов из числа этих депутатов не позднее месячного срока после их избрания.
Не могут быть избранными и не участвуют в выборах граждане, признанные судом недееспособными, а также лица, содержащиеся в местах лишения свободы по приговору суда. В любых других случаях прямое или косвенное ограничение избирательных прав граждан не допускается.
Гражданин Республики Узбекистан не может быть одновременно депутатом более чем в двух представительных органах государственной власти.
Порядок проведения выборов определяется законом.
(статья 117 в редакции Закона Республики от 24 апреля 2003 года № 470-II — Ведомости Олий Мажлиса, 2003 г., № 3-4, ст. 27)

Глава XXIV. Прокуратура

Статья 118.
Надзор за точным и единообразным исполнением законов на территории Республики Узбекистан осуществляют Генеральный прокурор Республики Узбекистан и подчиненные ему прокуроры.

Статья 119.
Единую централизованную систему органов прокуратуры возглавляет Генеральный прокурор Республики Узбекистан.
Прокурор Республики Каракалпакстан назначается высшим представительным органом Республики Каракалпакстан по согласованию с Генеральным прокурором Республики Узбекистан.
Прокуроры областей, районные и городские прокуроры назначаются Генеральным прокурором Республики Узбекистан.
Срок полномочий Генерального прокурора Республики Узбекистан, прокурора Республики Каракалпакстан, прокуроров областей, районов, городов — пять лет.

Статья 120.
Органы Прокуратуры Республики Узбекистан осуществляют свои полномочия независимо от каких бы то ни было государственных органов, общественных объединений и должностных лиц, подчиняясь только закону.
Прокуроры на период своих полномочий приостанавливают членство в политических партиях и других общественных объединениях, преследующих политические цели.
Организация, полномочия и порядок деятельности органов прокуратуры определяются законом.

Статья 121.
На территории Республики Узбекистан запрещается создание и функционирование частных, кооперативных организаций, общественных объединений и их подразделений, самостоятельно выполняющих оперативно-розыскные, следственные и иные специальные функции по борьбе с преступностью.
В защите законности и правопорядка, прав и свобод граждан правоохранительным органам могут оказывать содействие общественные объединения и граждане.

Глава XXV. Финансы и кредит

Статья 122.
Республика Узбекистан имеет собственную финансовую и денежно-кредитную систему. Государственный бюджет Узбекистана включает в себя республиканский бюджет, бюджет Республики Каракалпакстан и местные бюджеты.

Статья 123.
На территории Республики Узбекистан действует единая налоговая система. Право установления налогов принадлежит Олий Мажлису Республики Узбекистан.

Статья 124.
Банковскую систему Республики Узбекистан возглавляет Центральный банк республики.

Глава XXVI. Оборона и безопасность

Статья 125.
Вооруженные Силы Республики Узбекистан создаются для защиты государственного суверенитета и территориальной целостности Республики Узбекистан, мирной жизни и безопасности ее населения.
Структура и организация Вооруженных Сил определяются законом.

Статья 126.
Республика Узбекистан содержит Вооруженные Силы для обеспечения своей безопасности на уровне необходимой достаточности.

РАЗДЕЛ ШЕСТОЙ. ПОРЯДОК ИЗМЕНЕНИЯ КОНСТИТУЦИИ

Статья 127.
Изменения в Конституцию Республики Узбекистан вносятся законом, принятым большинством, не менее чем двумя третями от общего числа соответственно депутатов Законодательной палаты и членов Сената Олий Мажлиса Республики Узбекистан, или референдумом Республики Узбекистан.
(статья 127 в редакции Закона Республики от 24 апреля 2003 года № 470-II — Ведомости Олий Мажлиса, 2003 г., № 3-4, ст. 27)

Статья 128.
Олий Мажлис Республики Узбекистан может принять закон об изменениях и поправках к Конституции в течение шести месяцев после внесения соответствующего предложения с учетом его широкого обсуждения. Если Олий Мажлис Республики Узбекистан отклонил предложение об изменении Конституции, оно может быть возобновлено не ранее, чем через год.

Verfassung der Mongolei

Quelle: State Bulletin Nr. 1, 13. Januar 1992, in der am 26.11.2012 gültigen Fassung

МОНГОЛ УЛСЫН ҮНДСЭН ХУУЛЬ

Монголын ард түмэн бид:

-улсынхаа тусгаар тогтнол, бүрэн эрхт байдлыг бататган бэхжүүлж,

-хүний эрх, эрх чөлөө, шударга ёс, үндэснийхээ эв нэгдлийг эрхэмлэн дээдэлж,

-төрт ёс, түүх, соёлынхоо уламжлалыг нандигнан өвлөж,-хүн төрөлхтөний соёл иргэншлийн ололтыг хүндэтгэн үзэж,-эх орондоо хүмүүнлэг, иргэний ардчилсан нийгэм цогцлуулан хөгжүүлэхийг эрхэм зорилго болгоно. Үүний учир Монгол Улсын Үндсэн хуулийг даяар олноо зарлан тунхаглаж байна.

НЭГДҮГЭЭР БҮЛЭГ
МОНГОЛ УЛСЫН БҮРЭН ЭРХТ БАЙДАЛ

Нэгдүгээр зүйл.

1.1. Монгол Улс бол тусгаар тогтносон, бүрэн эрхт, Бүгд найрамдах улс мөн.

1.2. Ардчилсан ёс, шударга ёс, эрх чөлөө, тэгш байдал, үндэсний эв нэгдлийг хангах, хууль дээдлэх нь төрийн үйл ажиллагааны үндсэн зарчим мөн.

Хоёрдугаар зүйл.

2.1. Монгол Улс төрийн байгууламжийн хувьд нэгдмэл байна.

2.2. Монгол Улсын нутаг дэвсгэр зөвхөн засаг захиргааны нэгжид хуваагдана.

Гуравдугаар зүйл.

3.1. Монгол Улсад засгийн бүх эрх ард түмний мэдэлд байна. Монголын ард түмэн төрийн үйл хэрэгт шууд оролцож, мөн сонгож байгуулсан төрийн эрх барих төлөөлөгчдийн байгууллагаараа уламжлан энэхүү эрхээ эдэлнэ.

3.2. Төрийн эрх мэдлийг хууль бусаар авах, авахаар завдахыг хориглоно.

Дөрөвдүгээр зүйл.

4.1. Монгол Улсын нутаг дэвсгэрийн бүрэн бүтэн байдал, улсын хил халдашгүй дархан байна.

4.2. Монгол Улсын хилийг хуулиар бататгана.

4.3. Хууль гаргахгүйгээр гадаадын цэргийн хүчнийг Монгол Улсын нутаг дэвсгэрт байрлуулах, дамжин өнгөрүүлэхээр улсын хил нэвтрүүлэхийг хориглоно.

Тавдугаар зүйл.

5.1. Монгол Улс дэлхийн эдийн засгийн хөгжлийн түгээмэл хандлага, өөрийн орны өвөрмөц онцлогт нийцсэн олон хэвшил бүхий эдийн засагтай байна.

5.2. Төр нь нийтийн болон хувийн өмчийн аливаа хэлбэрийг хүлээн зөвшөөрч, өмчлөгчийн эрхийг хуулиар хамгаална.

5.3. Өмчлөгчийн эрхийг гагцхүү хуульд заасан үндэслэлээр хязгаарлаж болно.

5.4. Төр нь үндэсний эдийн засгийн аюулгүй байдал, аж ахуйн бүх хэвшлийн болон хүн амын нийгмийн хөгжлийг хангах зорилгод нийцүүлэн эдийн засгийг зохицуулна.

5.5. Мал сүрэг бол үндэсний баялаг мөн бөгөөд төрийн хамгаалалтад байна.

Зургадугаар зүйл.

6.1. Монгол Улсад газар, түүний хэвлий, ой, ус, амьтан, ургамал болон байгалийн бусад баялаг гагцхүү ард түмний мэдэл, төрийн хамгаалалтад байна.

6.2. Монгол Улсын иргэдэд өмчлүүлснээс бусад газар, түүнчлэн газрын хэвлий, түүний баялаг, ой, усны нөөц, ан амьтан төрийн өмч мөн.

6.3. Бэлчээр, нийтийн эдэлбэрийн ба улсын тусгай хэрэгцээнийхээс бусад газрыг зөвхөн Монгол Улсын иргэнд өмчлүүлж болно. Энэ нь газрын хэвлийг өмчлөхөд хамаарахгүй. Иргэд хувийн өмчийнхөө газрыг худалдах, арилжих, бэлэглэх, барьцаалах зэргээр гадаадын иргэн, харьяалалгүй хүний өмчлөлд шилжүүлэх, түүнчлэн төрийн эрх бүхий байгууллагын зөвшөөрөлгүйгээр бусдад эзэмшүүлэх, ашиглуулахыг хориглоно.

6.4. Төр газрын эзэнд газартай нь холбогдсон үүрэг хүлээлгэх, улсын тусгай хэрэгцээг үндэслэн нөхөх олговортойгоор газрыг солих буюу эргүүлэн авах, уг газрыг хүн амын эрүүл мэнд, байгаль хамгаалал, үндэсний аюулгүй байдлын ашиг сонирхолд харшаар ашиглавал хураан авч болно.

6.5. Төрөөс гадаадын иргэн, хуулийн этгээд, харьяалалгүй хүнд газрыг төлбөр, хугацаатайгаар болон хуульд заасан бусад болзол, журмаар ашиглуулж болно.

Долдугаар зүйл.

7.1. Монголын ард түмний түүх, соёлын дурсгалт зүйл, шинжлэх ухаан, оюуны өв төрийн хамгаалалтад байна.

7.2. Иргэний туурвисан оюуны үнэт зүйл бол зохиогчийнх нь өмч, Монгол Улсын үндэсний баялаг мөн.

Наймдугаар зүйл.

8.1. Монгол хэл бол төрийн албан ёсны хэл мөн.

8.2. Энэ зүйлийн 1 дэх хэсгийн заалт нь хүн амын өөр хэл бүхий үндэстний цөөнх эх хэлээрээ суралцах, харилцах, соёл, урлаг, шинжлэх ухааны үйл ажиллагаа явуулах эрхийг үл хөндөнө.

Есдүгээр зүйл.

9.1. Монгол Улсад төр нь шашнаа хүндэтгэж, шашин нь төрөө дээдэлнэ.

9.2. Төрийн байгууллага шашны, сүм хийд улс төрийн үйл ажиллагаа эрхлэн явуулж болохгүй.

9.3. Төр, сүм хийдийн хоорондын харилцааг хуулиар зохицуулна.

Аравдугаар зүйл.

10.1. Монгол Улс олон улсын эрх зүйн нийтээр хүлээн зөвшөөрсөн хэм хэмжээ, зарчмыг баримталж энхийг эрхэмлэсэн гадаад бодлого явуулна.

10.2. Монгол Улс олон улсын гэрээгээр хүлээсэн үүргээ шударгаар сахин биелүүлнэ.

10.3. Монгол Улсын олон улсын гэрээ нь соёрхон баталсан буюу нэгдэн орсон тухай хууль хүчин төгөлдөр болмогц дотоодын хууль тогтоомжийн нэгэн адил үйлчилнэ.

10.4. Монгол Улс Үндсэн хуульдаа харшилсан олон улсын гэрээ, бусад баримт бичгийг дагаж мөрдөхгүй.

Арван нэгдүгээр зүйл.

11.1. Эх орныхоо тусгаар тогтнолыг батлан хамгаалж, үндэсний аюулгүй байдал, нийгмийн дэг журмыг хангах нь төрийн үүрэг мөн.

11.2. Монгол Улс өөрийгөө хамгаалах зэвсэгт хүчинтэй байна. Зэвсэгт хүчний бүтэц, зохион байгуулалт, түүнд алба хаах журмыг хуулиар тогтооно.

Арван хоёрдугаар зүйл.

12.1. Монгол Улсын тусгаар тогтнол, бүрэн эрхт байдлын бэлгэ тэмдэг нь Төрийн сүлд, туг, далбаа, тамга, дуулал мөн.

12.2. Төрийн сүлд, туг, далбаа, дуулал нь Монголын ард түмний түүхэн уламжлал, хүсэл тэмүүлэл, эв нэгдэл, шударга ёс, цог хийморийг илэрхийлнэ.

12.3. Төрийн сүлд нь ариун цагаан өнгийн бадам цэцэг суурьтай, төгсгөлгүй үргэлжлэн дэлгэрэх түмэн насан хээгээр хөвөөлсөн, мөнх тэнгэрийг бэлгэдсэн дугариг хөх дэвсгэртэй байна. Сүлдний төв хэсэгт Монгол Улсын тусгаар тогтнол, бүрэн эрхт байдал, цог хийморийг илтгэсэн алтан соёмбо, эрдэнийн хүлгийг хослуулан дүрсэлсэн байна. Сүлдний хүрээний магнайн хэсэгт эрт, эдүгээ, ирээдүй гурван цагийг бэлгэдсэн хүслийг хангагч чандмань эрдэнэ, доод хэсэгт эх газрыг ногоон өнгийн уулан хээ, ашид дэвжихийн өлзий хутаг оршсон хүрдийг тус тус дүрсэлнэ. Хүрдийг хадгаар дээдлэн сүлжсэн байна.

12.4. Монголын нэгдсэн тулгар төрийн уламжлалт Их цагаан туг нь Монгол Улсын төрийн хүндэтгэлийн бэлгэдэл мөн.

12.5. Монгол Улсын төрийн далбаа нь улаан, хөх, улаан хосолсон өнгөтэй байна. Далбааны гурав хуваасны нэгийн хэмжээтэй дундах хэсэг нь мөнх тэнгэрийн хөх, түүний хоёр тал нь мандан бадрахын бэлгэдэл улаан өнгөтэй байна. Далбааны ишин талын улаан дэвсгэрийн төв хэсэгт алтан соёмбо байрлуулна. Далбааны өргөн, урт нь 1:2-ын харьцаатай байна.

12.6. Төрийн тамга дөрвөлжин хэлбэртэй, голдоо төрийн сүлдтэй, сүлдний хоёр талаар Монгол Улс гэсэн бичээстэй, арслангийн дүрс бүхий бариултай байна. Төрийн тамгыг Монгол Улсын Ерөнхийлөгч барина.

12.7. Төрийн бэлгэ тэмдгийг дээдлэн хэрэглэх журам, төрийн дууллын үг, аяыг хуулиар бататгана.

Арван гуравдугаар зүйл.

13.1. Монгол Улсын төрийн дээд байгууллагууд байнга оршдог хотыг Улсын нийслэл гэнэ. Монгол Улсын нийслэл Улаанбаатар хот мөн.

13.2. Монгол Улсын нийслэлийн эрх зүйн үндсийг хуулиар тогтооно.

ХОЁРДУГААР БҮЛЭГ
ХҮНИЙ ЭРХ, ЭРХ ЧӨЛӨӨ

Арван дөрөвдүгээр зүйл.

14.1. Монгол Улсад хууль ёсоор оршин суугаа хүн бүр хууль, шүүхийн өмнө эрх тэгш байна.

14.2. Хүнийг үндэс, угсаа, хэл, арьсны өнгө, нас, хүйс, нийгмийн гарал, байдал, хөрөнгө чинээ, эрхэлсэн ажил, албан тушаал, шашин шүтлэг, үзэл бодол, боловсролоор нь ялгаварлан гадуурхаж үл болно. Хүн бүр эрх зүйн этгээд байна.

Арван тавдугаар зүйл.

15.1. Монгол Улсын иргэний харьяалал хийгээд харьяат болох, харьяатаас гарах үндэслэл, журмыг гагцхүү хуулиар тогтооно.

15.2. Монгол Улсын иргэнийг харьяатаас хасах, эх орноосоо хөөх, өөр улсад шилжүүлэн өгөхийг хориглоно.

Арван зургадугаар зүйл.

16.1. Монгол Улсын иргэн дараахь үндсэн эрх, эрх чөлөөг баталгаатай эдэлнэ:

16.1.1. амьд явах эрхтэй. Монгол Улсын Эрүүгийн хуульд заасан онц хүнд гэмт хэрэг үйлдсэний учир шүүхийн хүчин төгөлдөр тогтоолоор ялын дээд хэмжээ оногдуулснаас бусад тохиолдолд хүний амь нас бусниулахыг хатуу хориглоно;

16.1.2. эрүүл, аюулгүй орчинд амьдрах, орчны бохирдол, байгалийн тэнцэл алдагдахаас хамгаалуулах эрхтэй;

16.1.3. хөдлөх, үл хөдлөх хөрөнгө шударгаар олж авах, эзэмших, өмчлөх, өв залгамжлуулах эрхтэй. Хувийн өмчийг хууль бусаар хураах, дайчлан авахыг хориглоно. Төр, түүний эрх бүхий байгууллага нь нийгмийн зайлшгүй хэрэгцээг үндэслэн хувийн өмчийн эд хөрөнгийг дайчлан авбал нөхөх олговор, үнийг төлнө

16.1.4. ажил мэргэжлээ чөлөөтэй сонгох, хөдөлмөрийн аятай нөхцөлөөр хангуулах, цалин хөлс авах, амрах, хувийн аж ахуй эрхлэх эрхтэй. Хэнийг ч хууль бусаар албадан хөдөлмөрлүүлж болохгүй;

16.1.5. өндөр наслах, хөдөлмөрийн чадвар алдах, хүүхэд төрүүлэх, асрах болон хуульд заасан бусад тохиолдолд эд, мөнгөний тусламж авах эрхтэй;

16.1.6. эрүүл мэндээ хамгаалуулах, эмнэлгийн тусламж авах эрхтэй. Иргэдэд эмнэлгийн төлбөргүй тусламж үзүүлэх болзол, журмыг хуулиар тогтооно;

16.1.7. сурч боловсрох эрхтэй. Төрөөс бүх нийтийн ерөнхий боловсролыг төлбөргүй олгоно. Иргэд төрөөс тавих шаардлагад нийцсэн хувийн сургууль байгуулан ажиллуулж болно

16.1.8. соёл, урлаг, шинжлэх ухааны үйл ажиллагаа явуулах, бүтээл туурвих, үр шимийг нь хүртэх эрхтэй. Зохиогч, шинэ бүтээл, нээлтийн эрхийг хуулиар хамгаална

16.1.9. шууд буюу төлөөлөгчдийн байгууллагаараа уламжлан төрийг удирдах хэрэгт оролцох эрхтэй. Төрийн байгууллагад сонгох, сонгогдох эрхтэй. Сонгох эрхийг арван найман наснаас эдэлнэ. Сонгогдох насыг төрийн зохих байгууллага, албан тушаалд тавих шаардлагыг харгалзан хуулиар тогтооно

16.1.10. нийгмийн болон өөрсдийн ашиг сонирхол, үзэл бодлын үүднээс нам, олон нийтийн бусад байгууллага байгуулах, сайн дураараа эвлэлдэн нэгдэх эрхтэй. Нам, олон нийтийн бусад бүх байгууллага нийгэм, төрийн аюулгүй байдлыг сахиж, хуулийг дээдлэн биелүүлнэ. Аль нэгэн нам, олон нийтийн бусад байгууллагад эвлэлдэн нэгдсэний төлөө болон гишүүний нь хувьд хүнийг ялгаварлан гадуурхах, хэлмэгдүүлэхийг хориглоно. Төрийн зарим төрлийн албан хаагчийн намын гишүүнийг түдгэлзүүлж болно

16.1.11 улс төр, эдийн засаг, нийгэм соёлын амьдрал, гэр бүлийн харилцаанд эрэгтэй, эмэгтэй тэгш эрхтэй. Гэрлэлт нь хуулиар тогтоосон насанд хүрсэн эрэгтэй, эмэгтэй хоёрын тэгш эрх, сайн дурын харилцаанд үндэслэнэ. Гэр бүл, эх нялхас, хүүхдийн ашиг сонирхлыг төр хамгаална;

16.1.12. төрийн байгууллага, албан тушаалтанд өргөдөл, гомдлоо гаргаж шийдвэрлүүлэх эрхтэй. Төрийн байгууллага, албан тушаалтан нь иргэдийн өргөдөл, гомдлыг хуулийн дагуу шийдвэрлэх үүрэгтэй;

16.1.13. халдашгүй, чөлөөтэй байх эрхтэй. Хуульд заасан үндэслэл, журмаас гадуур дур мэдэн хэнийг ч нэгжих, баривчлах, хорих, мөрдөн мөшгих, эрх чөлөөг нь хязгаарлахыг хориглоно. Хэнд боловч эрүү шүүлт тулгаж, хүнлэг бус, хэрцгий хандаж, нэр төрийг нь доромжилж болохгүй. Баривчилсан шалтгаан, үндэслэлийг баривчлагдсан хүн, түүний гэр бүлийнхэн, өмгөөлөгчид нь хуульд заасан хугацаанд мэдэгдэнэ. Иргэний хувийн ба гэр бүл, захидал харилцааны нууц, орон байрны халдашгүй байдлыг хуулиар хамгаална;

16.1.14. Монгол Улсын хууль, олон улсын гэрээнд заасан эрх, эрх чөлөө нь зөрчигдсөн гэж үзвэл уул эрхээ хамгаалуулахаар шүүхэд гомдол гаргах, бусдын хууль бусаар учруулсан хохирлыг нөхөн төлүүлэх, өөрийн болон гэр бүлийн гишүүд, эцэг эх, үр хүүхдийнхээ эсрэг мэдүүлэг өгөхгүй байх, өөрийгөө өмгөөлөх, хууль зүйн туслалцаа авах, нотлох баримтыг шалгуулах, шударга шүүхээр шүүлгэх, хэргээ шүүх ажиллагаанд биеэр оролцох, шүүхийн шийдвэрийг давж заалдах, уучлал хүсэх эрхтэй. Өөрөө өөрийнхөө эсрэг мэдүүлэг өгөхийг шаардах, мэдүүлэг гаргуулахаар шахалт үзүүлэх, хүч хэрэглэхийг хориглоно. Гэм буруутай нь хуулийн дагуу шүүхээр нотлогдох хүртэл хэнийг ч гэмт хэрэг үйлдсэн гэм буруутайд тооцож үл болно. Гэм буруутны ял зэмлэлийг түүний гэр бүлийн гишүүд, төрөл саданд нь халдаан хэрэглэхийг хориглоно;

16.1.15. шашин шүтэх, эс шүтэх эрх чөлөөтэй;

16.1.16. итгэл үнэмшилтэй байх, үзэл бодлоо чөлөөтэй илэрхийлэх, үг хэлэх, хэвлэн нийтлэх, тайван жагсаал, цуглаан хийх эрх чөлөөтэй. Жагсаал, цуглаан хийх журмыг хуулиар тогтооно;

17/ төр, түүний байгууллагаас хууль ёсоор тусгайлан хамгаалбал зохих нууцад хамаарахгүй асуудлаар мэдээлэл хайх, хүлээн авах эрхтэй. Хүний эрх, нэр төр, алдар хүнд, улсыг батлан хамгаалах, үндэсний аюулгүй байдал, нийгмийн хэв журмыг хангах зорилгоор задруулж үл болох төр, байгууллага, хувь хүний нууцыг хуулиар тогтоон хамгаална;

16.1.18. улсынхаа нутаг дэвсгэрт чөлөөтэй зорчих, түр буюу байнга оршин суух газраа сонгох, гадаадад явах, оршин суух, эх орондоо буцаж ирэх эрхтэй. Гадаадад явах, оршин суух эрхийг үндэсний болон хүн амын аюулгүй байдлыг хангах, нийгмийн хэв журмыг хамгаалахын тулд зөвхөн хуулиар хязгаарлаж болно.

Арван долдугаар зүйл.

17.1. Монгол Улсын иргэн шударга, хүнлэг ёсыг эрхэмлэн дараахь үндсэн үүргийг ёсчлон биелүүлнэ:

17.1.1. Үндсэн хууль, бусад хуулийг дээдлэн хүндэтгэж, сахин биелүүлэх;

17.1.2. хүний нэр төр, алдар хүнд, эрх, хууль ёсны ашиг сонирхлыг хүндэтгэх;

17.1.3. хуулиар ногдуулсан албан татвар төлөх;

17.1.4. эх орноо хамгаалах, хуулийн дагуу цэргийн алба хаах.

17.2. Хөдөлмөрлөх, эрүүл мэндээ хамгаалах, үр хүүхдээ өсгөн хүмүүжүүлэх, байгаль орчноо хамгаалах нь иргэн бүрийн журамт үүрэг мөн.

Арван наймдугаар зүйл.

18.1. Монгол Улсын нутаг дэвсгэрт байгаа гадаадын иргэний эрх, үүргийг Монгол Улсын хууль, уул иргэнийг харьяалсан улстай байгуулсан гэрээгээр тогтооно.

18.2. Монгол Улс олон улсын гэрээгээр гадаадын иргэний эрх, үүргийг тодорхойлохдоо уул иргэнийг харьяалсан улстай энэ талаар харилцан адил байх зарчим баримтална.

18.3. Монгол Улс нутаг дэвсгэртээ байгаа харьяалалгүй хүний эрх, үүргийг өөрийн хуулиар тогтооно.

18.4. Үзэл бодол, улс төрийн хийгээд шударга ёсны бусад үйл ажиллагааныхаа улмаас хавчигдан мөшгөгдсөн гадаадын иргэн, харьяалалгүй хүн үндэслэл бүхий хүсэлт гаргавал Монгол Улсад орогнох эрх олгож болно.

18.5. Монгол Улсын иргэний үндсэн эрх, эрх чөлөөг тус улсын нутаг дэвсгэрт байгаа гадаадын иргэн, харьяалалгүй хүнд эдлүүлэхдээ Монгол Улсын нэгдэн орсон олон улсын гэрээнд заасан хүний салшгүй эрхээс бусад эрхийн хувьд үндэсний болон хүн амын аюулгүй байдлыг хангах, нийгмийн хэв журмыг хамгаалахын тулд хуулиар зохих хязгаарлал тогтоож болно.

Арван есдүгээр зүйл.

19.1. Төрөөс хүний эрх, эрх чөлөөг хангахуйц эдийн засаг, нийгэм, хууль зүйн болон бусад баталгааг бүрдүүлэх, хүний эрх, эрх чөлөөг зөрчихтэй тэмцэх, хөндөгдсөн эрхийг сэргээн эдлүүлэх үүргийг иргэнийхээ өмнө хариуцна.

19.2. Онц болон дайны байдал зарласан тохиолдолд Үндсэн хууль, бусад хуульд заасан хүний эрх, эрх чөлөөг гагцхүү хуулиар хязгаарлаж болно. Тийнхүү хязгаарласан хууль нь хүний амьд явах эрх, итгэл үнэмшилтэй байх, шашин шүтэх, эс шүтэх эрх чөлөө, түүнчлэн хэнд боловч эрүү шүүлт тулгах, хүнлэг бус, хэрцгий хандахыг хориглосон хуулийн заалтыг үл хөндөнө.

19.3. Хүн эрх, эрх чөлөөгөө эдлэхдээ үндэсний аюулгүй байдал, бусад хүний эрх, эрх чөлөөг хохироож, нийгмийн хэв журмыг гажуудуулж болохгүй.

ГУРАВДУГААР БҮЛЭГ
МОНГОЛ УЛСЫН ТӨРИЙН БАЙГУУЛАЛ
НЭГ. Монгол Улсын Их Хурал

Хорьдугаар зүйл.

20.1. Монгол Улсын Их Хурал бол төрийн эрх барих дээд байгууллага мөн бөгөөд хууль тогтоох эрх мэдлийг гагцхүү Улсын Их Хуралд хадгална.

Хорин нэгдүгээр зүйл.

21.1. Улсын Их Хурал нэг танхимтай, далан зургаан гишүүнтэй байна.

21.2. Улсын Их Хурлын гишүүнийг Монгол Улсын сонгуулийн эрх бүхий иргэд нийтээрээ, чөлөөтэй, шууд сонгох эрхийн үндсэн дээр саналаа нууцаар гаргаж, дөрвөн жилийн хугацаагаар сонгоно.

21.3. Улсын Их Хурлын гишүүнээр Монгол Улсын хорин таван нас хүрсэн, сонгуулийн эрх бүхий иргэнийг сонгоно.

21.4. Улсын Их Хурлын сонгуулийн журмыг хуулиар тогтооно.

Хорин хоёрдугаар зүйл.

22.1. Улсын нийт нутаг дэвсгэр буюу зарим хэсгийг нь хамарсан гэнэтийн аюул тохиолдсон, дайны ба нийтийн эмх замбараагүй байдал үүссэн зэрэг онцгой нөхцөлийн улмаас ээлжит сонгууль явуулах боломжгүй бол мөнхүү нөхцөл арилж, шинэ сонгогдсон гишүүдээ тангараг өргөтөл Улсын Их Хурал бүрэн эрхээ хэрэгжүүлнэ.

22.2. Улсын Их Хурал бүрэн эрхээ хэрэгжүүлэх боломжгүй гэж нийт гишүүний гуравны хоёроос доошгүй нь үзсэнээр буюу эсхүл мөнхүү шалтгаанаар Ерөнхийлөгч Улсын Их Хурлын даргатай зөвшилцөн санал болгосноор өөрөө тарах шийдвэр гаргаж болно. Ийнхүү тарах шийдвэр гаргасан бол шинэ сонгогдсон гишүүдээ тангараг өргөтөл Улсын Их Хурал бүрэн эрхээ эдэлнэ.

Үндсэн хуульд өөрөөр заагаагүй бол Монгол Улсын Ерөнхий сайдыг томилох саналыг Улсын Их Хуралд өргөн мэдүүлснээс хойш дөчин тав хоногийн дотор Улсын Их Хурал хэлэлцэн шийдвэрлэж чадаагүй бол өөрөө тарах буюу эсхүл Монгол Улсын Ерөнхийлөгч Улсын Их Хурлыг тараах тухай шийдвэр гаргана.

/Энэ заалтыг 1999 оны 12 дугаар сарын 24-ний өдөр батлагдсан Монгол Улсын Үндсэн хуульд оруулсан нэмэлт, өөрчлөлтөөр нэмсэн бөгөөд Үндсэн Хуулийн Цэцийн 2000 оны 02 дугаар тогтоолоор хүчингүй болсон. Мөн 2000 оны 12 дугаар сарын 14-ний өдөр батлагдсан Монгол Улсын Үндсэн хуульд оруулсан нэмэлт, өөрчлөлтөөр нэмсэн/

Улаанбаатар хот

Хорин гуравдугаар зүйл.

23.1. Улсын Их Хурлын гишүүн бол ард түмний элч мөн бөгөөд нийт иргэн, улсын ашиг сонирхлыг эрхэмлэн баримтална.

23.2. Улсын Их Хурлын гишүүний бүрэн эрх нь Төрийн сүлдэндээ тангараг өргөснөөр эхэлж, Улсын Их Хурлын дараагийн сонгуулиар шинэ сонгогдсон гишүүд тангараг өргөснөөр дуусгавар болно.

Хорин дөрөвдүгээр зүйл.

24.1. Улсын Их Хурлын дарга, дэд даргыг Улсын Их Хурлын гишүүдийн дотроос нэр дэвшүүлэн саналаа илээр гаргаж сонгоно. Улсын Их Хурлын тухайн сонгуулийн дүнд бий болсон нам, эвслийн бүлэг тус бүрээс Улсын Их Хурлын дэд даргыг сонгоно.

/Энэ хэсгийг 1999 оны 12 дугаар сарын 24-ний өдөр батлагдсан Монгол Улсын Үндсэн хуульд оруулсан нэмэлт, өөрчлөлтөөр өөрчлөн найруулсан бөгөөд Үндсэн Хуулийн Цэцийн 2000 оны 02 дугаар тогтоолоор хүчингүй болсон. Мөн 2000 оны 12 дугаар сарын 14-ний өдөр батлагдсан Монгол Улсын Үндсэн хуульд оруулсан нэмэлт, өөрчлөлтөөр өөрчлөн найруулсан/

Улаанбаатар хот

Хорин тавдугаар зүйл.

25.1. Улсын Их Хурал төрийн дотоод, гадаад бодлогын аль ч асуудлыг санаачлан хэлэлцэж болох бөгөөд дараахь асуудлыг өөрийн онцгой бүрэн эрхэд хадгалж шийдвэрлэнэ:

25.1.1. хууль батлах, нэмэлт, өөрчлөлт оруулах;

25.1.2. төрийн дотоод, гадаад бодлогын үндсийг тодорхойлох;

25.1.3. Ерөнхийлөгчийн ба Улсын Их Хурал, түүний гишүүний сонгуулийг товлон зарлах;

25.1.4. Улсын Их Хурлын Байнгын хороо, Засгийн газар, хуульд зааснаар Улсын Их Хуралд ажлаа шууд хариуцан тайлагнадаг бусад байгууллагын бүтэц, бүрэлдэхүүнийг тогтоох, өөрчлөх;

25.1.5. Ерөнхийлөгчийг сонгогдсон гэж үзэж бүрэн эрхийг нь хүлээн зөвшөөрсөн хууль гаргах, чөлөөлөх, огцруулах;

25.1.6. Ерөнхий сайд, Засгийн газрын гишүүд, хуульд зааснаар Улсын Их Хуралд ажлаа шууд хариуцан тайлагнадаг бусад байгууллагын бүрэлдэхүүнийг томилох, өөрчлөх, огцруулах;

25.1.7. төрийн санхүү, зээл, албан татвар, мөнгөний бодлого, улсын эдийн засаг, нийгмийн хөгжлийн үндсэн чиглэлийг тодорхойлж, Засгийн газрын үйл ажиллагааны хөтөлбөр, улсын төсөв, түүний гүйцэтгэлийн тайланг батлах;

25.1.8. хууль, Улсын Их Хурлын бусад шийдвэрийн биелэлтийг хянан шалгах;

25.1.9. улсын хил тогтоох;

25.1.10. Монгол Улсын үндэсний аюулгүй байдлын зөвлөлийн бүтэц, бүрэлдэхүүн, бүрэн эрхийг тогтоох;

25.1.11. Засгийн газрын өргөн мэдүүлснээр Монгол Улсын засаг захиргаа, нутаг дэвсгэрийн хуваарийг батлах, өөрчлөх;

25.1.12. нутгийн өөрөө удирдах болон захиргааны байгууллагын тогтолцоо, зохион байгуулалт, үйл ажиллагааны эрх зүйн үндсийг тогтоох;

25.1.13. улсын цол, одон, медаль, цэргийн дээд цол бий болгох, төрийн албаны зарим тусгай салбарын албан тушаалын зэрэг дэвийг тогтоох;

25.1.14. өршөөл үзүүлэх шийдвэр гаргах;

25.1.15. Засгийн газрын өргөн мэдүүлснээр Монгол Улсын олон улсын гэрээг соёрхон батлах, цуцлах, гадаад улстай дипломат харилцаа тогтоох, цуцлах;

25.1.16. ард нийтийн санал асуулга явуулах. Сонгуулийн эрх бүхий иргэдийн олонхи нь оролцсон ард нийтийн санал асуулгыг хүчинтэйд тооцож, олонхийн санал авсан асуудлыг шийдвэрлэгдсэн гэж үзнэ;

25.1.17. Монгол Улсын тусгаар тогтнол, бүрэн эрхт байдалд бусад улсаас аюул занал учруулж, зэвсэглэн халдвал дайн бүхий байдал зарлах, цуцлах;

25.1.18. энэ зүйлийн 2, 3 дахь хэсэгт заасан онцгой нөхцөлд улсын нийт нутаг дэвсгэрт буюу зарим хэсэгт нь онц болон дайны байдал зарлах, эсхүл энэ тухай гаргасан Ерөнхийлөгчийн зарлигийг батлах, хүчингүй болгох.

25.2. Дараахь онцгой нөхцөл бий болсон үед үр дагаврыг нь арилгах, хүн ам, нийгмийн амьдралыг хэвийн болгохын тулд онц байдал зарлаж болно:

25.2.1. улсын нийт нутаг дэвсгэрт буюу зарим хэсэгт нь оршин суугаа хүн амын амь нас, эрүүл мэнд, аж амьдрал, нийтийн аюулгүй байдалд шууд аюул учруулсан буюу учруулахуйц байгалийн гамшиг, гэнэтийн бусад аюул тохиолдсон;

25.2.2. Үндсэн хуулийн дэг журам, нийгмийн хууль ёсны тогтолцоо оршин тогтноход заналхийлсэн аливаа байгууллага, бүлэг хүний зохион байгуулалт бүхий хүч хэрэглэсэн хууль бус үйл ажиллагааны улмаас үүссэн нийтийн эмх замбараагүй байдлыг төрийн байгууллага эрх хэмжээнийхээ дотор ердийн арга хэрэгслээр тохинуулах боломжгүй болсон.

25.3. Улсын нийт нутаг дэвсгэрт буюу зарим хэсэгт нь нийтийн эмх замбараагүй байдал үүсч, зэвсэгт мөргөлдөөнд хүрсэн, тийм мөргөлдөөн гарах бодит аюул бий болсон, бусад улсаас цэргийн хүчээр түрэмгийлэн халдсан, эсхүл тийнхүү халдах нь бодитой болсон үед дайны байдал зарлаж болно.

25.4. Улсын Их Хурлын бусад бүрэн эрх, зохион байгуулалт, үйл ажиллагааны журмыг хуулиар тогтооно.

Хорин зургадугаар зүйл.

26.1. Ерөнхийлөгч, Улсын Их Хурлын гишүүн, Засгийн газар хууль санаачлах эрх эдэлнэ.

26.2. Иргэд, бусад байгууллага хуулийн төслийн тухай саналаа хууль санаачлагчид уламжилна.

26.3. Монгол Улсын хуулийг Улсын Их Хурал албан ёсоор нийтлэх бөгөөд хэрэв хуульд өөрөөр заагаагүй бол ийнхүү нийтэлснээс хойш арав хоногийн дараа хүчин төгөлдөр болно.

Хорин долдугаар зүйл.

27.1. Улсын Их Хурал бүрэн эрхээ чуулган, зохион байгуулалтын бусад хэлбэрээр хэрэгжүүлнэ.

27.2. Улсын Их Хурлын ээлжит чуулган хагас жил тутам нэг удаа тавиас доошгүй ажлын өдөр чуулна.

/Энэ хэсгийг 1999 оны 12 дугаар сарын 24-ний өдөр батлагдсан Монгол Улсын Үндсэн хуульд оруулсан нэмэлт, өөрчлөлтөөр өөрчлөн найруулсан бөгөөд Үндсэн Хуулийн Цэцийн 2000 оны 02 дугаар

Улаанбаатар
хот

тогтоолоор хүчингүй болсон. Мөн 2000 оны 12 дугаар сарын 14-ний өдөр батлагдсан Монгол Улсын Үндсэн хуульд оруулсан нэмэлт, өөрчлөлтөөр өөрчлөн найруулсан/

/Энэ хэсгийг 1999 оны 12 дугаар сарын 24-ний өдөр батлагдсан Монгол Улсын Үндсэн хуульд оруулсан нэмэлт, өөрчлөлтөөр өөрчлөн найруулсан бөгөөд Үндсэн Хуулийн Цэцийн 2000 оны 02 дугаар тогтоолоор хүчингүй болсон. Мөн 2000 оны 12 дугаар сарын 14-ний өдөр батлагдсан Монгол Улсын Үндсэн хуульд оруулсан нэмэлт, өөрчлөлтөөр өөрчлөн найруулсан/ Улаанбаатар хот

Хорин наймдугаар зүйл.

28.1. Улсын Их Хурал үйл ажиллагааныхаа зохих салбар, чиглэлээр Байнгын хороодтой байна.

28.2. Байнгын хорооны бүрэн эрх, зохион байгуулалт, үйл ажиллагааны журмыг Улсын Их Хурал тогтооно.

Хорин есдүгээр зүйл.

29.1. Улсын Их Хурлын гишүүн бүрэн эрхийнхээ хугацаанд улсын төсвөөс цалин авна. Улсын Их Хурлын гишүүн нь Ерөнхий сайд, Засгийн газрын гишүүнээс бусад, хуулиар тогтоосон үүрэгт нь үл хамаарах ажил, албан тушаал хавсарч болохгүй.

/Энэ хэсгийг 1999 оны 12 дугаар сарын 24-ний өдөр батлагдсан Монгол Улсын Үндсэн хуульд оруулсан нэмэлт, өөрчлөлтөөр өөрчлөн найруулсан бөгөөд Үндсэн Хуулийн Цэцийн 2000 оны 02 дугаар тогтоолоор хүчингүй болсон. Мөн 2000 оны 12 дугаар сарын 14-ний өдөр батлагдсан Монгол Улсын Үндсэн хуульд оруулсан нэмэлт, өөрчлөлтөөр өөрчлөн найруулсан/ Улаанбаатар хот

Гучдугаар зүйл.

30.1. Монгол Улсын Ерөнхийлөгч бол төрийн тэргүүн, Монголын ард түмний эв нэгдлийг илэрхийлэгч мөн.

30.2. Ерөнхийлөгчөөр дөчин таван нас хүрсэн, сүүлийн таваас доошгүй жил эх орондоо байнга оршин суусан, Монгол Улсын уугуул иргэнийг дөрвөн жилийн хугацаагаар сонгоно.

Гучин нэгдүгээр зүйл

31.1. Ерөнхийлөгчийн сонгууль хоёр шаттай байна.

31.2. Улсын Их Хуралд суудал бүхий нам дангаараа буюу хамтран Ерөнхийлөгчид тус бүр нэг хүний нэр дэвшүүлнэ.

31.3. Анхан шатны сонгуульд Монгол Улсын сонгуулийн эрх бүхий иргэд нийтээрээ, чөлөөтэй, шууд сонгох эрхтэй оролцож, Ерөнхийлөгчид нэр дэвшигчийн талаар саналаа нууцаар гаргана.

31.4. Ерөнхийлөгчийн анхан шатны сонгуульд оролцсон нийт сонгогчийн олонхийн санал авсан нэр дэвшигчийг Улсын Их Хурал Ерөнхийлөгчөөр сонгогдсон гэж үзэж бүрэн эрхийг нь хүлээн зөвшөөрсөн хууль гаргана.

31.5. Ерөнхийлөгчид нэр дэвшигчдийн хэн нь ч ийнхүү сонгогчдын олонхийн санал аваагүй бол анхны санал хураалтад оролцсон нийт сонгогчийн хамгийн олон санал авсан хоёр хүнийг дахин санал хураалтад оруулна. Дахин санал хураалтаар сонгуульд оролцсон нийт сонгогчийн олонхийн санал авсан нэр дэвшигчийг Улсын Их Хурал Ерөнхийлөгчөөр сонгогдсон гэж үзэж бүрэн эрхийг нь хүлээн зөвшөөрсөн хууль гаргана.

31.6. Хэрэв хоёр дахь санал хураалтаар Ерөнхийлөгчид нэр дэвшигчдийн хэн нь ч ийнхүү сонгогчдын олонхийн санал аваагүй бол дахин сонгууль явуулна.

31.7. Ерөнхийлөгчийг зөвхөн нэг удаа улируулан сонгож болно.

31.8. Ерөнхийлөгч нь Ерөнхий сайд, Улсын Их Хурал, Засгийн газрын гишүүн, хуулиар тогтоосон үүрэгт нь үл хамаарах бусад ажил, албан тушаал хавсарч болохгүй. Хэрэв Ерөнхийлөгч өөр ажил, албан тушаал эрхэлж байгаа бол тангараг өргөсөн өдрөөсөө эхлэн уул үүргээс чөлөөлөгдөнө.

Гучин хоёрдугаар зүйл.

32.1. Ерөнхийлөгчийн бүрэн эрх тангараг өргөснөөр эхэлж, шинэ сонгогдсон Ерөнхийлөгч тангараг өргөснөөр дуусгавар болно.

32.2. Ерөнхийлөгч сонгогдсоноосоо хойш гуч хоногийн дотор “Монгол Улсын тусгаар тогтнол, бүрэн эрхт байдал, ард түмнийхээ эрх чөлөө, үндэсний эв нэгдлийг эрхэмлэн хамгаалж, Үндсэн хуулийг дээдлэн сахиж, Ерөнхийлөгчийн үүргийг шударгаар биелүүлэхээ батлан тангараглая” хэмээн Улсын Их Хуралд тангараг өргөнө.

Гучин гуравдугаар зүйл.

33.1. Ерөнхийлөгч дараахь үндсэн бүрэн эрхийг хэрэгжүүлнэ:

33.1.1. Улсын Их Хурлын баталсан хууль, бусад шийдвэрт бүхэлд нь буюу зарим хэсэгт нь хориг тавих. Ерөнхийлөгчийн тавьсан хоригийг Улсын Их Хурлаар хэлэлцэж, чуулганд оролцсон нийт гишүүний гуравны хоёр нь хүлээж аваагүй бол уг хууль, шийдвэр хүчин төгөлдөр хэвээр үлдэнэ;

33.1.2. Улсын Их Хуралд олонхи суудал авсан нам, эвслээс нэр дэвшүүлсэн хүнийг; аль ч нам, эвсэл олонхийн суудал аваагүй бол хамгийн олон суудал авсан нам, эвсэл бусад нам, эвсэлтэй зөвшилцөн нэр дэвшүүлсэн хүнийг; хэрэв хамгийн олон суудал авсан нам, эвсэл бусад нам, эвсэлтэй зөвшилцөж Ерөнхий сайдад нэр дэвшүүлж чадаагүй бол Улсын Их Хуралд суудал авсан нам, эвсэл зөвшилцөн олонхиороо нэр дэвшүүлсэн хүнийг Ерөнхий сайдаар томилох саналыг тав хоногийн дотор Улсын Их Хуралд оруулах;

/Энэ заалтыг 1999 оны 12 дугаар сарын 24-ний өдөр батлагдсан Монгол Улсын Үндсэн хуульд оруулсан нэмэлт, өөрчлөлтөөр өөрчлөн найруулсан бөгөөд Үндсэн Хуулийн Цэцийн 2000 оны 02 дугаар тогтоолоор хүчингүй болсон. Мөн 2000 оны 12 дугаар сарын 14-ний өдөр батлагдсан Монгол Улсын Үндсэн хуульд оруулсан нэмэлт, өөрчлөлтөөр өөрчлөн найруулсан/

Улаанбаатар хот

Гучин дөрөвдүгээр зүйл.

34.1. Ерөнхийлөгч бүрэн эрхийнхээ хүрээнд хуульд нийцүүлэн зарлиг гаргана.

34.2. Ерөнхийлөгчийн зарлиг хуульд нийцээгүй бол Ерөнхийлөгч өөрөө буюу Улсын Их Хурал хүчингүй болгоно.

Гучин тавдугаар зүйл.

35.1. Ерөнхийлөгч Улсын Их Хуралд ажлаа хариуцна.

35.2. Ерөнхийлөгч тангаргаасаа няцаж Үндсэн хууль, Ерөнхийлөгчийн бүрэн эрхийг зөрчвөл Үндсэн хуулийн цэцийн дүгнэлтийг үндэслэн Улсын Их Хурлаар хэлэлцэж чуулганд оролцсон нийт гишүүний дийлэнх олонхийн саналаар огцруулна.

Гучин зургадугаар зүйл.

36.1. Ерөнхийлөгчийн бие, өргөө, унаа халдашгүй дархан байна.

36.2. Ерөнхийлөгчийн нэр төр, халдашгүй байдлыг хуулиар хамгаална.

Гучин долдугаар зүйл.

37.1. Ерөнхийлөгчийг түр эзгүйд бүрэн эрхийг нь Улсын Их Хурлын дарга хэрэгжүүлнэ.

37.2. Ерөнхийлөгч огцорсон, нас нөгчсөн, хүсэлтээрээ чөлөөлөгдсөн бол Ерөнхийлөгч шинээр сонгогдож тангараг өргөх хүртэл бүрэн эрхийг нь Улсын Их Хурлын дарга хэрэгжүүлнэ. Энэ тохиолдолд Улсын Их Хурал Ерөнхийлөгчийн сонгуулийг дөрвөн сарын дотор зарлан явуулна.

37.3. Улсын Их Хурлын дарга Ерөнхийлөгчийн үүрэг гүйцэтгэх журмыг хуулиар тогтооно.ГУРАВ. Монгол Улсын Засгийн газар

Гучин наймдугаар зүйл.

38.1. Монгол Улсын Засгийн газар бол төрийн гүйцэтгэх дээд байгууллага мөн.

38.2. Засгийн газар төрийн хуулийг биелүүлж, аж ахуй, нийгэм, соёлын байгуулалтыг удирдах нийтлэг чиг үүргийн дагуу дараахь үндсэн бүрэн эрхийг хэрэгжүүлнэ:

38.2.1. Үндсэн хууль, бусад хуулийн биелэлтийг улс даяар зохион байгуулж хангах;

38.2.2. шинжлэх ухаан, технологийн нэгдсэн бодлого, улсын эдийн засаг, нийгмийн хөгжлийн үндсэн чиглэл, улсын төсөв, зээл, санхүүгийн төлөвлөгөөг боловсруулж Улсын Их Хуралд өргөж, гарсан шийдвэрийг биелүүлэх;

38.2.3. салбарын ба салбар хоорондын, түүнчлэн бүс нутгийн хөгжлийн асуудлаар арга хэмжээ боловсруулж хэрэгжүүлэх;

38.2.4. хүрээлэн байгаа орчныг хамгаалах, байгалийн баялгийг зүй зохистой ашиглах, нөхөн сэргээх арга хэмжээ авах;

38.2.5. төрийн захиргааны төв байгууллагыг шуурхай удирдаж, нутгийн захиргааны байгууллагын үйл ажиллагааг удирдан чиглүүлэх;

38.2.6. улсыг батлан хамгаалах хүчин чадлыг бэхжүүлж, үндэсний аюулгүй байдлыг хангах;

38.2.7. хүний эрх, эрх чөлөөг хамгаалах, нийгмийн хэв журмыг бэхжүүлэх, гэмт хэрэгтэй тэмцэх арга хэмжээ авч хэрэгжүүлэх;

38.2.8. төрийн гадаад бодлого хэрэгжүүлэх;

38.2.9. Улсын Их Хуралтай зөвшилцөж дараа соёрхон батлуулахаар Монгол Улсын олон улсын гэрээ байгуулах, хэрэгжүүлэх, түүнчлэн Засгийн газар хоорондын гэрээ байгуулах, цуцлах.

38.3. Засгийн газрын тодорхой бүрэн эрх, зохион байгуулалт, үйл ажиллагааны журмыг хуулиар тогтооно.

Гучин есдүгээр зүйл.

39.1. Засгийн газар Ерөнхий сайд, гишүүдээс бүрдэнэ.

39.2. Монгол Улсын Ерөнхий сайд Засгийн газрын бүтэц, бүрэлдэхүүн, түүнд өөрчлөлт оруулах саналаа Ерөнхийлөгчтэй зөвшилцөн Улсын Их Хуралд өргөн мэдүүлнэ.

Ерөнхий сайд уул асуудлыг Ерөнхийлөгчтэй долоо хоногийн дотор зөвшилцөж чадаагүй бол Улсын Их Хуралд өөрөө өргөн мэдүүлнэ.

/Энэ заалтыг 1999 оны 12 дугаар сарын 24-ний өдөр батлагдсан Монгол Улсын Үндсэн хуульд оруулсан нэмэлт, өөрчлөлтөөр нэмсэн бөгөөд Үндсэн Хуулийн Цэцийн 2000 оны 02 дугаар тогтоолоор хүчингүй болсон. Мөн 2000 оны 12 дугаар сарын 14-ний өдөр батлагдсан Монгол Улсын Үндсэн хуульд оруулсан нэмэлт, өөрчлөлтөөр нэмсэн/

Улаанбаатар
хот

Дөчдүгээр зүйл.

40.1. Засгийн газрын бүрэн эрхийн хугацаа дөрвөн жил байна.

40.2. Засгийн газрын бүрэн эрх Улсын Их Хурлаас Ерөнхий сайдыг томилсноор эхэлж, шинэ Ерөнхий сайдыг томилсноор дуусгавар болно.

Дөчин нэгдүгээр зүйл.

41.1. Ерөнхий сайд Засгийн газрыг удирдаж, төрийн хууль биелүүлэх ажлыг Улсын Их Хурлын өмнө хариуцна.

41.2. Засгийн газар үйл ажиллагаагаа Улсын Их Хуралд тайлагнана.

Дөчин хоёрдугаар зүйл.

42.1. Ерөнхий сайд, Засгийн газрын гишүүний халдашгүй байдлыг хуулиар хамгаална.

Дөчин гуравдугаар зүйл.

43.1. Засгийн газар бүрэн эрхээ хэрэгжүүлэх боломжгүй гэж үзвэл хугацаа дуусахаас өмнө огцрох тухайгаа Ерөнхий сайд Улсын Их Хуралд өргөн мэдүүлж болно.

43.2. Ерөнхий сайд, эсхүл Засгийн газрын гишүүдийн тэн хагас нь нэгэн зэрэг огцорвол Засгийн газар бүрэлдэхүүнээрээ огцорно.

43.3. Улсын Их Хурал Засгийн газрыг огцруулах тухай өөрөө санаачилсан болон Ерөнхийлөгчийн санал, Ерөнхий сайдын мэдэгдлийг хүлээн авснаас хойш арван тав хоногийн дотор Засгийн газрыг огцруулах эсэхийг хэлэлцэн шийдвэрлэнэ.

43.4. Улсын Их Хурлын гишүүдийн дөрөвний нэгээс доошгүй нь Засгийн газрыг огцруулах тухай саналыг албан ёсоор тавибал Улсын Их Хурал хэлэлцэн шийдвэрлэнэ.

Дөчин дөрөвдүгээр зүйл.

44.1. Өөрт нь итгэл хүлээлгэж байгаа эсэхийг илэрхийлж өгөхийг хүсч Засгийн газар тогтоолын төсөл оруулбал Улсын Их Хурал уул асуудлыг дөчин гуравдугаар зүйлийн 3 дахь хэсэгт заасан журмаар шийдвэрлэнэ.

Дөчин тавдугаар зүйл.

45.1. Засгийн газар хууль тогтоомжид нийцүүлэн бүрэн эрхийнхээ дотор тогтоол, захирамж гаргах бөгөөд түүнд Ерөнхий сайд, тухайн шийдвэрийн биелэлтийг хариуцсан сайд гарын үсэг зурна.

45.2. Засгийн газрын тогтоол, захирамж нь хууль тогтоомжид нийцээгүй бол Засгийн газар өөрөө буюу Улсын Их Хурал хүчингүй болгоно.

Дөчин зургадугаар зүйл.

46.1. Монгол Улсын яам, төрийн бусад албан газрыг хуулийн дагуу байгуулна.

46.2. Монгол Улсын төрийн жинхэнэ албан хаагч Монгол Улсын иргэн байх бөгөөд Үндсэн хууль, бусад хуулийг чандлан баримталж ард түмнийхээ тусын тулд, иргэний ёсоор төрийн ашиг сонирхолд захирагдан ажиллана.

46.3. Төрийн албан хаагчийн ажиллах нөхцөл, баталгааг хуулиар тогтооно.ДӨРӨВ. Шүүх эрх мэдэл

Дөчин долдугаар зүйл.

47.1. Монгол Улсад шүүх эрх мэдлийг гагцхүү шүүх хэрэгжүүлнэ.

47.2. Ямар ч нөхцөлд хуулиас гадуур шүүх байгуулах, шүүх эрх мэдлийг өөр байгууллага эрхлэн хэрэгжүүлэхийг хориглоно.

47.3. Шүүхийг зөвхөн Үндсэн хууль, бусад хуулийн дагуу байгуулна.

Дөчин наймдугаар зүйл.

48.1. Шүүхийн үндсэн тогтолцоо Улсын дээд шүүх, аймаг, нийслэлийн шүүх, сум буюу сум дундын, дүүргийн шүүхээс бүрдэх бөгөөд эрүү, иргэн, захиргааны зэрэг шүүн таслах ажлын төрлөөр шүүхийг дагнан байгуулж болно. Дагнасан шүүхийн үйл ажиллагаа, шийдвэр нь Улсын дээд шүүхийн хяналтаас гадуур байж үл болно.

48.2. Шүүхийн зохион байгуулалт, үйл ажиллагааны эрх зүйн үндсийг хуулиар тогтооно.

48.3. Шүүх улсын төсвөөс санхүүжинэ. Шүүх үйл ажиллагаагаа явуулах эдийн засгийн баталгааг төр хангана.

Дөчин есдүгээр зүйл.

49.1. Шүүгч хараат бус байж, гагцхүү хуульд захирагдана.

49.2. Ерөнхийлөгч, Ерөнхий сайд, Улсын Их Хурлын ба Засгийн газрын гишүүн, төр, нам, олон нийтийн бусад байгууллагын албан тушаалтан, иргэн хэн боловч шүүгчээс шүүн таслах үүргээ хэрэгжүүлэхэд хөндлөнгөөс оролцож болохгүй.

49.3. Шүүгчийн хараат бус, шүүхийн бие даасан байдлыг хангах зорилгоор Шүүхийн ерөнхий зөвлөл ажиллана.

49.4. Шүүхийн ерөнхий зөвлөл шүүх, шүүгчийн шүүн таслах ажиллагаанд оролцохгүйгээр, гагцхүү хуульчдаас шүүгчийг шилж олох, эрх ашгийг нь хамгаалах зэрэг шүүхийг бие даан ажиллах нөхцөлөөр хангахтай холбогдсон үүргийг биелүүлнэ.

49.5. Шүүхийн ерөнхий зөвлөлийн зохион байгуулалт, үйл ажиллагааны журмыг хуулиар тогтооно.

Тавьдугаар зүйл.

51.1. Монгол Улсын дээд шүүх бол шүүхийн дээд байгууллага мөн бөгөөд дараахь бүрэн эрхийг хэрэгжүүлнэ:

51.1.1. хуулиар харьяалуулсан эрүүгийн хэрэг, эрх зүйн маргааныг анхан шатны журмаар хянан шийдвэрлэх;

51.1.2. давж заалдах болон хяналтын журмаар доод шатны шүүхийн шийдвэрийг хянан үзэх;

51.1.3. хууль, түүнд заасан хүний эрх, эрх чөлөөг хамгаалах талаар Үндсэн хуулийн цэц, Улсын ерөнхий прокуророос шилжүүлсэн асуудлыг хянан шийдвэрлэх;

51.1.4. Үндсэн хуулиас бусад хуулийг зөв хэрэглэх талаар албан ёсны тайлбар гаргах;

51.1.5. хуулиар эрх олгосон бусад асуудлыг шийдвэрлэх.

51.2. Улсын дээд шүүхийн шийдвэр шүүхийн эцсийн шийдвэр байх бөгөөд түүнийг бүх шүүх, бусад этгээд заавал биелүүлнэ. Хэрэв Улсын дээд шүүхийн шийдвэр хуульд харшилбал түүнийг Улсын дээд шүүх өөрөө хүчингүй болгоно. Улсын дээд шүүхийн тайлбар хуульд харшилбал хуулийг дагаж биелүүлнэ.

51.3. Улсын дээд шүүх, бусад шүүх нь Үндсэн хуульд нийцээгүй, албан ёсоор нийтлээгүй хуулийг хэрэглэх эрхгүй.

Тавин нэгдүгээр зүйл.

51.1. Улсын дээд шүүх Ерөнхий шүүгч, шүүгчдээс бүрдэнэ.

51.2. Шүүхийн ерөнхий зөвлөлөөс Улсын дээд шүүхийн шүүгчдийг Улсын Их Хуралд танилцуулснаар, бусад шүүхийн шүүгчдийг Шүүхийн ерөнхий зөвлөлийн санал болгосноор тус тус Ерөнхийлөгч томилно. Ерөнхий шүүгчийг Улсын дээд шүүхийн санал болгосноор гишүүдийнх нь дотроос зургаан жилийн хугацаагаар Ерөнхийлөгч томилно.

51.3. Хууль зүйн дээд боловсролтой, мэргэжлээрээ арваас доошгүй жил ажилласан, Монгол Улсын гучин таван нас хүрсэн иргэнийг Улсын дээд шүүхийн шүүгчээр; хууль зүйн дээд боловсролтой, гурваас доошгүй жил мэргэжлээрээ ажилласан, Монгол Улсын хорин таван нас хүрсэн иргэнийг бусад шүүхийн шүүгчээр томилж болно.

51.4. Үндсэн хууль, шүүхийн тухай хуульд заасан үндэслэл, шүүхийн хүчин төгөлдөр шийдвэрийн дагуу огцруулах, эсхүл хүсэлтээр нь чөлөөлөхөөс бусад тохиолдолд аль ч шатны шүүхийн шүүгчийг огцруулахыг хориглоно.

Тавин хоёрдугаар зүйл.

52.1. Бүх шатны шүүх хэрэг, маргааныг хамтын зарчмаар хянан хэлэлцэж шийдвэрлэнэ.

52.2. Анхан шатны шүүх хэрэг, маргааныг хамтран шийдвэрлэхдээ иргэдийн төлөөлөгчдийг хуульд заасан журмын дагуу оролцуулна.

52.3. Хуульд тусгайлан зүйлчилж заасан зарим хэргийг шүүгч дангаар хянан шийдвэрлэж болно.

Тавин гуравдугаар зүйл.

53.1. Шүүн таслах ажиллагааг монгол хэлээр явуулна.

53.2. Монгол хэл мэдэхгүй хүнд хэргийн баримт сэлтийг хэлмэрчлүүлэн бүрэн танилцуулах бөгөөд шүүх хуралдаан дээр эх хэлээр нь үг хэлэх эрх олгоно.

Тавин дөрөвдүгээр зүйл.

54.1. Хуульд тусгайлан зааснаас бусад тохиолдолд шүүх хэргийг ил таслан шийдвэрлэнэ.

Тавин тавдугаар зүйл.

55.1. Шүүгдэгч өөрийгөө өмгөөлөх эрхтэй.

55.2. Шүүгдэгчид энэ эрхээ эдлэхэд хүсэлтээр нь буюу хуульд зааснаар хууль зүйн мэргэжлийн туслалцаа үзүүлнэ.

Тавин зургадугаар зүйл.

56.1. Прокурор хэрэг бүртгэх, мөрдөн байцаах, ял эдлүүлэх ажиллагаанд хяналт тавьж, шүүх хуралдаанд төрийн нэрийн өмнөөс оролцоно.

56.2. Улсын ерөнхий прокурор, түүний орлогч нарыг Улсын Их Хуралтай зөвшилцөн Ерөнхийлөгч зургаан жилийн хугацаагаар томилно.

56.3. Монгол Улсын прокурорын байгууллагын тогтолцоо, зохион байгуулалт, үйл ажиллагааны эрх зүйн үндсийг хуулиар тогтооно.

ДӨРӨВДҮГЭЭР БҮЛЭГ
МОНГОЛ УЛСЫН ЗАСАГ ЗАХИРГАА, НУТАГ ДЭВСГЭРИЙН НЭГЖ, ТҮҮНИЙ УДИРДЛАГА

Тавин долдугаар зүйл.

57.1. Монгол Улсын нутаг дэвсгэр засаг захиргааны хувьд аймаг, нийслэлд, аймаг нь суманд, сум нь багт, нийслэл нь дүүрэгт, дүүрэг нь хороонд хуваагдана.

57.2. Засаг захиргаа, нутаг дэвсгэрийн нэгж дэх хот, тосгоны эрх зүйн үндсийг хуулиар тогтооно.

57.3. Засаг захиргаа, нутаг дэвсгэрийн нэгжийг өөрчлөх асуудлыг эдийн засгийн бүтэц, хүн амын байршлыг харгалзан тухайн нутгийн Хурал, иргэдийн саналыг үндэслэн Улсын Их Хурал шийдвэрлэнэ.

Тавин наймдугаар зүйл.

58.1. Аймаг, нийслэл, сум, дүүрэг бол хуулиар тусгайлан олгосон чиг үүрэг, өөрийн удирдлага бүхий засаг захиргаа, нутаг дэвсгэр, эдийн засаг, нийгмийн цогцолбор мөн.

58.2. Аймаг, нийслэл, сум, дүүргийн хилийн цэсийг Засгийн газрын өргөн мэдүүлснээр Улсын Их Хурал батална.

Тавин есдүгээр зүйл.

59.1. Монгол Улсын засаг захиргаа, нутаг дэвсгэрийн нэгжийн удирдлага нь нутгийн өөрөө удирдах ёсыг төрийн удирдлагатай хослуулах үндсэн дээр хэрэгжинэ.

59.2. Нутгийн өөрөө удирдах байгууллага бол аймаг, нийслэл, сум, дүүрэгт тухайн нутаг дэвсгэрийн иргэдийн Төлөөлөгчдийн Хурал, баг, хороонд иргэдийн Нийтийн Хурал, тухайн Хурлын хуралдааны чөлөө цагт түүний Тэргүүлэгчид мөн.

59.3. Аймаг, нийслэлийн Төлөөлөгчдийн Хурлыг дөрвөн жилийн хугацаагаар сонгоно. Эдгээр Хурлын болон сум, дүүргийн Хурлын төлөөлөгчдийн тоо, сонгох журмыг хуулиар тогтооно.

Жардугаар зүйл.

60.1. Аймаг, нийслэл, сум, дүүрэг, баг, хорооны нутаг дэвсгэрт төрийн удирдлагыг тухайн аймаг, нийслэл, сум, дүүрэг, баг, хорооны Засаг дарга хэрэгжүүлнэ.

60.2. Засаг даргыг тухайн аймаг, нийслэл, сум, дүүрэг, баг, хорооны Хурлаас нэр дэвшүүлж, аймаг, нийслэлийн Засаг даргыг Ерөнхий сайд; сум, дүүргийн Засаг даргыг харьяалах аймаг, нийслэлийн Засаг дарга; баг, хорооны Засаг даргыг харьяалах сум, дүүргийн Засаг дарга тус тус дөрвөн жилийн хугацаагаар томилно.

60.3. Ерөнхий сайд буюу дээд шатны нэгжийн Засаг дарга доод шатныхаа нэгжийн Засаг даргад нэр дэвшигчийг томилохоос татгалзвал энэ зүйлийн 2 дахь хэсэгт заасан журмаар дахин нэр дэвшүүлж томилтол өмнөх Засаг дарга бүрэн эрхээ хэвээр хадгална.

Жаран нэгдүгээр зүйл.

61.1. Засаг дарга тухайн Хурлын шийдвэрийг хэрэгжүүлэхийн хамт засаг төрийн төлөөлөгчийн хувьд харьяа нутаг дэвсгэртээ хууль тогтоомж, Засгийн газар, харьяалах дээд шатныхаа байгууллагын шийдвэрийн гүйцэтгэлийг хангах ажлыг Засгийн газар, дээд шатны Засаг даргын өмнө хариуцна.

61.2. Засаг дарга тухайн аймаг, нийслэл, сум, дүүрэг, баг, хорооны Хурлын шийдвэрт хориг тавих эрхтэй.

61.3. Тавьсан хоригийг нь Хурал өөрийн төлөөлөгчдийн олонхийн саналаар няцаасан нөхцөлд Засаг дарга уул шийдвэрийг биелүүлэх боломжгүй гэж үзвэл огцрох хүсэлтээ зохих Хурал, Ерөнхий сайд буюу харьяалах дээд шатны Засаг даргад гаргаж болно.

61.4. Аймаг, нийслэл, сум, дүүргийн Засаг даргын ажлын алба нь тамгын газар мөн. Тамгын газрын бүтэц, орон тооны хязгаарыг Засгийн газар нэг бүрчлэн буюу нэг маягаар тогтооно.

Жаран хоёрдугаар зүйл.

62.1. Нутгийн өөрөө удирдах байгууллага тухайн аймаг, нийслэл, сум, дүүрэг, баг, хорооны нутаг дэвсгэрийн хэмжээний эдийн засаг, нийгмийн амьдралын асуудлыг бие дааж шийдвэрлэхийн хамт улс, дээд шатны нэгжийн чанартай асуудлыг шийдвэрлэхэд хүн амыг зохион байгуулж оролцуулна.

62.2. Нутгийн өөрөө удирдах байгууллагын эрх хэмжээний асуудлыг дээд шатны байгууллага нь шийдвэрлэж үл болно. Хэрэв нутаг дэвсгэрийн амьдралын тодорхой асуудлыг шийдвэрлэх талаар хууль, төрийн зохих дээд байгууллагын шийдвэрт тухайлан заагаагүй бол нутгийн өөрөө удирдах байгууллага Үндсэн хуульд нийцүүлэн бие даан шийдвэрлэж болно.

62.3. Улсын Их Хурал, Засгийн газраас шаардлагатай хэмээн үзсэн тохиолдолд өөрийн бүрэн эрхэд хамаарах зарим асуудлыг шийдвэрлүүлэхээр аймаг, нийслэлийн Хурал, Засаг даргад шилжүүлж болно.

Жаран гуравдугаар зүйл.

63.1. Аймаг, нийслэл, сум, дүүрэг, баг, хорооны Хурал эрх хэмжээнийхээ дотор тогтоол, Засаг дарга захирамж гаргана.

63.2. Хурлын тогтоол, Засаг даргын захирамж нь хууль тогтоомж, Ерөнхийлөгчийн зарлиг, Засгийн газар, харьяалах дээд шатны байгууллагын шийдвэрт нийцсэн байх бөгөөд түүнийг тус тусын нутаг дэвсгэрт хүчин төгөлдөр дагаж мөрдөнө.

63.3. Засаг захиргаа, нутаг дэвсгэрийн нэгж, түүний удирдлагын эрх хэмжээ, зохион байгуулалт, үйл ажиллагааны журмыг хуулиар тогтооно.

ТАВДУГААР БҮЛЭГ
МОНГОЛ УЛСЫН ҮНДСЭН ХУУЛИЙН ЦЭЦ

Жаран дөрөвдүгээр зүйл.

64.1. Монгол Улсын Үндсэн хуулийн цэц бол Үндсэн хуулийн биелэлтэд дээд хяналт тавих, түүний заалтыг зөрчсөн тухай дүгнэлт гаргах, маргааныг магадлан шийдвэрлэх бүрэн эрх бүхий байгууллага, Үндсэн хуулийг чандлан сахиулах баталгаа мөн.

64.2. Үндсэн хуулийн цэц, түүний гишүүн үүргээ гүйцэтгэхдээ гагцхүү Үндсэн хуульд захирагдах бөгөөд аливаа байгууллага, албан тушаалтан, бусад хүнээс хараат бус байна.

64.3. Үндсэн хуулийн цэцийн гишүүний хараат бус байдал Үндсэн хууль, бусад хуулиар тогтоосон баталгаагаар хангагдана.

Жаран тавдугаар зүйл.

65.1. Үндсэн хуулийн цэц есөн гишүүнээс бүрдэнэ. Тэдгээрийн гурвыг Улсын Их Хурал, гурвыг Ерөнхийлөгч, гурвыг Улсын дээд шүүхийн санал болгосноор Улсын Их Хурал зургаан жилийн хугацаагаар томилно.

65.2. Үндсэн хуулийн цэцийн гишүүнээр хууль зүй, улс төрийн өндөр мэргэшилтэй, Монгол Улсын дөчин нас хүрсэн иргэнийг томилно.

65.3. Үндсэн хуулийн цэцийн даргаар есөн гишүүний аль нэгийг гурван жилийн хугацаагаар гишүүдийн олонхийн саналаар сонгоно. Түүнийг нэг удаа улируулан сонгож болно.

65.4. Үндсэн хуулийн цэцийн дарга, гишүүн хууль зөрчвөл Үндсэн хуулийн цэцийн шийдвэр, анх илгээсэн байгууллагын саналыг үндэслэн Улсын Их Хурал эгүүлэн татаж болно.

65.5. Үндсэн хуулийн цэцийн бүрэлдэхүүнд Ерөнхийлөгч, Улсын Их Хурлын гишүүн, Ерөнхий сайд, Засгийн газрын гишүүн, Улсын дээд шүүхийн шүүгч орж үл болно.

Жаран зургадугаар зүйл.

66.1. Үндсэн хуулийн цэц нь Үндсэн хуулийг зөрчсөн тухай маргааныг иргэдийн өргөдөл, мэдээллийн дагуу өөрийн санаачилгаар буюу Улсын Их Хурал, Ерөнхийлөгч, Ерөнхий сайд, Улсын дээд шүүх, Улсын ерөнхий прокурорын хүсэлтээр хянан шийдвэрлэнэ.

66.2. Үндсэн хуулийн цэц энэ зүйлийн 1 дэх хэсэгт заасан үндэслэлээр дараахь маргаантай асуудлаар дүгнэлт гаргаж Улсын Их Хуралд оруулна:

66.2.1. хууль, зарлиг, Улсын Их Хурал, Ерөнхийлөгчийн бусад шийдвэр, түүнчлэн Засгийн газрын шийдвэр, Монгол Улсын олон улсын гэрээ Үндсэн хуульд нийцэж байгаа эсэх;

66.2.2. ард нийтийн санал асуулга, Улсын Их Хурал, түүний гишүүний ба Ерөнхийлөгчийн сонгуулийн талаар сонгуулийн төв байгууллагын гаргасан шийдвэр Үндсэн хуульд нийцэж байгаа эсэх;

66.2.3. Ерөнхийлөгч, Улсын Их Хурлын дарга, гишүүн, Ерөнхий сайд, Засгийн газрын гишүүн, Улсын дээд шүүхийн Ерөнхий шүүгч, Улсын ерөнхий прокурор Үндсэн хууль зөрчсөн эсэх;

66.2.4. Ерөнхийлөгч, Улсын Их Хурлын дарга, Ерөнхий сайдыг огцруулах, Улсын Их Хурлын гишүүнийг эгүүлэн татах үндэслэл байгаа эсэх.

66.3. Энэ зүйлийн 2 дахь хэсгийн 1, 2-т заасны дагуу оруулсан дүгнэлтийг Улсын Их Хурал хүлээн зөвшөөрөөгүй бол Үндсэн хуулийн цэц дахин хянан үзэж эцсийн шийдвэр гаргана.

66.4. Хууль, зарлиг, Улсын Их Хурал, Ерөнхийлөгчийн бусад шийдвэр, түүнчлэн Засгийн газрын шийдвэр, Монгол Улсын олон улсын гэрээ нь Үндсэн хуульд нийцээгүй гэж Үндсэн хуулийн цэц шийдвэр гаргавал зохих хууль, зарлиг, батламж, шийдвэр хүчингүй болно.

Жаран долдугаар зүйл.

67.1. Үндсэн хуулийн цэцийн шийдвэр гармагцаа хүчин төгөлдөр болно.

ЗУРГАДУГААР БҮЛЭГ
МОНГОЛ УЛСЫН ҮНДСЭН ХУУЛЬД НЭМЭЛТ, ӨӨРЧЛӨЛТ ОРУУЛАХ

Жаран наймдугаар зүйл.

68.1. Үндсэн хуульд нэмэлт, өөрчлөлт оруулах санаачилгыг хууль санаачлах эрх бүхий байгууллага, албан тушаалтан гаргах бөгөөд саналыг Үндсэн хуулийн цэц Улсын Их Хуралд өргөн мэдүүлж болно.

68.2. Үндсэн хуульд нэмэлт, өөрчлөлт оруулах асуудлаар Улсын Их Хурлын гишүүдийн гуравны хоёроос доошгүйн саналаар ард нийтийн санал асуулга явуулж болно. Санал асуулгыг Y заасан үндэслэлийн дагуу явуулна.

Жаран есдүгээр зүйл.

69.1. Үндсэн хууль, түүнд оруулах нэмэлт, өөрчлөлтийг Улсын Их Хурлын нийт гишүүний дөрөвний гурваас доошгүйн саналаар батална.

69.2. Үндсэн хуульд оруулах нэмэлт, өөрчлөлтийг Улсын Их Хуралд хоёр удаа авч хэлэлцэхэд ийнхүү нийт гишүүний дөрөвний гурваас доошгүйн санал авч эс чадвал уул төслийг ээлжит сонгуулиар сонгогдсон Улсын Их Хурлын шинэ бүрэлдэхүүн ажлаа эхэлтэл дахин авч хэлэлцэхгүй.

69.3. Улсын Их Хурал ээлжит сонгууль явуулахын өмнөх зургаан сарын дотор Үндсэн хуульд нэмэлт, өөрчлөлт оруулж үл болно.

69.4. Үндсэн хуульд оруулсан нэмэлт, өөрчлөлт Үндсэн хуулийн нэгэн адил хүчинтэй байна.

Далдугаар зүйл.

70.1. Үндсэн хуульд хууль, зарлиг, төрийн байгууллагын бусад шийдвэр, нийт байгууллага, иргэний үйл ажиллагаа бүрнээ нийцсэн байвал зохино.

70.2. Монгол Улсын Үндсэн хуулийг 1992 оны хоёрдугаар сарын 12-ны өдрийн 12 цаг буюу арван долдугаар жарны усан бичин жилийн хаврын тэргүүн хар барс сарын шинийн есний идрийн барилдлагаатай өлзийт сайн шар морин өдрийн морин цагаас эхлэн улс даяар дагаж мөрдөнө.

Мэдэгтүн, сахигтун!

БҮГД НАЙРАМДАХ МОНГОЛ АРД УЛСЫН АРДЫН ИХ ХУРАЛ 1992 оны нэгдүгээр сарын 13-ны өдрийн 11 цаг 35 минут

Verfassungsgerichtsbarkeit und Justiz

Kasachstan

VI бөлім
КОНСТИТУЦИЯЛЫҚ КЕҢЕС

71-бап

1. Қазақстан Республикасының Конституциялық Кеңесі жеті мүшеден тұрады, олардың өкілеттігі алты жылға созылады. Республиканың экс-Президенттері құқығы бойынша ғұмыр бойы Конституциялық Кеңестің мүшелері болып табылады.

2. Конституциялық Кеңестің Төрағасын Республиканың Президенті тағайындайды және дауыс тең бөлінген жағдайда оның даусы шешуші болып табылады.

3. Конституциялық Кеңестің екі мүшесін — Республика Президенті, екі-екі мүшеден тиісінше Сенат пен Мәжіліс тағайындайды. Конституциялық Кеңес мүшелерінің жартысы әрбір үш жыл сайын жаңартылып отырады.

4. Конституциялық Кеңестің Төрағасы мен мүшесінің қызметі депутаттық мандатпен, оқытушылық, ғылыми немесе өзге шығармашылық қызметтерді қоспағанда, өзге де ақы төленетін жұмысты атқарумен, кәсіпкерлікпен айналысумен, коммерциялық ұйымның басшы органының немесе байқаушы кеңесінің құрамына кірумен сыйыспайды.

5. Конституциялық Кеңестің Төрағасы мен мүшелерін өздерінің өкілеттігі мерзімі ішінде тұтқынға алуға, күштеп әкелуге, оған сот тәртібімен белгіленетін әкімшілік жазалау шараларын қолдануға, қылмыс үстінде ұсталған немесе ауыр қылмыстар жасаған реттерді қоспағанда, Парламенттің келісімінсіз қылмыстық жауапқа тартуға болмайды.

6. Конституциялық Кеңестің ұйымдастырылуы мен қызметі конституциялық заңмен реттеледі[33].

72-бап

1. Конституциялық Кеңес Қазақстан Республикасы Президентінің, Сенат Төрағасының, Мәжіліс Төрағасының, Парламент депутаттары жалпы санының кемінде бестен бір бөлігінің, Премьер-Министрдің өтініші бойынша:
1) дау туған жағдайда Республика Президентінің, Парламент депутаттарының сайлауын өткізудің дұрыстығы және республикалық референдум өткізу туралы мәселені шешеді;
2) Парламент қабылдаған заңдардың Республика Конституциясына сәйкестігін Президент қол қойғанға дейін қарайды;
2-1) Парламент және оның палаталары қабылдаған қаулылардың Республика Конституциясына сәйкестігін қарайды;
3) Республиканың халықаралық шарттарын бекіткенге дейін олардың Конституцияға сәйкестігін қарайды;
4) Конституцияның нормаларына ресми түсіндірме береді;
5) Конституцияның 47-бабының 1 және 2-тармақтарында көзделген реттерде қорытындылар береді.
2. Конституциялық Кеңес соттардың өтініштерін Конституцияның 78-бабында белгіленген реттерде қарайды[34].

73-бап

1. Конституциялық Кеңеске Конституцияның 72-бабының 1-тармағының 1)-тармақшасында көрсетілген мәселелер бойынша өтініш жасалған ретте, Президенттің қызметіне кірісуі, Парламенттің сайланған депутаттарын тіркеу не республикалық референдумның нәтижелерін шығару тоқтатыла тұрады.

2. Конституциялық Кеңеске Конституцияның 72-бабының 1-тармағының 2) және 3)-тармақшаларында көрсетілген мәселелер бойынша өтініш жасалған ретте, тиісті актілерге қол қою не оларды бекіту мерзімінің өтуі тоқтатыла тұрады.

3. Конституциялық Кеңес өтініштер түскен күннен бастап бір ай ішінде өз шешімін шығарады. Егер мәселе кейінге қалдыруға болмайтын болса, Республика Президентінің талабы бойынша бұл мерзім он күнге дейін қысқартылуы мүмкін.

4. Конституциялық Кеңестің шешіміне толығымен немесе бір бөлігіне Республиканың Президенті қарсылық білдіруі мүмкін, бұл қарсылық Конституциялық Кеңес мүшелері жалпы санының үштен екісінің даусымен еңсеріледі. Президент қарсылығы еңсерілмеген жағдайда, Конституциялық Кеңестің шешімі қабылданбады деп есептеледі.

74-бап

1. Қазақстан Республикасының Конституциясына сәйкес емес деп танылған заңдар мен халықаралық шарттарға қол қойылмайды не, тиісінше, бекітілмейді және күшіне енгізілмейді.

2. Конституциялық емес деп танылған, оның ішінде адамның және азаматтың Конституцияда баянды етілген құқықтары мен бостандықтарына нұқсан келтіреді деп танылған заңдар мен өзге де нормативтік құқықтық актілердің күші жойылады және қолданылуға жатпайды.

3. Конституциялық Кеңестің шешімдері қабылданған күннен бастап күшіне енеді, Республиканың бүкіл аумағында жалпыға бірдей міндетті, түпкілікті болып табылады және шағымдануға жатпайды[35].

Раздел VI.
КОНСТИТУЦИОННЫЙ СОВЕТ

Статья 71

1. Конституционный Совет Республики Казахстан состоит из семи членов, полномочия которых длятся шесть лет. Пожизненными членами Конституционного Совета являются по праву экс-Президенты Республики.

2. Председатель Конституционного Совета назначается Президентом Республики, и в случае разделения голосов поровну его голос является решающим.

3. Два члена Конституционного Совета назначаются Президентом Республики, по два члена Конституционного Совета назначаются соответственно Сенатом и Мажилисом. Половина членов Конституционного Совета обновляется каждые три года.

4. Должность Председателя и члена Конституционного Совета несовместимы с депутатским мандатом, занятием иных оплачиваемых должностей, кроме преподавательской, научной или иной творческой деятельности, осуществлением предпринимательской деятельности, вхождение в состав руководящего органа или наблюдательного совета коммерческой организации.

5. Председатель и члены Конституционного Совета в течение срока своих полномочий не могут быть арестованы, подвергнуты приводу, мерам административного взыскания, налагаемым в судебном порядке, привлечены к уголовной ответственности без согласия Парламента, кроме случаев задержания на месте преступления или совершения тяжких преступлений.

6. Организация и деятельность Конституционного Совета регулируются конституционным законом.

Статья 72

1. Конституционный Совет по обращению Президента Республики Казахстан, Председателя Сената, Председателя Мажилиса, не менее одной пятой части от общего числа депутатов Парламента, Премьер-Министра:
1) решает в случае спора вопрос о правильности проведения выборов Президента Республики, депутатов Парламента и проведения республиканского референдума;
2) рассматривает до подписания Президентом принятые Парламентом законы на их соответствие Конституции Республики;
2-1) рассматривает на соответствие Конституции Республики принятые Парламентом и его Палатами постановления;
3) рассматривает до ратификации международные договоры Республики на соответствие их Конституции;
4) дает официальное толкование норм Конституции;
5) дает заключения в случаях, предусмотренных пунктами 1 и 2 статьи 47 Конституции.
2. Конституционный Совет рассматривает обращения судов в случаях, установленных статьей 78 Конституции.

Статья 73

1. В случае обращения в Конституционный Совет по вопросам, указанным в подпункте 1) пункта 1 статьи 72 Конституции, вступление в должность Президента, регистрация избранных депутатов Парламента либо подведение итогов республиканского референдума приостанавливаются.

2. В случае обращения в Конституционный Совет по вопросам, указанным в подпунктах 2) и 3) пункта 1 статьи 72 Конституции, течение сроков подписания либо ратификации соответствующих актов приостанавливается.

3. Конституционный Совет выносит свое решение в течение месяца со дня поступления обращения. Этот срок по требованию Президента Республики может быть сокращен до десяти дней, если вопрос не терпит отлагательства.

4. На решение Конституционного Совета в целом или в его части могут быть внесены возражения Президента Республики, которые преодолеваются двумя третями голосов от общего числа членов Конституционного Совета. При непреодолении возражений Президента решение Конституционного Совета считается непринятым.

Статья 74

1. Законы и международные договоры, признанные несоответствующими Конституции Республики Казахстан, не могут быть подписаны либо, соответственно, ратифицированы и введены в действие.

2. Законы и иные нормативные правовые акты, признанные неконституционными, в том числе ущемляющими закрепленные Конституцией права и свободы человека и гражданина, отменяются и не подлежат применению.

3. Решения Конституционного Совета вступают в силу со дня их принятия, являются общеобязательными на всей территории Республики, окончательными и обжалованию не подлежат.

Justiz

Kasachstan

VII бөлім
СОТТАР ЖӘНЕ СОТ ТӨРЕЛІГІ

75-бап

1. Қазақстан Республикасында сот төрелігін тек сот қана жүзеге асырады.

2. Сот билігі сотта іс жүргізудің азаматтық, қылмыстық және заңмен белгіленген өзге де нысандары арқылы жүзеге асырылады. Заңда көзделген жағдайларда қылмыстық сот ісін жүргізу алқабилердің қатысуымен жүзеге асырылады.

3. Заңмен құрылған Республиканың Жоғарғы Соты, Республиканың жергілікті және басқа да соттары Республиканың соттары болып табылады.

4. Республиканың сот жүйесі Республика Конституциясымен және конституциялық заңмен белгіленеді. Қандай да бір атаумен арнаулы және төтенше соттарды құруға жол берілмейді[36].

76-бап

1. Сот билігі Қазақстан Республикасының атынан жүзеге асырылады және өзіне азаматтар мен ұйымдардың құқықтарын, бостандықтары мен заңды мүдделерін қорғауды, Республиканың Конституциясының, заңдарының, өзге де нормативтік құқықтық актілерінің, халықаралық шарттарының орындалуын қамтамасыз етуді мақсат етіп қояды.

2. Сот билігі Республика Конституциясының, заңдарының, өзге де нормативтік құқықтық актілерінің, халықаралық шарттарының негізінде туындайтын барлық істер мен дауларға қолданылады.

3. Соттар шешімдерінің, үкімдері мен өзге де қаулыларының Республиканың бүкіл аумағында міндетті күші болады.

77-бап

1. Судья сот төрелігін іске асыру кезінде тәуелсіз және Конституция мен заңға ғана бағынады.

2. Сот төрелігін іске асыру жөніндегі соттың қызметіне қандай да болсын араласуға жол берілмейді, және ол заң бойынша жауапкершілікке әкеп соғады. Нақты істер бойынша судьялар есеп бермейді.

3. Заңды қолданған кезде судья төмендегі принциптерді басшылыққа алуға тиіс:
1) адамның кінәлі екендігі заңды күшіне енген сот үкімімен танылғанша ол жасалған

қылмысқа кінәлі емес деп есептеледі;
2) бір құқық бұзушылық үшін ешкімді де қайтадан қылмыстық немесе әкімшілік жауапқа тартуға болмайды;

3) өзіне заңмен көзделген соттылығын оның келісімінсіз ешкімнің өзгертуіне болмайды;
4) сотта әркім өз сөзін тыңдатуға құқылы;
5) жауапкершілікті белгілейтін немесе күшейтетін, азаматтарға жаңа міндеттемелер жүктейтін немесе олардың жағдайын нашарлататын заңдардың кері күші болмайды. Егер құқық бұзушылық жасалғаннан кейін ол үшін жауапкершілік заңмен алынып тасталса немесе жеңілдетілсе, жаңа заң қолданылады;
6) айыпталушы өзінің кінәсіздігін дәлелдеуге міндетті емес;
7) ешкім өзіне-өзі, жұбайына (зайыбына) және заңмен белгіленген шектегі жақын туыстарына қарсы айғақ беруге міндетті емес. Діни қызметшілер өздеріне сеніп сырын ашқандарға қарсы куәгер болуға міндетті емес;
8) адамның кінәлі екендігі жөніндегі кез келген күдік айыпталушының пайдасына қарастырылады;
9) заңсыз тәсілмен алынған айғақтардың заңды күші болмайды. Ешкім өзінің жеке мойындауы негізінде ғана сотталуға тиіс емес;
10) қылмыстық заңды ұқсастығына қарай қолдануға жол берілмейді.

4. Конституциямен белгіленген сот төрелігінің принциптері Республиканың барлық соттары мен судьяларына ортақ және бірыңғай болып табылады.

78-бап

Соттардың Конституциямен баянды етілген адамның және азаматтың құқықтары мен бостандықтарына нұқсан келтіретін заңдар мен өзге де нормативтік құқықтық актілерді қолдануға хақысы жоқ. Егер сот қолданылуға тиісті заң немесе өзге де нормативтік құқықтық акт Конституциямен баянды етілген адамның және азаматтың құқықтары мен бостандықтарына нұқсан келтіреді деп тапса, іс жүргізуді тоқтата тұруға және осы актіні конституциялық емес деп тану туралы ұсыныспен Конституциялық Кеңеске жүгінуге міндетті.

79-бап

1. Соттар тұрақты судьялардан тұрады, олардың тәуелсіздігі Конституциямен және заңмен қорғалады. Судьяның өкілеттігі тек заңда белгіленген негіздер бойынша ғана тоқтатылуы немесе кідіртілуі мүмкін.

2. Судьяны тұтқынға алуға, күштеп әкелуге, оған сот тәртібімен белгіленетін әкімшілік жазалау шараларын қолдануға, қылмыс үстінде ұсталған немесе ауыр қылмыс жасаған реттерді қоспағанда, Республика Жоғары Сот Кеңесінің қорытындысына негізделген Қазақстан Республикасы Президентінің келісімінсіз не Конституцияның 55-бабының 3)-тармақшасында белгіленген жағдайда, — Сенаттың келісімінсіз қылмыстық жауапқа тартуға болмайды.

3. Республиканың жиырма бес жасқа толған, жоғары заң білімі, заң мамандығы бойынша кемінде екі жыл жұмыс стажы бар және біліктілік емтиханын тапсырған азаматтары судья бола алады. Республика соттарының судьяларына заң бойынша қосымша талаптар белгіленуі мүмкін.

4. Судьяның қызметі депутаттық мандатпен, оқытушылық, ғылыми немесе өзге шығармашылық қызметтерді қоспағанда, өзге де ақы төленетін жұмысты атқарумен, кәсіпкерлікпен айналысумен, коммерциялық ұйымның басшы органының немесе байқаушы кеңесінің құрамына кірумен сыйыспайды.

80-бап

Соттарды қаржыландыру, судьяларды тұрғын үймен қамтамасыз ету республикалық бюджет қаражаты есебінен жүргізіледі және ол сот төрелігін толық әрі тәуелсіз жүзеге асыру мүмкіндігін қамтамасыз етуге тиіс.

81-бап

Қазақстан Республикасының Жоғарғы Соты азаматтық, қылмыстық, жергілікті және басқа да соттарда қаралатын өзге де істер жөніндегі жоғары сот органы болып табылады, заңда көзделген іс жүргізу нысандарында олардың қызметін қадағалауды жүзеге асырады, сот практикасының мәселелері бойынша түсініктемелер беріп отырады[37].

82-бап

1. Қазақстан Республикасы Жоғарғы Сотының Төрағасын және судьяларын Жоғары Сот Кеңесінің кепілдемесіне негізделген Республика Президентінің ұсынуымен Сенат сайлайды.

2. Жергілікті және басқа да соттардың төрағалары мен судьяларын Жоғары Сот Кеңесінің кепілдемесі бойынша Республика Президенті қызметке тағайындайды.

3. Соттарда конституциялық заңға сәйкес сот алқалары құрылуы мүмкін. Сот алқалары төрағаларына өкілеттіктер беру тәртібі конституциялық заңмен белгіленеді.

4. Жоғары Сот Кеңесі Республика Президенті тағайындайтын Төрағадан және басқа да адамдардан құралады.

5. Жоғары Сот Кеңесінің мәртебесі және жұмысын ұйымдастыру заңмен белгіленеді[38].

83-бап

1. Прокуратура мемлекет атынан Республиканың аумағында заңдардың, Қазақстан Республикасының Президенті жарлықтарының және өзге де нормативтік құқықтық актілердің дәлме-дәл әрі біркелкі қолданылуын, жедел-іздестіру қызметінің, анықтау мен тергеудің, әкімшілік және орындаушылық іс жүргізудің заңдылығын жоғары қадағалауды жүзеге асырады, заңдылықтың кез келген бұзылуын анықтау мен жою жөнінде шаралар қолданады, сондай-ақ Республика Конституциясы мен заңдарына қайшы келетін заңдар мен басқа да құқықтық актілерге наразылық білдіреді. Прокуратура сотта мемлекет

мүддесін білдіреді, сондай-ақ заңмен белгіленген жағдайда, тәртіпте және шекте қылмыстық қуғындауды жүзеге асырады.

2. Республика Прокуратурасы төменгі прокурорларды жоғары тұрған прокурорларға және Республика Бас Прокурорына бағындыра отырып, бірыңғай орталықтандырылған жүйе құрайды. Ол өз өкілеттігін басқа мемлекеттік органдардан, лауазымды адамдардан тәуелсіз жүзеге асырады және Республика Президентіне ғана есеп береді.

3. Республиканың Бас Прокурорын өз өкілеттігі мерзімі ішінде тұтқынға алуға, күштеп әкелуге, оған сот тәртібімен әкімшілік жазалау шараларын қолдануға, қылмыс үстінде ұсталған немесе ауыр қылмыстар жасаған реттерді қоспағанда, Сенаттың келісімінсіз қылмыстық жауапқа тартуға болмайды. Бас Прокурор өкілеттігінің мерзімі бес жыл.

4. Республика прокуратурасының құзыреті, ұйымдастырылуы мен қызмет тәртібі заңмен белгіленеді.

84-бап

Қазақстан Республикасының 2007 жылғы 21 мамырдағы № 254-III Заңымен алынып тасталды.

Раздел VII.
СУДЫ И ПРАВОСУДИЕ

Статья 75

1. Правосудие в Республике Казахстан осуществляется только судом.

2. Судебная власть осуществляется посредством гражданского, уголовного и иных установленных законом форм судопроизводства. В случаях, предусмотренных законом, уголовное судопроизводство осуществляется с участием присяжных заседателей.

3. Судами Республики являются Верховный Суд Республики, местные и другие суды Республики, учреждаемые законом.

4. Судебная система Республики устанавливается Конституцией Республики и конституционным законом. Учреждение специальных и чрезвычайных судов под каким-либо названием не допускается.

Статья 76

1. Судебная власть осуществляется от имени Республики Казахстан и имеет своим назначением защиту прав, свобод и законных интересов граждан и организаций, обеспечение исполнения Конституции, законов, иных нормативных правовых актов, международных договоров Республики.

2. Судебная власть распространяется на все дела и споры, возникающие на основе Конституции, законов, иных нормативных правовых актов, международных договоров Республики.

3. Решения, приговоры и иные постановления судов имеют обязательную силу на всей территории Республики.

Статья 77

1. Судья при отправлении правосудия независим и подчиняется только Конституции и закону.

2. Какое-либо вмешательство в деятельность суда по отправлению правосудия недопустимо и влечет ответственность по закону. По конкретным делам судьи не подотчетны.

3. При применении закона судья должен руководствоваться следующими принципами:
1) лицо считается невиновным в совершении преступления, пока его виновность не будет признана вступившим в законную силу приговором суда;
2) никто не может быть подвергнут повторно уголовной или административной ответственности за одно и то же правонарушение;
3) никому не может быть без его согласия изменена подсудность, предусмотренная для него законом;
4) в суде каждый имеет право быть выслушанным;
5) законы, устанавливающие или усиливающие ответственность, возлагающие новые

обязанности на граждан или ухудшающие их положение, обратной силы не имеют. Если после совершения правонарушения ответственность за него законом отменена или смягчена, применяется новый закон; 6) обвиняемый не обязан доказывать свою невиновность;
7) никто не обязан давать показания против самого себя, супруга (супруги) и близких родственников, круг которых определяется законом. Священнослужители не обязаны свидетельствовать против доверившихся им на исповеди;
8) любые сомнения в виновности лица толкуются в пользу обвиняемого;
9) не имеют юридической силы доказательства, полученные незаконным способом. Никто не может быть осужден лишь на основе его собственного признания;

10) применение уголовного закона по аналогии не допускается.

4. Принципы правосудия, установленные Конституцией, являются общими и едиными для всех судов и судей Республики.

Статья 78

Суды не вправе применять законы и иные нормативные правовые акты, ущемляющие закрепленные Конституцией права и свободы человека и гражданина. Если суд усмотрит, что закон или иной нормативный правовой акт, подлежащий применению, ущемляет закрепленные Конституцией права и свободы человека и гражданина, он обязан приостановить производство по делу и обратиться в Конституционный Совет с представлением о признании этого акта неконституционным.

Статья 79

1. Суды состоят из постоянных судей, независимость которых защищается Конституцией и законом. Полномочия судьи могут быть прекращены или приостановлены исключительно по основаниям, установленным законом.

2. Судья не может быть арестован, подвергнут приводу, мерам административного взыскания, налагаемым в судебном порядке, привлечен к уголовной ответственности без согласия Президента Республики Казахстан, основанного на заключении Высшего Судебного Совета Республики, либо в случае, установленном подпунктом 3) статьи 55 Конституции, - без согласия Сената, кроме случаев задержания на месте преступления или совершения тяжких преступлений.

3. Судьями могут быть граждане Республики, достигшие двадцати пяти лет, имеющие высшее юридическое образование, стаж работы по юридической профессии не менее двух лет и сдавшие квалификационный экзамен. Законом могут быть установлены дополнительные требования к судьям судов Республики.

4. Должность судьи несовместима с депутатским мандатом, с занятием иной оплачиваемой должности, кроме преподавательской, научной или иной творческой деятельности, осуществлением предпринимательской деятельности, вхождением в состав руководящего органа или наблюдательного совета коммерческой организации.

Статья 80

Финансирование судов, обеспечение судей жильем производится за счет средств республиканского бюджета и должно обеспечивать возможность полного и независимого осуществления правосудия.

Статья 81

Верховный Суд Республики Казахстан является высшим судебным органом по гражданским, уголовным и иным делам, подсудным местным и другим судам, осуществляет в предусмотренных законом процессуальных формах надзор за их деятельностью и дает разъяснения по вопросам судебной практики.

Статья 82

1. Председатель и судьи Верховного Суда Республики Казахстан избираются Сенатом по представлению Президента Республики, основанному на рекомендации Высшего Судебного Совета.

2. Председатели и судьи местных и других судов назначаются на должности Президентом Республики по рекомендации Высшего Судебного Совета.

3. В судах в соответствии с конституционным законом могут создаваться судебные коллегии. Порядок наделения полномочиями председателей судебных коллегий определяется конституционным законом.

4. Высший Судебный Совет состоит из Председателя и других лиц, назначаемых Президентом Республики.

5. Статус и организация работы Высшего Судебного Совета определяются законом.

Статья 83

1. Прокуратура от имени государства осуществляет высший надзор за точным и единообразным применением законов, указов Президента Республики Казахстан и иных нормативных правовых актов на территории Республики, за законностью оперативно-розыскной деятельности, дознания и следствия, административного и исполнительного производства, принимает меры по выявлению и устранению любых нарушений законности, а также опротестовывает законы и другие правовые акты, противоречащие Конституции и законам Республики. Прокуратура представляет интересы государства в суде, а также в случаях, порядке и в пределах, установленных законом, осуществляет уголовное преследование.

2. Прокуратура Республики составляет единую централизованную систему с подчинением нижестоящих прокуроров вышестоящим и Генеральному Прокурору Республики. Она осуществляет свои полномочия независимо от других государственных органов, должностных лиц и подотчетна лишь Президенту Республики.

3. Генеральный Прокурор Республики в течение срока своих полномочий не может быть арестован, подвергнут приводу, мерам административного взыскания, налагаемым в судебном порядке, привлечен к уголовной ответственности без согласия Сената, кроме случаев задержания на месте преступления или совершения тяжких преступлений. Срок полномочий Генерального Прокурора пять лет.

4. Компетенция, организация и порядок деятельности прокуратуры Республики определяются законом.

Статья 84

Исключена Законом Республики Казахстан от 21 мая 2007 года № 254-111.

Verfassungsgerichtsbarkeit und Justiz

Kirgisistan

АЛТЫНЧЫ БӨЛҮМ
КЫРГЫЗ РЕСПУБЛИКАСЫНЫН СОТ БИЙЛИГИ

93-берене.

1. Кыргыз Республикасында сот адилеттигин сот гана ишке ашырат.
Мыйзамда каралган учурларда жана тартипте Кыргыз Республикасынын жарандары сот адилеттигин ишке ашырууга катышууга укуктуу.
2. Сот бийлиги конституциялык, жарандык, жазыктык, административдик жана башка сот өндүрүшү аркылуу жүзөгө ашырылат.
3. Кыргыз Республикасынын сот системасы Конституция жана мыйзамдар менен белгиленет, ал Жогорку соттон жана жергиликтүү соттордон турат.
Жогорку соттун курамында Конституциялык палата иштейт.
Мыйзам менен адистештирилген соттор түзүлүшү мүмкүн.
Атайы бөтөнчө сотторду түзүүгө жол берилбейт.
4. Соттордун ишин уюштуруу жана алардын тартиби мыйзам менен аныкталат.

94-берене.

1. Судьялар көз карандысыз жана Конституцияга жана мыйзамдарга гана баш ийет.
2. Судья кол тийбестик укугуна ээ жана кылмыш үстүндө тутулгандан тышкары учурларда кармалууга же камакка алынууга, тинтүүгө же жеке текшерилүүгө тийиш эмес.
3. Конкреттүү бир сот иши боюнча судьядан отчет талап кылууга эч кимдин укугу жок.
Сот адилеттигин жүзөгө ашыруу боюнча ар кандай кийлигишүүлөргө тыюу салынат. Судьяга таасир көрсөтүүгө күнөөлүү адамдар мыйзамда каралгандай жоопкерчилик тартышат.
4. Судья өзүнүн статусуна ылайык көз карандысыздыгынын социалдык, материалдык жана башка кепилдиктери менен камсыз кылынат.
5. Курагы 40 жаштан кем эмес жана 70 жаштан жогору эмес, юридикалык жогорку билими жана юридикалык кесиби боюнча кеминде 10 жыл иш стажысы бар Кыргыз Республикасынын жараны Жогорку соттун судьясы боло алат.
6. Жогорку соттун судьялары курактык чегине жеткенге чейин шайланат.
7. Жогорку соттун судьялары өздөрүнүн курамынан Жогорку соттун төрагасын, төраганын орун басарларын 3 жылдык мөөнөткө шайлайт.
Бир эле адам катары менен эки мөөнөткө Жогорку соттун төрагасы, төраганын орун басары болуп шайлана албайт.
Жогорку соттун төрагаларын, алардын орун басарларын шайлоо жана бошотуу тартиби мыйзам менен аныкталат.
8. Курагы 30 жаштан кем эмес жана 65 жаштан жогору эмес, юридикалык жогорку билими жана юридикалык кесиби боюнча кеминде 5 жылдан кем эмес иш стажысы бар Кыргыз Республикасынын жараны жергиликтүү соттун судьясы боло алат.
Жергиликтүү соттордун судьялары Судьяларды тандоо боюнча кеңештин сунушу боюнча Президент тарабынан биринчи ирет 5 жылдык мөөнөткө, кийин курактык чегине жеткенге чейин дайындалат. Жергиликтүү соттордун судьяларын көрсөтүүнүн жана дайындоонун тартиби конституциялык мыйзам менен аныкталат.
Жергиликтүү соттордун судьяларынын чогулушу өз курамынан соттун төрагасын, төраганын орун басарын 3 жылдык мөөнөткө шайлайт.
Бир эле адам катары менен эки мөөнөткө ошол эле соттун төрагасы, төрагасынын орун басары болуп шайлана албайт.

9. Кыргыз Республикасынын судьяларынын статусу конституциялык мыйзам менен аныкталат, анда Жогорку соттун жана жергиликтүү соттордун судьяларынын кызмат ордуна талапкерлерге кошумча талаптар белгилениши мүмкүн.

95-берене.

1. Кыргыз Республикасынын бардык сотторунун судьялары жүрүм-туруму кынтыксыз болуп турганда кызмат орундарын ээлеп турат жана өз ыйгарым укуктарын сактап калат. Судьялардын жүрүм-турумунун кынтыксыздыгынын талаптарын бузуу конституциялык мыйзам менен аныкталган тартипте судьяларды жоопкерчиликке тартуу үчүн негиз болуп эсептелет.
2. Жогорку соттун судьясы Судьялар кеңешинин сунушунун негизинде Президенттин сунуштамасы боюнча Жогорку Кеңештин депутаттарынын жалпы санынын кеминде үчтөн экисинин көпчүлүк добушу менен Жогорку Кеңеш тарабынан кызмат орундарынан мөөнөтүнөн мурда бошотулат.
3. Судья каза болгондо, өлдү же дайынсыз жок болду деп жарыялангандa, аракетке жөндөмсүз деп таанылганда, жарандыгын жоготкондо, жарандыктан чыкканда же башка мамлекеттин жарандыгын алганда судьянын ыйгарым укуктары конституциялык мыйзамга ылайык негиздер келип чыккан күндөн тартып аны шайлаган же дайындаган орган тарабынан токтотулат.
4. Жергиликтүү соттордун судьяларынын кызмат орундарына талапкерлерди тандап алуу, аларды дайындоого жана которууга (ротациялоого) сунуштоо Судьяларды тандоо боюнча кеңеш тарабынан конституциялык мыйзамда аныкталган тартипте жүзөгө ашырылат.
5. Жергиликтүү соттордун судьяларын кызмат ордунан четтетүү жана бошотуу Судьялар кеңешинин сунушу боюнча Президент тарабынан конституциялык мыйзам менен аныкталган учурларда жана тартипте жүзөгө ашырылат.
6. Кыргыз Республикасынын бардык сотторунун судьяларын жазык жана сот тартибинде салынган административдик жоопкерчиликке тартууга Судьялар кеңешинин макулдугу менен конституциялык мыйзамда аныкталган тартипте жол берилет.
7. Судьяларды тандоо боюнча кеңеш судьялардын жана жарандык коомдун өкүлдөрүнөн түзүлөт.
Судьялар кеңеши, парламенттик көпчүлүк жана парламенттик оппозиция тиешелүүлүгүнө жараша Судьяларды тандоо боюнча кеңештин курамынын үчтөн бирин шайлайт.
8. Судьяларды тандоо боюнча кеңешти уюштуруу, анын иши, ыйгарым укуктары жана аны түзүүнүн тартиби мыйзам менен аныкталат.

96-берене.

1. Жогорку сот жарандык, жазык, экономикалык, административдик жана башка иштер боюнча жогорку сот органы болуп саналат жана мыйзамда белгиленген тартипте сот процессине катышуучулардын кайрылуулары боюнча жергиликтүү соттордун соттук актыларын кайра кароону жүзөгө ашырат.
2. Жогорку соттун пленуму Жогорку соттун төрагасынын жана Жогорку соттун коллегиясынын курамында сот практикасынын маселелери боюнча түшүндүрмөлөрдү берет.
3. Жогорку соттун актылары акыркы болуп эсептелет жана даттанууга жатпайт.

97-берене.

1. Жогорку соттун Конституциялык палатасы конституциялык контролдоону жүзөгө ашыруучу орган болуп саналат.
2. Курагы 40 жаштан кем эмес жана 70 жаштан ашпаган, юридикалык жогорку билими бар жана юридикалык кесиби боюнча кеминде 15 жыл стажы бар Кыргыз Республикасынын жараны Жогорку соттун Конституциялык палатасынын судьясы боло алат.
3. Жогорку соттун Конституциялык палатасы өз курамынан төраганы, төраганын орун басарын 3 жылдык мөөнөткө шайлайт.
4. Бир эле адам эки мөөнөт катары менен Жогорку соттун Конституциялык палатасынын төрагасы, төраганын орун басары болуп шайлана албайт.
5. Жогорку соттун Конституциялык палатасынын судьялары судьялар кеңешинин сунушунун негизинде Президенттин сунуштамасы боюнча Жогорку Кеңештин депутаттарынын жалпы санынын үчтөн экисинен кем эмесинин көпчүлүк добушу менен Жогорку Кеңеш тарабынан ээлеген кызматынан мөөнөтүнөн мурда бошотулушу мүмкүн.
6. Жогорку соттун Конституциялык палатасы:
1) мыйзамдар жана башка ченемдик укуктук актылар Конституцияга карама-каршы келген учурда аларды Конституцияга ылайык эмес деп табат;
2) Кыргыз Республикасы катышуучу болуп саналган күчүнө кирбеген эл аралык келишимдердин конституциялуулугу тууралуу корутунду берет;
3) ушул Конституцияга өзгөртүүлөр тууралуу мыйзамдын долбооруна корутунду берет.
7. Конституция тарабынан таанылган укуктар жана эркиндиктер алар тарабынан бузулуп жатат деп эсептелсе ар бир адам мыйзамдын жана башка ченемдик укук актыларынын конституциялуулугун талашууга укуктуу.
8. Жогорку соттун Конституциялык палатасынын чечими акыркы болуп эсептелет жана даттанууга жатпайт.
9. Жогорку соттун Конституциялык палатасы тарабынан мыйзамдардын же алардын жоболорунун конституциялык эмес деп белгилениши алардын Кыргыз Республикасынын аймагында колдонулушун жокко чыгарат, ошондой эле сот актыларын кошпогондо конституциялык эмес деп таанылган мыйзамдарга же алардын жоболоруна негизделген башка ченемдик укуктук актылардын колдонулушу да жокко чыгарылат.
10. Мыйзамдардын ченемдерине негизделген конституциялык эмес деп таанылган сот актылары укуктары жана эркиндиктери козголгон жарандардын даттануулары боюнча ар бир так учурда сот тарабынан кайра каралат.
11. Жогорку соттун Конституциялык палатасынын курамын жана түзүү тартибин, Конституциялык палатанын төрагасын, төраганын орун басарын шайлоо жана бошотуу, ошондой эле конституциялык сот өндүрүшүн жүзөгө ашыруу тартиби конституциялык мыйзам менен аныкталат.

98-берене.

1. Мамлекет соттордун иштеп турушу жана судьялардын иши үчүн каржылоону жана тиешелүү шарттарды камсыз кылат.
Сотторду каржылоо республикалык бюджеттин эсебинен жүргүзүлөт жана сот адилеттигин толук жана көз карандысыз жүзөгө ашыруу мүмкүнчүлүгүн камсыз кылууга тийиш.
2. Сот системасынын бюджети сот бийлиги тарабынан өз алдынча түзүлөт жана аткаруу жана мыйзам чыгаруу бийлик бутактары менен макулдашуу боюнча республикалык бюджетке киргизилет.

99-берене.

1. Териштирүү бардык соттордо ачык жүргүзүлөт. Ишти жабык жыйналышта жүргүзүүгө мыйзамда каралган учурларда гана жол берилет. Соттун чечими ачык жарыяланат.
2. Мыйзамда каралган учурдан тышкары, жазык же башка иштерди соттордо сырттан териштирүүгө жол берилбейт.
3. Сот өндүрүшү тараптардын атаандаштыгынын жана тең укуктуулугунун негизинде жүзөгө ашырылат.
4. Сот актысын жокко чыгаруу, өзгөртүү же токтото туруу сот тарабынан мыйзамда белгиленген тартипте жүзөгө ашырылышы мүмкүн.
5. Сот процессинин катышуучуларынын процесстик укуктары, анын ичинде чечимдерге, өкүмдөргө жана башка соттук актыларга даттануу укугу, ошондой эле аларды жүзөгө ашыруунун тартиби мыйзам менен аныкталат.

100-берене.

1. Кыргыз Республикасынын сотторунун мыйзамдуу күчүнө кирген актылары бардык мамлекеттик органдар, жергиликтүү өз алдынча башкаруу органдары, юридикалык жактар, коомдук бирикмелер, кызмат адамдары жана жеке адамдар үчүн милдеттүү болот жана республиканын бүткүл аймагында аткарылууга тийиш.
2. Сот актыларын аткарбоо, талаптагыдай эмес аткаруу же болбосо аларды аткарууга тоскоолдук кылуу, ошондой эле соттордун ишине кийлигишүү мыйзам менен белгиленген жоопкерчиликке алып келет.

101-берене.

1. Сот ушул Конституцияга каршы келген ченемдик укуктук актыны колдонууга укуксуз.
2. Эгерде ар кандай сот инстанциясында ишти кароодо иштин чечилиши көз каранды болгон мыйзамдын же башка ченемдик укуктук актынын конституциялуулугу жөнүндө маселе келип чыкса, анда сот Жогорку соттун Конституциялык палатасына суроо-талапты жиберет.

102-берене.

1. Соттордун ички иштеринин маселелерин чечүү үчүн соттук өз алдынча башкаруу иштейт.
2. Кыргыз Республикасында судьялардын курултайы, Судьялардын кеңеши жана судьялардын чогулушу соттук өз алдынча башкаруу органдары болуп саналат.
Судьялардын курултайы соттук өз алдынча башкаруунун жогорку органы болуп эсептелет.
Судьялар кеңеши судьялардын курултайларынын ортосунда иштеген жана судьялардын укуктарын жана мыйзамдуу кызыкчылыктарын коргоону ишке ашырган, соттордун бюджетинин түзүлүшүн жана аткарылышын контролдогон, судьяларды окутууну жана квалификациясын жогорулатууну уюштурган, судьяларды тартип жоопкерчилигине тартуу жөнүндө маселелерди караган соттук өз алдынча башкаруунун шайлануучу органы болуп саналат.
Судьялардын чогулушу соттук өз алдынча башкаруунун баштапкы органы болот.
3. Соттук өз алдынча башкаруу органдарын уюштуруу жана алардын иштөө тартиби мыйзам менен аныкталат.

103-берене.

Мыйзамда каралган учурларда, ошондой эле соттук териштирүүгө катышкан жактар аны жүргүзүү үчүн жетиштүү каражатынын жок экендигин далилдеген ар кандай гана учурда сот адилеттиги акысыз жүргүзүлөт.

СУДЕБНАЯ ВЛАСТЬ КЫРГЫЗСКОЙ РЕСПУБЛИКИ

Статья 93.

1. Правосудие в Кыргызской Республике осуществляется только судом.

В предусмотренных законом случаях и порядке граждане Кыргызской Республики имеют право участвовать в отправлении правосудия.

2. Судебная власть осуществляется посредством конституционного, гражданского, уголовного, административного и иных форм судопроизводства.

3. Судебная система Кыргызской Республики устанавливается Конституцией и законами, состоит из Верховного суда и местных судов.В составе Верховного суда действует Конституционная палата.Законом могут учреждаться специализированные суды.Создание чрезвычайных судов не допускается.

4. Организация и порядок деятельности судов определяются законом.

Статья 94.

1. Судьи независимы и подчиняются только Конституции и законам.

2. Судья обладает правом неприкосновенности и не может быть задержан или арестован, подвергнут обыску или личному досмотру, кроме случаев, когда он был застигнут на месте совершения преступления.

3. Никто не вправе требовать от судьи отчета по конкретному судебному делу.Запрещается всякое вмешательство в деятельность по осуществлению правосудия. Лица, виновные в воздействии на судью, несут ответственность, предусмотренную законом.

4. Судья обеспечивается соответственно его статусу социальными, материальными и иными гарантиями его независимости.

5. Судьей Верховного суда может быть гражданин Кыргызской Республики не моложе 40 лет и не старше 70 лет, имеющий высшее юридическое образование и стаж работы по юридической профессии не менее 10 лет.

6. Судьи Верховного суда избираются до достижения предельного возраста.

7. Судьи Верховного суда из своего состава избирают председателя Верховного суда и его заместителей сроком на 3 года.Одно и то же лицо не может быть избрано председателем, заместителем председателя Верховного суда два срока подряд.Порядок избрания и освобождения председателя Верховного суда и его заместителей определяется законом.

8. Судьей местного суда может быть гражданин Кыргызской Республики не моложе 30 лет и не старше 65 лет, имеющий высшее юридическое образование и стаж работы по юридической профессии не менее 5 лет. Судьи местных судов назначаются Президентом по представлению Совета по отбору судей в первый раз сроком на 5 лет,

а в последующем — до достижения предельного возраста. Порядок представления и назначения судей местных судов определяется конституционным законом.

Собрание судей местного суда из своего состава избирает председателя, заместителя председателя суда сроком на 3 года.Одно и то же лицо не может быть избрано председателем, заместителем председателя местного суда два срока подряд в одном и том же суде.

9. Статус судей Кыргызской Республики определяется конституционным законом, которым могут быть установлены дополнительные требования к кандидатам на должности судей Верховного суда и местных судов.

Статья 95.

1. Судьи всех судов Кыргызской Республики занимают свои должности и сохраняют свои полномочия до тех пор, пока их поведение является безупречным. Нарушение требований безупречности поведения судей является основанием для привлечения судьи к ответственности в порядке, определяемом конституционным законом.

2. Судьи Верховного суда могут быть досрочно освобождены от занимаемой должности Жогорку Кенешем большинством не менее двух третей голосов от общего числа депутатов Жогорку Кенеша по представлению Президента на основании предложения Совета судей.

3. В случае смерти судьи, объявления его умершим или безвестно отсутствующим, признания недееспособным, утраты гражданства, выхода из гражданства либо приобретения гражданства иного государства полномочия судьи прекращаются органом, его избравшим или назначившим, со дня появления основания в соответствии с конституционным законом.

4. Отбор кандидатур на должности судей местных судов, представление их на назначение и перевод (ротацию) осуществляются Советом по отбору судей в порядке, определяемом конституционным законом.

5. Отстранение и освобождение от должности судей местных судов осуществляются Президентом по предложению Совета судей в случаях и порядке, определяемых конституционным законом.

6. Привлечение судей всех судов Кыргызской Республики к уголовной и административной ответственности, налагаемой в судебном порядке, допускается с согласия Совета судей в порядке, определяемом конституционным законом.

7. Совет по отбору судей формируется из судей и представителей гражданского общества.Совет судей, парламентское большинство и парламентская оппозиция избирают по одной трети состава Совета по отбору судей соответственно.

8. Организация и деятельность Совета по отбору судей, его полномочия и порядок формирования определяются законом.

Статья 96.

1. Верховный суд является высшим судебным органом по гражданским, уголовным, экономическим, административным и иным делам и осуществляет пересмотр судебных актов местных судов по обращениям участников судебного процесса в порядке, определяемом законом.

2. Пленум Верховного суда в составе председателя Верховного суда и коллегий Верховного суда дает разъяснения по вопросам судебной практики.

3. Акты Верховного суда являются окончательными и обжалованию не подлежат.

Статья 97.

1. Конституционная палата Верховного суда является органом, осуществляющим конституционный контроль.

2. Судьей Конституционной палаты Верховного суда может быть гражданин Кыргызской Республики не моложе 40 лет и не старше 70 лет, имеющий высшее юридическое образование и стаж работы по юридической профессии не менее 15 лет.

3. Судьи Конституционной палаты Верховного суда из своего состава избирают председателя, заместителя председателя сроком на 3 года.

4. Одно и то же лицо не может быть избрано председателем, заместителем председателя Конституционной палаты Верховного суда два срока подряд.

5. Судьи Конституционной палаты Верховного суда могут быть досрочно освобождены от занимаемой должности Жогорку Кенешем большинством не менее двух третей голосов от общего числа депутатов Жогорку Кенеша по представлению Президента на основании предложения Совета судей.

6. Конституционная палата Верховного суда:

1) признает неконституционными законы и иные нормативные правовые акты в случае их противоречия Конституции;

2) дает заключение о конституционности не вступивших в силу международных договоров, участницей которых является Кыргызская Республика;

3) дает заключение к проекту закона об изменениях в настоящую Конституцию.

7. Каждый вправе оспорить конституционность закона и иного нормативного правового акта, если считает, что ими нарушаются права и свободы, признаваемые Конституцией.

8. Решение Конституционной палаты Верховного суда является окончательным и обжалованию не подлежит.

9. Установление Конституционной палатой Верховного суда неконституционности законов или их положений отменяет их действие на территории Кыргызской Республики, а также отменяет действие других нормативных правовых актов, основанных на законах или их положениях, признанных неконституционными, за исключением судебных актов.

10. Судебные акты, основанные на нормах законов, признанных неконституционными, пересматриваются судом в каждом конкретном случае по жалобам граждан, чьи права и свободы были затронуты.

11. Состав и порядок формирования Конституционной палаты Верховного суда, избрания и освобождения председателя, заместителя председателя Конституционной палаты, а также порядок осуществления конституционного судопроизводства определяются конституционным законом.

Статья 98.

1. Государство обеспечивает финансирование и надлежащие условия для функционирования судов и деятельности судей.

Финансирование судов производится за счет средств республиканского бюджета и должно обеспечивать возможность полного и независимого осуществления правосудия.

2. Бюджет судебной системы формируется судебной властью самостоятельно и по согласованию с исполнительной и законодательной ветвями власти включается в республиканский бюджет.

Статья 99.

1. Разбирательство дел во всех судах осуществляется открыто. Слушание дела в закрытом заседании допускается лишь в случаях, предусмотренных законом. Решение суда объявляется публично.

2. Заочное разбирательство уголовных или иных дел в судах не допускается, кроме случаев, предусмотренных законом.

3. Судопроизводство осуществляется на основе состязательности и равноправия сторон.

4. Отмена, изменение или приостановление судебного акта могут быть осуществлены судом в установленном законом порядке.

5. Процессуальные права участников судебного процесса, в том числе право на обжалование решений, приговоров и других судебных актов, а также порядок их осуществления определяются законом.

Статья 100.

1. Вступившие в законную силу акты судов Кыргызской Республики обязательны для всех государственных органов, органов местного самоуправления, юридических лиц, общественных объединений, должностных и физических лиц и подлежат исполнению на всей территории республики.

2. Неисполнение, ненадлежащее исполнение либо воспрепятствование исполнению судебных актов, а также вмешательство в деятельность судов влекут установленную законом ответственность.

Статья 101.

1. Суд не вправе применять нормативный правовой акт, противоречащий настоящей Конституции.

2. Если при рассмотрении дела в любой судебной инстанции возник вопрос оконституционности закона или иного нормативного правового акта, от которого зависит решение дела, суд направляет запрос в Конституционную палату Верховного суда.

Статья 102.

1. Для решения вопросов внутренней деятельности судов действует судейское самоуправление.

2. Органами судейского самоуправления в Кыргызской Республике являются съезд судей, Совет судей и собрание судей.Съезд судей является высшим органом судейского самоуправления.Совет судей является выборным органом судейского самоуправления, действующим в период между съездами судей и осуществляющим защиту прав и законных интересов судей, контроль за формированием и исполнением бюджета судов, организацию обучения и повышения квалификации судей, рассмотрение вопросов о привлечении судей к дисциплинарной ответственности.Собрание судей является первичным органом судейского самоуправления.

3. Организация и порядок деятельности органов судейского самоуправления определяются законом.

Статья 103.

Правосудие отправляется бесплатно в предусмотренных законом случаях, а также в любом случае, когда участвующие в судебном разбирательстве лица предъявят доказательства, что не имеют достаточных средств для его ведения.

Verfassungsgerichtsbarkeit und Justiz

Tadschikstan

БОБИ ҲАШТУМ. СУД

Моддаи 84.

Ҳокимияти суди мустақил буда, аз номи давлат ва аз тарафи судяҳо амали мегардад. Ҳокимияти суди ҳуқуқ озодии инсону шаҳрванд, манфиати давлат, ташкилоту муассисаҳо, қонунияту адолатро ҳифз менамояд.Адолати судиро Суди конститутсиони, Суди Оли, Суди Олии иқтисоди, Суди ҳарби, Суди Вилояти Мухтори Кӯҳистони Бадахшон, судҳои вилоят, шаҳри Душанбе, шаҳр ва ноҳия, Суди иқтисодии Вилояти Мухтори Кӯҳистони Бадахшон, судҳои иқтисодии вилоят вашаҳри Душанбе амали мекунанд.Тарзи ташкил ва фаъолияти судро қонуни конститутсиони муайян мекунад.Мӯҳлати ваколати судяҳо 10 сол аст.Ташкили суди фавқулодда манъ аст.

Моддаи 85.

Ба вазифаи судяҳои Суди Оли, Суди Олии иқтисоди, Суди Вилояти Мухтори Кӯҳистони Бадахшон, суди вилоят ва шаҳри Душанбе ҳуқуқшиносе интихоб ва таъин мешавад, ки синни ӯ аз 30-сола кам ва аз 65 зиёд набошад, ҳадди ақал 5 сол собиқаи кории судяги дошта бошад.

Ба вазифаи судяҳои шаҳр ва ноҳия, Суди ҳарби, Суди иқтисодии Вилояти Мухтори Кӯҳистони Бадахшон, вилоят ва шаҳри Душанбе шахсе таъин мешавад, ки синни ӯ аз 25 кам ва аз 65 зиёд набошад, ҳадди ақал 3 сол собиқаи кории касби дошта бошад.

Моддаи 86.

Судяҳои Суди ҳарби, судяҳои Суди Вилояти Мухтори Кӯҳистони Бадахшон, вилоят, шаҳри Душанбе, шаҳр ва ноҳия, судяҳои Суди иқтисодии Вилояти Мухтори Кӯҳистони Бадахшон, вилоят ва шаҳри Душанберо бо пешниҳоди Шӯрои адлия Президент таъин ва озод мекунад.

Моддаи 87.

Судяҳо дар фаъолияти худ мустақил буда, танҳо ба Конститутсия ва қонун итоат мекунанд. Дахолат ба фаъолияти онҳо манъ аст.

Моддаи 88.

Судяҳо парвандаҳоро ба таври дастҷамъи ва ё танҳо барраси мекунанд.

Мурофиа ба тарзи мубоҳиса ва дар асоси баробарии тарафҳо сурат мегирад.

Мурофиа дар ҳамаи судҳо ба тарзи ошкоро мегузарад, ба истиснои мавридҳое, ки қонун муайян кардааст.Мурофиа ба забони давлати ва ё забони аксарияти аҳолии маҳал баргузор мегардад. Шахсоне, ки забони мурофиаро намедонанд, бо тарҷумон таъмин карда мешаванд.

Моддаи 89.

Суди конститутсиони аз 7 нафар иборат буда, яке аз онҳо намояндаи Вилояти Мухтори Кӯҳистони Бадахшон мебошад.Ба вазифаи судяи Суди конститутсиони ҳуқуқшиносе интихоб мешавад, ки синни ӯ аз 30 кам ва аз 65 зиёд набошад ва беш аз 10 сол собиқаи кории касби дошта бошад.Салоҳияти Суди конститутсиони:

1) муайян намудани мувофиқати қонунҳо, санадҳои ҳуқуқии якҷояи Маҷлиси милли ва Маҷлиси намояндагон, Маҷлиси милли, Маҷлиси намояндагон. Президент, Ҳукумат, Суди Оли, Суди Олии иқтисоди ва дигар мақомоти давлатию ҷамъияти, қарордодҳоибақувваи қонун надаромадаи Тоҷикистон ба Конститутсия;
2) ҳалли баҳсҳои байни мақомоти давлати доир ба салоҳияти онҳо;
3) иҷрои ваколатҳои дигаре, ки Конститутсия ва қоннҳо муайян кардаанд.

Санадҳои Суди конститутсиони қатъист.

Моддаи 90.

Судя наметавонад вазифаи дигареро иҷро намояд, вакили мақомоти намояндаги, узви ҳизб ва созмонҳои сиёси бошад, ба соҳибкори машғул гардад, ба истиснои фаъолияти илмиву эҷоди ва омӯзгори.

Моддаи 91.

Судя ҳуқуқи дахлнопазири дорад. Ӯро бе ризоияти мақомоте, ки интихоб ё таъин кардааст, ҳабс кардан ва ба ҷавобгарии ҷинои кашидан мумкин нест. Судяро дастгир кардан мумкин нест, ба истиснои дастгир кардани ӯ ҳангоми содири ҷиноят.

Моддаи 92.

Ёрии ҳуқуқи дар тамоми марҳилаҳои тафтишот ва мурофиаи суди кафолат дода мешавад.
Тарзи ташкил ва тартиби фаъолияти адвокатура ва дигар шаклҳои ёрии ҳуқуқиро қонун муайян мекунад.

ГЛАВА ВОСЬМАЯ. СУД

Статья 84.

Судебная власть, является независимой и осуществляется от имени государства судьями. Судебная власть защищает права и свободы человека и гражданина, интересы государства, организаций, учреждений, законность и справедливость.
Судебную власть осуществляет Конституционный суд, Верховный Суд, Высший экономический суд, Военный суд, суд Горно-Бадахшанской автономной области, суды областей, города Душанбе, городов и районов, Экономический суд Горно-Бадахшанской автономной области, экономические суды областей и города Душанбе.
Организацию и порядок деятельности судов определяет конституционный закон.
Срок полномочия судей 10 лет.Создание чрезвычайных судов запрещается.

Статья 85.

На должности судей Верховного Суда, Высшего экономического суда, Суда Горно-Бадахшанской автономной области, областных судов и суда города Душанбе избираются и назначаются юристы не моложе 30 лет и не старше 65 лет, имеющие стаж работы в качестве судьи не менее 5 лет.На должности судей городских и районных судов, военного суда, экономического суда Горно-Бадахшанской автономной области, областей и города Душанбе назначаются лица не моложе 25 и не старше 65 лет, имеющие профессиональный стаж работы не менее 3 лет.

Статья 86.

Судьи военного суда, судьи суда Горно-Бадахшанской автономной области, судов областей, города Душанбе, городов и районов, судьи экономического суда Горно-Бадахшанской автономной области, областей и города Душанбе назначаются и освобождаются Президентом по представлению Совета юстиции.

Статья 87.

Судьи в своей деятельности независимы, подчиняются только Конституции и закону. Вмешательство в их деятельность запрещается.

Статья 88.

Судьи рассматривают дело коллегиально и единолично.Судебный процесс осуществляется на основе принципа состязательности и равенства сторон.
Разбирательство дел во всех судах открытое, кроме случаев, предусмотренных законом.
Судопроизводство ведется на государственном языке, или на языке большинства

населения данной местности. Лица, не владеющие языком, на котором ведется судопроизводство, обеспечиваются услугами переводчика.

Статья 89.

Конституционный суд состоит из 7 человек, один их которых является представителем Горно-Бадахшанской автономной области.Судьи Конституционного суда избираются из числа юристов не моложе 30 и не старше 65 лет, имеющих профессиональный стаж работы не менее 10 лет.Полномочия Конституционного суда:
1) определение соответствия законов, совместных правовых актов Маджлиси милли и Маджлиси намояндагон, правовых актов Маджлиси милли, Маджлиси намояндагон, Президента, Правительства, Верховного Суда, Высшего экономического суда и других государственных и общественных органов, а также не вступивших в законную силу договоров Таджикистана Конституции;2) разрешение споров между государственными органами относительно их компетенции;3) исполнение других полномочий, определяемых Конституцией и законами. Акты Конституционного суда являются окончательными.

Статья 90.

Судья не может занимать другую должность, быть депутатом представительных органов, членом политических партий и объединений, заниматься предпринимательской деятельностью, помимо научной, творческой и педагогической деятельности.

Статья 91.

Судья обладает правом неприкосновенности.Без согласия органа, избравшего или назначившего его, судья не подлежит аресту и привлечению к уголовной ответственности.
Судья не подлежит задержанию, за исключением случаев задержания его на месте совершения преступления.

Статья 92.

Юридическая помощь гарантируется на всех стадиях следствия и суда.
Организация и порядок деятельности адвокатуры и другие формы оказания юридической помощи определяются законом.

Verfassungsgerichtsbarkeit und Justiz

Turkmenistan

VI bölüm. Kazyýet häkimiýeti

99-njy madda.

Türkmenistanda kazyýet häkimiýeti diňe kazyýetlere degişlidir.

Kazyýet häkimiýeti raýatlaryň hukuklaryny we azatlyklaryny,kanun arkaly goralýan döwlet hem jemgyýetçilik bähbitlerini goramaga niýetlenendir.

100-nji madda.

Kazyýet häkimiýeti Türkmenistanyň Ýokary kazyýeti we kanunda göz öňünde tutulan beýleki kazyýetler tarapyndan amala aşyrylýar.

Adatdan daşary kazyýetleriň we kazyýetiň ygtyýarlyklary berlen gaýry düzümleriň döredilmegine ýol berilmeýär.

101-nji madda.

Kazylar garaşsyzdyrlar, olar diňe kanuna tabyndyrlar we özleriniň içki ynam-ygtykadyna gollanýarlar. Kazylaryň işine hiç kimiň gatyşmagyna ýol berilmeýär, oňa gatyşylmagy kanunda bellenilen jogapkärçilige getirýär. Kazylaryň eldegrilmesizligi kanun bilen kepillendirilýär.

102-nji madda.

Kazylar Türkmenistanyň Prezidenti tarapyndan bellenilýär. Kazylary bellemegiň we boşatmagyň tertibi, ygtyýarlyklarynyň möhletleri kanun bilen kesgitlenilýär.

Ygtyýarlyklarynyň möhleti tamamlanmazdan öň kazy wezipesinden diňe kanunda görkezilen esaslara görä boşadylyp bilner.

103-nji madda.

Kazylar mugallymçylyk we ylmy-barlag işlerinden özge hak tölenilýän haýsydyr bir başga wezipäni eýeläp bilmezler.

104-nji madda.

Işlere kazyýetlerde kollegial garalýar, kanunda göz öňünde tutulan halatlarda bolsa kazynyň bir özi garaýar.

105-nji madda.

Kazyýetlerde işler açyk seljerilýär. Işiň ýapyk mejlisde seredilmegine diňe kanunda göz öňünde tutulan ýagdaýlarda, kazyýet önümçiliginiň ähli düzgünlerini berjaý etmek bilen ýol berilýär.

106-njy madda.

Kazyýet önümçiligi döwlet dilinde ýöredilýär. Işe gatnaşýan we kazyýet önümçiliginiň dilini bilmeýän adamlara terjimeçiniň kömek etmeginde işiň materiallary bilen tanyşmak hem-de kazyýet hereketlerine gatnaşmak, şeýle hem kazyýet mejlisinde ene dilinde çykyş etmek hukugy üpjün edilýär.

107-nji madda.

Adyl kazyýetlik taraplaryň deňligi we bäsleşigi esasynda amala aşyrylýar.

Taraplaryň Türkmenistanyň kazyýetleriniň çykaran çözgütleri, hökümleri we beýleki kararlary barada şikaýat etmäge hukugy bardyr.

108-nji madda.

Professional ýuridik kömegi almak hukugy kazyýet önümçiliginiň islendik tapgyrynda ykrar edilýär.

Raýatlara we guramalara ýuridik kömegi adwokatlar, beýleki adamlar we guramalar berýärler.

109-njy madda.

Kazyýetleriň ygtyýarlyklary, olary döretmegiň we işiniň tertibi kanun bilen kesgitlenilýär.

Раздел VI. Судебная власть

Статья 99.
Судебная власть в Туркменистане принадлежит только судам.
Судебная власть предназначена защищать права и свободы граждан, охраняемые законом государственные и общественные интересы.

Статья 100.
Судебная власть осуществляется Верховным судом Туркменистана и другими судами, предусмотренными законом.
Создание чрезвычайных судов и иных структур, наделенных полномочиями суда, не допускается.

Статья 101.
Судьи независимы, они подчиняются только закону и руководствуются внутренним убеждением. Вмешательство в деятельность судей с чьей бы то ни было стороны недопустимо и влечёт ответственность, установленную законом. Неприкосновенность судей гарантируется законом.

Статья 102.
Судьи назначаются Президентом Туркменистана. Порядок назначения и освобождения, сроки полномочий судей определяются законом.
До истечения срока полномочий судья может быть освобожден от должности только по основаниям, указанным в законе.

Статья 103.
Судьи не могут занимать какую-либо другую оплачиваемую должность, кроме преподавательской и научно-исследовательской.

Статья 104.
Дела в судах рассматриваются коллегиально, а в предусмотренных законом случаях - единолично судьей.

Статья 105.
Разбирательство дел в судах открытое. Слушание дела в закрытом заседании допускается лишь в случаях, предусмотренных законом, с соблюдением всех правил судопроизводства.

Статья 106.
Судопроизводство ведётся на государственном языке. Лицам, участвующим в деле и не владеющим языком судопроизводства, обеспечивается право ознакомления с материалами дела, участия в судебных действиях с помощью переводчика, а также право выступать на заседании суда на родном языке.

Статья 107.
Правосудие осуществляется на основе равенства и состязательности сторон.
Стороны имеют право на обжалование решений, приговоров и иных постановлений судов Туркменистана.

Статья 108.
Право на профессиональную юридическую помощь признаётся на любой стадии судопроизводства.
Юридическую помощь гражданам и организациям оказывают адвокаты, другие лица и организации.

Статья 109.
Компетенция, порядок образования и деятельности судов определяются законом.

Verfassungsgerichtsbarkeit und Justiz

Usbekistan

XXII боб. Ўзбекистон Республикасининг суд ҳокимияти

106-модда.
Ўзбекистон Республикасида суд ҳокимияти қонун чиқарувчи ва ижро этувчи ҳокимиятлардан, сиёсий партиялардан, бошқа жамоат бирлашмаларидан мустақил ҳолда иш юритади.

107-модда.
Ўзбекистон Республикасида суд тизими беш йил муддатга сайланадиган Ўзбекистон Республикаси Конституциявий суди, Ўзбекистон Республикаси Олий суди, Ўзбекистон Республикаси Олий хўжалик суди, Қорақалпоғистон Республикаси фуқаролик ва жиноят ишлари бўйича олий судлари, Қорақалпоғистон Республикаси хўжалик судидан, шу муддатга тайинланадиган фуқаролик ва жиноят ишлари бўйича вилоят ва Тошкент шаҳар судлари, фуқаролик ва жиноят ишлари бўйича туманлараро, туман, шаҳар судлари, ҳарбий ва хўжалик судларидан иборат.
Судларни ташкил этиш ва уларнинг фаолият кўрсатиш тартиби қонун билан белгиланади.
Фавқулодда судлар тузишга йўл қўйилмайди.
(107-модда Ўзбекистон Республикасининг 2003 йил 24 апрелдаги 470-II-сон Қонуни таҳририда — Олий Мажлис Ахборотномаси, 2003 й., 3-4-сон, 27-модда)

108-модда.
Ўзбекистон Республикаси Конституциявий суди қонун чиқарувчи ва ижро этувчи ҳокимиятларнинг ҳужжатлари Конституцияга қанчалик мослигига доир ишларни кўради.
Конституциявий суд сиёсат ва ҳуқуқ соҳасидаги мутахассислар орасидан — Конституциявий суд раиси, раис ўринбосари ва судьяларидан, шу жумладан Қорақалпоғистон Республикасининг вакилидан иборат таркибда сайланади.
Конституциявий суднинг раиси ва аъзолари депутат бўла олмайдилар.
Конституциявий суднинг раиси ва аъзолари сиёсий партиялар ва ҳаракатларнинг аъзоси бўлишлари ва бошқа ҳақ тўланадиган лавозимни эгаллашлари мумкин эмас.
Конституциявий суд судьялари дахлсизлик ҳуқуқидан фойдаланадилар.
Конституциявий суд судьялари ўз фаолиятларида мустақилдирлар ва фақат Ўзбекистон Республикаси Конституциясига бўйсунадилар.

109-модда.
Ўзбекистон Республикаси Конституциявий суди:
1) Ўзбекистон Республикаси қонунларининг ва Ўзбекистон Республикаси Олий Мажлиси палаталари қарорларининг, Ўзбекистон Республикаси Президенти фармонларининг, Ҳукуматнинг ва маҳаллий давлат ҳокимияти органлари қарорларининг, Ўзбекистон Республикасининг давлатлараро шартномавий ва бошқа мажбуриятлари Ўзбекистон Республикасининг Конституциясига мослигини аниқлайди;
2) Қорақалпоғистон Республикаси Конституцияси Ўзбекистон Республикасининг Конституциясига, Қорақалпоғистон Республикаси қонунлари Ўзбекистон Республикасининг қонунларига мувофиқлиги тўғрисида хулоса беради;
3) Ўзбекистон Республикасининг Конституцияси ва қонунлари нормаларига шарҳ беради;
4) Ўзбекистон Республикасининг Конституцияси ва қонунлари билан берилган ваколат доирасида бошқа ишларни ҳам кўриб чиқади.

Конституциявий суднинг қарорлари матбуотда эълон қилинган пайтдан бошлаб кучга киради. Улар қатъий ва улар устидан шикоят қилиш мумкин эмас.
Конституциявий судни ташкил этиш ва унинг фаолият кўрсатиш тартиби қонун билан белгиланади.
(109-модда Ўзбекистон Республикасининг 2003 йил 24 апрелдаги 470-II-сон Қонуни таҳририда — Олий Мажлис Ахборотномаси, 2003 й., 3-4-сон, 27-модда)

110-модда.
Ўзбекистон Республикаси Олий суди фуқаролик, жиноий ва маъмурий суд ишларини юритиш соҳасида суд ҳокимиятининг олий органи ҳисобланади.
У томонидан қабул қилинган ҳужжатлар қатъий ва Ўзбекистон Республикасининг барча ҳудудида бажарилиши мажбурийдир.
Ўзбекистон Республикаси Олий суди Қорақалпоғистон Республикаси олий судлари, вилоятлар, шаҳарлар, туманлараро, туман судлари ва ҳарбий судларнинг судлов фаолияти устидан назорат олиб бориш ҳуқуқига эга.
(110-модда Ўзбекистон Республикасининг 2003 йил 24 апрелдаги 470-II-сон Қонуни таҳририда — Олий Мажлис Ахборотномаси, 2003 й., 3-4-сон, 27-модда)

111-модда.
Мулкчиликнинг турли шаклларига асосланган корхоналар, муассасалар, ташкилотлар ўртасидаги, шунингдек тадбиркорлар ўртасидаги, иқтисодиёт соҳасида ва уни бошқариш жараёнида вужудга келадиган хўжалик низоларини ҳал этиш Олий хўжалик суди ва хўжалик судлари томонидан уларнинг ваколатлари доирасида амалга оширилади.

112-модда.
Судьялар мустақилдирлар, фақат қонунга бўйсунадилар. Судьяларнинг одил судловни амалга ошириш борасидаги фаолиятига бирон-бир тарзда аралашишга йўл қўйилмайди ва бундай аралашиш қонунга мувофиқ жавобгарликка сабаб бўлади.
Судьяларнинг дахлсизлиги қонун билан кафолатланади.
Судьялар сенатор, давлат ҳокимияти вакиллик органларининг депутати бўлиши мумкин эмас.
Судьялар сиёсий партияларнинг аъзоси бўлиши, сиёсий ҳаракатларда иштирок этиши, шунингдек илмий ва педагогик фаолиятдан ташқари ҳақ тўланадиган бошқа бирон-бир фаолият турлари билан шуғулланиши мумкин эмас.
Судья ваколат муддати тугагунга қадар судьялик вазифасидан қонунда кўрсатилган асослар бўлгандагина озод этилиши мумкин.
(112-модда Ўзбекистон Республикасининг 2003 йил 24 апрелдаги 470-II-сон Қонуни таҳририда — Олий Мажлис Ахборотномаси, 2003 й., 3-4-сон, 27-модда)

113-модда.
Ҳамма судларда ишлар очиқ кўрилади. Ишларни ёпиқ мажлисда тинглашга қонунда белгиланган ҳоллардагина йўл қўйилади.

114-модда.
Суд ҳокимияти чиқарган ҳужжатлар барча давлат органлари, жамоат бирлашмалари, корхоналар, муассасалар, ташкилотлар, мансабдор шахслар ва фуқаролар учун мажбурийдир.

115-модда.
Ўзбекистон Республикасида суд ишларини юритиш ўзбек тилида, қорақалпоқ тилида ёки муайян жойдаги кўпчилик аҳоли сўзлашадиган тилда олиб борилади. Суд ишлари олиб борилаётган тилни билмайдиган судда қатнашувчи шахсларнинг таржимон орқали иш материаллари билан тўла танишиш ва суд ишларида иштирок этиш ҳуқуқи ҳамда судда она тилида сўзлаш ҳуқуқи таъминланади.

116-модда.
Айбланувчи ҳимояланиш ҳуқуқи билан таъминланади.
Тергов ва суд ишини юритишнинг ҳар қандай босқичида малакали юридик ёрдам олиш ҳуқуқи кафолатланади. Фуқароларга, корхона, муассаса ва ташкилотларга юридик ёрдам бериш учун адвокатура фаолият кўрсатади. Адвокатурани ташкил этиш ва унинг иш тартиби қонун билан белгиланади.

Глава XXII. Судебная власть Республики Узбекистан

Статья 106.
Судебная власть в Республике Узбекистан действует независимо от законодательной и исполнительной власти, политических партий, иных общественных объединений.

Статья 107.
Судебная система в Республике Узбекистан состоит из Конституционного суда Республики Узбекистан, Верховного суда Республики Узбекистан, Высшего хозяйственного суда Республики Узбекистан, верховных судов Республики Каракалпакстан по гражданским и уголовным делам, Хозяйственного суда Республики Каракалпакстан, избираемых сроком на пять лет, областных, Ташкентских городских судов по гражданским и уголовным делам, межрайонных, районных, городских судов по гражданским и уголовным делам, военных и хозяйственных судов, назначаемых на этот же срок.
Организация и порядок деятельности судов определяются законом.
Создание чрезвычайных судов не допускается.
(статья 107 в редакции Закона Республики от 24 апреля 2003 года № 470-II — Ведомости Олий Мажлиса, 2003 г., № 3-4, ст. 27)

Статья 108.
Конституционный суд Республики Узбекистан рассматривает дела о конституционности актов законодательной и исполнительной власти.
Конституционный суд избирается из числа специалистов в области политики и права в составе председателя, заместителя председателя и судей Конституционного суда, включая представителя от Республики Каракалпакстан.
Исполнение обязанностей председателя и членов Конституционного суда несовместимо с депутатским мандатом.
Председатель и члены Конституционного суда не могут состоять членами политических партий и движений и занимать какую-либо другую оплачиваемую должность.
Судьи Конституционного суда пользуются правом неприкосновенности.
В своей деятельности судьи Конституционного суда независимы и подчиняются только Конституции Республики Узбекистан.

Статья 109.
Конституционный суд Республики Узбекистан:
1) определяет соответствие Конституции Республики Узбекистан законов Республики Узбекистан и постановлений палат Олий Мажлиса Республики Узбекистан, указов Президента Республики Узбекистан, постановлений правительства и местных органов государственной власти, межгосударственных договорных и иных обязательств Республики Узбекистан;
2) дает заключение о соответствии Конституции Республики Каракалпакстан Конституции Республики Узбекистан, законов Республики Каракалпакстан — законам Республики Узбекистан;
3) дает толкование норм Конституции и законов Республики Узбекистан;
4) рассматривает другие дела, отнесенные к его компетенции Конституцией и законами Республики Узбекистан.
Решения Конституционного суда вступают в силу с момента опубликования. Они окончательны и обжалованию не подлежат.
Организация и порядок деятельности Конституционного суда определяются законом.
(статья 109 в редакции Закона Республики от 24 апреля 2003 года № 470-II — Ведомости Олий Мажлиса, 2003 г., № 3-4, ст. 27)

Статья 110.
Верховный суд Республики Узбекистан является высшим органом судебной власти в сфере гражданского, уголовного и административного судопроизводства.
Принимаемые им акты являются окончательными и обязательны для исполнения на всей территории Республики Узбекистан.
Верховный суд Республики Узбекистан обладает правом надзора за судебной деятельностью верховных судов Республики Каракалпакстан, областных, городских, межрайонных, районных и военных судов.
(статья 110 в редакции Закона Республики от 24 апреля 2003 года № 470-II — Ведомости Олий Мажлиса, 2003 г., № 3-4, ст. 27)

Статья 111.
Разрешение возникающих в экономической сфере и в процессе управления ею хозяйственных споров между предприятиями, учреждениями, организациями, основанными на различных формах собственности, а также между предпринимателями, осуществляется Высшим хозяйственным судом и хозяйственными судами в пределах их компетенции.

Статья 112.
Судьи независимы, подчиняются только закону. Какое-либо вмешательство в деятельность судей по отправлению правосудия недопустимо и влечет ответственность по закону.
Неприкосновенность судей гарантируется законом.
Судьи не могут быть сенаторами, депутатами представительных органов государственной власти.
Судьи не могут состоять членами политических партий, участвовать в политических движениях, а также заниматься какими-либо другими видами оплачиваемой деятельности, кроме научной и педагогической.
До истечения срока полномочий судья может быть освобожден от должности лишь по основаниям, указанным в законе.
(статья 112 в редакции Закона Республики от 24 апреля 2003 года № 470-II — Ведомости Олий Мажлиса, 2003 г., № 3-4, ст. 27)

Статья 113.
Разбирательство дел во всех судах открытое. Слушание дел в закрытом заседании допускается лишь в случаях, установленных законом.

Статья 114.
Акты судебной власти обязательны для всех государственных органов, общественных объединений, предприятий, учреждений, организаций, должностных лиц и граждан.

Статья 115.
Судопроизводство в Республике Узбекистан ведется на узбекском, каракалпакском языках или на языке большинства населения данной местности. Участвующим в деле лицам, не владеющим языком, на котором ведется судопроизводство, обеспечивается право полного ознакомления с материалами дела, участия в судебных действиях через переводчика и право выступать в суде на родном языке.

Статья 116.

Обвиняемому обеспечивается право на защиту.

Право на профессиональную юридическую помощь гарантируется на любой стадии следствия и судопроизводства. Для оказания юридической помощи гражданам, предприятиям, учреждениям и организациям действует адвокатура. Организация и порядок деятельности адвокатуры определяются законом.

Дөчин долдугаар зүйл.

47.1. Монгол Улсад шүүх эрх мэдлийг гагцхүү шүүх хэрэгжүүлнэ.

47.2. Ямар ч нөхцөлд хуулиас гадуур шүүх байгуулах, шүүх эрх мэдлийг өөр байгууллага эрхлэн хэрэгжүүлэхийг хориглоно.

47.3. Шүүхийг зөвхөн Үндсэн хууль, бусад хуулийн дагуу байгуулна.

Дөчин наймдугаар зүйл.

48.1. Шүүхийн үндсэн тогтолцоо Улсын дээд шүүх, аймаг, нийслэлийн шүүх, сум буюу сум дундын, дүүргийн шүүхээс бүрдэх бөгөөд эрүү, иргэн, захиргааны зэрэг шүүн таслах ажлын төрлөөр шүүхийг дагнан байгуулж болно. Дагнасан шүүхийн үйл ажиллагаа, шийдвэр нь Улсын дээд шүүхийн хяналтаас гадуур байж үл болно.

48.2. Шүүхийн зохион байгуулалт, үйл ажиллагааны эрх зүйн үндсийг хуулиар тогтооно.

48.3. Шүүх улсын төсвөөс санхүүжинэ. Шүүх үйл ажиллагаагаа явуулах эдийн засгийн баталгааг төр хангана.

Дөчин есдүгээр зүйл.

49.1. Шүүгч хараат бус байж, гагцхүү хуульд захирагдана.

49.2. Ерөнхийлөгч, Ерөнхий сайд, Улсын Их Хурлын ба Засгийн газрын гишүүн, төр, нам, олон нийтийн бусад байгууллагын албан тушаалтан, иргэн хэн боловч шүүгчээс шүүн таслах үүргээ хэрэгжүүлэхэд хөндлөнгөөс оролцож болохгүй.

49.3. Шүүгчийн хараат бус, шүүхийн бие даасан байдлыг хангах зорилгоор Шүүхийн ерөнхий зөвлөл ажиллана.

49.4. Шүүхийн ерөнхий зөвлөл шүүх, шүүгчийн шүүн таслах ажиллагаанд оролцохгүйгээр, гагцхүү хуульчдаас шүүгчийг шилж олох, эрх ашгийг нь хамгаалах зэрэг шүүхийг бие даан ажиллах нөхцөлөөр хангахтай холбогдсон үүргийг биелүүлнэ.

49.5. Шүүхийн ерөнхий зөвлөлийн зохион байгуулалт, үйл ажиллагааны журмыг хуулиар тогтооно.

Тавьдугаар зүйл.

51.1. Монгол Улсын дээд шүүх бол шүүхийн дээд байгууллага мөн бөгөөд дараахь бүрэн эрхийг хэрэгжүүлнэ:

51.1.1. хуулиар харьяалуулсан эрүүгийн хэрэг, эрх зүйн маргааныг анхан шатны журмаар хянан шийдвэрлэх;

51.1.2. давж заалдах болон хяналтын журмаар доод шатны шүүхийн шийдвэрийг хянан үзэх;

51.1.3. хууль, түүнд заасан хүний эрх, эрх чөлөөг хамгаалах талаар Үндсэн хуулийн цэц, Улсын ерөнхий прокуророос шилжүүлсэн асуудлыг хянан шийдвэрлэх;

51.1.4. Үндсэн хуулиас бусад хуулийг зөв хэрэглэх талаар албан ёсны тайлбар гаргах;

51.1.5. хуулиар эрх олгосон бусад асуудлыг шийдвэрлэх.

51.2. Улсын дээд шүүхийн шийдвэр шүүхийн эцсийн шийдвэр байх бөгөөд түүнийг бүх шүүх, бусад этгээд заавал биелүүлнэ. Хэрэв Улсын дээд шүүхийн шийдвэр хуульд харшилбал түүнийг Улсын дээд шүүх өөрөө хүчингүй болгоно. Улсын дээд шүүхийн тайлбар хуульд харшилбал хуулийг дагаж биелүүлнэ.

51.3. Улсын дээд шүүх, бусад шүүх нь Үндсэн хуульд нийцээгүй, албан ёсоор нийтлээгүй хуулийг хэрэглэх эрхгүй.

Тавин нэгдүгээр зүйл.

51.1. Улсын дээд шүүх Ерөнхий шүүгч, шүүгчдээс бүрдэнэ.

51.2. Шүүхийн ерөнхий зөвлөлөөс Улсын дээд шүүхийн шүүгчдийг Улсын Их Хуралд танилцуулснаар, бусад шүүхийн шүүгчдийг Шүүхийн ерөнхий зөвлөлийн санал болгосноор тус тус Ерөнхийлөгч томилно. Ерөнхий шүүгчийг Улсын дээд шүүхийн санал болгосноор гишүүдийнх нь дотроос зургаан жилийн хугацаагаар Ерөнхийлөгч томилно.

51.3. Хууль зүйн дээд боловсролтой, мэргэжлээрээ арваас доошгүй жил ажилласан, Монгол Улсын гучин таван нас хүрсэн иргэнийг Улсын дээд шүүхийн шүүгчээр; хууль зүйн дээд боловсролтой, гурваас доошгүй жил мэргэжлээрээ ажилласан, Монгол Улсын хорин таван нас хүрсэн иргэнийг бусад шүүхийн шүүгчээр томилж болно.

51.4. Үндсэн хууль, шүүхийн тухай хуульд заасан үндэслэл, шүүхийн хүчин төгөлдөр шийдвэрийн дагуу огцруулах, эсхүл хүсэлтээр нь чөлөөлөхөөс бусад тохиолдолд аль ч шатны шүүхийн шүүгчийг огцруулахыг хориглоно.

Тавин хоёрдугаар зүйл.

52.1. Бүх шатны шүүх хэрэг, маргааныг хамтын зарчмаар хянан хэлэлцэж шийдвэрлэнэ.

52.2. Анхан шатны шүүх хэрэг, маргааныг хамтран шийдвэрлэхдээ иргэдийн төлөөлөгчдийг хуульд заасан журмын дагуу оролцуулна.

52.3. Хуульд тусгайлан зүйлчилж заасан зарим хэргийг шүүгч дангаар хянан шийдвэрлэж болно.

Тавин гуравдугаар зүйл.

53.1. Шүүн таслах ажиллагааг монгол хэлээр явуулна.

53.2. Монгол хэл мэдэхгүй хүнд хэргийн баримт сэлтийг хэлмэрчлүүлэн бүрэн танилцуулах бөгөөд шүүх хуралдаан дээр эх хэлээр нь үг хэлэх эрх олгоно.

Тавин дөрөвдүгээр зүйл.

54.1. Хуульд тусгайлан зааснаас бусад тохиолдолд шүүх хэргийг ил таслан шийдвэрлэнэ.

Тавин тавдугаар зүйл.

55.1. Шүүгдэгч өөрийгөө өмгөөлөх эрхтэй.

55.2. Шүүгдэгчид энэ эрхээ эдлэхэд хүсэлтээр нь буюу хуульд зааснаар хууль зүйн мэргэжлийн туслалцаа үзүүлнэ.

Тавин зургадугаар зүйл.

56.1. Прокурор хэрэг бүртгэх, мөрдөн байцаах, ял эдлүүлэх ажиллагаанд хяналт тавьж, шүүх хуралдаанд төрийн нэрийн өмнөөс оролцоно.

56.2. Улсын ерөнхий прокурор, түүний орлогч нарыг Улсын Их Хуралтай зөвшилцөн Ерөнхийлөгч зургаан жилийн хугацаагаар томилно.

56.3. Монгол Улсын прокурорын байгууллагын тогтолцоо, зохион байгуулалт, үйл ажиллагааны эрх зүйн үндсийг хуулиар тогтооно.

ТАВДУГААР БҮЛЭГ
МОНГОЛ УЛСЫН ҮНДСЭН ХУУЛИЙН ЦЭЦ

Жаран дөрөвдүгээр зүйл.

64.1. Монгол Улсын Үндсэн хуулийн цэц бол Үндсэн хуулийн биелэлтэд дээд хяналт тавих, түүний заалтыг зөрчсөн тухай дүгнэлт гаргах, маргааныг магадлан шийдвэрлэх бүрэн эрх бүхий байгууллага, Үндсэн хуулийг чандлан сахиулах баталгаа мөн.

64.2. Үндсэн хуулийн цэц, түүний гишүүн үүргээ гүйцэтгэхдээ гагцхүү Үндсэн хуульд захирагдах бөгөөд аливаа байгууллага, албан тушаалтан, бусад хүнээс хараат бус байна.

64.3. Үндсэн хуулийн цэцийн гишүүний хараат бус байдал Үндсэн хууль, бусад хуулиар тогтоосон баталгаагаар хангагдана.

Жаран тавдугаар зүйл.

65.1. Үндсэн хуулийн цэц есөн гишүүнээс бүрдэнэ. Тэдгээрийн гурвыг Улсын Их Хурал, гурвыг Ерөнхийлөгч, гурвыг Улсын дээд шүүхийн санал болгосноор Улсын Их Хурал зургаан жилийн хугацаагаар томилно.

65.2. Үндсэн хуулийн цэцийн гишүүнээр хууль зүй, улс төрийн өндөр мэргэшилтэй, Монгол Улсын дөчин нас хүрсэн иргэнийг томилно.

65.3. Үндсэн хуулийн цэцийн даргаар есөн гишүүний аль нэгийг гурван жилийн хугацаагаар гишүүдийн олонхийн саналаар сонгоно. Түүнийг нэг удаа улируулан сонгож болно.

65.4. Үндсэн хуулийн цэцийн дарга, гишүүн хууль зөрчвөл Үндсэн хуулийн цэцийн шийдвэр, анх илгээсэн байгууллагын саналыг үндэслэн Улсын Их Хурал эгүүлэн татаж болно.

65.5. Үндсэн хуулийн цэцийн бүрэлдэхүүнд Ерөнхийлөгч, Улсын Их Хурлын гишүүн, Ерөнхий сайд, Засгийн газрын гишүүн, Улсын дээд шүүхийн шүүгч орж үл болно.

Жаран зургадугаар зүйл.

66.1. Үндсэн хуулийн цэц нь Үндсэн хуулийг зөрчсөн тухай маргааныг иргэдийн өргөдөл, мэдээллийн дагуу өөрийн санаачилгаар буюу Улсын Их Хурал, Ерөнхийлөгч, Ерөнхий сайд, Улсын дээд шүүх, Улсын ерөнхий прокурорын хүсэлтээр хянан шийдвэрлэнэ.

66.2. Үндсэн хуулийн цэц энэ зүйлийн 1 дэх хэсэгт заасан үндэслэлээр дараахь маргаантай асуудлаар дүгнэлт гаргаж Улсын Их Хуралд оруулна:

66.2.1. хууль, зарлиг, Улсын Их Хурал, Ерөнхийлөгчийн бусад шийдвэр, түүнчлэн Засгийн газрын шийдвэр, Монгол Улсын олон улсын гэрээ Үндсэн хуульд нийцэж байгаа эсэх;

66.2.2. ард нийтийн санал асуулга, Улсын Их Хурал, түүний гишүүний ба Ерөнхийлөгчийн сонгуулийн талаар сонгуулийн төв байгууллагын гаргасан шийдвэр Үндсэн хуульд нийцэж байгаа эсэх;

66.2.3. Ерөнхийлөгч, Улсын Их Хурлын дарга, гишүүн, Ерөнхий сайд, Засгийн газрын гишүүн, Улсын дээд шүүхийн Ерөнхий шүүгч, Улсын ерөнхий прокурор Үндсэн хууль зөрчсөн эсэх;

66.2.4. Ерөнхийлөгч, Улсын Их Хурлын дарга, Ерөнхий сайдыг огцруулах, Улсын Их Хурлын гишүүнийг эгүүлэн татах үндэслэл байгаа эсэх.

66.3. Энэ зүйлийн 2 дахь хэсгийн 1, 2-т заасны дагуу оруулсан дүгнэлтийг Улсын Их Хурал хүлээн зөвшөөрөөгүй бол Үндсэн хуулийн цэц дахин хянан үзэж эцсийн шийдвэр гаргана.

66.4. Хууль, зарлиг, Улсын Их Хурал, Ерөнхийлөгчийн бусад шийдвэр, түүнчлэн Засгийн газрын шийдвэр, Монгол Улсын олон улсын гэрээ нь Үндсэн хуульд нийцээгүй гэж Үндсэн хуулийн цэц шийдвэр гаргавал зохих хууль, зарлиг, батламж, шийдвэр хүчингүй болно.

Жаран долдугаар зүйл.

67.1. Үндсэн хуулийн цэцийн шийдвэр гармагцаа хүчин төгөлдөр болно.

Grundrechte

Kasachstan

II бөлім
АДАМ ЖӘНЕ АЗАМАТ

10-бап

1. Қазақстан Республикасының азаматтығы заңға сәйкес алынады және тоқтатылады, ол қандай негізде алынғанына қарамастан, бірыңғай және тең болып табылады.

2. Республиканың азаматын ешқандай жағдайда азаматтығынан, өзінің азаматтығын өзгерту құқығынан айыруға, сондай-ақ оны Қазақстаннан тыс жерлерге аластауға болмайды.

3. Республика азаматының басқа мемлекеттің азаматтығында болуы танылмайды.

11-бап

1. Республиканың халықаралық шарттарында өзгеше белгіленбесе, Қазақстан Республикасының азаматын шет мемлекетке беруге болмайды.

2. Республика өзінің одан тыс жерлерде жүрген азаматтарын қорғауға және оларға қамқорлық жасауға кепілдік береді.

12-бап

1. Қазақстан Республикасында Конституцияға сәйкес адам құқықтары мен бостандықтары танылады және оларға кепілдік беріледі.

2. Адам құқықтары мен бостандықтары әркімге тумысынан жазылған, олар абсолютті деп танылады, олардан ешкім айыра алмайды, заңдар мен өзге де нормативтік құқықтық актілердің мазмұны мен қолданылуы осыған қарай анықталады.

3. Республиканың азаматы өзінің азаматтығына орай құқықтарға ие болып, міндеттер атқарады.

4. Конституцияда, заңдарда және халықаралық шарттарда өзгеше көзделмесе, шетелдіктер мен азаматтығы жоқ адамдар Республикада азаматтар үшін белгіленген құқықтар мен бостандықтарды пайдаланады, сондай-ақ міндеттер атқарады.

5. Адамның және азаматтың өз құқықтары мен бостандықтарын жүзеге асыруы басқа адамдардың құқықтары мен бостандықтарын бұзбауға, конституциялық құрылыс пен қоғамдық имандылыққа нұқсан келтірмеуге тиіс.

13-бап

1. Әркімнің құқық субъектісі ретінде танылуына құқығы бар және өзінің құқықтары мен бостандықтарын, қажетті қорғанысты қоса алғанда, заңға қайшы келмейтін барлық тәсілдермен қорғауға хақылы.

2. Әркімнің өз құқықтары мен бостандықтарының сот арқылы қорғалуына құқығы бар.

3. Әркімнің білікті заң көмегін алуға құқығы бар. Заңда көзделген реттерде заң көмегі тегін көрсетіледі.

14-бап

1. Заң мен сот алдында жұрттың бәрі тең.

2. Тегіне, әлеуметтік, лауазымдық және мүліктік жағдайына, жынысына, нәсіліне, ұлтына, тіліне, дінге көзқарасына, нанымына, тұрғылықты жеріне байланысты немесе кез келген өзге жағдаяттар бойынша ешкімді ешқандай кемсітуге болмайды.

15-бап

1. Әркімнің өмір сүруге құқығы бар.

2. Ешкімнің өз бетінше адам өмірін қиюға хақысы жоқ. Өлім жазасы адамдардың қаза болуымен байланысты террористік қылмыстар жасағаны үшін, сондай-ақ соғыс уақытында ерекше ауыр қылмыстар жасағаны үшін ең ауыр жаза ретінде заңмен белгіленеді, ондай жазаға кесілген адамның кешірім жасау туралы өтініш ету хақы бар[4].

16-бап

1. Әркім өзінің жеке басының бостандығына құқығы бар.

2. Заңда көзделген реттерде ғана және тек қана соттың санкциясымен тұтқындауға және қамауда ұстауға болады, тұтқындалған адамға шағымдану құқығы беріледі. Соттың санкциясынсыз адамды жетпіс екі сағаттан аспайтын мерзімге ұстауға болады.

3. Ұсталған, тұтқындалған, қылмыс жасады деп айып тағылған әрбір адам сол ұсталған, тұтқындалған немесе айып тағылған кезден бастап адвокаттың (қорғаушының) көмегін пайдалануға құқылы[5].

17-бап

1. Адамның қадір-қасиетіне қол сұғылмайды.

2. Ешкімді азаптауға, оған зорлық-зомбылық жасауға, басқадай қатыгездік немесе адамдық қадір-қасиетін қорлайтындай жәбір көрсетуге не жазалауға болмайды.

18-бап

1. Әркімнің жеке өміріне қол сұғылмауына, өзінің және отбасының құпиясы болуына, ар-намысы мен абыройлы атының қорғалуына құқығы бар.

2. Әркім өзінің жеке салымдары мен жинаған қаражатының, жазысқан хаттарының, телефон арқылы сөйлескен сөздерінің, почта, телеграф арқылы және басқа жолдармен алысқан хабарларының құпиялылығы сақталуына құқығы бар. Бұл құқықты шектеуге заңда тікелей белгіленген реттер мен тәртіп бойынша ғана жол беріледі.

3. Мемлекеттік органдар, қоғамдық бірлестіктер, лауазымды адамдар және бұқаралық ақпарат құралдары әрбір азаматқа өзінің құқықтары мен мүдделеріне қатысты құжаттармен, шешімдермен және ақпарат көздерімен танысу мүмкіндігін қамтамасыз етуге міндетті.

19-бап

1. Әркім өзінің қай ұлтқа, қай партияға және қай дінге жататынын өзі анықтауға және оны көрсету-көрсетпеуге хақылы.

2. Әркімнің ана тілі мен төл мәдениетін пайдалануға, қарым-қатынас, тәрбие, оқу және шығармашылық тілін еркін таңдап алуға құқығы бар.

20-бап

1. Сөз бен шығармашылық еркіндігіне кепілдік беріледі. Цензураға тыйым салынады.

2. Әркімнің заң жүзінде тыйым салынбаған кез келген тәсілмен еркін ақпарат алуға және таратуға құқығы бар. Қазақстан Республикасының мемлекеттік құпиясы болып табылатын мәліметтер тізбесі заңмен белгіленеді.

3. Республиканың конституциялық құрылысын күштеп өзгертуді, оның тұтастығын бұзуды, мемлекет қауіпсіздігіне нұқсан келтіруді, соғысты, әлеуметтік, нәсілдік, ұлттық, діни, тектік-топтық және рулық астамшылықты, сондай-ақ қатыгездік пен зорлық-зомбылыққа бас ұруды насихаттауға немесе үгіттеуге жол берілмейді.

21-бап

1. Қазақстан Республикасы аумағында заңды түрде жүрген әрбір адам, заңда көрсетілгеннен басқа реттерде, оның аумағында еркін жүріп-тұруға және тұрғылықты мекенді өз қалауынша таңдап алуға құқығы бар.

2. Әркімнің Республикадан тыс жерлерге кетуіне құқығы бар. Республика азаматтарының Республикаға кедергісіз қайтып оралуына құқығы бар.

22-бап

1. Әркімнің ар-ождан бостандығына құқығы бар.

2. Ар-ождан бостандығы құқығын жүзеге асыру жалпы адамдық және азаматтық құқықтар мен мемлекет алдындағы міндеттерге байланысты болмауға немесе оларды шектемеуге тиіс.

23-бап

1. Қазақстан Республикасы азаматтарының бірлесу бостандығына құқығы бар. Қоғамдық бірлестіктердің қызметі заңмен реттеледі.

2. Әскери қызметшілер, ұлттық қауіпсіздік органдарының, құқық қорғау органдарының қызметкерлері мен судьялар партияларда, кәсіптік одақтарда болмауға, қандай да бір саяси партияны қолдап сөйлемеуге тиіс.

24-бап

1. Әркімнің еңбек ету бостандығына, қызмет пен кәсіп түрін еркін таңдауына құқығы бар. Еріксіз еңбекке соттың үкімі бойынша не төтенше жағдайда немесе соғыс жағдайында ғана жол беріледі.

2. Әркімнің қауіпсіздік пен тазалық талаптарына сай еңбек ету жағдайына, еңбегі үшін нендей бір кемсітусіз сыйақы алуына, сондай-ақ жұмыссыздықтан әлеуметтік қорғалуға құқығы бар.

3. Ереуіл жасау құқығын қоса алғанда, заңмен белгіленген тәсілдерді қолдана отырып, жеке және ұжымдық еңбек дауларын шешу құқығы мойындалады.

4. Әркімнің тынығу құқығы бар. Еңбек шарты бойынша, жұмыс істейтіндерге заңмен белгіленген жұмыс уақытының ұзақтығына, демалыс және мереке күндеріне, жыл сайынғы ақылы демалысқа кепілдік беріледі.

25-бап

1. Тұрғын үйге қол сұғылмайды. Соттың шешімінсіз тұрғын үйден айыруға жол берілмейді. Тұрғын үйге басып кіруге, оны тексеруге және тінтуге заңмен белгіленген реттер мен тәртіп бойынша ғана жол беріледі.

2. Қазақстан Республикасында азаматтарды тұрғын үймен қамтамасыз ету үшін жағдайлар жасалады. Заңда көрсетілген санаттағы мұқтаж азаматтарға тұрғын үй заңмен белгіленген нормаларға сәйкес мемлекеттік тұрғын үй қорларынан олардың шама-шарқы көтеретін ақыға беріледі.

26-бап

1. Қазақстан Республикасының азаматтары заңды түрде алған қандай да болсын мүлкін жеке меншігінде ұстай алады.

2. Меншік, оның ішінде мұрагерлік құқығына заңмен кепілдік беріледі.

3. Соттың шешімінсіз ешкімді де өз мүлкінен айыруға болмайды. Заңмен көзделген ерекше жағдайларда мемлекет мұқтажы үшін мүліктен күштеп айыру оның құны тең бағамен өтелген кезде жүргізілуі мүмкін.

4. Әркімнің кәсіпкерлік қызмет еркіндігіне, өз мүлкін кез келген заңды кәсіпкерлік қызмет үшін еркін пайдалануға құқығы бар. Монополистік қызмет заңмен реттеледі әрі шектеледі. Жосықсыз бәсекеге тыйым салынады.

27-бап

1. Неке мен отбасы, ана мен әке және бала мемлекеттің қорғауында болады.

2. Балаларына қамқорлық жасау және оларды тәрбиелеу — ата-ананың етене құқығы әрі міндеті.

3. Кәмелетке толған еңбекке қабілетті балалар еңбекке жарамсыз ата-анасына қамқорлық жасауға міндетті.

28-бап

1. Қазақстан Республикасының азаматы жасына келген, науқастанған, мүгедек болған, асыраушысынан айырылған жағдайда және өзге де заңды негіздерде оған ең төменгі жалақы мен зейнетақының мөлшерінде әлеуметтік қамсыздандырылуына кепілдік беріледі.

2. Ерікті әлеуметтік сақтандыру, әлеуметтік қамсыздандырудың қосымша нысандарын жасау және қайы-рымдылық көтермеленіп отырады.

29-бап

1. Қазақстан Республикасы азаматтарының денсаулығын сақтауға құқығы бар.

2. Республика азаматтары заңмен белгіленген кепілді медициналық көмектің көлемін тегін алуға хақылы.

3. Мемлекеттік және жеке меншік емдеу мекемелерінде, сондай-ақ, жеке медициналық практикамен айналысушы адамдардан ақылы медициналық жәрдем алу заңда белгіленген негіздер мен тәртіп бойынша жүргізіледі.

30-бап

1. Азаматтардың мемлекеттік оқу орындарында тегін орта білім алуына кепілдік беріледі. Орта білім алу міндетті.

2. Азаматтың мемлекеттік жоғары оқу орнында конкурстық негізде тегін жоғары білім алуға құқығы бар.

3. Жекеменшік оқу орындарында ақылы білім алу заңмен белгіленген негіздер мен тәртіп бойынша жүзеге асырылады.

4. Мемлекет білім берудің жалпыға міндетті стандарттарын белгілейді. Кез келген оқу орнының қызметі осы стандарттарға сай келуі керек.

31-бап

1. Мемлекет адамның өмір сүруі мен денсаулығына қолайлы айналадағы ортаны қорғауды мақсат етіп қояды.

2. Адамдардың өмірі мен денсаулығына қатер төндіретін деректер мен жағдаяттарды лауазымды адамдардың жасыруы заңға сәйкес жауапкершілікке әкеп соғады.

32-бап

Қазақстан Республикасының азаматтары бейбіт әрі қарусыз жиналуға, жиналыстар, митингілер мен демонстрациялар, шерулер өткізуге және тосқауылдарға тұруға хақылы. Бұл құқықты пайдалану мемлекеттік қауіпсіздік, қоғамдық тәртіп, денсаулық сақтау, басқа адамдардың құқықтары мен бостандықтарын қорғау мүдделері үшін заңмен шектелуі мүмкін.

33-бап

1. Қазақстан Республикасы азаматтарының тікелей және өз өкілдері арқылы мемлекет ісін басқаруға қатысуға, мемлекеттік органдар мен жергілікті өзін-өзі басқару

органдарына тікелей өзі жүгінуге, сондай-ақ жеке және ұжымдық өтініштер жолдауға құқығы бар.

2. Республика азаматтарының мемлекеттік органдар мен жергілікті өзін-өзі басқару органдарын сайлауға және оларға сайлануға, сондай-ақ республикалық референдумға қатысуға құқығы бар.

3. Сот іс-әрекетке қабілетсіз деп таныған, сондай-ақ сот үкімі бойынша бас бостандығынан айыру орындарында отырған азаматтардың сайлауға және сайлануға, республикалық референдумға қатысуға құқығы жоқ.

4. Республика азаматтарының мемлекеттік қызметке кіруге тең құқығы бар. Мемлекеттік қызметші лауазымына кандидатқа қойылатын талаптар лауазымдық міндеттердің сипатына ғана байланысты болады және заңмен белгіленеді[6].

34-бап

1. Әркім Қазақстан Республикасының Конституциясын және заңдарын сақтауға, басқа адамдардың құқықтарын, бостандықтарын, абыройы мен қадір-қасиетін құрметтеуге міндетті.

2. Әркім Республиканың мемлекеттік рәміздерін құрметтеуге міндетті[7].

35-бап

Заңды түрде белгіленген салықтарды, алымдарды және өзге де міндетті төлемдерді төлеу әркімнің борышы әрі міндеті болып табылады.

36-бап

1. Қазақстан Республикасын қорғау — оның әрбір азаматының қасиетті парызы және міндеті.

2. Республика азаматтары заңда белгіленген тәртіп пен түрлер бойынша әскери қызмет атқарады.

37-бап

Қазақстан Республикасының азаматтары тарихи және мәдени мұралардың сақталуына қамқорлық жасауға, тарих пен мәдениет ескерткіштерін қорғауға міндетті.

38-бап

Қазақстан Республикасының азаматтары табиғатты сақтауға және табиғат байлықтарына ұқыпты қарауға міндетті.

39-бап

1. Адамның және азаматтың құқықтары мен бостандықтары конституциялық құрылысты қорғау, қоғамдық тәртіпті, адамның құқықтары мен бостандықтарын, халықтың денсаулығы мен имандылығын сақтау мақсатына қажетті шамада ғана және тек заңмен шектелуі мүмкін.

2. Ұлтаралық татулықты бұзатын кез келген әрекет конституциялық емес деп танылады.

3. Саяси себептер бойынша азаматтардың құқықтары мен бостандықтарын қандай да бір түрде шектеуге жол берілмейді. Конституцияның 10; 11; 13-15-баптарында; 16-бабының 1-тармағында; 17-бабында; 19-бабында; 22-бабында; 26-бабының 2-тармағында көзделген құқықтар мен бостандықтар ешбір жағдайда да шектелмеуге тиіс.

Раздел II.
ЧЕЛОВЕК И ГРАЖДАНИН

Статья 10

1. Гражданство Республики Казахстан приобретается и прекращается в соответствии с законом, является единым и равным независимо от оснований его приобретения.

2. Гражданин Республики ни при каких условиях не может быть лишен гражданства, права изменить свое гражданство, а также не может быть изгнан за пределы Казахстана.

3. За гражданином Республики не признается гражданство другого государства.

Статья 11

1. Гражданин Республики Казахстан не может быть выдан иностранному государству, если иное не установлено международными договорами Республики.

2. Республика гарантирует своим гражданам защиту и покровительство за ее пределами.

Статья 12

1. В Республике Казахстан признаются и гарантируются права и свободы человека в соответствии с Конституцией.

2. Права и свободы человека принадлежат каждому от рождения, признаются абсолютными и неотчуждаемыми, определяют содержание и применение законов и иных нормативных правовых актов.

3. Гражданин Республики в силу самого своего гражданства имеет права и несет обязанности.

4. Иностранцы и лица без гражданства пользуются в Республике правами и свободами, а также несут обязанности, установленные для граждан, если иное не предусмотрено Конституцией, законами и международными договорами.

5. Осуществление прав и свобод человека и гражданина не должно нарушать прав и свобод других лиц, посягать на конституционный строй и общественную нравственность.

Статья 13

1. Каждый имеет право на признание его правосубъектности и вправе защищать свои права и свободы всеми не противоречащими закону способами, включая необходимую оборону.

2. Каждый имеет право на судебную защиту своих прав и свобод.

3. Каждый имеет право на получение квалифицированной юридической помощи. В случаях, предусмотренных законом, юридическая помощь оказывается бесплатно.

Статья 14

1. Все равны перед законом и судом.

2. Никто не может подвергаться какой-либо дискриминации по мотивам происхождения, социального, должностного и имущественного положения, пола, расы, национальности, языка, отношения к религии, убеждений, места жительства или по любым иным обстоятельствам.

Статья 15

1. Каждый имеет право на жизнь.

2. Никто не вправе произвольно лишать человека жизни. Смертная казнь устанавливается законом как исключительная мера наказания за террористические преступления, сопряженные с гибелью людей, а также за особо тяжкие преступления, совершенные в военное время, с предоставлением приговоренному права ходатайствовать о помиловании.

Статья 16

1. Каждый имеет право на личную свободу.

2. Арест и содержание под стражей допускаются только в предусмотренных законом случаях и лишь с санкции суда с предоставлением арестованному права обжалования. Без санкции суда лицо может быть подвергнуто задержанию на срок не более семидесяти двух часов.

3. Каждый задержанный, арестованный, обвиняемый в совершении преступления имеет право пользоваться помощью адвоката (защитника) с момента, соответственно, задержания, ареста или предъявления обвинения.

Статья 17

1. Достоинство человека неприкосновенно.

2. Никто не должен подвергаться пыткам, насилию, другому жестокому или унижающему человеческое достоинство обращению или наказанию.

Статья 18

1. Каждый имеет право на неприкосновенность частной жизни, личную и семейную тайну, защиту своей чести и достоинства.

2. Каждый имеет право на тайну личных вкладов и сбережений, переписки, телефонных переговоров, почтовых, телеграфных и иных сообщений. Ограничения этого права допускаются только в случаях и в порядке, прямо установленных законом.

3. Государственные органы, общественные объединения, должностные лица и средства массовой информации обязаны обеспечить каждому гражданину возможность ознакомиться с затрагивающими его права и интересы документами, решениями и источниками информации.

Статья 19

1. Каждый вправе определять и указывать или не указывать свою национальную, партийную и религиозную принадлежность.

2. Каждый имеет право на пользование родным языком и культурой, на свободный выбор языка общения, воспитания, обучения и творчества.

Статья 20

1. Свобода слова и творчества гарантируется. Цензура запрещается.

2. Каждый имеет право свободно получать и распространять информацию любым, не запрещенным законом способом. Перечень сведений, составляющих государственные секреты Республики Казахстан, определяется законом.

3. Не допускаются пропаганда или агитация насильственного изменения конституционного строя, нарушения целостности Республики, подрыва безопасности государства, войны, социального, расового, национального, религиозного, сословного и родового превосходства, а также культа жестокости и насилия.

Статья 21

1. Каждому, кто законно находится на территории Республики Казахстан, принадлежит право свободного передвижения по ее территории и свободного выбора местожительства, кроме случаев, оговоренных законом.

2. Каждый имеет право выезжать за пределы Республики. Граждане Республики имеют право беспрепятственного возвращения в Республику.

Статья 22

1. Каждый имеет право на свободу совести.

2. Осуществление права на свободу совести не должно обуславливать или ограничивать общечеловеческие и гражданские права и обязанности перед государством.

Статья 23

1. Граждане Республики Казахстан имеют право на свободу объединений. Деятельность общественных объединений регулируется законом.

2. Военнослужащие, работники органов национальной безопасности, правоохранительных органов и судьи не должны состоять в партиях, профессиональных союзах, выступать в поддержку какой-либо политической партии.

Статья 24

1. Каждый имеет право на свободу труда, свободный выбор рода деятельности и профессии. Принудительный труд допускается только по приговору суда либо в условиях чрезвычайного или военного положения.

2. Каждый имеет право на условия труда, отвечающие требованиям безопасности и гигиены, на вознаграждение за труд без какой-либо дискриминации, а также на социальную защиту от безработицы.

3. Признается право на индивидуальные и коллективные трудовые споры с использованием установленных законом способов их разрешения, включая право на забастовку.

4. Каждый имеет право на отдых. Работающим по трудовому договору гарантируются установленные законом продолжительность рабочего времени, выходные и праздничные дни, оплачиваемый ежегодный отпуск.

Статья 25

1. Жилище неприкосновенно. Не допускается лишение жилища, иначе как по решению суда. Проникновение в жилище, производство его осмотра и обыска допускаются лишь в случаях и в порядке, установленных законом.

2. В Республике Казахстан создаются условия для обеспечения граждан жильем. Указанным в законе категориям граждан, нуждающимся в жилье, оно предоставляется за доступную плату из государственных жилищных фондов в соответствии с установленными законом нормами.

Статья 26

1. Граждане Республики Казахстан могут иметь в частной собственности любое законно приобретенное имущество.

2. Собственность, в том числе право наследования, гарантируется законом.

3. Никто не может быть лишен своего имущества, иначе как по решению суда. Принудительное отчуждение имущества для государственных нужд в исключительных случаях, предусмотренных законом, может быть произведено при условии равноценного его возмещения.

4. Каждый имеет право на свободу предпринимательской деятельности, свободное использование своего имущества для любой законной предпринимательской деятельности. Монополистическая деятельность регулируется и ограничивается законом. Недобросовестная конкуренция запрещается.

Статья 27

1. Брак и семья, материнство, отцовство и детство находятся под защитой государства.

2. Забота о детях и их воспитание являются естественным правом и обязанностью родителей.

3. Совершеннолетние трудоспособные дети обязаны заботиться о нетрудоспособных родителях.

Статья 28

1. Гражданину Республики Казахстан гарантируется минимальный размер заработной платы и пенсии, социальное обеспечение по возрасту, в случае болезни, инвалидности, потери кормильца и по иным законным основаниям.

2. Поощряются добровольное социальное страхование, создание дополнительных форм социального обеспечения и благотворительность.

Статья 29

1. Граждане Республики Казахстан имеют право на охрану здоровья.

2. Граждане Республики вправе получать бесплатно гарантированный объем медицинской помощи, установленный законом.

3. Получение платной медицинской помощи в государственных и частных лечебных учреждениях, а также у лиц, занимающихся частной медицинской практикой, производится на основаниях и в порядке, установленных законом.

Статья 30

1. Гражданам гарантируется бесплатное среднее образование в государственных учебных заведениях. Среднее образование обязательно.

2. Гражданин имеет право на получение на конкурсной основе бесплатного высшего образования в государственном высшем учебном заведении.

3. Получение платного образования в частных учебных заведениях осуществляется на основаниях и в порядке, установленных законом.

4. Государство устанавливает общеобязательные стандарты образования. Деятельность любых учебных заведений должна соответствовать этим стандартам.

Статья 31

1. Государство ставит целью охрану окружающей среды, благоприятной для жизни и здоровья человека.

2. Сокрытие должностными лицами фактов и обстоятельств, угрожающих жизни и здоровью людей, влечет ответственность в соответствии с законом.

Статья 32

Граждане Республики Казахстан вправе мирно и без оружия собираться, проводить собрания, митинги и демонстрации, шествия и пикетирование. Пользование этим правом может ограничиваться законом в интересах государственной безопасности, общественного порядка, охраны здоровья, защиты прав и свобод других лиц.

Статья 33

1. Граждане Республики Казахстан имеют право участвовать в управлении делами государства непосредственно и через своих представителей, обращаться лично, а также направлять индивидуальные и коллективные обращения в государственные органы и органы местного самоуправления.

2. Граждане Республики имеют право избирать и быть избранными в государственные органы и органы местного самоуправления, а также участвовать в республиканском референдуме.

3. Не имеют право избирать и быть избранными, участвовать в республиканском референдуме граждане, признанные судом недееспособными, а также содержащиеся в местах лишения свободы по приговору суда.

4. Граждане Республики имеют равное право на доступ к государственной службе. Требования, предъявляемые к кандидату на должность государственного служащего, обусловливаются только характером должностных обязанностей и устанавливаются законом.

Статья 34

1. Каждый обязан соблюдать Конституцию и законодательство Республики Казахстан, уважать права, свободы, честь и достоинство других лиц.

2. Каждый обязан уважать государственные символы Республики.

Статья 35

Уплата законно установленных налогов, сборов и иных обязательных платежей является долгом и обязанностью каждого.

Статья 36

1. Защита Республики Казахстан является священным долгом и обязанностью каждого ее гражданина.

2. Граждане Республики несут воинскую службу в порядке и видах, установленных законом.

Статья 37

Граждане Республики Казахстан обязаны заботиться о сохранении исторического и культурного наследия, беречь памятники истории и культуры.

Статья 38

Граждане Республики Казахстан обязаны сохранять природу и бережно относиться к природным богатствам.

Статья 39

1. Права и свободы человека и гражданина могут быть ограничены только законами и лишь в той мере, в какой это необходимо в целях защиты конституционного строя, охраны общественного порядка, прав и свобод человека, здоровья и нравственности населения.

2. Признаются неконституционными любые действия, способные нарушить межнациональное согласие.

3. Не допускается ни в какой форме ограничение прав и свобод граждан по политическим мотивам. Ни в каких случаях не подлежат ограничению права и свободы, предусмотренные статьями 10, 11, 13-15, пунктом 1 статьи 16, статьей 17, статьей 19, статьей 22, пунктом 2 статьи 26 Конституции.

Grundrechte

Kirgisistan

ЭКИНЧИ БӨЛҮМ
АДАМДЫН ЖАНА ЖАРАНДЫН УКУКТАРЫ МЕНЕН ЭРКИНДИКТЕРИ

Биринчи глава
Негизги укуктар жана эркиндиктер

16-берене.

1. Адам укуктары жана эркиндиктери ажырагыс, ал ар бир адамга төрөлгөндөн эле таандык.
Адам укуктары менен эркиндиктери эң жогорку баалуулук болуп эсептелет. Алар тикелей колдонулат, мыйзам чыгаруу, аткаруу бийлигинин жана жергиликтүү өз алдынча башкаруу органдарынын ишинин маани-мазмунун аныктап турат.
2. Кыргыз Республикасы өз аймагынын чегинде, өзүнүн юрисдикциясында турган бардык адамдардын укуктары менен эркиндиктерин урматтайт жана камсыз кылат.
Эч ким жынысы, расасы, тили, майыптуулугу, этноско таандыктыгы, туткан дини, курагы, саясий же башка ынанымдары, билими, теги, мүлктүк же башка абалы, ошондой эле башка жагдайлары боюнча кодулоого алынышы мүмкүн эмес.
Эл аралык милдеттенмелерге ылайык ар кайсы социалдык топтор үчүн бирдей мүмкүнчүлүктөрдү камсыз кылууга багытталып, мыйзамда белгиленген атайын чаралар кодулоо деп эсептелбейт.
3. Кыргыз Республикасында мыйзам жана сот алдында бардыгы бирдей.
4. Кыргыз Республикасында эркектер менен аялдар бирдей укуктарга жана эркиндиктерге, аларды ишке ашыруу үчүн бирдей мүмкүнчүлүктөргө ээ.
5. Кыргыз Республикасында баланын эң жакшы жашоо кызыкчылыктарын камсыз кылуу принциби колдонулат.

17-берене.

Ушул Конституцияда белгиленген укуктар менен эркиндиктер бардык жактан толук жетишерлик деп эсептелбейт жана адамдын, жарандын башка жалпы таанылган укуктары менен эркиндиктерин тануу же басмырлоо катары чечмеленбеши керек.

18-берене.

Ар бир адам ушул Конституцияда жана мыйзамдарда тыюу салынбаган башка дагы ар кандай иш-аракеттер менен иштерди жүзөгө ашырууга укуктуу.

19-берене.

1. Кыргыз Республикасында чет өлкөлүк жарандар жана жарандыгы жок адамдар, мыйзамда же Кыргыз Республикасы катышуучусу болуп эсептелген эл аралык келишимде белгиленгенден башка учурларда Кыргыз Республикасынын жарандары менен бирдей укуктардан пайдаланат жана милдеттерди аткарат.
2. Кыргыз Республикасы эл аралык милдеттенмелерге ылайык чет өлкө жарандарына жана жарандыгы жок адамдарга саясий жүйөлөр боюнча куугунтукталганда, ошондой эле адам укуктары менен эркиндиктери бузулган учурларда башкалка берет.

20-берене.

1. Кыргыз Республикасында адамдын жана жарандын укуктары менен эркиндиктерин жокко чыгаруучу же кемсинтүүчү мыйзамдар кабыл алынбашы керек.
2. Адамдын, жарандын укуктары менен эркиндиктери улуттук коопсуздукту, коомдук тартипти, калктын саламаттыгын, адеп-ахлагын сактоо, башка адамдардын укуктары менен эркиндиктерин коргоо максатында Конституция жана мыйзамдар менен чектелиши мүмкүн. Киргизилип жаткан чектөөлөр көрсөтүлгөн максаттарга өлчөмдөш болушу керек.
Адамдын, жарандын укуктарын, эркиндиктерин чектеген мыйзамдык актыларды кабыл алууга тыюу салынат.
3. Конституцияда каралгандан башка максаттарда жана андан ашкан даражада укуктарга жана эркиндиктерге мыйзам менен чектөө коюлушу мүмкүн эмес.
4. Төмөнкүдөй тыюу салуулар боюнча ушул Конституцияда белгиленген кепилдиктерге эч кандай чектөө коюлууга тийиш эмес:
1) өлүм жазасын, кыйноону, дагы башка адамкерчиликсиз, мыкаачылык мамилени же болбосо жазалоонун кадыр-баркты басмырлаган түрлөрүн колдонууга карата салынган тыюуларга чектөө;
2) алардын ыктыярдуу макулдугу талаптагыдай билдирилмейинче жана ырасталмайынча адамдарга медициналык, биологиялык, психологиялык тажрыйбаларды жүргүзүүгө;
3) кулчулукка, адамдарды соодалоого коюлган;
4) бала эмгегин эксплуатациялоого;
5) жарандык-укуктук милдеттенмени аткарбоонун негизинде эркиндигинен ажыратууга карата салынган;
6) инсандын ар-намысына шек келтирген маалыматты жайылткандыгы үчүн кылмыштык куугунтуктоого;
7) ой-пикирин, диний жана башка ынанымдарын билдирүүгө жана алардан баш тартууга мажбурлоого;
8) тынч чогулууга катышууга мажбурлоого;
9) өзүнүн кайсы этноско таандык экенин аныктап көрсөтүүгө мажбурлоого;
10) турак-жайынан өзүм билемдик менен ажыратууга.
5. Ушул Конституцияда белгиленген төмөндөгүдөй укуктар эч чектелүүгө тийиш эмес:
1) ар бир эркиндигинен ажыратылган адамдын өзүнө адамкерчиликтүү мамиле кылууну жана адамдык кадыр-баркын сыйлоону талап кылуу;
2) ырайым кылууну же жазасын жеңилдетүүнү сурануу;
3) жогору турган сот тарабынан иштин кайра каратуу;
4) ой-пикир эркиндиги тууралуу;
5) диний же башка ынанымдарды эркин тандап алуу жана ээ болуу;
6) өзүнүн кайсы этноско таандык экенин эркин аныктоо жана көрсөтүү;
7) кызматтык милдеттерди аткаруу учурунда мамлекеттик бийликтин, жергиликтүү өз алдынча башкаруу органдарынын жана алардын кызмат адамдарынын мыйзамсыз иш-аракеттери менен келтирилген зыяндын ордун мамлекеттен толтуртуп алуу;
8) соттук коргонуу;

9) мамлекеттик билим берүү уюмдарында негизги жалпы жана орто жалпы билимди акысыз алуу;
10) жарандын Кыргыз Республикасына тоскоолдуксуз кайтып келүү укугу.

Экинчи глава
Адам укуктары жана эркиндиктери

21-берене.

Ар бир адам ажыратылгыс жашоо укугуна ээ. Эч кимдин өмүрү өзүм билемдик менен кыйылышы мүмкүн эмес. Өлүм жазасына тыюу салынат.

22-берене.

1. Эч ким кыйноолорго, башка адамкерчиликсиз, мыкаачылык же кадыр-баркты басмырлаган мамилеге же жазалоого туш болушу мүмкүн эмес.
2. Эркиндигинен ажыратылган ар бир адам өзүнө гумандуу мамиле жасалышына жана адамдык кадыр-баркынын сакталышына укуктуу.
3. Тиешелүү түрдө билдирилип, күбөлөндүрүлгөн ыктыярдуу макулдугусуз адамдарга медициналык, биологиялык, психологиялык тажрыйбаларды жүргүзүүгө тыюу салынат.

23-берене.

1. Кыргыз Республикасында кулчулукка, адамдарды соодалоого жол берилбейт.
2. Бала эмгегин эксплуатациялоого тыюу салынат.
3. Согушка, жаратылыш кырсыктарынын кесепеттерин жоюуга, башка өзгөчө кырдаалдар менен соттун чечимин аткарууга байланышкан учурлардан тышкары мажбурлап иштетүүгө тыюу салынат.
Аскердик, альтернативалуу (аскердиктен тышкары) кызмат өтөөгө тартуу мажбурлоо эмгеги деп эсептелбейт.

24-берене.

1. Ар бир адам эркиндикке жана жеке кол тийбестикке укуктуу.
2. Жарандык-укуктук милдеттенмелерди аткарбай коюшунун негизинде эч ким эркиндигинен ажыратылышы мүмкүн эмес.
3. Соттун чечимисиз жана мыйзамда белгиленген негиздер менен тартиптен тышкары эч ким камакка алынышы, кайтарууда кармалышы же эркиндигинен ажыратылышы мүмкүн эмес.
4. Эч ким соттун чечимисиз 48 сааттан ашык мөөнөткө кармалышы мүмкүн эмес.
Ар бир кармалган адам кармалган учурунан тартып 48 саат өткөнгө чейин тез арада жана кандай учурда болбосун кармалышынын мыйзамдуулугу жөнүндө маселени чечүү үчүн сотко жеткирилиши керек.
Айрым учурларда кармап туруунун бир кыйла кыска мөөнөттөрү мыйзам менен

белгилениши мүмкүн.
Кармалган ар кандай адам мыйзамда белгиленген тартипте жана мезгилдүүлүгүнө жараша кармап туруунун мыйзамдуулугун текшерүүгө укуктуу. Эгерде адамды кармоого негиздер жок болуп чыкса, ал адам дароо бошотулушу керек.
5. Кармалган ар бир адамга, токтоосуз түрдө, кармоонун жүйөлөрү менен анын укуктары түшүндүрүлүп, медициналык жактан кароо жана врачтын жардамынан пайдалануу укугу менен кошо, анын укугу камсыз кылынышы керек.
Эркиндигинен ажыратылган учурдан тартып адамдын коопсуздугу камсыз кылынып, ага өзүн-өзү коргоого жана адвокаттын квалификациялуу юридикалык жардамынан пайдаланууга, ошондой эле коргоочу күтүүгө мүмкүндүк берилет.

25-берене.

1. Кыргыз Республикасында ар бир адам ары-бери эркин жүрүүгө, барчу жана жашоочу жерин тандап алууга укуктуу.
2. Ар бир адам Кыргыз Республикасынын чегинен тышкары эркин чыгууга укуктуу.

26-берене.

1. Ар бир адам мыйзамда каралган тартипте күнөөлүү экени далилденмейинче жана соттун чечими мыйзамдуу күчүнө киргени аныкталмайынча кылмыш жасаганга күнөөлүү деп эсептелбейт. Бул принциптин бузулушу материалдык жана моралдык зыяндын орду сот аркылуу толтуруп берилүү үчүн негиз болуп эсептелет.
2. Эч ким өзүнүн күнөөсүздүгүн далилдөөгө милдеттүү эмес. Күнөөлүү экенине карата ар кандай шектенүү айыпталуучунун пайдасына чечмеленет.
3. Эч ким кылмыш жасаганын өзү мойнуна алганынын негизинде гана соттолушу мүмкүн эмес.
4. Жазык иши боюнча күнөөнү далилдөө түйшүгү айыптоочуга жүктөлөт. Мыйзамды бузуу менен алынган далилдер күнөөнү негиздөө жана сот актысын чыгаруу үчүн пайдаланылышы мүмкүн эмес.
5. Эч ким жеке өзүнө, жубайына жана мыйзам менен аныкталуучу жакын туугандарынын чөйрөсүнө каршы күбө катары өтүүгө милдеттүү эмес. Көрсөтмө берүү милдетинен бошотуунун башка учурлары мыйзам менен белгилениши мүмкүн.
6. Ар бир адам мыйзамда каралган учурларга ылайык сот арачыларынын катышуусу менен ишти сотто каратууга укуктуу.

27-берене.

1. Соттолгон ар бир адам ишин мыйзамга ылайык жогору турган сотто кайра каратууга укуктуу.
2. Соттолгон ар бир адам ырайым кылууну же жазасын жеңилдетүүнү сурануууга укуктуу.
3. Бир эле укук бузгандык үчүн эч ким кайра юридикалык жоопкерчилик тартпоого тийиш.

28-берене.

1. Адамдын жоопкерчилигин белгилөөчү же оорлотуучу мыйзам өткөн мезгилге карата колдонулбайт. Жасалган учурга карата укук бузуу деп таанылбаган иш-аракети үчүн эч

ким жоопкерчилик тартпашы керек. Эгерде укук бузуу жасалгандан кийин ал үчүн жоопкерчилик жокко чыгарылса же жеңилдетилсе, анда жаңы мыйзам колдонулат.
2. Жоопкерчиликти белгилөөчү жазык мыйзамы окшоштук боюнча колдонулбайт.

29-берене.

1. Ар бир адам жеке турмушунун кол тийбестигине, ар-намысынын корголушуна укуктуу.
2. Ар бир адам кат-кабар алышууга, телефондук жана башка сүйлөшүүлөргө, почта, телеграфтык, электрондук дагы бөлөкчө жол менен кабарлашуулардын купуялуулугуна укуктуу. Бул укуктарды чектөөгө мыйзамга ылайык жана сот актысынын негизинде гана жол берилет.
3. Мыйзамда белгиленген учурлардан тышкары адамдын макулдугусуз анын жеке турмушу тууралуу маалыматты, жашыруун маалыматты жыйноого, сактоого, пайдаланууга жана жайылтууга жол берилбейт.
4. Ар бир адамга купуя маалыматты, адамдын жеке турмушу жөнүндө маалыматты укук ченемсиз жыйноодон, сактоодон, жайылтуудан коргоо, анын ичинде соттук коргоо кепилденет, ошондой эле укук ченемсиз иш-аракеттер менен келтирилген материалдык жана моралдык зыяндын ордун толтуртуп алуу укугуна кепилдик берилет.

30-берене.

1. Ар ким өзүнүн менчигинде же башка укуктук ээлигинде турган турак-жай менен башка объектилердин кол тийбестик укугуна ээ. Эч ким ээсинин эркинен тышкары алар пайдаланып турган турак-жайга жана башка объектилерине кире албайт.
2. Жеке менчикте жана башка укукта болгон турак-жайда жана бөлөк объектилерде тинтүү, алып коюу, кароо жана башка аракеттерди жүргүзүү, аларга бийлик өкүлдөрүнүн кирүүсү соттун актысынын негизинде гана жол берилет.
3. Мыйзамда каралган учурларда жеке менчик жана башка укукта болгон турак-жайга жана башка объектилерди тинтүү, алып коюу, кароо жана башка аракеттерди жүзөгө ашыруу жана аларга бийлик өкүлдөрүнүн кирүүсүнө сот актысысыз жол берилет. Мындай аракеттердин мыйзамдуулугу жана негиздүүлүгү сот тарабынан каралууга тийиш.
4. Ушул беренеде белгиленген кепилдиктер жана чектөөлөр юридикалык жактарга да тиешелүү.

31-берене.

1. Ар ким эркин ой жүгүртүүгө жана өзүнчө пикирге ээ болууга укуктуу.
2. Ар ким өз пикирин билдирүүгө, сөз жана басма сөз эркиндигине укуктуу.
3. Эч ким өз пикирин билдирүүгө же андан баш тартууга мажбурланууга тийиш эмес.
4. Улуттук, этностук, расалык, диний жек көрүүчүлүктү, гендердик жана башка социалдык үстөмдүктү үгүттөп, кодулоого, касташууга же күч колдонууга чакырган үндөөлөргө тыюу салынат.

32-берене.

1. Ар кимге абийир жана дин тутуу эркиндиги кепилденет.
2. Ар ким өз алдынча же башкалар менен бирдикте ар кандай динди тутуу же эч бирин тутпоо укугуна ээ.
3. Ар ким диндик жана башка ишенимдерди эркин тандоого жана тутууга укуктуу.
4. Эч ким өзүнүн диндик жана башка ишенимдерин билдирүүгө же алардан баш тартууга мажбурланууга тийиш эмес.

33-берене.

1. Ар ким маалыматты эркин издөө, алуу, сактоо, пайдалануу жана аны оозеки, жазуу жүзүндө же башка ыкма менен жайылтуу укугуна ээ.
2. Ар ким мамлекеттик бийлик органдарындагы, жергиликтүү өз алдынча башкаруу органдарындагы, мекемелелердеги же уюмдардагы өзү жөнүндөгү маалыматтар менен таанышууга укуктуу.
3. Ар ким мамлекеттик бийлик органдарынын, жергиликтүү өз алдынча башкаруу органдарынын жана алардын кызмат адамдарынын, мамлекеттик бийлик органдары жана жергиликтүү өз алдынча башкаруу органдары катышкан юридикалык жактардын, ошондой эле республикалык жана жергиликтүү бюджеттерден каржыланган уюмдардын иштери тууралу маалыматтарды алууга укуктуу.
4. Ар кимге мамлекеттик органдардын, жергиликтүү өз алдынча башкаруу органдарынын жана алардын кызмат адамдарынын карамагында болгон маалыматтарды алууга кепилдик берилет. Маалымат берүүнүн тартиби мыйзам менен аныкталат.
5. Эч ким адамдын ар-намысын жана беделин жаманатты кылган же кемсинткен маалыматтарды тараткандыгы үчүн кылмыштык жазага тартылышы мүмкүн эмес.

34-берене.

1. Ар ким тынч чогулуш өткөрүү эркиндигине укуктуу. Эч ким чогулушка катышууга мажбурланууга тийиш эмес.
2. Тынч чогулуш өткөрүүнү камсыздоо максатында ар ким бийлик органдарына билдирме берүүгө укуктуу.
Тынч чогулуш өткөрүү жөнүндө билдирүүнүн жоктугуна, билдирүүнүн түрү, мазмуну менен берүү убактысынын сакталбагандыгына байланыштуу тынч чогулуш өткөрүүгө тыюу салууга жана чектөөгө, ошондой эле аны тийиштүү түрдө камсыздоодон баш тартууга жол берилбейт.
3. Тынч чогулуштарды уюштуруучулар жана катышуучулар тынч чогулуш өткөрүү жөнүндө билдирүүнүн жоктугу, билдирүүнүн түрү, мазмуну жана берилген мөөнөтү сакталбагандыгы үчүн жоопкерчилик тартышпайт.

35-берене.

Ар ким биригүү эркиндигине укуктуу.

36-берене.

1. Үй-бүлө – коомдун негизи. Үй-бүлө, ата болуу, эне болуу, балалык – бүткүл коомдун камкордугуна алынат жана мыйзам менен артыкчылыктуу корголот.
2. Ар бир бала анын дене-боюнун, акыл эсинин, ички руханий, ыймандык жана социалдык өнүгүүсү үчүн зарыл болгон жашоо деңгээлине укуктуу.
3. Баланын өнүгүшү үчүн зарыл болгон жашоо шарттарын камсыздоо жоопкерчилиги өздөрүнүн жөндөмдөрү менен финансылык мүмкүнчүлүктөрүнө жараша баланы тарбиялап жатышкан ата-эне менен тарбиячы адамдардын ар бирине жүктөлөт.
4. Мамлекет жетим балдарды жана ата-энесинин камкордугунан ажыраган балдарды багууну, тарбиялоону, окутууну камсыз кылат.
5. Нике курагына жеткен адамдар никеге туруугa жана үй-бүлө күтүүгө укуктуу. Бир дагы нике никеге туруучу адамдардын ыктыярдуу, эки тараптуу макулдугусуз түзүлбөөгө тийиш. Нике мамлекет тарабынан каттоого алынат.

37-берене.

1. Кыргыз Республикасында адамдын укугу менен эркиндигин кемсинтпеген элдик үрп-адаттар, каада-салттар мамлекет тарабынан колдоого алынат.
2. Улууларды урматтоо, туугандарына жана жакындарына камкордук көрүү – ар бир адамдын милдети.

38-берене.

Ар ким өзүнүн этностук тийиштүүлүгүн эркин аныктоого жана көрсөтүүгө укуктуу. Эч ким өзүнүн этностук тийиштүүлүгүн аныктоого жана көрсөтүүгө мажбурланбашы керек.

39-берене.

Ар ким мамлекеттик бийликтин, жергиликтүү өз алдынча башкаруу органдарынын жана алардын кызмат адамдарынын кызматтык милдеттерин аткаруудагы мыйзамсыз аракеттери аркылуу келтирген зыяндын ордун толтуруп алууга укуктуу.

40-берене.

1. Ар кимге ушул Конституцияда, мыйзамдарда, Кыргыз Республикасы катышуучу болуп саналган эл аралык келишимдерде, эл аралык укуктун жалпыга таанылган принциптеринде жана ченемдеринде каралган анын укуктары менен эркиндигин соттук коргоого кепилдиктер берилет.
Мамлекет адамдын жана жарандын укуктары менен эркиндигин коргоонун соттон тышкары жана сотко чейинки усулдарын, түрлөрүн, ыкмаларын өнүктүрүүнү камсыздайт.
2. Ар ким өз укугун жана эркиндигин мыйзам менен тыюу салынбаган бардык ыкмалар менен коргоого укуктуу.
3. Ар ким юридикалык квалификациялуу жардам алууга укуктуу. Мыйзамда көрсөтүлгөн учурларда юридикалык жардам мамлекеттин эсебинен жүргүзүлөт.

41-берене.

1. Ар ким мамлекеттик бийлик органдарына, жергиликтүү өз алдынча башкаруу органдарына жана алардын кызмат адамдарына кайрылууга укуктуу, алар ага мыйзам менен белгиленген мөөнөттөрдө негиздүү жооп берүүгө милдеттүү.
2. Ар ким бузулган укуктары менен эркиндиктерин коргоо үчүн эл аралык келишимдерге ылайык адам укуктары боюнча эл аралык органдарга кайрылууга укуктуу. Көрсөтүлгөн органдар тарабынан адамдын укуктары менен эркиндиги бузулгандыгы таанылган учурда Кыргыз Республикасы аларды калыбына келтирүү жана/же зыяндын ордун толтуруу чараларын көрөт.

42-берене.

1. Ар ким өз мүлкүнө, өз ишмердигинин натыйжаларына ээ болуу, колдонуу жана тескөө укугуна ээ.

2. Ар ким экономикалык эркиндикке ээ, өз жөндөмдүүлүгү менен мүлкүн мыйзамда тыюу салынбаган ар кандай экономикалык ишмердүүлүк үчүн эркин колдонууга укуктуу.
3. Ар ким эркин эмгектенүүгө, эмгекке жөндөмдүүлүгүн пайдаланууга, кесибин жана иштин түрүн тандоого, коопсуздуктун жана гигиенанын талаптарына жооп берген эмгектик коргоого жана эмгек шарттарына укуктуу, ошондой эле мыйзам менен белгиленген жашоо минимумунан төмөн болбогон эмгек акы алуу укугуна ээ.

43-берене.

1. Ар ким иш таштоого укуктуу.

44-берене.

1. Ар ким эс алууга укуктуу.

2. Эң узак иш убактысы, жумалык эс алуунун эң кыска мөөнөтү жана жыл сайын акы төлөнүүчү өргүү, ошондой эле эс алуу укугун ишке ашыруунун башка негизги шарттары мыйзам менен аныкталат.

45-берене.

1. Ар ким билим алууга укуктуу.

2. Негизги жалпы билим алуу милдеттүү.
Ар ким мамлекеттик билим берүү уюмдарында негизги жалпы жана орто жалпы билимди акысыз алууга укуктуу.
3. Мамлекет мектепке чейинки билим берүүдөн баштап негизги жалпы билим берүү мекемелерине чейин ар бир жарандын мамлекеттик, расмий жана бир эл аралык тилди окутуп-үйрөнүүсү үчүн шарт түзөт.
4. Мамлекет мамлекеттик, муниципалдык жана менчик окуу жайларын өнүктүрүү үчүн

шарт түзөт.
5. Мамлекет дене-тарбия жана спортту өнүктүрүү үчүн шарт түзөт.

46-берене.

1. Ар ким турак-жайлуу болууга укуктуу.
2. Эч ким турак-жайынан өзүм билемдик менен ажыратылбоого тийиш.
3. Мамлекеттик бийлик жана жергиликтүү өз алдынча башкаруу органдары турак-жай курулушун колдоого алышат, турак-жайына карата укуктарды ишке ашыруу үчүн шарт түзүшөт.
4. Аз камсыз болгон жана башка муктаж адамдарга турак-жай мамлекеттик, муниципалдык жана башка турак-жай фонддорунан же болбосо мыйзамда каралган негиздерде жана тартипте социалдык мекемелерден бекер же мүмкүнчүлүккө жараша акы үчүн берилет.

47-берене.

1. Ар ким ден соолугун коргоого укуктуу.
2. Мамлекет ар бир адамды медициналык жактан тейлөө үчүн шарт түзөт жана саламаттыкты сактоонун мамлекеттик, муниципалдык жана жеке секторлорун өнүктүрүү боюнча чараларды көрөт.
3. Акысыз медициналык тейлөө, ошондой эле жеңилдик шарттарындагы медициналык тейлөө мыйзамда каралган мамлекеттик кепилдиктердин чегинде жүзөгө ашырылат.
4. Кызмат адамдары кишилердин өмүрү жана ден соолугу үчүн коркунуч туудурган фактыларды жана жагдайларды жашырып койсо, мыйзамда көрсөтүлгөн жоопкерчиликке кириптер болот.

48-берене.

1. Ар ким өмүрү жана ден соолугу үчүн ыңгайлуу болгон экологиялык чөйрөгө укуктуу.
2. Ар ким жаратылышты пайдалануудагы аракеттердин натыйжасында ден-соолугуна же мүлкүнө келтирилген зыяндын ордун толтуруп алууга укуктуу.
3. Ар ким табигый жаратылыш чөйрөсүнө, өсүмдүктөр жана жаныбарлар дүйнөсүнө этият мамиле жасоого милдеттүү.

49-берене.

1. Ар кимге адабий, көркөм, илимий, техникалык жана башка чыгармачылыктын түрлөрүнө, окутуучулук эркиндигине кепилдик берилет.
2. Ар ким маданий турмушка катышууга жана маданият баалуулуктарынан пайдаланууга укуктуу.
Мамлекет тарыхый эстеликтерди жана маданий мурастардын башка объектилерин сактоону камсыз кылат.

3. Интеллектуалдык менчик мыйзам менен корголот.

РАЗДЕЛ ВТОРОЙ

ПРАВА И СВОБОДЫ ЧЕЛОВЕКА И ГРАЖДАНИНА

Глава первая

Основные права и свободы

Статья 16.

1. Права и свободы человека неотчуждаемы и принадлежат каждому от рождения.

Права и свободы человека являются высшей ценностью. Они действуют непосредственно, определяют смысл и содержание деятельности законодательной, исполнительной власти и органов местного самоуправления.

2. Кыргызская Республика уважает и обеспечивает всем лицам, находящимся в пределах ее территории и под ее юрисдикцией, права и свободы человека.

Никто не может подвергаться дискриминации по признаку пола, расы, языка, инвалидности, этнической принадлежности, вероисповедания, возраста, политических или иных убеждений, образования, происхождения, имущественного или иного положения, а также других обстоятельств.

Не являются дискриминацией специальные меры, установленные законом и направленные на обеспечение равных возможностей для различных социальных групп в соответствии с международными обязательствами.

3. В Кыргызской Республике все равны перед законом и судом.

4. В Кыргызской Республике мужчины и женщины имеют равные права и свободы, равные возможности для их реализации.

5. В Кыргызской Республике действует принцип обеспечения наилучших интересов ребенка.

Статья 17.

Права и свободы, установленные настоящей Конституцией, не являются исчерпывающими и не должны толковаться как отрицание или умаление других общепризнанных прав и свобод человека и гражданина.

Статья 18.

Каждый вправе осуществлять любые действия и деятельность, кроме запрещенных настоящей Конституцией и законами.

Статья 19.

1. В Кыргызской Республике иностранные граждане и лица без гражданства пользуются правами и исполняют обязанности наравне с гражданами Кыргызской Республики, кроме случаев, установленных законом или международным договором, участницей которого является Кыргызская Республика.

2. Кыргызская Республика в соответствии с международными обязательствами предоставляет убежище иностранным гражданам и лицам без гражданства, преследуемым по политическим мотивам, а также по мотивам нарушения прав и свобод человека.

Статья 20.

1. В Кыргызской Республике не должны приниматься законы, отменяющие или умаляющие права и свободы человека и гражданина.

2. Права и свободы человека и гражданина могут быть ограничены Конституцией и законами в целях защиты национальной безопасности, общественного порядка, охраны здоровья и нравственности населения, защиты прав и свобод других лиц. Вводимые ограничения должны быть соразмерными указанным целям.

Запрещается принятие подзаконных нормативных правовых актов, ограничивающих права и свободы человека и гражданина.

3. Законом не могут устанавливаться ограничения прав и свобод в иных целях и в большей степени, чем это предусмотрено Конституцией.

4. Не подлежат никаким ограничениям установленные настоящей Конституцией гарантии запрета:

1) на применение смертной казни, пыток и других бесчеловечных, жестоких или унижающих достоинство видов обращения или наказания;

2) на проведение медицинских, биологических, психологических опытов над людьми без их добровольного согласия, выраженного и удостоверенного надлежащим образом;

3) на рабство, торговлю людьми;

4) на эксплуатацию детского труда;

5) на лишение свободы на основании неисполнения гражданско-правового обязательства;

6) на уголовное преследование за распространение информации, порочащей честь и достоинство личности;

7) на принуждение к выражению мнения, религиозных и иных убеждений или отказу от них;

8) на принуждение к участию в мирном собрании;

9) на принуждение к определению и указанию своей этнической принадлежности;

10) на произвольное лишение жилища.

5. Не подлежит никакому ограничению установленное настоящей Конституцией право:

1) каждого лишенного свободы на гуманное обращение и уважение человеческого достоинства;

2) просить о помиловании или смягчении наказания;

3) на повторное рассмотрение дела вышестоящим судом;

4) на свободу мысли и мнения;

5) свободно выбирать и иметь религиозные и иные убеждения;

6) свободно определять и указывать свою этническую принадлежность;

7) на возмещение государством вреда, причиненного незаконными действиями органов государственной власти, местного самоуправления и их должностными лицами при исполнении служебных обязанностей;

8) на судебную защиту;

9) на бесплатное получение основного общего и среднего общего образования в государственных образовательных организациях;

10) гражданина беспрепятственно возвращаться в Кыргызскую Республику.

Глава вторая

Права и свободы человека

Статья 21.

Каждый имеет неотъемлемое право на жизнь. Никто не может быть произвольно лишен жизни. Смертная казнь запрещается.

Статья 22.

1. Никто не может подвергаться пыткам и другим бесчеловечным, жестоким или унижающим достоинство видам обращения или наказания.

2. Каждый лишенный свободы имеет право на гуманное обращение и соблюдение человеческого достоинства.

3. Запрещается проводить медицинские, биологические, психологические опыты над людьми без их добровольного согласия, выраженного и удостоверенного надлежащим образом.

Статья 23.

1. В Кыргызской Республике не допускается рабство, торговля людьми.

2. Запрещается эксплуатация детского труда.

3. Запрещается принудительный труд, кроме случаев войны, ликвидации последствий стихийных бедствий и других чрезвычайных обстоятельств, а также в порядке исполнения решения суда.

Не считается принудительным трудом привлечение к военной, альтернативной (вневойсковой) службе.

Статья 24.

1. Каждый имеет право на свободу и личную неприкосновенность.

2. Никто не может быть лишен свободы только на основании неисполнения гражданско-правового обязательства.

3. Никто не может быть арестован, содержаться под стражей или оказаться лишенным свободы иначе как по решению суда и только на основаниях и в порядке, установленных законом.

4. Никто не может быть подвергнут задержанию на срок более 48 часов без судебного решения.

Каждое задержанное лицо в срочном порядке и в любом случае до истечения 48 часов с момента задержания должно быть доставлено в суд для решения вопроса о законности его задержания.

Законом в отдельных случаях могут быть установлены более короткие сроки задержания.

Всякое задержанное лицо имеет право на проверку законности задержания в порядке и с периодичностью, установленными законом. Если отпадает основание, по которому лицо было задержано, оно должно быть немедленно освобождено.

5. Каждому задержанному лицу должно быть безотлагательно сообщено о мотивах задержания, разъяснены и обеспечены его права, включая право на медицинский осмотр и помощь врача.

С момента фактического лишения свободы лицу обеспечивается безопасность, предоставляется возможность защищать себя лично, пользоваться квалифицированной юридической помощью адвоката, а также иметь защитника.

Статья 25.

1. Каждый имеет право на свободу передвижения, выбор места пребывания и жительства в Кыргызской Республике.

2. Каждый имеет право свободно выезжать за пределы Кыргызской Республики.

Статья 26.

1. Каждый считается невиновным в совершении преступления, пока его виновность не будет доказана в предусмотренном законом порядке и установлена вступившим в законную силу судебным решением. Нарушение этого принципа является основанием для возмещения через суд материального и морального вреда.

2. Никто не обязан доказывать свою невиновность. Любые сомнения в виновности толкуются в пользу обвиняемого.

3. Никто не может быть осужден лишь на основе его собственного признания в совершении преступления.

4. Бремя доказывания вины по уголовному делу возлагается на обвинителя. Доказательства, добытые с нарушением закона, не могут использоваться для обоснования обвинения и вынесения судебного акта.

5. Никто не обязан свидетельствовать против самого себя, супруга(и) и близких родственников, круг которых определяется законом. Законом могут устанавливаться и иные случаи освобождения от обязанности давать показания.

6. Каждый имеет право на рассмотрение дела судом с участием присяжных заседателей в случаях, предусмотренных законом.

Статья 27.

1. Каждый осужденный имеет право на повторное рассмотрение его дела вышестоящим судом в соответствии с законом.

2. Каждый осужденный имеет право просить о помиловании или смягчении наказания.

3. Никто не должен повторно нести юридическую ответственность за одно и то же правонарушение.

Статья 28.

1. Закон, устанавливающий или отягчающий ответственность лица, обратной силы не имеет. Никто не может нести ответственность за действия, которые на момент их совершения не признавались правонарушением. Если после совершения правонарушения ответственность за него устранена или смягчена, применяется новый закон.

2. Уголовный закон, устанавливающий ответственность, по аналогии не применяется.

Статья 29.

1. Каждый имеет право на неприкосновенность частной жизни, на защиту чести и достоинства.

2. Каждый имеет право на тайну переписки, телефонных и иных переговоров, почтовых, телеграфных, электронных и иных сообщений. Ограничение этих прав допускается только в соответствии с законом и исключительно на основании судебного акта.

3. Не допускается сбор, хранение, использование и распространение конфиденциальной информации, информации о частной жизни человека без его согласия, кроме случаев, установленных законом.

4. Каждому гарантируется защита, в том числе судебная, от неправомерного сбора, хранения, распространения конфиденциальной информации и информации о частной жизни человека, а также гарантируется право на возмещение материального и морального вреда, причиненного неправомерными действиями.

Статья 30.

1. Каждый имеет право на неприкосновенность жилища и иных объектов, находящихся у него в собственности или ином праве. Никто не может проникать в жилище и иные объекты против воли человека, в пользовании которого они находятся.

2. Производство обыска, выемки, осмотра и осуществление иных действий, а также проникновение представителей власти в жилище и иные объекты, находящиеся в собственности или ином праве, допускаются лишь на основании судебного акта.

Внимание! В соответствии с Законом КР от 27 июня 2010 года положения части второй статьи 30 вступают в силу с 1 января 2011 года

3. В случаях, предусмотренных законом, обыск, выемка, осмотр и осуществление иных действий, проникновение представителей власти в жилище и иные объекты, находящиеся в собственности или ином праве, допускаются без судебного акта. Законность и обоснованность таких действий подлежат рассмотрению судом.

4. Гарантии и ограничения, установленные настоящей статьей, распространяются также на юридические лица.

Статья 31.

1. Каждый имеет право на свободу мысли и мнения.

2. Каждый имеет право на свободу выражения своего мнения, свободу слова и печати.

3. Никто не может быть принужден к выражению своего мнения или отказу от него.

4. Запрещается пропаганда национальной, этнической, расовой, религиозной ненависти, гендерного и иного социального превосходства, призывающая к дискриминации, вражде или насилию.

Статья 32.

1. Каждому гарантируется свобода совести и вероисповедания.

2. Каждый имеет право исповедовать индивидуально или совместно с другими любую религию или не исповедовать никакой.

3. Каждый вправе свободно выбирать и иметь религиозные и иные убеждения.

4. Никто не может быть принужден к выражению своих религиозных и иных убеждений или отказу от них.

Статья 33.

1. Каждый имеет право свободно искать, получать, хранить, использовать информацию и распространять ее устно, письменно или иным способом.

2. Каждый имеет право на ознакомление в органах государственной власти, органах местного самоуправления, учреждениях и организациях со сведениями о себе.

3. Каждый имеет право на получение информации о деятельности органов государственной власти, органов местного самоуправления и их должностных лиц, юридических лиц с участием государственных органов и органов местного самоуправления, а также организаций, финансируемых из республиканского и местных бюджетов.

4. Каждому гарантируется доступ к информации, находящейся в ведении государственных органов, органов местного самоуправления и их должностных лиц. Порядок предоставления информации определяется законом.

5. Никто не может быть подвергнут уголовному преследованию за распространение информации, порочащей или унижающей честь и достоинство личности.

Статья 34.

1. Каждый имеет право на свободу мирных собраний. Никто не может быть принужден к участию в собрании.

2. В целях обеспечения проведения мирного собрания каждый вправе подать уведомление в органы власти.

Не допускаются запрет и ограничение проведения мирного собрания, а также отказ в его надлежащем обеспечении ввиду отсутствия уведомления о проведении мирного собрания, несоблюдения формы уведомления, его содержания и сроков подачи.

3. Организаторы и участники мирных собраний не несут ответственности за отсутствие уведомления о проведении мирного собрания, несоблюдение формы уведомления, его содержания и сроков подачи.

Статья 35.

Каждый имеет право на свободу объединения.

Статья 36.

1. Семья — основа общества. Семья, отцовство, материнство, детство — предмет заботы всего общества и преимущественной охраны законом.

2. Каждый ребенок имеет право на уровень жизни, необходимый для его физического, умственного, духовного, нравственного и социального развития.

3. Ответственность за обеспечение условий жизни, необходимых для развития ребенка, несут каждый из родителей или другие лица, воспитывающие ребенка, в пределах своих способностей и финансовых возможностей.

4. Государство обеспечивает содержание, воспитание, обучение детей-сирот и детей, лишенных родительского попечения.

5. Лица, достигшие брачного возраста, имеют право вступать в брак и создавать семью. Ни один брак не может быть заключен без добровольного и обоюдного согласия лиц, вступающих в брак. Брак регистрируется государством.

Статья 37.

1. В Кыргызской Республике народные обычаи и традиции, не ущемляющие права и свободы человека, поддерживаются государством.

2. Уважение к старшим, забота о родных и близких — обязанность каждого.

Статья 38.

Каждый имеет право свободно определять и указывать свою этническую принадлежность. Никто не должен быть принужден к определению и указанию своей этнической принадлежности.

Статья 39.

Каждый имеет право на возмещение вреда, причиненного незаконными действиями органов государственной власти, местного самоуправления и их должностными лицами при исполнении служебных обязанностей.

Статья 40.

1. Каждому гарантируется судебная защита его прав и свобод, предусмотренных настоящей Конституцией, законами, международными договорами, участницей которых является Кыргызская Республика, общепризнанными принципами и нормами международного права.

Государство обеспечивает развитие внесудебных и досудебных методов, форм и способов защиты прав и свобод человека и гражданина.

2. Каждый вправе защищать свои права и свободы всеми способами, не запрещенными законом.

3. Каждый имеет право на получение квалифицированной юридической помощи. В случаях, предусмотренных законом, юридическая помощь оказывается за счет государства.

Статья 41.

1. Каждый имеет право на обращение в органы государственной власти, органы местного самоуправления и к их должностным лицам, которые обязаны предоставить обоснованный ответ в установленный законом срок.

2. Каждый имеет право в соответствии с международными договорами обращаться в международные органы по правам человека за защитой нарушенных прав и свобод. В случае признания указанными органами нарушения прав и свобод человека Кыргызская Республика принимает меры по их восстановлению и/или возмещению вреда.

Статья 42.

1. Каждый имеет право на владение, пользование и распоряжение своим имуществом, результатами своей деятельности.

2. Каждый имеет право на экономическую свободу, свободное использование своих способностей и своего имущества для любой экономической деятельности, не запрещенной законом.

3. Каждый имеет право на свободу труда, распоряжаться своими способностями к труду, на выбор профессии и рода занятий, охрану и условия труда, отвечающие требованиям безопасности и гигиены, а также право на вознаграждение за труд не ниже установленного законом прожиточного минимума.

Статья 43.

Каждый имеет право на забастовку.

Статья 44.

1. Каждый имеет право на отдых.

2. Максимальная продолжительность рабочего времени, минимальный еженедельный отдых и оплачиваемый ежегодный отпуск, а также иные основные условия осуществления права на отдых определяются законом.

Статья 45.

1. Каждый имеет право на образование.

2. Основное общее образование обязательно.

Каждый имеет право бесплатно получить основное общее и среднее общее образование в государственных образовательных организациях.

3. Государство создает условия для обучения каждого государственному, официальному и одному международному языкам, начиная с учреждений дошкольного образования до основного общего образования.

4. Государство создает условия для развития государственных, муниципальных и частных учебных заведений.

5. Государство создает условия для развития физической культуры и спорта.

Статья 46.

1. Каждый имеет право на жилище.

2. Никто не может быть произвольно лишен жилища.

3. Органы государственной власти и местного самоуправления поощряют жилищное строительство, создают условия для реализации права на жилище.

4. Жилище малоимущим и иным нуждающимся лицам предоставляется бесплатно или за доступную плату из государственных, муниципальных и других жилищных фондов либо в социальных учреждениях на основаниях и в порядке, предусмотренных законом.

Статья 47.

1. Каждый имеет право на охрану здоровья.

2. Государство создает условия для медицинского обслуживания каждого и принимает меры по развитию государственного, муниципального и частного секторов здравоохранения.

3. Бесплатное медицинское обслуживание, а также медицинское обслуживание на льготных условиях осуществляется в объеме государственных гарантий, предусмотренных законом.

4. Сокрытие должностными лицами фактов и обстоятельств, создающих угрозу для жизни и здоровья людей, влечет установленную законом ответственность.

Статья 48.

1. Каждый имеет право на благоприятную для жизни и здоровья экологическую среду.

2. Каждый имеет право на возмещение вреда, причиненного здоровью или имуществу действиями в области природопользования.

3. Каждый обязан бережно относиться к окружающей природной среде, растительному и животному миру.

Статья 49.

1. Каждому гарантируется свобода литературного, художественного, научного, технического и других видов творчества, преподавания.

2. Каждый имеет право на участие в культурной жизни и доступ к ценностям культуры.

Государство обеспечивает сохранность исторических памятников и иных объектов культурного наследия.

3. Интеллектуальная собственность охраняется законом.

Grundrechte

Tadschikistan

БОБИ ДУЮМ. ҲУҚУҚ, ОЗОДИ, ВАЗИФАҲОИ АСОСИИ ИНСОН ВА ШАҲРВАНД

Моддаи 14.

Ҳуқуқу озодиҳои инсон ва шаҳрванд ба воситаи Конститутсия, қонунҳои ҷумҳури ва санадҳои ҳуқуқии байналмилалие, ки аз тарафи Тоҷикистон эътироф шудаанд, ҳифз мегарданд.
Ҳуқуқ ва озодиҳои инсон ва шаҳрванд бевосита амали мешаванд. Онҳо мақсад, мазмун ва татбиқи қонунҳо, фаъолияти ҳокимияти қонунгузор, иҷроия, маҳалли ва мақомоти худидоракунии маҳаллиро муайян мекунанд ва ба воситаи ҳокимияти суди таъмин мегарданд.
Маҳдуд кардани ҳуқуқ ва озодиҳои шаҳрванд танҳо ба мақсади таъмини ҳуқуқ ва озодии дигарон, тартиботи ҷамъияти, ҳимояи сохти конститутсиони ва тамомияти арзии ҷумҳури раво дониста мешавад.

Моддаи 15.

Шаҳрванди Тоҷикистон шахсе ҳисоб меёбад, ки дар рӯзи қабули Конститутсия шаҳрванди Ҷумҳурии Тоҷикистон бошад.
Мансубияти шаҳрванди Тоҷикистон ба шаҳрванди давлати дигар эътироф намешавад, ба истиснои мавридҳое, ки дар қонун ва шартномаҳои байнидавлатии Тоҷикистон нишон дода шудааст.Тартиби ба шаҳрванди қабул шудан ва аз он хориҷ гардиданро қонуни конститутсиони танзим менамояд.

Моддаи 16.

Шаҳрванди Тоҷикистон дар хориҷи кишвар таҳти ҳимояи давлат мебошад. Ҳеҷ як шаҳрванди ҷумҳуриро ба давлати хориҷи супурдан мумкин нест. Супурдани ҷинояткор ба давлати хориҷи дар асоси шартномаи тарафайн ҳал мешавад.
Шаҳрванди хориҷи ва шахси бешаҳрванд аз ҳуқуқ ва озодиҳои эълоншуда истифода мебаранд ва баробари шаҳрванди Тоҷикистон вазифа ва масъулият доранд, ба истиснои ҳолатҳое, ки қонун пешбини намудааст.Тоҷикистон ба шаҳрвандони хориҷие, ки гирифтори вайронкунии ҳуқуқи инсон гаштаанд, метавонад паноҳгоҳи сиёси диҳад.

Моддаи 17.

Ҳама дар назди қонун ва суд баробаранд. Давлат ба ҳар кас, қатъи назар аз миллат, нажод, ҷинс, забон, эътиқоди дини, мавқеи сиёси, вазъи иҷтимои, таҳсил ва молу мулк, ҳуқуқу озодиҳоро кафолат медиҳад.Мардон ва занон баробарҳуқуқанд.

Моддаи 18.

Ҳар кас ҳаққи зиндаги дорад.Ҳеч кас аз ҳаёт маҳрум карда намешавад, ба истиснои ҳукми суд барои ҷинояти махсусан вазнин.Дахлнопазирии шахсро давлат кафолат медиҳад. Ба ҳеҷ кас шиканҷа, ҷазо ва муносибати ғайриинсони раво дида намешавад. Мавриди озмоиши маҷбурии тибби ва илми қарор додани инсон манъ аст.

Моддаи 19.

Ҳар кас кафолати ҳифзи суди дорад. Ҳар шахс Ҳуқуқ дорад талаб намояд, ки парвандаи ӯро суди босалоҳият, мустақил ва беғараз, ки тибқи қонун таъсис ёфтааст, барраси намояд.

Ҳеҷ касро бе асоси қонуни дастгир, ҳабс кардан мумкин нест. Ҳар шахс аз лаҳзаи дастгир шудан метавонад аз ёрии адвокат истифода кунад.

Моддаи 20.

Ҳеч кас то эътибори қонуни пайдо кардани ҳукми суд дар содир кардани ҷиноят гунаҳгор дониста намешавад.Ҳеҷ кас баъди гузаштани мӯҳлати таъқиби ҷинои, инчунин барои содир кардани рафторе, ки ҳангоми воқеъ шуданаш ҷиноят ҳисоб намеёфт, ба ҷавобгари кашида намешавад. Барои як ҷиноят ҳеҷ кас такроран ҷазо намебинад.
Қонуне, ки баъд аз содир шудани рафтори ғайриқонунии шахс қабул шудааст ва он ҷазои шахсро вазнин мекунад, қувваи бозгашт надорад. Агар баъд аз содир шудани рафтори ғайриқонуни барои он ҷазо пешбини нашуда бошад ва ё ҷазои сабук пешбини шуда бошад, қонуни нав амал мекунад.Мусодираи пурраи молу мулки шахси маҳкумшуда манъ аст.

Моддаи 21.

Ҳуқуқи ҷабрдидаро қонун ҳифз мекунад. Давлат ҳифзи суда ва ҷуброни зарарро барои ҷабрдида кафолат медиҳад.

Моддаи 22.

Манзили шахс дахлнопазир аст.Ба манзили шахс зӯран даромадан ва касеро аз манзил маҳрум кардан манъ аст, ба истиснои мавридҳое, ки қонун муқаррар кардааст.

Моддаи 23.

Маҳрамияти мукотиба, сӯҳбатҳои телефони, муросилот ва мухобироти шахс таъмин карда мешавад, ба истиснои мавридҳое, ки дар қонун нишон дода шудааст.

Дар бораи ҳаёти шахсии инсон бе розигии ӯ ҷамъ намудан, нигоҳ доштан, истифода ва паҳн кардани маълумот манъ аст.

Моддаи 24.

Шаҳрванд ба мусофират, интихоби озоди маҳалли зист, тарки ҷумҳури ва бозгашт ба он ҳақ дорад.

Моддаи 25.

Мақомоти давлати, иттиҳодияҳои ҷамъияти, ҳизбҳои сиёси ва шахсони мансабдор вазифадоранд ба ҳар кас имконияти пайдо намудан ва шинос шуданро ба ҳуҷҷатҳое, ки ба ҳуқуқ ва манфиати ӯ дахл доранд, таъмин намоянд, ба истиснои ҳолатҳое, ки қонун муайян кардааст.

Моддаи 26.

Ҳар кас ҳақ дорад муносибати худро нисбат ба дин мустақилона муайян намояд, алоҳида ва ё якҷоя бо дигарон динеро пайрави намояд ва ё пайрави накунад, дар маросим ва расму оинҳои дини иштирок намояд.

Моддаи 27.

Шаҳрванд ҳақ дорад дар ҳаёти сиёси ва идораи давлати бевосита ва ё ба воситаи вакилонаш иштирок намояд.Шаҳрвандон ба хидмати давлати ҳуқуқи баробар доранд.
Шаҳрванд аз синни 18 ҳуқуқи дар раъйпурси иштирок кардан, интихоб намудан, инчунин аз синни муқаррарнамудаи Конститутсия, қонунҳои конститутсиони ва қонунҳо ҳуқуқи интихоб шуданро дорад.Шахсоне, ки аз тарафи суд ғайри қобили амал дониста шудаанд ва ё мувофиқи ҳукми суд дар ҷойҳои аз озоди маҳрумшудагон нигоҳ дошта мешаванд, ҳуқуқи дар интихобот ва раъйпурси иштирок кардан надоранд.
Тартиби гузаронидани интихоботро қонунҳои конститутсиони ва қонунҳо танзим менамоянд. Баргузории раъйпурси тибқи қонуни конститутсиони сурат мегирад.

Моддаи 28.

Шаҳрвандон ҳуқуқи муттаҳид шудан доранд. Шаҳрванд ҳақ дорад дар ташкили ҳизбҳои сиёси, аз ҷумла ҳизбҳои характери демократи, дини ва атеисти дошта, иттифоқҳои касаба ва дигар иттиҳодияҳои ҷамъияти иштирок намояд, ихтиёран ба онҳо дохил ва аз онҳо хориҷ гардад.Ҳизбҳои сиёси дар асоси гуногунандешии сиёси барои ташаккул ва ифодаи иродаи халқ мусоидат мекунанд ва дар ҳаёти сиёси иштирок менамоянд. Сохтор ва фаъолияти онҳо бояд ба меъёрҳои демократи мувофиқ бошанд.

Моддаи 29.

Шаҳрванд ҳақ дорад дар маҷлис, гирдиҳамои, намоиш, раҳпаймоии осоишта, ки қонун муқаррар кардааст, ширкат варзад.Ҳеҷ касро ба ин тадбирҳо маҷбуран ҷалб кардан мумкин нест.

Моддаи 30.

Ба ҳар кас озодии сухан, нашр, ҳуқуқи истифодаи воситаҳои ахбор кафолат дода мешавад.
Таблиғот ва ташвиқоте, ки бадбини ва хусумати иҷтимои, нажоди, милли, дини ва забониро бармеангезанд, манъ аст.

Сензураи давлати ва таъқиб барои танқид манъ аст.Номгӯи маълумотҳоеро, ки сирри давлати доранд, қонун муайян мекунад.

Моддаи 31.

Шаҳрванд ҳақ дорад шахсан ва ё якҷоя бо дигарон ба мақомоти давлати муроҷиат намояд.

Моддаи 32.

Ҳар кас ҳақ дорад соҳиби моликият ва мерос бошад.Ҳеҷ кас ҳақ надорад ҳуқуқи шахсро ба моликият бекор ва маҳдуд кунад. Молу мулки шахсро барои эҳтиёҷоти ҷамъият фақат дар асоси қонун ва розигии соҳиби он бо пардохти арзиши пуррааш давлат гирифта метавонад.Товони зарари модди ва маънавие, ки шахс дар натиҷаи амали ғайриқонунии мақомоти давлати, иттиҳодияҳои ҷамъияти, ҳизбҳои сиёси ва ё шахсони алоҳида мебинад, мувофиқи қонун аз ҳисоби онҳо руёнида мешавад.

Моддаи 33.

Давлат оиларо ҳамчун асоси ҷамъият ҳимоя мекунад.Ҳар кас ҳуқуқи ташкили оила дорад. Мардон ва занон, ки ба синни никоҳ расидаанд, ҳуқуқ доранд озодона ақди никоҳ банданд. Дар оиладори ва бекор кардани ақди никоҳ зану шавҳар баробарҳуқуқанд.
Бисёрникоҳи манъ аст.

Моддаи 34.

Модару кӯдак таҳти ҳимоя ва ғамхории махсуси давлатанд.
Падару модар барои тарбияи фарзандон ва фарзандони болиғу қобили меҳнат барои нигоҳубин ва таъмини падару модар масъуланд.
Давлат барои ҳифзи кӯдакони ятим, маъюб ва таълиму тарбияи онҳо ғамхори менамояд.

Моддаи 35.

Ҳар кас ба меҳнат, интихоби касбу кор, ҳифзи меҳнат ва ҳимояи иҷтимоӣ ҳангоми бекорӣ ҳақ дорад. Музди кор аз ҳадди ақали музди меҳнат набояд кам бошад.
Дар муносибатҳои меҳнатӣ ҳама гуна маҳдудият манъ аст. Барои иҷрои кори якхела музди баробар дода мешавад.

Ҳеҷ кас ба меҳнати маҷбурӣ ҷалб карда намешавад, ба истиснои мавридҳое, ки қонун муайян кардааст.

Дар корҳои вазнин, зеризаминӣ ва шароити меҳнаташон зарарнок истифодаи меҳнати занон ва ноболиғон манъ аст.

Моддаи 36.

Ҳар кас ба манзил ҳуқуқ дорад. Ин ҳуқуқ бо роҳи сохтмони манзили давлатӣ, ҷамъиятӣ, кооперативӣ ва хусусӣ таъмин карда мешавад.

Моддаи 37.

Шаҳрванд ҳуқуқи истироҳат дорад. Ин ҳуқуқ бо роҳи муқаррар кардани ҳафта ва рӯзи корӣ, рухсатии ҳарсолаи пулӣ, рӯзҳои ҳарҳафтаинаи истироҳат ва шароитҳои дигаре таъмин карда мешавад, ки қонун муайян кардааст.

Моддаи 38.

Ҳар шахс ҳуқуқи ҳифзи саломатӣ дорад. Шахс дар доираи муқаррарнамудаи қонун аз ёрии тиббии ройгон дар муассисаҳои нигаҳдории тандурустии давлатӣ истифода менамояд. Давлат барои солимгардонии муҳити зист, инкишофи оммавии варзиш, тарбияи ҷисмонӣ ва туризм тадбирҳо меандешад.Шаклҳои дигари ёрии тиббиро қонун муайян мекунад.

Моддаи 39.

Ҳар шахс дар пиронсолӣ, ҳангоми беморӣ, маъюбӣ, гум кардани қобилияти кор, маҳрум шудан аз сарпараст ва мавридҳои дигаре, ки қонун муайян кардааст, кафолати таъминоти иҷтимоӣ дорад.

Моддаи 40.

Ҳар шахс ҳақ дорад озодона дар ҳаёти фарҳангии ҷамъият, эҷоди бадеӣ, илмӣ ва техникӣ ширкат варзад, аз дастовардҳои онҳо истифода кунад.
Сарватҳои фарҳангӣ ва маънавиро давлат ҳимоя мекунад.
Моликияти зеҳнӣ дар ҳимояи қонун аст.

Моддаи 41.

Ҳар шахс ҳуқуқи таҳсил дорад. Таълими умумии асоси ҳатмист. Давлат таълими умумии асосии ҳатмии ройгонро дар муассисаҳои таълимии давлати кафолат медиҳад.
Шахс дар доираи муқаррарнамудаи қонун дар муассисаҳои таълимии давлати метавонад ба таври ройгон таълими миёнаи умуми, ибтидоии касби, миёнаи касби ва олии касби гирад.Шаклҳои дигари таълимро қонун муайян мекунад.

Моддаи 42.

Дар Тоҷикистон ҳар шахс вазифадор аст, ки Конститутсия ва қонунҳоро риоя кунад, ҳуқуқ озоди, шаъну шарафи дигаронро эҳтиром намояд.Надонистани қонун ҷавобгариро истисно намекунад.

Моддаи 43.

Ҳифзи Ватан, ҳимояи манфиати давлат, таҳкими истиқлолият, амният ва иқтидори мудофиавии он вазифаи муқаддаси шаҳрванд аст.Тартибн хизмати ҳарбиро қонун муайян мекунад.

Моддаи 44.

Ҳифзи табиат, ёдгориҳои таърихиву фарҳанги вазифаи ҳар як шахс аст.

Моддаи 45.

Додани андоз ва пардохтҳо, ки қонун муайян кардааст, вазифаи ҳар кас мебошад.
Қонунҳое, ки андози навро муқаррар мекунанд ва ё шароити андозсупорандагонро вазнин менамоянд, қувваи бозгашт надоранд.

Моддаи 46.

Ҳангоми таҳдиди бевосита ба ҳуқуқу озодиҳои шаҳрвандон, истиқлолияти давлат, тамомияти арзии он ва офатҳои табий, ки дар натиҷаи он мақомоти конститутсионии ҷумҳури наметавонад ба таври мӯътадил фаъолият намояд, ҳамчун тадбири муваққати барои амнияти шаҳрвандон ва давлат вазъияти фавқулодда эълон мегардад.
Мӯҳлати вазъияти фавқулодда то се моҳ аст. Дар мавридҳои заруриин мӯҳлатро Президенти Ҷумҳурии Тоҷикистон метавонад дароз намояд.

Моддаи 47.

Дар давраи вазъияти фавқулодда ҳуқуқ ва озодиҳое, ки дар моддаҳои 16, 17, 18, 19, 20, 22, 25,28-и Конститутсия пешбини шудааст, маҳдуд карда намешавад.
Низоми ҳуқуқии вазъияти фавқулоддаро қонуни конститутсиони муайян мекунад.

ГЛАВА ВТОРАЯ. ПРАВА, СВОБОДЫ, ОСНОВНЫЕ ОБЯЗАННОСТИ ЧЕЛОВЕКА И ГРАЖДАНИНА

Статья 14.

Права и свободы человека и гражданина регулируются и охраняются Конституцией, законами республики, признанными Таджикистаном международно-правовыми актами.
Права и свободы человека и гражданина осуществляются непосредственно. Они определяют цели, содержание и применение законов, деятельность законодательной, исполнительной и местной властей, органов местного самоуправления и обеспечиваются судебной властью.
Ограничения прав и свобод граждан допускаются только с целью обеспечения прав и свобод других граждан, общественного порядка, защиты конституционного строя и территориальной целостности республики.

Статья 15.

Гражданином Таджикистана считается лицо, которое на день принятия Конституции является гражданином Республики Таджикистан.
Принадлежность граждан Таджикистана к гражданству другого государства не допускается, за исключением случаев, предусмотренных законом и межгосударственными договорами Таджикистана.
Порядок приобретения и утраты гражданства определяется конституционным законом.

Статья 16.

Гражданин Таджикистана за пределами страны находится под защитой государства. Ни один гражданин республики не может быть выдан иностранному государству. Выдача преступника иностранному государству разрешается на основании двустороннего соглашения.
Иностранные граждане и лица без гражданства пользуются провозглашенными правами и свободами и имеют равные с гражданами Таджикистана обязанности и ответственность, за исключением случаев, предусмотренных законом.
Таджикистан может предоставить политическое убежище иностранным гражданам, ставшим жертвами нарушения прав человека.

Статья 17.

Все равны перед законом и судом. Государство гарантирует права и свободы каждого, независимо от его национальности, расы, пола, языка, вероисповедания, политических убеждений, образования, социального и имущественного положения.
Мужчины и женщины равноправны.

Статья 18.

Каждый имеет право на жизнь.
Никто не может быть лишен жизни, кроме как по приговору суда за особо тяжкое преступление.
Неприкосновенность личности гарантируется государством. Никто не может быть подвергнут пыткам, жестокости и бесчеловечному обращению. Принудительные медицинские и научные эксперименты над человеком запрещаются.

Статья 19.

Каждому гарантируется судебная защита. Каждый вправе требовать, чтобы его дело было рассмотрено компетентным, независимым и беспристрастным судом, учрежденным в соответствии с законом.
Никто не может быть подвергнут без законных оснований задержанию, аресту. Лицо вправе с момента задержания пользоваться услугами адвоката.

Статья 20.

Никто не считается виновным в совершении преступления до вступления приговора суда в законную силу.
Никто не может быть привлечен к ответственности после истечения срока уголовного преследования, а также за деяния, которые в момент их совершения не считались преступлением. Никто не может быть повторно осужден за одно и то же преступление.
Закон, принятый после совершения лицом противоправного деяния и усиливающий наказание за него, обратной силы не имеет. Если после совершения противоправного деяния ответственность за него отменена или смягчена, применяется новый закон.
Полная конфискация имущества осужденного запрещается.

Статья 21.

Закон защищает права потерпевшего. Государство гарантирует потерпевшему судебную защиту и возмещение нанесенного ему ущерба.

Статья 22.

Жилище неприкосновенно.
Не допускается вторжение в жилище и лишение человека его жилища, за исключением случаев, предусмотренных законом.

Статья 23.

Обеспечивается тайна переписки, телефонных переговоров, телеграфных и иных личных сообщений, за исключением случаев, предусмотренных законом.
Сбор, хранение, использование и распространение сведений о личной жизни человека без его на то согласия запрещаются.

Статья 24.

Гражданин имеет право на свободное передвижение и выбор места жительства, выезд за пределы республики и возвращение в нее.

Статья 25.

Государственные органы, общественные объединения, политические партии и должностные лица обязаны обеспечить каждому возможность получения и ознакомления с документами, касающимися его прав и интересов, кроме случаев, предусмотренных законом.

Статья 26.

Каждый имеет право самостоятельно определять свое отношение к религии, отдельно или совместно с другими исповедовать любую религию или не исповедовать никакой, участвовать в отправлении религиозных культов, ритуалов и обрядов.

Статья 27.

Гражданин имеет право участвовать в политической жизни и управлении государством непосредственно или через представителей.
Граждане имеют равное право на государственную службу.
Гражданин по достижении 18-летнего возраста вправе участвовать в референдуме, избирать, а также быть избранным по достижении возраста, установленного Конституцией, конституционными законами и законами.
Лица, признанные судом недееспособными либо содержащиеся в местах лишения свободы по приговору суда, не имеют права участвовать в выборах и референдумах.
Порядок проведения выборов регулируется конституционными законами и законами. Референдум проводится согласно конституционного закона.

Статья 28.

Граждане имеют право объединяться. Гражданин вправе участвовать в создании политических партий, в том числе имеющих демократический, религиозный и атеистический характер, профессиональных союзов и других общественных

объединений, добровольно входить в них и выходить из них.
Политические партии способствуют формированию и выражению воли народа на основе политического плюрализма и участвуют в политической жизни. Их структура и деятельность должны соответствовать демократическим нормам.

Статья 29.

Гражданин вправе участвовать в установленных законом собраниях, митингах, демонстрациях и мирных шествиях.
Никто не может быть принудительно привлечен к участию в них.

Статья 30.

Каждому гарантируется свобода слова, печати, право на пользование средствами информации.
Пропаганда и агитация, разжигающие социальную, расовую, национальную, религиозную и языковую вражду и неприязнь запрещаются.
Государственная цензура и преследование за критику запрещается.
Перечень сведений, составляющих государственную тайну, определяется законом.

Статья 31.

Граждане имеют право лично или совместно с другими обращаться в государственные органы.

Статья 32.

Каждый имеет право на собственность и право наследования.
Никто не вправе лишать и ограничивать право гражданина на собственность. Изъятие личного имущества для общественных нужд государством допускается только на основании закона и с согласия собственника при полном возмещении его стоимости.
Материальный и моральный ущерб, нанесенные личности в результате незаконных действий государственных органов, общественных объединений, политических партий или отдельных лиц, возмещается в соответствии с законом за их счет.

Статья 33.

Семья, как основа общества находится под защитой государства.
Каждый имеет право на создание семьи. Мужчины и женщины, достигшие брачного возраста, имеют право свободно вступать в брак. В семейных отношениях и при расторжении брака супруги равноправны.
Многобрачие запрещается.

Статья 34.

Мать и ребенок находятся под особой защитой и покровительством государства.
Родители ответственны за воспитание детей, а совершеннолетние и трудоспособные дети обязаны заботиться о своих родителях.
Государство заботится о защите детей-сирот и инвалидов, их воспитании и образовании.

Статья 35.

Каждый имеет право на труд, выбор профессии, работы, охрану труда и социальную защиту от безработицы. Заработная плата не должна быть ниже минимального размера оплаты труда.
Всякие ограничения в трудовых отношениях запрещаются. За равный труд выдается равная оплата.
Никто не может быть привлечен к принудительному труду, за исключением случаев, определенных законом.
Использование труда женщин и несовершеннолетних на тяжелых и подземных работах, а также на работах с вредными условиями труда запрещается.

Статья 36.

Каждый имеет право на жилище. Это право обеспечивается путем осуществления государственного, общественного, кооперативного и индивидуального жилищного строительства.

Статья 37.

Каждый имеет право на отдых. Это право обеспечивается путем установления продолжительности рабочего дня и недели, предоставления оплачиваемого ежегодного отпуска, еженедельных дней отдыха и иными условиями, предусмотренными законом.

Статья 38.

Каждый имеет право на охрану здоровья. Каждый, в рамках определенных законом, пользуется бесплатной медицинской помощью в государственных учреждениях здравоохранения. Государство принимает меры по оздоровлению окружающей среды, развитию массового спорта, физической культуры и туризма.
Другие формы оказания медицинской помощи определяются законом.

Статья 39.

Каждому гарантируется социальное обеспечение в старости, в случаях болезни, инвалидности, утраты трудоспособности, потери кормильца и в других случаях, определяемых законом.

Статья 40.

Каждый имеет право на свободное участие в культурной жизни общества, художественном, научном и техническом творчестве и пользоваться их достижениями.
Культурные и духовные ценности охраняются государством.
Интеллектуальная собственность находится под защитой закона.

Статья 41.

Каждый имеет право на образование. Общее основное образование обязательно. Государство гарантирует общее основное обязательное бесплатное образование в государственных учебных заведениях.
Каждый в рамках определенных законом может получить бесплатное общее среднее, начальное, профессиональное, среднее профессиональное и высшее профессиональное образование в государственных учебных заведениях.
Другие формы получения образования определяются законом.

Статья 42.

В Таджикистане каждый обязан соблюдать его Конституцию и законы, уважать права, свободы, честь и достоинство других людей.
Незнание законов не освобождает от ответственности.

Статья 43.

Защита Родины, охрана интересов государства, укрепление его независимости, безопасности и оборонной мощи - священный долг гражданина.
Порядок прохождения военной службы определяется законом.

Статья 44.

Охрана природы, исторических и культурных памятников - обязанность каждого.

Статья 45.

Уплата налогов и сборов, определяемых законом, является обязанностью каждого.
Законы, устанавливающие новые налоги или ухудшающие положение налогоплательщика, обратной силы не имеют.

Статья 46.

В случае реальной угрозы правам и свободам граждан, независимости государства и его территориальной целостности, стихийных бедствий, в результате которых конституционные органы республики не могут нормально функционировать, как временная мера, для обеспечения безопасности граждан и государства, объявляется чрезвычайное положение.
Срок чрезвычайного положения устанавливается до трех месяцев. В необходимых случаях этот срок может быть продлен Президентом Республики Таджикистан.

Статья 47.

В условиях чрезвычайного положения не могут быть ограничены права и свободы, предусмотренные в статьях 16, 17, 18, 19, 20, 22, 25 и 28 Конституции.
Часть исключена. (Референдум от 22.06.03г.)
Правовой режим чрезвычайного положения определяется конституционным законом.

Grundrechte

Turkmenistan

II bölüm. Türkmenistanda adamyň we raýatyň hukuklary, azatlyklary hem borçlary

18-nji madda.

Adamyň hukuklary hem azatlyklary eldegrilmesizdir we olary adamyň elinden alyp bolmaz.

Konstitusiýada we kanunlarda görkezilen ýagdaýlardan başga ýagdaýlarda adamy haýsydyr bir hukugyndan we azatlygyndan mahrum etmäge ýa-da hukuklaryny we azatlyklaryny çäklendirmäge hiç kimiň haky ýokdur.

Adamyň belli bir hukuklarynyň we azatlyklarynyň Konstitusiýada we kanunlarda sanalyp geçilmegi onuň beýleki hukuklaryny we azatlyklaryny inkär etmek ýa-da kemsitmek üçin ulanylyp bilinmez.

19-njy madda.

Türkmenistan adamyň we raýatyň hukuklarynyň hem azatlyklarynyň deňligini, şeýle hem haýsy millete degişlidigine, teniniň reňkine, jynsyna, gelip çykyşyna, emläk hem wezipe ýagdaýyna, ýaşaýan ýerine, diline, dine garaýşyna, syýasy ygtykadyna, haýsy partiýa degişlidigine ýa-da hiç partiýa degişli däldigine garamazdan adamyň we raýatyň kanun öňündäki deňligini kepillendirýär.

20-nji madda.

Türkmenistanda erkekler bilen aýallar deň raýatlyk hukuklaryna eýedirler. Deňhukuklylygyň jyns alamaty boýunça bozulmagy kanun esasynda jogapkärçilige getirýär.

21-nji madda.

Hukuklaryň we azatlyklaryň amala aşyrylmagy beýleki adamlaryň hukuklaryny we azatlyklaryny, şonuň ýaly-da ahlak kadalaryny, kanunyň talaplaryny, jemgyýetçilik tertibini bozmaly däldir, milli howpsuzlyga zyýan ýetirmeli däldir.

22-nji madda.

Her bir adam ýaşamaga we azat ömür sürmäge haklydyr. Hiç bir adam ýaşamaga bolan hukugyndan mahrum edilip bilinmez. Her bir adamyň erkin ýaşamaga bolan hukugy döwlet tarapyndan kanun esasynda goralýar.

Türkmenistanda ölüm jezasy ýatyrylandyr.

23-nji madda.

Kanunda takyk göz öňünde tutulandan başga halatlarda adam hukuklary çäklendirilip ýa-da özüne degişli hukuklaryndan mahrum edilip, oňa iş kesilip ýa-da jeza berlip bilinmez.

Hiç kim gynamalara, rehimsizlik, zalymlyk bilen ýa-da adam mertebesini kemsidýän derejede el gatylmagyna ýa-da temmi bermeklige, şeýle hem onuň razylygy bolmasa, lukmançylyk (däri-derman we hekimçilik) synagyna ýa-da başga tejribelere sezewar edilip bilinmez. Raýat diňe kanunda takyk görkezilen esaslar bar bolan mahalynda kazyýetiň karary boýunça ýa-da prokuroryň sanksiýasy bilen tussag edilip bilner. Gaýra goýmak bolmaýan hem-de kanunda takyk görkezilen halatlarda ygtyýarly döwlet edaralary raýatlary wagtlaýyn tutup saklamaga haklydyrlar.

24-nji madda.

Her bir raýatyň abadanlaşdyrylan ýaşaýyş jaýyny almakda ýa-da edinmekde we özbaşdak ýaşaýyş jaýyny gurmakda döwletden goldaw almaga hukugy bardyr. Ýaşaýyş jaýy eldegrilmesizdir. Jaýda ýaşaýanlaryň razylygy ýa-da başga kanuny esaslar bolmasa, hiç kimiň jaýa girmäge ýa-da onuň eldegrilmesizligini başga bir ýol bilen bozmaga haky ýokdur. Adamyň we raýatyň öz ýaşaýyş jaýyny bikanun hyýanatçylykdan goramaga hukugy bardyr.

Kanunda kesgitlenen esaslar bolmasa, hiç kim ýaşaýyş jaýyndan mahrum edilip bilinmez.

25-nji madda.

Her bir adamyň öz şahsy durmuşyna eden-etdilikli gatyşylmagyndan, şonuň ýaly-da hat-habarlarynyň, telefon we beýleki aragatnaşyklarynyň syryny saklamak düzgünleriniň bozulmagyndan, öz namysyna we at-abraýyna hyýanat edilmeginden goranmaga hukugy bardyr.

26-njy madda.

Her bir raýatyň Türkmenistanyň çäginde erkin gezmäge we ýaşajak ýerini saýlap almaga hukugy bardyr.

Aýry-aýry ýerleriň çäklerine girmegiň, şol ýerlerde gezmegiň çäklendirilmegi diňe kanun esasynda kesgitlenip bilner.

27-nji madda.

Nika ýaşyna ýeten erkek bilen aýal biri-biri bilen ylalaşyp, nikalaşmaga hem maşgala gurmaga hukugy bardyr. Maşgala gatnaşyklarynda är-aýalyň hukuklary deňdir.

Ata-eneler ýa-da olaryň ornuny tutýan adamlar çagalaryny terbiýelemäge, olaryň saglygy, ösüşi, okuwy barada alada etmäge, olary zähmete taýýarlamaga, kanunlara, taryhy we milli däp-dessurlara hormat goýmak medeniýetini olaryň aňyna ornaşdyrmaga hukuklydyrlar we borçludyrlar. Kämillik ýaşyna ýeten çagalar öz ata-eneleri barada alada etmäge, olara kömek bermäge borçludyr.

28-nji madda.

Türkmenistanyň raýatlarynyň öz ynam-ygtykatlaryna erkin eýermäge we olary erkin beýan etmäge, şeýle hem döwlet syryndan we kanun tarapyndan goralýan beýleki syrlardan başga maglumatlary almaga hukuklary bardyr.

29-njy madda.

Raýatlara kanunçylykda bellenen tertipde ýygnaklary, ýygnanyşyklary we ýörişleri geçirmek azatlygy kepillendirilýär.

30-njy madda.

Raýatlar Konstitusiýanyň we kanunlaryň çäklerinde hereket edýän syýasy partiýalary we gaýry jemgyýetçilik birleşiklerini döretmäge haklydyrlar.

Konstitusion gurluşy zorluk bilen üýtgetmegi maksat edinýän, özleriniň alyp barýan işinde zorlugy ulanmaga ýol berýän, raýatlaryň konstitusion hukuklaryna we azatlyklaryna garşy çykyş edýän, urşy, teniniň reňki boýunça, milli, dini duşmançylygy wagyz edýän, halkyň saglygyna we ahlak sypatlaryna hyýanat edýän syýasy partiýalaryň, beýleki jemgyýetçilik, harbylaşdyrylan birleşikleriň, şeýle hem milli ýa-da dini alamatlar boýunça syýasy partiýalaryň döredilmegi we işlemegi gadagan edilýär.

31-nji madda.

Her bir raýatyň jemgyýetiň we döwletiň işlerini dolandyrmaga gös-göni ýa-da erkin saýlanan wekilleriniň üsti bilen gatnaşmaga hukugy bardyr.

32-nji madda.

Raýatlaryň döwlet häkimiýet edaralaryna saýlamaga we saýlanmaga hukugy bardyr.

Türkmenistanyň raýatlarynyň öz ukybyna we hünär taýýarlygyna laýyklykda döwlet gullugynda işlemäge deň hukugy bardyr.

33-nji madda.

Raýatlaryň zähmet çekmäge, öz islegine görä hünär, kär we iş ýerini saýlap almaga, sagdyn hem howpsuz zähmet şertlerine hukugy bardyr.

Hakyna durup işleýän adamlaryň öz çeken zähmetiniň möçberine hem hiline laýyk gelýän hak almaga hukugy bardyr. Bu hakyň möçberi döwletiň bellän iň pes oňalga derejesinden az bolmaly däldir.

34-nji madda.

Raýatlaryň dynç almaga hukugy bardyr we ol iş hepdesiniň çäklendirilen dowamlylygynyň bellenilmeginden, her ýylky tölegli zähmet rugsatlaryndan, her hepdede dynç günleriniň berilmeginden ybaratdyr.

Döwlet adamlaryň dynç almagy hem-de işden boş wagtyny peýdalanmagy üçin amatly şertleri döredýär.

35-nji madda.

Raýatlaryň saglygyny gorap saklamaga, şol sanda döwlet saglygy goraýyş edaralarynyň hyzmatyndan mugt peýdalanmaga hukugy bardyr. Tölegli lukmançylyk we tebipçilik hyzmatyny etmäge kanunda bellenilen esaslarda we tertipde ýol berilýär.

36-njy madda.

Her bir adamyň amatly daşky gurşawa hukugy bardyr.

Döwlet ýaşaýyş şertlerini goramak we gowulandyrmak, şeýle hem daşky gurşawy goramak we dikeltmek maksady bilen tebigy baýlyklaryň rejeli peýdalanylyşyna gözegçilik edýär.

37-nji madda.

Raýatlaryň ýaşy boýunça, näsaglan, maýyp bolan, işe ukyplylygyny, ekleýjisini ýitiren we işsiz bolan halatynda durmuş üpjünçiliginden peýdalanmaga hukugy bardyr.

Köp çagaly maşgalalara, ata-enesinden mahrum bolan çagalara, weteranlara we döwletiň ýa-da jemgyýetiň bähbitlerini goraýarka saglygyny ýitiren adamlara döwlet we jemgyýetçilik serişdelerinden goşmaça goldaw hem ýeňillikler berilýär.

38-nji madda.

Her bir raýatyň bilim almaga hukugy bardyr.

Umumy orta bilim hökmanydyr, her bir adam ony döwlet mekdeplerinde tölegsiz almaga haklydyr.

Döwlet her bir adam üçin öz ukybyna görä hünär biliminiň elýeterli bolmagyny üpjün edýär.

Döwlet we döwlete dahylsyz guramalaryň, raýatlaryň Türkmenistanyň kanunçylygy bilen bellenilen esasda we tertipde tölegli bilim beriş işini amala aşyrmaga hukugy bardyr.

Döwlet hemme okuw jaýlary üçin bilimiň hökmany bolan standartlaryny belleýär.

39-njy madda.

Türkmenistanyň raýatlarynyň öz çeper, ylmy we tehniki döredijiligini erkin alyp barmaga hukugy bardyr. Raýatlaryň ylmy, tehniki döredijilikde, çeperçilik, edebiýat hem medeniýet işinde awtorlyk hukuklary we bähbitleri kanun esasynda goralýar.

Döwlet ylmyň, medeniýetiň, sungatyň, halk döredijiliginiň, sportuň we syýahatçylygyň ösmegine ýardam edýär.

40-njy madda.

Adamyň we raýatyň öz hukuklaryny hem azatlyklaryny amala aşyrmagy, onuň jemgyýetiň we döwletiň öňündäki borçlaryny ýerine ýetirmegi bilen aýrylmaz baglanyşyklydyr.

Türkmenistanyň çäginde ýaşaýan ýa-da wagtlaýyn bolýan her bir adam Türkmenistanyň Konstitusiýasyny, kanunlaryny berjaý etmäge we milli däp-dessurlaryny hormatlamaga borçludyr.

41-nji madda.

Türkmenistany goramak her bir raýatyň mukaddes borjudyr. Türkmenistanyň raýaty bolan her bir erkek adam üçin ählumumy harby borçlulyk bellenendir.

42-nji madda.

Her bir adam kanunda bellenen tertipde hem möçberlerde döwlet salgytlaryny we gaýry tölegleri tölemäge borçludyr.

43-nji madda.

Raýatlara adamyň we raýatyň at-abraýynyň hem mertebesiniň, Konstitusiýada hem-de kanunlarda göz öňünde tutulan şahsy we syýasy hukuklarynyň hem azatlyklarynyň kazyýet goragy kepillendirilýär.

Döwlet edaralarynyň, jemgyýetçilik birleşikleriniň we wezipeli adamlaryň çözgütleri we hereketleri barada raýatlaryň kazyýete şikaýat etmäge hukugy bardyr.

44-nji madda.

Raýatlaryň döwlet edaralarynyň, gaýry guramalaryň, olaryň işgärleriniň, şeýle hem aýry-aýry adamlaryň bikanun hereketleri zerarly özlerine maddy ýa-da ahlak taýdan zyýan ýetirilen mahalynda, kazyýet tertibinde onuň öweziniň dolunmagyny talap etmäge hukugy bardyr.

45-nji madda.

Adam öz-özüne ýa-da ýakyn garyndaşlaryna garşy görkezme we düşündiriş bermäge mejbur edilip bilinmez.

Psihiki ýa-da fiziki zorluk ulanmak, şeýle hem gaýry bikanun usullar bilen alnan subutnamalaryň ýuridik güýji ýokdur.

46-njy madda.

Raýatyň ýagdaýyny ýaramazlaşdyrýan kanunyň yzyna täsir ediş güýji ýokdur. Amala aşyrylan pursadynda hukuk bozulmasy hökmünde ykrar edilmedik hereket üçin hiç kim jogapkärçilik çekip bilmez.

47-nji madda.

Raýatlaryň şu Konstitusiýada göz öňünde tutulan hukuklarynyň hem azatlyklarynyň amala aşyrylmagy diňe adatdan daşary ýa-da harby ýagdaý şertlerinde Konstitusiýada we kanunlarda bellenen tertipde hem çäklerde wagtlaýyn togtadylyp bilner.

Раздел II. Права, свободы и обязанности человека и гражданина в Туркменистане

Статья 18.
Права и свободы человека неприкосновенны и неотчуждаемы.
Никто не вправе лишить человека каких-либо прав и свобод или ограничить его права и свободы иначе как в соответствии с Конституцией и законами.
Перечисление в Конституции и законах определенных прав и свобод человека не может быть использовано для отрицания или умаления других прав и свобод.

Статья 19.
Туркменистан гарантирует равенство прав и свобод человека и гражданина, а также равенство человека и гражданина перед законом независимо от национальности, расы, пола, происхождения, имущественного и должностного положения, места жительства, языка, отношения к религии, политических убеждений, партийной принадлежности либо отсутствия принадлежности к какой-либо партии.

Статья 20.
Мужчина и женщина в Туркменистане имеют равные гражданские права. Нарушение равноправия по признаку пола влечёт ответственность по закону.

Статья 21.
Осуществление прав и свобод не должно нарушать прав и свобод других лиц, а также требований морали, закона, общественного порядка, причинять ущерб национальной безопасности.

Статья 22.
Каждый человек имеет право на жизнь и свободу ее осуществления. Ни один человек не может быть лишен права на жизнь. Право каждого человека на свободную жизнь охраняется государством на основании закона.
Смертная казнь в Туркменистане отменена.

Статья 23.
Человек не может быть ограничен в правах или лишен принадлежащих ему прав, осужден или подвергнут наказанию иначе как в точном соответствии с законом.
Никто не может подвергаться пыткам, жестокому, бесчеловечному или унижающему достоинство обращению или наказанию, а также без его согласия подвергаться медицинским (лекарственным или врачебным) или иным опытам. Гражданин может быть арестован лишь при наличии точно указанных в законе оснований по решению суда или с санкции прокурора. В случаях, не терпящих отлагательства и точно указанных в законе, уполномоченные на то государственные органы вправе временно задерживать граждан.

Статья 24.
Каждый гражданин имеет право на поддержку государства в получении или приобретении благоустроенного жилого помещения и в индивидуальном жилищном строительстве. Жилище неприкосновенно. Никто не имеет права войти в жилище или иным образом нарушить неприкосновенность жилища против воли проживающих в нём лиц либо без законных оснований. Защита жилища от противозаконных посягательств является правом человека и гражданина.

Никто не может быть лишен жилища иначе как по основаниям, установленным законом.

Статья 25.
Каждый человек имеет право на защиту от произвольного вмешательства в его личную жизнь, а также от нарушения правил сохранения тайны корреспонденции, телефонных и иных сообщений, посягательств на его честь и репутацию.

Статья 26.
Каждый гражданин имеет право свободно передвигаться и выбирать место жительства в пределах Туркменистана.
Ограничения въезда на отдельные территории, передвижения по этим территориям могут устанавливаться только на основании закона.

Статья 27.
Женщина и мужчина по достижении брачного возраста имеют право по взаимному согласию вступить в брак и создать семью. Супруги в семейных отношениях равноправны.
Родители или заменяющие их лица имеют право и обязаны воспитывать детей, заботиться об их здоровье, развитии, обучении, готовить к труду, прививать им культуру уважения к законам, историческим и национальным традициям. Совершеннолетние дети обязаны заботиться о родителях и оказывать им помощь.

Статья 28.
Граждане Туркменистана имеют право на свободу убеждений и их свободное выражение, а также на получение информации, если она не является государственной и иной охраняемой законом тайной.

Статья 29.
Гражданам гарантируется свобода собраний, митингови демонстраций в порядке, установленном законодательством.

Статья 30.
Граждане вправе создавать политические партии и иные общественные объединения, действующие в рамках Конституции и законов.
Запрещаются создание и деятельность политических партий, других общественных, военизированных объединений,имеющих целью насильственное изменение конституционного строя, допускающих насилие в своей деятельности, выступающих против конституционных прав и свобод граждан, пропагандирующих войну, расовую, национальную, религиозную вражду, посягающих на здоровье и нравственность народа, а также политических партий по национальному или религиозному признакам.

Статья31.
Каждый гражданин имеет право участвовать в управлении делами общества и государства как непосредственно, так и через своих свободно избранных представителей.

Статья 32.

Граждане имеют право избирать и быть избранными в органы государственной власти.

Граждане Туркменистана в соответствии со своими способностями, профессиональной подготовкой имеют равное право на доступ к государственной службе.

Статья 33.

Граждане имеют право на труд, на выбор по своему усмотрению профессии, рода занятий и места работы, на здоровые и безопасные условия труда.

Лица, работающие по найму, имеют право на вознаграждение, соответствующее количеству и качеству труда. Это вознаграждение не может быть менее установленного государством прожиточного минимума.

Статья 34.

Граждане имеют право на отдых, которое выражается в установлении рабочей недели ограниченной продолжительности, предоставлении ежегодных оплачиваемых отпусков, дней еженедельного отдыха.

Государство создает благоприятные условия для отдыха и использования свободного времени.

Статья 35.

Граждане имеют право на охрану здоровья, включая бесплатное пользование сетью государственных учреждений здравоохранения. Платное медицинское и нетрадиционное медицинское обслуживание допускается на основании и в порядке, установленными законом.

Статья 36.

Каждый человек имеет право на благоприятную окружающую среду.

Государство осуществляет контроль за рациональным использованием природных ресурсов в целях защиты и улучшения условий жизни, а также охраны и восстановления окружающей среды.

Статья 37.

Граждане имеют право на социальное обеспечение по возрасту, в случае болезни, инвалидности, утраты трудоспособности, потери кормильца, безработицы.

Многодетным семьям, детям, лишившимся родителей, ветеранам, лицам, утратившим здоровье при защите государственных или общественных интересов, предоставляются дополнительные поддержка и льготы из государственных и общественных средств.

Статья 38.

Каждый гражданин имеет право на образование.

Общее среднее образование обязательно, каждый вправе получить его в государственных школах бесплатно.

Государство обеспечивает доступность профессионального образования для каждого человека в соответствии с его способностями.

На основании и в порядке, установленными законодательством Туркменистана, государственные и негосударственные организации, граждане вправе осуществлять платную образовательную деятельность.

Государство устанавливает образовательные стандарты, обязательные для всех учебных заведений.

Статья 39.
Граждане Туркменистана имеют право на свободу художественного, научного и технического творчества. Авторские права и интересы граждан в области научного, технического творчества, художественной, литературной и культурной деятельности охраняются законом.
Государство способствует развитию науки, культуры, искусства, народного творчества, спорта и туризма.

Статья 40.
Осуществление прав и свобод неотделимо от исполнения человеком и гражданином своих обязанностей перед обществом и государством.
Каждый человек проживающий или временно находящийся на территории Туркменистана, обязан соблюдать Конституцию Туркменистана, законы и уважать национальные традиции.

Статья 41.
Защита Туркменистана – священныйдолг каждого гражданина. Для граждан Туркменистана-мужчин установлена всеобщая воинская обязанность.

Статья 42.
Каждый человек обязан платить государственные налоги и иные платежи в порядке и размерах, установленными законом.

Статья 43.
Гражданам гарантируется судебная защита чести и достоинства, личных и политических прав и свобод человека и гражданина, предусмотренных Конституцией и законами.
Граждане имеют право обжаловать в суд решения и действия государственных органов, общественных объединений и должностных лиц.

Статья 44.
Граждане имеют право требовать возмещения в судебном порядке материального и морального ущерба, причинённого им незаконными действиями государственных органов, иных организаций, их работников, а также частных лиц.

Статья 45.
Человек не может быть принуждён к даче показаний и объяснений против самого себя и близких родственников.
Доказательства, полученные в результате психического или физического воздействия, а также иными незаконными методами, не имеют юридической силы.

Статья 46.
Закон, ухудшающий положение гражданина, обратной силы не имеет. Никто не может нести ответственность за действия, которые в момент их совершения не признавались правонарушением.

Статья 47.
Осуществление предусмотренных настоящей Конституцией прав и свобод граждан может быть временно приостановлено только в условиях чрезвычайного или военного

положения в порядке и пределах, установленными Конституцией и законами.

Grundrechte

Usbekistan

ИККИНЧИ БЎЛИМ. ИНСОН ВА ФУҚАРОЛАРНИНГ АСОСИЙ ҲУҚУҚЛАРИ, ЭРКИНЛИКЛАРИ ВА БУРЧЛАРИ

V боб. Умумий қоидалар

18-модда.
Ўзбекистон Республикасида барча фуқаролар бир хил ҳуқуқ ва эркинликларга эга бўлиб, жинси, ирқи, миллати, тили, дини, ижтимоий келиб чиқиши, эътиқоди, шахси ва ижтимоий мавқеидан қатъи назар, қонун олдида тенгдирлар.
Имтиёзлар фақат қонун билан белгиланиб қўйилади ҳамда ижтимоий адолат принципларига мос бўлиши шарт.

19-модда.
Ўзбекистон Республикаси фуқароси ва давлат бир-бирига нисбатан бўлган ҳуқуқлари ва бурчлари билан ўзаро боғлиқдирлар. Фуқароларнинг Конституция ва қонунларда мустаҳкамлаб қўйилган ҳуқуқ ва эркинликлари дахлсиздир, улардан суд қарорисиз маҳрум этишга ёки уларни чеклаб қўйишга ҳеч ким ҳақли эмас.

20-модда.
Фуқаролар ўз ҳуқуқ ва эркинликларини амалга оширишда бошқа шахсларнинг, давлат ва жамиятнинг қонуний манфаатлари, ҳуқуқлари ва эркинликларига путур етказмасликлари шарт.

VI боб. Фуқаролик

21-модда.
Ўзбекистон Республикасининг бутун ҳудудида ягона фуқаролик ўрнатилади.
Ўзбекистон Республикасининг фуқаролиги, унга қандай асосларда эга бўлганликдан қатъи назар, ҳамма учун тенгдир.
Қорақалпоғистон Республикасининг фуқароси айни вақтда Ўзбекистон Республикасининг фуқароси ҳисобланади.
Фуқароликка эга бўлиш ва уни йўқотиш асослари ҳамда тартиби қонун билан белгиланади.

22-модда.
Ўзбекистон Республикаси ўз ҳудудида ҳам, унинг ташқарисида ҳам ўз фуқароларини ҳуқуқий ҳимоя қилиш ва уларга ҳомийлик кўрсатишни кафолатлайди.

23-модда.
Ўзбекистон Республикаси ҳудудидаги чет эл фуқароларининг ва фуқаролиги бўлмаган шахсларнинг ҳуқуқ ва эркинликлари халқаро ҳуқуқ нормаларига мувофиқ таъминланади.
Улар Ўзбекистон Республикасининг Конституцияси, қонунлари ва халқаро шартномалари билан белгиланган бурчларни адо этадилар.

VII боб. Шахсий ҳуқуқ ва эркинликлар

24-модда.
Яшаш ҳуқуқи ҳар бир инсоннинг узвий ҳуқуқидир. Инсон ҳаётига суиқасд қилиш энг оғир жиноятдир.

25-модда.
Ҳар ким эркинлик ва шахсий дахлсизлик ҳуқуқига эга.
Ҳеч ким қонунга асосланмаган ҳолда ҳибсга олиниши ёки қамоқда сақланиши мумкин эмас.

26-модда.
Жиноят содир этганликда айбланаётган ҳар бир шахснинг иши судда қонуний тартибда, ошкора кўриб чиқилиб, унинг айби аниқланмагунча у айбдор ҳисобланмайди. Судда айбланаётган шахсга ўзини ҳимоя қилиш учун барча шароитлар таъминлаб берилади.
Ҳеч ким қийноққа солиниши, зўравонликка, шафқатсиз ёки инсон қадр-қимматини камситувчи бошқа тарздаги тазйиққа дучор этилиши мумкин эмас.
Ҳеч кимда унинг розилигисиз тиббий ёки илмий тажрибалар ўтказилиши мумкин эмас.

27-модда.
Ҳар ким ўз шаъни ва обрўсига қилинган тажовузлардан, шахсий ҳаётига аралашишдан ҳимояланиш ва турар жойи дахлсизлиги ҳуқуқига эга.
Ҳеч ким қонун назарда тутган ҳоллардан ва тартибдан ташқари бировнинг турар жойига кириши, тинтув ўтказиши ёки уни кўздан кечириши, ёзишмалар ва телефонда сўзлашувлар сирини ошкор қилиши мумкин эмас.

28-модда.
Ўзбекистон Республикаси Фуқароси Республика ҳудудида бир жойдан иккинчи жойга кўчиш, Ўзбекистон Республикасига келиш ва ундан чиқиб кетиш ҳуқуқига эга. Қонунда белгиланган чеклашлар бундан мустаснодир.

29-модда.
Ҳар ким фикрлаш, сўз ва эътиқод эркинлиги ҳуқуқига эга. Ҳар ким ўзи истаган ахборотни излаш, олиш ва уни тарқатиш ҳуқуқига эга, амалдаги конституциявий тузумга қарши қаратилган ахборот ва қонун билан белгиланган бошқа чеклашлар бундан мустаснодир.
Фикр юритиш ва уни ифодалаш эркинлиги фақат давлат сири ва бошқа сирларга тааллуқли бўлган тақдирдагина қонун билан чекланиши мумкин.

30-модда.
Ўзбекистон Республикасининг барча давлат органлари, жамоат бирлашмалари ва мансабдор шахслари фуқароларга уларнинг ҳуқуқ ва манфаатларига дахлдор бўлган ҳужжатлар, қарорлар ва бошқа материаллар билан танишиб чиқиш имкониятини яратиб бериши лозим.

31-модда.
Ҳамма учун виждон эркинлиги кафолатланади. Ҳар бир инсон хоҳлаган динга эътиқод қилиш ёки ҳеч қайси динга эътиқод қилмаслик ҳуқуқига эга. Диний қарашларни мажбуран сингдиришга йўл қўйилмайди.

VIII боб. Сиёсий ҳуқуқлар

32-модда.
Ўзбекистон Республикасининг фуқаролари жамият ва давлат ишларини бошқаришда бевосита ҳамда ўз вакиллари орқали иштирок этиш ҳуқуқига эгадирлар. Бундай иштирок этиш ўзини-ўзи бошқариш, референдумлар ўтказиш ва давлат органларини демократик тарзда ташкил этиш йўли билан амалга оширилади.

33-модда.
Фуқаролар ўз ижтимоий фаолликларини Ўзбекистон Республикаси қонунларига мувофиқ митинглар, йиғилишлар ва намойишлар шаклида амалга ошириш ҳуқуқига эгадирлар. Ҳокимият органлари фақат хавфсизлик нуқтаи назаридангина бундай тадбирлар ўтказилишини тўхтатиш ёки тақиқлаш ҳуқуқига эга.

34-модда.
Ўзбекистон Республикаси фуқаролари касаба уюшмаларига, сиёсий партияларга ва бошқа жамоат бирлашмаларига уюшиш, оммавий ҳаракатларда иштирок этиш ҳуқуқига эгадирлар.
Сиёсий партияларда, жамоат бирлашмаларида, оммавий ҳаракатларда, шунингдек ҳокимиятнинг вакиллик органларида озчиликни ташкил этувчи мухолифатчи шахсларнинг ҳуқуқлари, эркинликлари ва қадр-қимматини ҳеч ким камситиши мумкин эмас.

35-модда.
Ҳар бир шахс бевосита ўзи ва бошқалар билан биргаликда ваколатли давлат органларига, муассасаларига ёки халқ вакилларига ариза, таклиф ва шикоятлар билан мурожаат қилиш ҳуқуқига эга.
Аризалар, таклифлар ва шикоятлар қонунда белгиланган тартибда ва муддатларда кўриб чиқилиши шарт.

IX боб. Иқтисодий ва ижтимоий ҳуқуқлар

36-модда.
Ҳар бир шахс мулкдор бўлишга ҳақли. Банкка қўйилган омонатлар сир тутилиши ва мерос ҳуқуқи қонун билан кафолатланади.

37-модда.
Ҳар бир шахс меҳнат қилиш, эркин касб танлаш, адолатли меҳнат шароитларида ишлаш ва қонунда кўрсатилган тартибда ишсизликдан ҳимояланиш ҳуқуқига эгадир.
Суд ҳукми билан тайинланган жазони ўташ тартибидан ёки қонунда кўрсатилган бошқа ҳоллардан ташқари мажбурий меҳнат тақиқланади.

38-модда.
Ёлланиб ишлаётган барча фуқаролар дам олиш ҳуқуқига эгадирлар. Иш вақти ва ҳақ тўланадиган меҳнат таътилининг муддати қонун билан белгиланади.

39-модда.
Ҳар ким қариганда, меҳнат лаёқатини йўқотганда, шунингдек боқувчисидан маҳрум бўлганда ва қонунда назарда тутилган бошқа ҳолларда ижтимоий таъминот олиш ҳуқуқига эга.
Пенсиялар, нафақалар, ижтимоий ёрдам бошқа турларининг миқдори расман белгилаб қўйилган тирикчилик учун зарур энг кам миқдордан оз бўлиши мумкин эмас.

40-модда.
Ҳар бир инсон малакали тиббий хизматдан фойдаланиш ҳуқуқига эга.

41-модда.
Ҳар ким билим олиш ҳуқуқига эга.
Бепул умумий таълим олиш давлат томонидан кафолатланади.
Мактаб ишлари давлат назоратидадир.

42-модда.
Ҳар кимга илмий ва техникавий ижод эркинлиги, маданият ютуқларидан фойдаланиш ҳуқуқи кафолатланади.
Давлат жамиятнинг маданий, илмий ва техникавий ривожланишига ғамхўрлик қилади.

X боб. Инсон ҳуқуқлари ва эркинликларининг кафолатлари

43-модда.
Давлат фуқароларнинг Конституция ва қонунларда мустаҳкамланган ҳуқуқлари ва эркинликларини таъминлайди.

44-модда.
Ҳар бир шахсга ўз ҳуқуқ ва эркинликларини суд орқали ҳимоя қилиш, давлат органлари, мансабдор шахслар, жамоат бирлашмаларининг ғайриқонуний хатти-ҳаракатлари устидан судга шикоят қилиш ҳуқуқи кафолатланади.

45-модда.
Вояга етмаганлар, меҳнатга лаёқатсизлар ва ёлғиз кексаларнинг ҳуқуқлари давлат ҳимоясидадир.

46-модда.
Хотин-қизлар ва эркаклар тенг ҳуқуқлидирлар.

XI боб. Фуқароларнинг бурчлари

47-модда.
Барча фуқаролар Конституцияда белгилаб қўйилган бурчларини бажарадилар.

48-модда.
Фуқаролар Конституция ва қонунларга риоя этишга, бошқа кишиларнинг ҳуқуқлари эркинликлари, шаъни ва қадр-қимматини ҳурмат қилишга мажбурдирлар.

49-модда.
Фуқаролар Ўзбекистон халқининг тарихий, маънавий ва маданий меросини авайлаб асрашга мажбурдирлар.
Маданият ёдгорликлари давлат муҳофазасидадир.

50-модда.
Фуқаролар атроф табиий муҳитга эҳтиёткорона муносабатда бўлишга мажбурдирлар.

51-модда.
Фуқаролар қонун билан белгиланган солиқлар ва маҳаллий йиғимларни тўлашга мажбурдирлар.

52-модда.
Ўзбекистон Республикасини ҳимоя қилиш — Ўзбекистон Республикаси ҳар бир фуқаросининг бурчидир. Фуқаролар қонунда белгиланган тартибда ҳарбий ёки муқобил хизматни ўташга мажбурдирлар.

РАЗДЕЛ ВТОРОЙ. ОСНОВНЫЕ ПРАВА, СВОБОДЫ И ОБЯЗАННОСТИ ЧЕЛОВЕКА И ГРАЖДАНИНА

Глава V. Общие положения

Статья 18.
Все граждане Республики Узбекистан имеют одинаковые права и свободы и равны перед законом без различия пола, расы, национальности, языка, религии, социального происхождения, убеждений, личного и общественного положения.
Льготы могут быть установлены только законом и должны соответствовать принципам социальной справедливости.

Статья 19.
Гражданин Республики Узбекистан и государство связаны взаимными правами и взаимной ответственностью. Права и свободы граждан, закрепленные в Конституции и законах, являются незыблемыми, и никто не вправе без суда лишить или ограничить их.

Статья 20.
Осуществление прав и свобод гражданином не должно нарушать законных интересов, прав и свобод других лиц, государства и общества.

Глава VI. Гражданство

Статья 21.
В Республике Узбекистан устанавливается единое для всей территории республики гражданство.
Гражданство Республики Узбекистан является равным для всех независимо от оснований его приобретения.
Гражданин Республики Каракалпакстан является одновременно гражданином Республики Узбекистан.
Основания и порядок приобретения и утраты гражданства устанавливаются законом.

Статья 22.
Республика Узбекистан гарантирует правовую защиту и покровительство своим гражданам как на территории Республики Узбекистан, так и за ее пределами.

Статья 23.
Иностранным гражданам и лицам без гражданства, находящимся на территории Республики Узбекистан, обеспечиваются права и свободы в соответствии с нормами международного права. Они несут обязанности, установленные Конституцией, законами и международными договорами Республики Узбекистан.

Глава VII. Личные права и свободы

Статья 24.
Право на жизнь есть неотъемлемое право каждого человека. Посягательство на нее является тягчайшим преступлением.

Статья 25.
Каждый имеет право на свободу и личную неприкосновенность.
Никто не может быть подвергнут аресту или содержанию под стражей иначе как на основании закона.

Статья 26.
Каждый обвиняемый в совершении преступления, считается невиновным, пока его виновность не будет установлена законным порядком, путем гласного судебного разбирательства, при котором ему обеспечиваются все возможности для защиты.
Никто не может быть подвергнут пыткам, насилию, другому жестокому или унижающему достоинство человека обращению.
Никто не может подвергаться медицинским или научным опытам без его согласия.

Статья 27.
Каждый имеет право на защиту от посягательств на его честь и достоинство, вмешательства в его частную жизнь, на неприкосновенность его жилища.
Никто не вправе войти в жилище, производить обыск или осмотр, нарушать тайну переписки и телефонных разговоров иначе как в случае и порядке, предусмотренных законом.

Статья 28.
Гражданин Республики Узбекистан имеет право на свободное передвижение по территории республики, въезд в Республику Узбекистан и выезд из нее, за исключением ограничений, установленных законом.

Статья 29.
Каждый имеет право на свободу мысли, слова и убеждений. Каждый имеет право искать, получать и распространять любую информацию, за исключением направленной против существующего конституционного строя и других ограничений, предусмотренных законом.
Свобода мнений и их выражения может быть ограничена законом по мотивам государственной или иной тайны.

Статья 30.
Все государственные органы, общественные объединения и должностные лица Республики Узбекистан обязаны обеспечивать гражданам возможность ознакомления с документами, решениями и иными материалами, затрагивающими их права и интересы.

Статья 31.
Свобода совести гарантируется для всех. Каждый имеет право исповедовать любую религию или не исповедовать никакой. Недопустимо принудительное насаждение религиозных взглядов.

Глава VIII. Политические права

Статья 32.
Граждане Республики Узбекистан имеют право участвовать в управлении делами общества и государства как непосредственно, так и через своих представителей. Такое участие осуществляется посредством самоуправления, проведения референдумов и демократического формирования государственных органов.

Статья 33.
Граждане имеют право осуществлять свою общественную активность в форме митингов, собраний и демонстраций в соответствии с законодательством Республики Узбекистан. Органы власти имеют право приостанавливать или запрещать проведение этих мероприятий только по обоснованным соображениям безопасности.

Статья 34.
Граждане Республики Узбекистан имеют право объединяться в профессиональные союзы, политические партии и другие общественные объединения, участвовать в массовых движениях.
Никто не может ущемлять права, свободы и достоинство лиц, составляющих оппозиционное меньшинство в политических партиях, общественных объединениях, массовых движениях, а также в представительных органах власти.

Статья 35.
Каждый имеет право как отдельно, так и сообща с другими лицами, обращаться с заявлениями, предложениями и жалобами в компетентные государственные органы, учреждения или к народным представителям.
Заявления, предложения и жалобы должны быть рассмотрены в порядке и в сроки, установленные законом.

Глава IX. Экономические и социальные права

Статья 36.
Каждый имеет право на собственность. Тайна банковских вкладов и право наследования гарантируются законом.

Статья 37.
Каждый имеет право на труд, на свободный выбор работы, на справедливые условия труда и на защиту от безработицы в порядке, установленном законом.
Запрещается принудительный труд иначе как в порядке исполнения наказания по приговору суда, либо в других случаях, предусмотренных законом.

Статья 38.
Работающие по найму имеют право на оплачиваемый отдых. Продолжительность рабочего времени, оплачиваемого трудового отпуска определяются законом.

Статья 39.
Каждый имеет право на социальное обеспечение в старости, в случае утраты трудоспособности, а также потери кормильца и в других предусмотренных законом случаях.
Пенсии, пособия, другие виды социальной помощи не могут быть ниже официально установленного прожиточного минимума.

Статья 40.
Каждый имеет право на квалифицированное медицинское обслуживание.

Статья 41.
Каждый имеет право на образование.
Государство гарантирует получение бесплатно общего образования.
Школьное дело находится под надзором государства.

Статья 42.
Каждому гарантируется свобода научного и технического творчества, право на пользование достижениями культуры.
Государство заботится о культурном, научном и техническом развитии общества.

Глава X. Гарантии прав и свобод человека

Статья 43.
Государство обеспечивает права и свободы граждан, закрепленные Конституцией и законами.

Статья 44.
Каждому гарантируется судебная защита его прав и свобод, право обжалования в суд незаконных действий государственных органов, должностных лиц, общественных объединений.

Статья 45.
Права несовершеннолетних, нетрудоспособных и одиноких престарелых находятся под защитой государства.

Статья 46.
Женщины и мужчины имеют равные права.

Глава XI. Обязанности граждан

Статья 47.
Все граждане несут обязанности, закрепленные за ними в Конституции.

Статья 48.
Граждане обязаны соблюдать Конституцию и законы, уважать права, свободы, честь и достоинство других людей.

Статья 49.
Граждане обязаны оберегать историческое, духовное и культурное наследие народа Узбекистана.
Памятники культуры охраняются государством.

Статья 50.
Граждане обязаны бережно относиться к окружающей природной среде.

Статья 51.
Граждане обязаны платить установленные законом налоги и местные сборы.

Статья 52.
Защита Республики Узбекистан — долг каждого гражданина Республики Узбекистан. Граждане обязаны нести военную или альтернативную службу в порядке, установленном законом.

Grundrechte

Mongolei

ХОЁРДУГААР БҮЛЭГ
ХҮНИЙ ЭРХ, ЭРХ ЧӨЛӨӨ

Арван дөрөвдүгээр зүйл.

14.1. Монгол Улсад хууль ёсоор оршин суугаа хүн бүр хууль, шүүхийн өмнө эрх тэгш байна.

14.2. Хүнийг үндэс, угсаа, хэл, арьсны өнгө, нас, хүйс, нийгмийн гарал, байдал, хөрөнгө чинээ, эрхэлсэн ажил, албан тушаал, шашин шүтлэг, үзэл бодол, боловсролоор нь ялгаварлан гадуурхаж үл болно. Хүн бүр эрх зүйн этгээд байна.

Арван тавдугаар зүйл.

15.1. Монгол Улсын иргэний харьяалал хийгээд харьяат болох, харьяатаас гарах үндэслэл, журмыг гагцхүү хуулиар тогтооно.

15.2. Монгол Улсын иргэнийг харьяатаас хасах, эх орноосоо хөөх, өөр улсад шилжүүлэн өгөхийг хориглоно.

Арван зургадугаар зүйл.

16.1. Монгол Улсын иргэн дараахь үндсэн эрх, эрх чөлөөг баталгаатай эдэлнэ:

16.1.1. амьд явах эрхтэй. Монгол Улсын Эрүүгийн хуульд заасан онц хүнд гэмт хэрэг үйлдсэний учир шүүхийн хүчин төгөлдөр тогтоолоор ялын дээд хэмжээ оногдуулснаас бусад тохиолдолд хүний амь нас бусниулахыг хатуу хориглоно;

16.1.2. эрүүл, аюулгүй орчинд амьдрах, орчны бохирдол, байгалийн тэнцэл алдагдахаас хамгаалуулах эрхтэй;

16.1.3. хөдлөх, үл хөдлөх хөрөнгө шударгаар олж авах, эзэмших, өмчлөх, өв залгамжлуулах эрхтэй. Хувийн өмчийг хууль бусаар хураах, дайчлан авахыг хориглоно. Төр, түүний эрх бүхий байгууллага нь нийгмийн зайлшгүй хэрэгцээг үндэслэн хувийн өмчийн эд хөрөнгийг дайчлан авбал нөхөх олговор, үнийг төлнө

16.1.4. ажил мэргэжлээ чөлөөтэй сонгох, хөдөлмөрийн аятай нөхцөлөөр хангуулах, цалин хөлс авах, амрах, хувийн аж ахуй эрхлэх эрхтэй. Хэнийг ч хууль бусаар албадан хөдөлмөрлүүлж болохгүй;

16.1.5. өндөр наслах, хөдөлмөрийн чадвар алдах, хүүхэд төрүүлэх, асрах болон хуульд заасан бусад тохиолдолд эд, мөнгөний тусламж авах эрхтэй;

16.1.6. эрүүл мэндээ хамгаалуулах, эмнэлгийн тусламж авах эрхтэй. Иргэдэд эмнэлгийн төлбөргүй тусламж үзүүлэх болзол, журмыг хуулиар тогтооно;

16.1.7. сурч боловсрох эрхтэй. Төрөөс бүх нийтийн ерөнхий боловсролыг төлбөргүй олгоно. Иргэд төрөөс тавих шаардлагад нийцсэн хувийн сургууль байгуулан ажиллуулж болно

16.1.8. соёл, урлаг, шинжлэх ухааны үйл ажиллагаа явуулах, бүтээл туурвих, үр шимийг нь хүртэх эрхтэй. Зохиогч, шинэ бүтээл, нээлтийн эрхийг хуулиар хамгаална

16.1.9. шууд буюу төлөөлөгчдийн байгууллагаараа уламжлан төрийг удирдах хэрэгт оролцох эрхтэй. Төрийн байгууллагад сонгох, сонгогдох эрхтэй. Сонгох эрхийг арван найман наснаас эдэлнэ. Сонгогдох насыг төрийн зохих байгууллага, албан тушаалд тавих шаардлагыг харгалзан хуулиар тогтооно

16.1.10. нийгмийн болон өөрсдийн ашиг сонирхол, үзэл бодлын үүднээс нам, олон нийтийн бусад байгууллага байгуулах, сайн дураараа эвлэлдэн нэгдэх эрхтэй. Нам, олон нийтийн бусад бүх байгууллага нийгэм, төрийн аюулгүй байдлыг сахиж, хуулийг дээдлэн биелүүлнэ. Аль нэгэн нам, олон нийтийн бусад байгууллагад эвлэлдэн нэгдсэний төлөө болон гишүүний нь хувьд хүнийг ялгаварлан гадуурхах, хэлмэгдүүлэхийг хориглоно. Төрийн зарим төрлийн албан хаагчийн намын гишүүнийг түдгэлзүүлж болно

16.1.11 улс төр, эдийн засаг, нийгэм соёлын амьдрал, гэр бүлийн харилцаанд эрэгтэй, эмэгтэй тэгш эрхтэй. Гэрлэлт нь хуулиар тогтоосон насанд хүрсэн эрэгтэй, эмэгтэй хоёрын тэгш эрх, сайн дурын харилцаанд үндэслэнэ. Гэр бүл, эх нялхас, хүүхдийн ашиг сонирхлыг төр хамгаална;

16.1.12. төрийн байгууллага, албан тушаалтанд өргөдөл, гомдлоо гаргаж шийдвэрлүүлэх эрхтэй. Төрийн байгууллага, албан тушаалтан нь иргэдийн өргөдөл, гомдлыг хуулийн дагуу шийдвэрлэх үүрэгтэй;

16.1.13. халдашгүй, чөлөөтэй байх эрхтэй. Хуульд заасан үндэслэл, журмаас гадуур дур мэдэн хэнийг ч нэгжих, баривчлах, хорих, мөрдөн мөшгих, эрх чөлөөг нь хязгаарлахыг хориглоно. Хэнд боловч эрүү шүүлт тулгаж, хүнлэг бус, хэрцгий хандаж, нэр төрийг нь доромжилж болохгүй. Баривчилсан шалтгаан, үндэслэлийг баривчлагдсан хүн, түүний гэр бүлийнхэн, өмгөөлөгчид нь хуульд заасан хугацаанд мэдэгдэнэ. Иргэний хувийн ба гэр бүл, захидал харилцааны нууц, орон байрны халдашгүй байдлыг хуулиар хамгаална;

16.1.14. Монгол Улсын хууль, олон улсын гэрээнд заасан эрх, эрх чөлөө нь зөрчигдсөн гэж үзвэл уул эрхээ хамгаалуулахаар шүүхэд гомдол гаргах, бусдын хууль бусаар учруулсан хохирлыг нөхөн төлүүлэх, өөрийн болон гэр бүлийн гишүүд, эцэг эх, үр хүүхдийнхээ эсрэг мэдүүлэг өгөхгүй байх, өөрийгөө өмгөөлөх, хууль зүйн туслалцаа авах, нотлох баримтыг шалгуулах, шударга шүүхээр шүүлгэх, хэргээ шүүх ажиллагаанд биеэр оролцох, шүүхийн шийдвэрийг давж заалдах, уучлал хүсэх эрхтэй. Өөрөө өөрийнхөө эсрэг мэдүүлэг өгөхийг шаардах, мэдүүлэг гаргуулахаар шахалт үзүүлэх, хүч хэрэглэхийг хориглоно. Гэм буруутай нь хуулийн дагуу шүүхээр нотлогдох хүртэл хэнийг ч гэмт хэрэг үйлдсэн гэм буруутайд тооцож үл болно. Гэм буруутны ял зэмлэлийг түүний гэр бүлийн гишүүд, төрөл саданд нь халдаан хэрэглэхийг хориглоно;

16.1.15. шашин шүтэх, эс шүтэх эрх чөлөөтэй;

16.1.16. итгэл үнэмшилтэй байх, үзэл бодлоо чөлөөтэй илэрхийлэх, үг хэлэх, хэвлэн нийтлэх, тайван жагсаал, цуглаан хийх эрх чөлөөтэй. Жагсаал, цуглаан хийх журмыг хуулиар тогтооно;

16.1.17. төр, түүний байгууллагаас хууль ёсоор тусгайлан хамгаалбал зохих нууцад хамаарахгүй асуудлаар мэдээлэл хайх, хүлээн авах эрхтэй. Хүний эрх, нэр төр, алдар хүнд, улсыг батлан хамгаалах, үндэсний аюулгүй байдал, нийгмийн хэв журмыг хангах зорилгоор задруулж үл болох төр, байгууллага, хувь хүний нууцыг хуулиар тогтоон хамгаална;

16.1.18. улсынхаа нутаг дэвсгэрт чөлөөтэй зорчих, түр буюу байнга оршин суух газраа сонгох, гадаадад явах, оршин суух, эх орондоо буцаж ирэх эрхтэй. Гадаадад явах, оршин суух эрхийг үндэсний болон хүн амын аюулгүй байдлыг хангах, нийгмийн хэв журмыг хамгаалахын тулд зөвхөн хуулиар хязгаарлаж болно.

Арван долдугаар зүйл.

17.1. Монгол Улсын иргэн шударга, хүнлэг ёсыг эрхэмлэн дараахь үндсэн үүргийг ёсчлон биелүүлнэ:

17.1.1. Үндсэн хууль, бусад хуулийг дээдлэн хүндэтгэж, сахин биелүүлэх;

17.1.2. хүний нэр төр, алдар хүнд, эрх, хууль ёсны ашиг сонирхлыг хүндэтгэх;

17.1.3. хуулиар ногдуулсан албан татвар төлөх;

17.1.4. эх орноо хамгаалах, хуулийн дагуу цэргийн алба хаах.

17.2. Хөдөлмөрлөх, эрүүл мэндээ хамгаалах, үр хүүхдээ өсгөн хүмүүжүүлэх, байгаль орчноо хамгаалах нь иргэн бүрийн журамт үүрэг мөн.

Арван наймдугаар зүйл.

18.1. Монгол Улсын нутаг дэвсгэрт байгаа гадаадын иргэний эрх, үүргийг Монгол Улсын хууль, уул иргэнийг харьяалсан улстай байгуулсан гэрээгээр тогтооно.

18.2. Монгол Улс олон улсын гэрээгээр гадаадын иргэний эрх, үүргийг тодорхойлохдоо уул иргэнийг харьяалсан улстай энэ талаар харилцан адил байх зарчим баримтална.

18.3. Монгол Улс нутаг дэвсгэртээ байгаа харьяалалгүй хүний эрх, үүргийг өөрийн хуулиар тогтооно.

18.4. Үзэл бодол, улс төрийн хийгээд шударга ёсны бусад үйл ажиллагааныхаа улмаас хавчигдан мөшгөгдсөн гадаадын иргэн, харьяалалгүй хүн үндэслэл бүхий хүсэлт гаргавал Монгол Улсад орогнох эрх олгож болно.

18.5. Монгол Улсын иргэний үндсэн эрх, эрх чөлөөг тус улсын нутаг дэвсгэрт байгаа гадаадын иргэн, харьяалалгүй хүнд эдлүүлэхдээ Монгол Улсын нэгдэн орсон олон улсын гэрээнд заасан хүний салшгүй эрхээс бусад эрхийн хувьд үндэсний болон хүн амын аюулгүй байдлыг хангах, нийгмийн хэв журмыг хамгаалахын тулд хуулиар зохих хязгаарлал тогтоож болно.

Арван есдүгээр зүйл.

19.1. Төрөөс хүний эрх, эрх чөлөөг хангахуйц эдийн засаг, нийгэм, хууль зүйн болон бусад баталгааг бүрдүүлэх, хүний эрх, эрх чөлөөг зөрчихтэй тэмцэх, хөндөгдсөн эрхийг сэргээн эдлүүлэх үүргийг иргэнийхээ өмнө хариуцна.

19.2. Онц болон дайны байдал зарласан тохиолдолд Үндсэн хууль, бусад хуульд заасан хүний эрх, эрх чөлөөг гагцхүү хуулиар хязгаарлаж болно. Тийнхүү хязгаарласан хууль нь хүний амьд явах эрх, итгэл үнэмшилтэй байх, шашин шүтэх, эс шүтэх эрх чөлөө, түүнчлэн хэнд боловч эрүү шүүлт тулгах, хүнлэг бус, хэрцгий хандахыг хориглосон хуулийн заалтыг үл хөндөнө.

19.3. Хүн эрх, эрх чөлөөгөө эдлэхдээ үндэсний аюулгүй байдал, бусад хүний эрх, эрх чөлөөг хохироож, нийгмийн хэв журмыг гажуудуулж болохгүй.

SOVIET AND POST-SOVIET POLITICS AND SOCIETY

Edited by Dr. Andreas Umland

ISSN 1614-3515

1 *Андреас Умланд (ред.)*
Воплощение Европейской конвенции по правам человека в России
Философские, юридические и эмпирические исследования
ISBN 3-89821-387-0

2 *Christian Wipperfürth*
Russland – ein vertrauenswürdiger Partner?
Grundlagen, Hintergründe und Praxis gegenwärtiger russischer Außenpolitik
Mit einem Vorwort von Heinz Timmermann
ISBN 3-89821-401-X

3 *Manja Hussner*
Die Übernahme internationalen Rechts in die russische und deutsche Rechtsordnung
Eine vergleichende Analyse zur Völkerrechtsfreundlichkeit der Verfassungen der Russländischen Föderation und der Bundesrepublik Deutschland
Mit einem Vorwort von Rainer Arnold
ISBN 3-89821-438-9

4 *Matthew Tejada*
Bulgaria's Democratic Consolidation and the Kozloduy Nuclear Power Plant (KNPP)
The Unattainability of Closure
With a foreword by Richard J. Crampton
ISBN 3-89821-439-7

5 *Марк Григорьевич Меерович*
Квадратные метры, определяющие сознание
Государственная жилищная политика в СССР. 1921 – 1941 гг
ISBN 3-89821-474-5

6 *Andrei P. Tsygankov, Pavel A.Tsygankov (Eds.)*
New Directions in Russian International Studies
ISBN 3-89821-422-2

7 *Марк Григорьевич Меерович*
Как власть народ к труду приучала
Жилище в СССР – средство управления людьми. 1917 – 1941 гг.
С предисловием Елены Осокиной
ISBN 3-89821-495-8

8 *David J. Galbreath*
Nation-Building and Minority Politics in Post-Socialist States
Interests, Influence and Identities in Estonia and Latvia
With a foreword by David J. Smith
ISBN 3-89821-467-2

9 *Алексей Юрьевич Безугольный*
Народы Кавказа в Вооруженных силах СССР в годы Великой Отечественной войны 1941-1945 гг.
С предисловием Николая Бугая
ISBN 3-89821-475-3

10 *Вячеслав Лихачев и Владимир Прибыловский (ред.)*
Русское Национальное Единство, 1990-2000. В 2-х томах
ISBN 3-89821-523-7

11 *Николай Бугай (ред.)*
Народы стран Балтии в условиях сталинизма (1940-е – 1950-е годы)
Документированная история
ISBN 3-89821-525-3

12 *Ingmar Bredies (Hrsg.)*
Zur Anatomie der Orange Revolution in der Ukraine
Wechsel des Elitenregimes oder Triumph des Parlamentarismus?
ISBN 3-89821-524-5

13 *Anastasia V. Mitrofanova*
The Politicization of Russian Orthodoxy
Actors and Ideas
With a foreword by William C. Gay
ISBN 3-89821-481-8

14 *Nathan D. Larson*
Alexander Solzhenitsyn and the Russo-Jewish Question
ISBN 3-89821-483-4

15 *Guido Houben*
Kulturpolitik und Ethnizität
Staatliche Kunstförderung im Russland der neunziger Jahre
Mit einem Vorwort von Gert Weisskirchen
ISBN 3-89821-542-3

16 *Leonid Luks*
Der russische „Sonderweg“?
Aufsätze zur neuesten Geschichte Russlands im europäischen Kontext
ISBN 3-89821-496-6

17 *Евгений Мороз*
История «Мёртвой воды» – от страшной сказки к большой политике
Политическое неоязычество в постсоветской России
ISBN 3-89821-551-2

18 *Александр Верховский и Галина Кожевникова (ред.)*
Этническая и религиозная интолерантность в российских СМИ
Результаты мониторинга 2001-2004 гг.
ISBN 3-89821-569-5

19 *Christian Ganzer*
Sowjetisches Erbe und ukrainische Nation
Das Museum der Geschichte des Zaporoger Kosakentums auf der Insel Chortycja
Mit einem Vorwort von Frank Golczewski
ISBN 3-89821-504-0

20 *Эльза-Баир Гучинова*
Помнить нельзя забыть
Антропология депортационной травмы калмыков
С предисловием Кэролайн Хамфри
ISBN 3-89821-506-7

21 *Юлия Лидерман*
Мотивы «проверки» и «испытания» в постсоветской культуре
Советское прошлое в российском кинематографе 1990-х годов
С предисловием Евгения Марголита
ISBN 3-89821-511-3

22 *Tanya Lokshina, Ray Thomas, Mary Mayer (Eds.)*
The Imposition of a Fake Political Settlement in the Northern Caucasus
The 2003 Chechen Presidential Election
ISBN 3-89821-436-2

23 *Timothy McCajor Hall, Rosie Read (Eds.)*
Changes in the Heart of Europe
Recent Ethnographies of Czechs, Slovaks, Roma, and Sorbs
With an afterword by Zdeněk Salzmann
ISBN 3-89821-606-3

24 *Christian Autengruber*
Die politischen Parteien in Bulgarien und Rumänien
Eine vergleichende Analyse seit Beginn der 90er Jahre
Mit einem Vorwort von Dorothée de Nève
ISBN 3-89821-476-1

25 *Annette Freyberg-Inan with Radu Cristescu*
The Ghosts in Our Classrooms, or: John Dewey Meets Ceauşescu
The Promise and the Failures of Civic Education in Romania
ISBN 3-89821-416-8

26 *John B. Dunlop*
The 2002 Dubrovka and 2004 Beslan Hostage Crises
A Critique of Russian Counter-Terrorism
With a foreword by Donald N. Jensen
ISBN 3-89821-608-X

27 *Peter Koller*
Das touristische Potenzial von Kam''janec'–Podil's'kyj
Eine fremdenverkehrsgeographische Untersuchung der Zukunftsperspektiven und Maßnahmenplanung zur Destinationsentwicklung des „ukrainischen Rothenburg“
Mit einem Vorwort von Kristiane Klemm
ISBN 3-89821-640-3

28 *Françoise Daucé, Elisabeth Sieca-Kozlowski (Eds.)*
Dedovshchina in the Post-Soviet Military
Hazing of Russian Army Conscripts in a Comparative Perspective
With a foreword by Dale Herspring
ISBN 3-89821-616-0

29 *Florian Strasser*
Zivilgesellschaftliche Einflüsse auf die Orange Revolution
Die gewaltlose Massenbewegung und die ukrainische Wahlkrise 2004
Mit einem Vorwort von Egbert Jahn
ISBN 3-89821-648-9

30 *Rebecca S. Katz*
The Georgian Regime Crisis of 2003-2004
A Case Study in Post-Soviet Media Representation of Politics, Crime and Corruption
ISBN 3-89821-413-3

31 *Vladimir Kantor*
Willkür oder Freiheit
Beiträge zur russischen Geschichtsphilosophie
Ediert von Dagmar Herrmann sowie mit einem Vorwort versehen von Leonid Luks
ISBN 3-89821-589-X

32 *Laura A. Victoir*
The Russian Land Estate Today
A Case Study of Cultural Politics in Post-Soviet Russia
With a foreword by Priscilla Roosevelt
ISBN 3-89821-426-5

33 *Ivan Katchanovski*
Cleft Countries
Regional Political Divisions and Cultures in Post-Soviet Ukraine and Moldova
With a foreword by Francis Fukuyama
ISBN 3-89821-558-X

34 *Florian Mühlfried*
Postsowjetische Feiern
Das Georgische Bankett im Wandel
Mit einem Vorwort von Kevin Tuite
ISBN 3-89821-601-2

35 *Roger Griffin, Werner Loh, Andreas Umland (Eds.)*
Fascism Past and Present, West and East
An International Debate on Concepts and Cases in the Comparative Study of the Extreme Right
With an afterword by Walter Laqueur
ISBN 3-89821-674-8

36 *Sebastian Schlegel*
Der „Weiße Archipel“
Sowjetische Atomstädte 1945-1991
Mit einem Geleitwort von Thomas Bohn
ISBN 3-89821-679-9

37 *Vyacheslav Likhachev*
Political Anti-Semitism in Post-Soviet Russia
Actors and Ideas in 1991-2003
Edited and translated from Russian by Eugene Veklerov
ISBN 3-89821-529-6

38 *Josette Baer (Ed.)*
Preparing Liberty in Central Europe
Political Texts from the Spring of Nations 1848 to the Spring of Prague 1968
With a foreword by Zdeněk V. David
ISBN 3-89821-546-6

39 *Михаил Лукьянов*
Российский консерватизм и реформа, 1907-1914
С предисловием Марка Д. Стейнберга
ISBN 3-89821-503-2

40 *Nicola Melloni*
Market Without Economy
The 1998 Russian Financial Crisis
With a foreword by Eiji Furukawa
ISBN 3-89821-407-9

41 *Dmitrij Chmelnizki*
Die Architektur Stalins
Bd. 1: Studien zu Ideologie und Stil
Bd. 2: Bilddokumentation
Mit einem Vorwort von Bruno Flierl
ISBN 3-89821-515-6

42 *Katja Yafimava*
Post-Soviet Russian-Belarussian Relationships
The Role of Gas Transit Pipelines
With a foreword by Jonathan P. Stern
ISBN 3-89821-655-1

43 *Boris Chavkin*
Verflechtungen der deutschen und russischen Zeitgeschichte
Aufsätze und Archivfunde zu den Beziehungen Deutschlands und der Sowjetunion von 1917 bis 1991
Ediert von Markus Edlinger sowie mit einem Vorwort versehen von Leonid Luks
ISBN 3-89821-756-6

44 *Anastasija Grynenko in Zusammenarbeit mit Claudia Dathe*
Die Terminologie des Gerichtswesens der Ukraine und Deutschlands im Vergleich
Eine übersetzungswissenschaftliche Analyse juristischer Fachbegriffe im Deutschen, Ukrainischen und Russischen
Mit einem Vorwort von Ulrich Hartmann
ISBN 3-89821-691-8

45 *Anton Burkov*
The Impact of the European Convention on Human Rights on Russian Law
Legislation and Application in 1996-2006
With a foreword by Françoise Hampson
ISBN 978-3-89821-639-5

46 *Stina Torjesen, Indra Overland (Eds.)*
International Election Observers in Post-Soviet Azerbaijan
Geopolitical Pawns or Agents of Change?
ISBN 978-3-89821-743-9

47 *Taras Kuzio*
Ukraine – Crimea – Russia
Triangle of Conflict
ISBN 978-3-89821-761-3

48 *Claudia Šabić*
"Ich erinnere mich nicht, aber L'viv!"
Zur Funktion kultureller Faktoren für die Institutionalisierung und Entwicklung einer ukrainischen Region
Mit einem Vorwort von Melanie Tatur
ISBN 978-3-89821-752-1

49 *Marlies Bilz*
Tatarstan in der Transformation
Nationaler Diskurs und Politische Praxis 1988-1994
Mit einem Vorwort von Frank Golczewski
ISBN 978-3-89821-722-4

50 *Марлен Ларюэль (ред.)*
Современные интерпретации русского национализма
ISBN 978-3-89821-795-8

51 *Sonja Schüler*
Die ethnische Dimension der Armut
Roma im postsozialistischen Rumänien
Mit einem Vorwort von Anton Sterbling
ISBN 978-3-89821-776-7

52 *Галина Кожевникова*
Радикальный национализм в России и противодействие ему
Сборник докладов Центра «Сова» за 2004-2007 гг.
С предисловием Александра Верховского
ISBN 978-3-89821-721-7

53 *Галина Кожевникова и Владимир Прибыловский*
Российская власть в биографиях I
Высшие должностные лица РФ в 2004 г.
ISBN 978-3-89821-796-5

54 *Галина Кожевникова и Владимир Прибыловский*
Российская власть в биографиях II
Члены Правительства РФ в 2004 г.
ISBN 978-3-89821-797-2

55 *Галина Кожевникова и Владимир Прибыловский*
Российская власть в биографиях III
Руководители федеральных служб и агентств РФ в 2004 г.
ISBN 978-3-89821-798-9

56 *Ileana Petroniu*
Privatisierung in Transformationsökonomien
Determinanten der Restrukturierungs-Bereitschaft am Beispiel Polens, Rumäniens und der Ukraine
Mit einem Vorwort von Rainer W. Schäfer
ISBN 978-3-89821-790-3

57 *Christian Wipperfürth*
Russland und seine GUS-Nachbarn
Hintergründe, aktuelle Entwicklungen und Konflikte in einer ressourcenreichen Region
ISBN 978-3-89821-801-6

58 *Togzhan Kassenova*
From Antagonism to Partnership
The Uneasy Path of the U.S.-Russian Cooperative Threat Reduction
With a foreword by Christoph Bluth
ISBN 978-3-89821-707-1

59 *Alexander Höllwerth*
Das sakrale eurasische Imperium des Aleksandr Dugin
Eine Diskursanalyse zum postsowjetischen russischen Rechtsextremismus
Mit einem Vorwort von Dirk Uffelmann
ISBN 978-3-89821-813-9

60 *Олег Рябов*
«Россия-Матушка»
Национализм, гендер и война в России XX века
С предисловием Елены Гощило
ISBN 978-3-89821-487-2

61 *Ivan Maistrenko*
Borot'bism
A Chapter in the History of the Ukrainian Revolution
With a new introduction by Chris Ford
Translated by George S. N. Luckyj with the assistance of Ivan L. Rudnytsky
ISBN 978-3-89821-697-5

62 *Maryna Romanets*
Anamorphosic Texts and Reconfigured Visions
Improvised Traditions in Contemporary Ukrainian and Irish Literature
ISBN 978-3-89821-576-3

63 *Paul D'Anieri and Taras Kuzio (Eds.)*
Aspects of the Orange Revolution I
Democratization and Elections in Post-Communist Ukraine
ISBN 978-3-89821-698-2

64 *Bohdan Harasymiw in collaboration with Oleh S. Ilnytzkyj (Eds.)*
Aspects of the Orange Revolution II
Information and Manipulation Strategies in the 2004 Ukrainian Presidential Elections
ISBN 978-3-89821-699-9

65 *Ingmar Bredies, Andreas Umland and Valentin Yakushik (Eds.)*
Aspects of the Orange Revolution III
The Context and Dynamics of the 2004 Ukrainian Presidential Elections
ISBN 978-3-89821-803-0

66 *Ingmar Bredies, Andreas Umland and Valentin Yakushik (Eds.)*
Aspects of the Orange Revolution IV
Foreign Assistance and Civic Action in the 2004 Ukrainian Presidential Elections
ISBN 978-3-89821-808-5

67 *Ingmar Bredies, Andreas Umland and Valentin Yakushik (Eds.)*
Aspects of the Orange Revolution V
Institutional Observation Reports on the 2004 Ukrainian Presidential Elections
ISBN 978-3-89821-809-2

68 *Taras Kuzio (Ed.)*
Aspects of the Orange Revolution VI
Post-Communist Democratic Revolutions in Comparative Perspective
ISBN 978-3-89821-820-7

69 *Tim Bohse*
Autoritarismus statt Selbstverwaltung
Die Transformation der kommunalen Politik in der Stadt Kaliningrad 1990-2005
Mit einem Geleitwort von Stefan Troebst
ISBN 978-3-89821-782-8

70 *David Rupp*
Die Rußländische Föderation und die russischsprachige Minderheit in Lettland
Eine Fallstudie zur Anwaltspolitik Moskaus gegenüber den russophonen Minderheiten im „Nahen Ausland“ von 1991 bis 2002
Mit einem Vorwort von Helmut Wagner
ISBN 978-3-89821-778-1

71 *Taras Kuzio*
Theoretical and Comparative Perspectives on Nationalism
New Directions in Cross-Cultural and Post-Communist Studies
With a foreword by Paul Robert Magocsi
ISBN 978-3-89821-815-3

72 *Christine Teichmann*
Die Hochschultransformation im heutigen Osteuropa
Kontinuität und Wandel bei der Entwicklung des postkommunistischen Universitätswesens
Mit einem Vorwort von Oskar Anweiler
ISBN 978-3-89821-842-9

73 *Julia Kusznir*
Der politische Einfluss von Wirtschaftseliten in russischen Regionen
Eine Analyse am Beispiel der Erdöl- und Erdgasindustrie, 1992-2005
Mit einem Vorwort von Wolfgang Eichwede
ISBN 978-3-89821-821-4

74 *Alena Vysotskaya*
Russland, Belarus und die EU-Osterweiterung
Zur Minderheitenfrage und zum Problem der Freizügigkeit des Personenverkehrs
Mit einem Vorwort von Katlijn Malfliet
ISBN 978-3-89821-822-1

75 *Heiko Pleines (Hrsg.)*
Corporate Governance in post-sozialistischen Volkswirtschaften
ISBN 978-3-89821-766-8

76 *Stefan Ihrig*
Wer sind die Moldawier?
Rumänismus versus Moldowanismus in Historiographie und Schulbüchern der Republik Moldova, 1991-2006
Mit einem Vorwort von Holm Sundhaussen
ISBN 978-3-89821-466-7

77 *Galina Kozhevnikova in collaboration with Alexander Verkhovsky and Eugene Veklerov*
Ultra-Nationalism and Hate Crimes in Contemporary Russia
The 2004-2006 Annual Reports of Moscow's SOVA Center
With a foreword by Stephen D. Shenfield
ISBN 978-3-89821-868-9

78 *Florian Küchler*
The Role of the European Union in Moldova's Transnistria Conflict
With a foreword by Christopher Hill
ISBN 978-3-89821-850-4

79 *Bernd Rechel*
The Long Way Back to Europe
Minority Protection in Bulgaria
With a foreword by Richard Crampton
ISBN 978-3-89821-863-4

80 *Peter W. Rodgers*
Nation, Region and History in Post-Communist Transitions
Identity Politics in Ukraine, 1991-2006
With a foreword by Vera Tolz
ISBN 978-3-89821-903-7

81 *Stephanie Solywoda*
The Life and Work of Semen L. Frank
A Study of Russian Religious Philosophy
With a foreword by Philip Walters
ISBN 978-3-89821-457-5

82 *Vera Sokolova*
Cultural Politics of Ethnicity
Discourses on Roma in Communist Czechoslovakia
ISBN 978-3-89821-864-1

83 *Natalya Shevchik Ketenci*
Kazakhstani Enterprises in Transition
The Role of Historical Regional Development in Kazakhstan's Post-Soviet Economic Transformation
ISBN 978-3-89821-831-3

84 *Martin Malek, Anna Schor-Tschudnowskaja (Hrsg.)*
Europa im Tschetschenienkrieg
Zwischen politischer Ohnmacht und Gleichgültigkeit
Mit einem Vorwort von Lipchan Basajewa
ISBN 978-3-89821-676-0

85 *Stefan Meister*
Das postsowjetische Universitätswesen zwischen nationalem und internationalem Wandel
Die Entwicklung der regionalen Hochschule in Russland als Gradmesser der Systemtransformation
Mit einem Vorwort von Joan DeBardeleben
ISBN 978-3-89821-891-7

86 *Konstantin Sheiko in collaboration with Stephen Brown*
Nationalist Imaginings of the Russian Past
Anatolii Fomenko and the Rise of Alternative History in Post-Communist Russia
With a foreword by Donald Ostrowski
ISBN 978-3-89821-915-0

87 *Sabine Jenni*
Wie stark ist das „Einige Russland"?
Zur Parteibindung der Eliten und zum Wahlerfolg der Machtpartei im Dezember 2007
Mit einem Vorwort von Klaus Armingeon
ISBN 978-3-89821-961-7

88 *Thomas Borén*
Meeting-Places of Transformation
Urban Identity, Spatial Representations and Local Politics in Post-Soviet St Petersburg
ISBN 978-3-89821-739-2

89 *Aygul Ashirova*
Stalinismus und Stalin-Kult in Zentralasien
Turkmenistan 1924-1953
Mit einem Vorwort von Leonid Luks
ISBN 978-3-89821-987-7

90 *Leonid Luks*
Freiheit oder imperiale Größe?
Essays zu einem russischen Dilemma
ISBN 978-3-8382-0011-8

91 *Christopher Gilley*
The 'Change of Signposts' in the Ukrainian Emigration
A Contribution to the History of Sovietophilism in the 1920s
With a foreword by Frank Golczewski
ISBN 978-3-89821-965-5

92 *Philipp Casula, Jeronim Perovic (Eds.)*
Identities and Politics During the Putin Presidency
The Discursive Foundations of Russia's Stability
With a foreword by Heiko Haumann
ISBN 978-3-8382-0015-6

93 *Marcel Viëtor*
Europa und die Frage nach seinen Grenzen im Osten
Zur Konstruktion ‚europäischer Identität' in Geschichte und Gegenwart
Mit einem Vorwort von Albrecht Lehmann
ISBN 978-3-8382-0045-3

94 *Ben Hellman, Andrei Rogachevskii*
Filming the Unfilmable
Casper Wrede's 'One Day in the Life of Ivan Denisovich'
Second, Revised and Expanded Edition
ISBN 978-3-8382-0044-6

95 *Eva Fuchslocher*
Vaterland, Sprache, Glaube
Orthodoxie und Nationenbildung am Beispiel Georgiens
Mit einem Vorwort von Christina von Braun
ISBN 978-3-89821-884-9

96 *Vladimir Kantor*
Das Westlertum und der Weg Russlands
Zur Entwicklung der russischen Literatur und Philosophie
Ediert von Dagmar Herrmann
Mit einem Beitrag von Nikolaus Lobkowicz
ISBN 978-3-8382-0102-3

97 *Kamran Musayev*
Die postsowjetische Transformation im Baltikum und Südkaukasus
Eine vergleichende Untersuchung der politischen Entwicklung Lettlands und Aserbaidschans 1985-2009
Mit einem Vorwort von Leonid Luks
Ediert von Sandro Henschel
ISBN 978-3-8382-0103-0

98 *Tatiana Zhurzhenko*
Borderlands into Bordered Lands
Geopolitics of Identity in Post-Soviet Ukraine
With a foreword by Dieter Segert
ISBN 978-3-8382-0042-2

99 *Кирилл Галушко, Лидия Смола (ред.)*
Пределы падения – варианты украинского будущего
Аналитико-прогностические исследования
ISBN 978-3-8382-0148-1

100 *Michael Minkenberg (ed.)*
Historical Legacies and the Radical Right in Post-Cold War Central and Eastern Europe
With an afterword by Sabrina P. Ramet
ISBN 978-3-8382-0124-5

101 *David-Emil Wickström*
Rocking St. Petersburg
Transcultural Flows and Identity Politics in the St. Petersburg Popular Music Scene
With a foreword by Yngvar B. Steinholt
Second, Revised and Expanded Edition
ISBN 978-3-8382-0100-9

102 *Eva Zabka*
Eine neue „Zeit der Wirren"?
Der spät- und postsowjetische Systemwandel 1985-2000 im Spiegel russischer gesellschaftspolitischer Diskurse
Mit einem Vorwort von Margareta Mommsen
ISBN 978-3-8382-0161-0

103 *Ulrike Ziemer*
Ethnic Belonging, Gender and Cultural Practices
Youth Identitites in Contemporary Russia
With a foreword by Anoop Nayak
ISBN 978-3-8382-0152-8

104 *Ksenia Chepikova*
'Einiges Russland' - eine zweite KPdSU?
Aspekte der Identitätskonstruktion einer postsowjetischen „Partei der Macht"
Mit einem Vorwort von Torsten Oppelland
ISBN 978-3-8382-0311-9

105 *Леонид Люкс*
Западничество или евразийство? Демократия или идеократия?
Сборник статей об исторических дилеммах России
С предисловием Владимира Кантора
ISBN 978-3-8382-0211-2

106 *Anna Dost*
Das russische Verfassungsrecht auf dem Weg zum Föderalismus und zurück
Zum Konflikt von Rechtsnormen und -wirklichkeit in der Russländischen Föderation von 1991 bis 2009
Mit einem Vorwort von Alexander Blankenagel
ISBN 978-3-8382-0292-1

107 *Philipp Herzog*
Sozialistische Völkerfreundschaft, nationaler Widerstand oder harmloser Zeitvertreib?
Zur politischen Funktion der Volkskunst im sowjetischen Estland
Mit einem Vorwort von Andreas Kappeler
ISBN 978-3-8382-0216-7

108 *Marlène Laruelle (ed.)*
Russian Nationalism, Foreign Policy, and Identity Debates in Putin's Russia
New Ideological Patterns after the Orange Revolution
ISBN 978-3-8382-0325-6

109 *Michail Logvinov*
Russlands Kampf gegen den internationalen Terrorismus
Eine kritische Bestandsaufnahme des Bekämpfungsansatzes
Mit einem Geleitwort von Hans-Henning Schröder und einem Vorwort von Eckhard Jesse
ISBN 978-3-8382-0329-4

110 *John B. Dunlop*
The Moscow Bombings of September 1999
Examinations of Russian Terrorist Attacks at the Onset of Vladimir Putin's Rule
Second, Revised and Expanded Edition
ISBN 978-3-8382-0388-1

111 *Андрей А. Ковалёв*
Свидетельство из-за кулис российской политики I
Можно ли делать добро из зла? (Воспоминания и размышления о последних советских и первых послесоветских годах)
With a foreword by Peter Reddaway
ISBN 978-3-8382-0302-7

112 *Андрей А. Ковалёв*
Свидетельство из-за кулис российской политики II
Угроза для себя и окружающих (Наблюдения и предостережения относительно происходящего после 2000 г.)
ISBN 978-3-8382-0303-4

113 *Bernd Kappenberg*
Zeichen setzen für Europa
Der Gebrauch europäischer lateinischer Sonderzeichen in der deutschen Öffentlichkeit
Mit einem Vorwort von Peter Schlobinski
ISBN 978-3-89821-749-1

114 *Ivo Mijnssen*
The Quest for an Ideal Youth in Putin's Russia I
Back to Our Future! History, Modernity, and Patriotism according to *Nashi*, 2005-2013
With a foreword by Jeronim Perović
Second, Revised and Expanded Edition
ISBN 978-3-8382-0368-3

115 *Jussi Lassila*
The Quest for an Ideal Youth in Putin's Russia II
The Search for Distinctive Conformism in the Political Communication of *Nashi*, 2005-2009
With a foreword by Kirill Postoutenko
Second, Revised and Expanded Edition
ISBN 978-3-8382-0415-4

116 *Valerio Trabandt*
Neue Nachbarn, gute Nachbarschaft?
Die EU als internationaler Akteur am Beispiel ihrer Demokratieförderung in Belarus und der Ukraine 2004-2009
Mit einem Vorwort von Jutta Joachim
ISBN 978-3-8382-0437-6

117 *Fabian Pfeiffer*
Estlands Außen- und Sicherheitspolitik I
Der estnische Atlantizismus nach der wiedererlangten Unabhängigkeit 1991-2004
Mit einem Vorwort von Helmut Hubel
ISBN 978-3-8382-0127-6

118 *Jana Podßuweit*
Estlands Außen- und Sicherheitspolitik II
Handlungsoptionen eines Kleinstaates im Rahmen seiner EU-Mitgliedschaft (2004-2008)
Mit einem Vorwort von Helmut Hubel
ISBN 978-3-8382-0440-6

119 *Karin Pointner*
Estlands Außen- und Sicherheitspolitik III
Eine gedächtnispolitische Analyse estnischer Entwicklungskooperation 2006-2010
Mit einem Vorwort von Karin Liebhart
ISBN 978-3-8382-0435-2

120 *Ruslana Vovk*
Die Offenheit der ukrainischen Verfassung für das Völkerrecht und die europäische Integration
Mit einem Vorwort von Alexander Blankenagel
ISBN 978-3-8382-0481-9

121 *Mykhaylo Banakh*
Die Relevanz der Zivilgesellschaft bei den postkommunistischen Transformationsprozessen in mittel- und osteuropäischen Ländern
Das Beispiel der spät- und postsowjetischen Ukraine 1986-2009
Mit einem Vorwort von Gerhard Simon
ISBN 978-3-8382-0499-4

122 *Michael Moser*
Language Policy and the Discourse on Languages in Ukraine under President Viktor Yanukovych (25 February 2010–28 October 2012)
ISBN 978-3-8382-0497-0 (Paperback edition)
ISBN 978-3-8382-0507-6 (Hardcover edition)

123 *Nicole Krome*
Russischer Netzwerkkapitalismus
Restrukturierungsprozesse in der Russischen Föderation am Beispiel des Luftfahrtunternehmens "Aviastar"
Mit einem Vorwort von Petra Stykow
ISBN 978-3-8382-0534-2

124 *David R. Marples*
'Our Glorious Past'
Lukashenka's Belarus and the Great Patriotic War
ISBN 978-3-8382-0574-8 (Paperback edition)
ISBN 978-3-8382-0675-2 (Hardcover edition)

125 *Ulf Walther*
Russlands "neuer Adel"
Die Macht des Geheimdienstes von Gorbatschow bis Putin
Mit einem Vorwort von Hans-Georg Wieck
ISBN 978-3-8382-0584-7

126 *Simon Geissbühler (Hrsg.)*
Kiew – Revolution 3.0
Der Euromaidan 2013/14 und die Zukunftsperspektiven der Ukraine
ISBN 978-3-8382-0581-6 (Paperback edition)
ISBN 978-3-8382-0681-3 (Hardcover edition)

127 *Andrey Makarychev*
Russia and the EU in a Multipolar World
Discourses, Identities, Norms
With a foreword by Klaus Segbers
ISBN 978-3-8382-0629-5

128 *Roland Scharff*
Kasachstan als postsowjetischer Wohlfahrtsstaat
Die Transformation des sozialen Schutzsystems
Mit einem Vorwort von Joachim Ahrens
ISBN 978-3-8382-0622-6

129 *Katja Grupp*
Bild Lücke Deutschland
Kaliningrader Studierende sprechen über Deutschland
Mit einem Vorwort von Martin Schulz
ISBN 978-3-8382-0552-6

130 *Konstantin Sheiko, Stephen Brown*
History as Therapy
Alternative History and Nationalist Imaginings in Russia, 1991-2014
ISBN 978-3-8382-0665-3

131 *Elisa Kriza*
Alexander Solzhenitsyn: Cold War Icon, Gulag Author, Russian Nationalist?
A Study of his Western Reception
With a foreword by Andrei Rogatchevski
ISBN 978-3-8382-0589-2

132 *Sergey Golunov*
Elephant in the Room: Corruption and Cheating in Russian Universities
ISBN 978-3-8382-0570-0

133 *Manja Hussner, Rainer Arnold (Hrsg.)*
Verfassungsgerichtsbarkeit in Zentralasien I
Sammlung von Verfassungstexten
ISBN 978-3-8382-0595-3

ibidem-Verlag
Melchiorstr. 15
D-70439 Stuttgart
info@ibidem-verlag.de

www.ibidem-verlag.de
www.ibidem.eu
www.edition-noema.de
www.autorenbetreuung.de